Waagen, Gustav

Kunstwerke und Künstler in England

1. Teil

Waagen, Gustav Friedrich

Kunstwerke und Künstler in England

1. Teil

Inktank publishing, 2018

www.inktank-publishing.com

ISBN/EAN: 9783747702987

KUNSTWERKE

UND

KÜNSTLER

IN

ENGLAND.

VON

DR. G. F. WAAGEN,

DIRECTOR DER GEMÄLDEGALLERIE DES KÖNIGL. MUSEUMS ZU BERLIN.

ERSTER THEIL.

BERLIN.

IN DER NICOLAISCHEN BUCHHANDLUNG.

1837.

Vorrede.

Ich übergebe diese Briefe dem Publicum nicht ohne einige Scheu, denn je mehr ich mich bemüht habe, in die eigenthümliche Geistesweise von Werken bildender Kunst einzudringen, desto mehr empfinde ich, wie unzulänglich die Sprache ist, das eigentliche Wesen derselben auszudrükken und wieder zu geben. Zudem ist über Künstler und Kunstwerke in England erst vor einigen Jahren durch das Werk meines Freundes, des Malers Passavant, ausführlichere Kunde verbreitet worden. Da indefs mein Standpunkt allgemeiner ist, so dafs ich mich sowohl über die Werke der antiken Kunst, als über die der mittelalterlichen und modernen in ihren hauptsächlichsten Zweigen ausspreche, ich auch verschiedene wichtige Sammlungen gesehen, welche Passavant nicht besucht hat, so wird mein Buch für viele Gegenstände eine Ergänzung des seinigen abgeben, und, wo beide dieselben Puncte berühren, bestätigend oder abweichend immer einiges Interesse gewähren. Aufserdem aber trägt es durch die Art seiner Entstehung einen ganz anderen Character. Den eigentlichen Grundbestand desselben bilden die Briefe, wie ich sie an meine Frau geschrieben. Mit diesen habe ich dann den Inhalt meines Tagebuchs zu verschmelzen gesucht. Hierbei kam es mir nun einerseits auf eine allgemein verständliche Belehrung an, weshalb ich mich genöthigt gesehen, theils allgemeinere Standpuncte für die einzelnen Erscheinungen der Kunst fest zu stellen, theils über manche Zweige derselben etwas weiter auszuholen, als es für den mit der Kunstgeschichte Vertrauten erforderlich gewesen wäre. Andererseits aber habe ich die Erweiterungen meiner wissenschaftlichen Kunde über Kunstgeschichte darin niedergelegt. Da nun in unseren Tagen einige Kenntnifs von der Geschichte und dem Wesen der bildenden Künste eine Art geistiges Bedürfnifs zu werden anfängt, es aber bisher an populairen Mittheilungen darüber fehlt, dürften Manchem vielleicht diese Briefe, als der leicht fafsliche Ausdruck mehrseitiger Kunststudien, willkommen sein. Aber auch der Kenner der Kunstgeschichte wird wenigstens darin eine nicht unbeträchtliche Anzahl von neuen, oder minder bekannten Thatsachen finden, und somit das Buch ebenfalls nicht ohne alle Befriedigung aus der Hand legen. Jeder, welcher sich ernsthaft mit dergleichen Studien befafst, kennt die grofse Schwierigkeit derselben, und weifs, dafs auch die vielseitigste und längste Erfahrung nicht vor einzelnen Irrthümern schützt. Geistige Stimmung, gröfsere oder geringere Mufse bei der Betrachtung, Beleuchtung und Aufstellung eines Kunstwerks üben bei dessen Beurtheilung grofsen Einflufs aus. Jedenfalls bin ich mir bewufst, dafs mich ein redliches Streben nach Wahrheit überall geleitet, und ich mir meine Ueberzeugung jederzeit selbstständig gebildet habe. Alle Urtheile in diesen Briefen sind an Ort und Stelle gefällt, und nur Einzelheiten der Beschreibungen, so wie manche rein historische Notizen später nachgetragen worden. Als Leitfaden im Allgemeinen verdanke ich dem Buche von Passavant am meisten. Für einzelne Notizen sind mir besonders folgende Bücher nützlich gewesen: *Memoirs of Painting by W. Buchanan.* 2 *Vol.* 8. Dieses Buch enthält über die Einführungen von Bildern in England seit der Revolution sehr ausführliche und interessante Nachrichten.

John Smith. *A Catalogue raisonné of the works of the most eminent dutch, flemish and french painters.* Von diesem Werke sind seit dem Jahre 1829 sieben Bände im gröfsten Octav erschienen. Obgleich es darin nicht an mancherlei Irrthümern und Wiederholungen fehlt, ist der Gedanke, beurtheilende Verzeichnisse aller vorhandenen Malereien der gröfsten Meister jener Schulen zu geben, doch sehr glücklich und für die Kenntnifs jener Meister ungemein förderlich. Jeder Billige wird auch zugeben, dafs bei der Schwierigkeit eines solchen Unternehmens nicht gleich das Vollkommene zu leisten ist, und das Gegebene dankbar als ein Vorläufiges annehmen, woran zu bessern und worauf fortzubauen ist. Hr. Smith zeigt sich in diesem Buche als einen feinen Kenner. So manche Urtheile über Bilder, welchen man nicht beipflichten kann, rühren mehr aus Rücksichten auf deren Besitzer, als aus Mangel einer besseren Einsicht her.

C. J. Nieuwenhuys. *A review of the lives and works of some of the most eminent Painters. London* 1834. 1 Vol. gr. 8. Dieses

Buch enthält ausführliche Notizen über ausgezeichnete Bilder aus verschiedenen Schulen, worin sich der Verfasser als ein vollendeter Kenner bewährt.

Allan Cunningham. *The lives of the most eminent British Painters, Sculptors and Architects.* 6 Vol. in 12. Durch eine leichte und geistreiche Schreibart hat der Verfasser nicht allein ein belehrendes, sondern auch ein unterhaltendes Buch geliefert. In vielen Fällen mufs selbst der Ausländer, welcher die englische Kunst doch mit anderen Augen betrachtet, als der Einheimische, seinen Urtheilen beipflichten.

So manches Andere verdanke ich den interessanten mündlichen Mittheilungen meines Freundes, des Herrn Edward Solly. Auch Herr John Murray junior, der Sohn des bekannten Buchhändlers, hat durch Uebersendung seltner Cataloge meine Arbeit sehr gefördert. Beiden spreche ich hiermit meinen herzlichen Dank aus.

Ganz besonders mufs ich endlich die grofse Liberalität rühmen und dankbarlichst anerkennen, mit welcher so viele Besitzer von Kunstsammlungen mir den freien Zutritt zu denselben gestattet haben. Die beifällige Art, womit manche derselben meine sehr freimüthigen Urtheile über von ihnen hochgehaltene Kunstwerke aufgenommen, hat mir gezeigt, dafs es ihnen mehr um die Wahrheit, als um die Befriedigung einer eingebildeten Sammlereitelkeit zu thun ist, und zeugt von einer eben so hohen als seltnen Bildung, welche mich eine ähnliche Aufnahme vieler hier öffentlich ausgesprochenen Urtheile hoffen läfst.

Um diesen Briefen einen bleibenden Werth als Führer für die Kunstschätze in England zu ver-

verleihen, habe ich mich vorzugsweise über solche Sammlungen verbreitet, welche nicht so leicht dem Schicksal der Zerstreuung unterliegen möchten. Manche der letzten Art sind indeſs zu bedeutend, als daſs ich sie ganz mit Stillschweigen hätte übergehen dürfen. Aus anderen muſsten wenigstens einzelne ausgezeichnete Bilder erwähnt werden. Die Artikel über die wichtigen Sammlungen der Herren Coesvelt, Sir Charles Bagot und Esdaile habe ich ganz unterdrückt, indem die beiden ersten seitdem theilweise oder ganz vereinzelt worden sind, letzterer nach dem Fall des Hauses Esdaile wohl ein Gleiches bevorsteht. Wenn ich ein ähnliches Verfahren in Beziehung auf die ebenfalls seitdem gröſstentheils versteigerten Sammlungen des Herrn Ottley nicht beobachtet habe, so ist dieses theils geschehen, weil dieselben in England einzig in ihrer Art waren, theils weil ich diesem werthen Freunde ein Andenken zu stiften wünschte.

So manche eingestreute Bemerkungen über anderweitige Gegenstände habe ich nicht unterdrücken wollen, weil sie, wenn vielleicht auch nicht neu, doch das Gepräge des augenblicklich Erlebten tragen, und dazu dienen, die Betrachtungen über Kunst, welche ohnedem durch Einförmigkeit leicht ermüden möchten, bisweilen zu unterbrechen.

Der zweite Band wird vornehmlich Nachrichten über die Sammlungen enthalten, welche auf den Landsitzen in ganz England zerstreut sind.

In dem dritten Bande, welcher von den Kunstschätzen in Paris handeln wird, gewährt mir die Betrachtung der reichen Gemäldegallerie des Louvre nach den verschiedenen Schulen und Epochen den Vortheil, dafs sie zugleich eine zusammenhängende Uebersicht der Geschichte der Malerei abgiebt. Einige Nachrichten über den aufserordentlichen Schatz von Miniaturen in den Manuscripten der königlichen Bibliothek, welche Denkmäler vom 7. bis zum 18. Jahrhundert umfafst, und sich über die meisten gebildeten Nationen Europa's verbreitet, werden sich jener Uebersicht ergänzend anschliefsen. Ich darf mir vielleicht um so eher einiges Interesse hierfür versprechen, als weder die Gallerie des Louvre noch jene Miniaturen bisher aus dem kritisch-kunsthistorischen Standpunkte betrachtet worden sind. Einige Bemerkungen über die sonstigen Abtheilungen der Kunstsammlungen des Louvre und der Bibliothek, über die namhaftesten Privatsammlungen, wie über die bedeutendsten Leistungen der modernen Zeit im Bereich der Architectur, Sculptur und Malerei werden den Beschlufs machen.

Berlin, den 30. Juli 1837.

Der Verfasser.

Inhalts-Anzeige.

**2

Vierter Brief. (Seite 41.)

Fünfter Brief. (Seite 66.)

Sechster Brief. (Seite 94.)

Siebenter Brief. (Seite 116.)

Achter Brief. (Seite 132.)

Britisches Museum, Schlufs. Manuscripte mit Miniaturen. Unterscheidender Character der angelsächsischen und altenglischen von denen des Continents. Französische Miniaturen. Italienische Miniaturen. Diner bei Hrn. Callcott, Madame Callcott. Werk über Giotto. Der Maler Hr. Eastlake. Ausstellung von Bildern in der British-Institution. Lord Howe. Parthie nach Windsor. Die Königin von England. George Hall, Halle für den Orden des Hosenbandes, Waterloohall. Gemäldegallerie. Zimmer für van Dyck, Zimmer für Rubens. Georgscapelle. Cottage der Königin. Abend bei Lord Francis Egerton.

Neunter Brief. (Seite 181.)

Nationalgallerie. Entstehung derselben. Italiener. Christus zwischen den Pharisäern, angeblich Lionardo da Vinci. Auferweckung des Lazarus von Sebastian del Piombo. Ecce homo, Erziehung des Amor und Vierge au panier von Correggio. Maria in der Glorie von Parmegianino. Bacchus und Ariadne von Tizian. „*Domine quo vadis*" von Annibale Carracci. Bilder des Claude Lorrain und Gaspard Poussin. Bacchischer Tanz von Nicolas Poussin. Niederländer. Die Segnungen des Friedens, und Landschaft von Rubens. Portrait angeblich des Gevartius von van Dyck. Die Ehebrecherin von Rembrandt. Landschaft mit Vieh von A. Cuyp. Englische Schule. Entstehung und Character derselben. Hogarth's *Mariage à la Mode*. Sir Josua Reinolds. Portrait von Elliot. Bilder von B. West, Wilson, Gainsborough. D. Wilkie. Character seiner Bilder. Der blinde Fiedler.

Zehnter Brief. (Seite 240.)

Ball bei dem Herzog von Devonshire. Schönheit der Engländer und Engländerinnen. Deren Ursachen. Treff-

Parthie nach Hendon. Handzeichnungssammlung des verstorbenen Sir Thomas Lawrence. Raphael. Michelangelo. Dürer. Rubens. Van Dyck. Rembrandt. Claude Lorrain. Nicolas Poussin. Spanische Miniaturen aus dem 15ten Jahrhundert. Seltne Kupferstiche. Museum von John Soane. Northhumberlandhouse. Familie Cornaro von Tizian.

Anlage A. (S. 457.)

Verzeichniſs der vorzüglichsten Gemälde der Sammlung Carl's I. von England.

Anlage B. (S. 492.)

Verzeichniſs der Gemälde aus der Gallerie Orleans, welche im Jahre 1792 nach England gebracht und dort verkauft worden sind.

Erster Brief.

Hamburg, den 12. Mai 1835.

So wäre ich denn glücklich in meiner Vaterstadt angekommen! Dieses Glücklich war indeſs mehr negativer als positiver Art; denn weder die Natur noch die Wohnorte der Menschen sind auf der Straſse hierher geeignet, einen auf eine bedeutende Weise anzuregen. Wohl aber muſste ich mein Loos preisen, daſs in der Schnellpost höchst seltener Weise nur sehr mäſsig Taback geraucht wurde. Denn in der Regel wird mir diese sonst so preisliche Anstalt unsäglich durch den Qualm jenes widrigen Krauts verleidet, welcher Nacht und Tag unablässig aus verschiedenen menschlichen Schornsteinen hervordampft. Warum verbittest du dir aber das Rauchen nicht, höre ich Dich fragen, da es dir doch den Gesetzen nach zusteht? Weil jeder echte Raucher, antworte ich darauf, durch solches Verbot unfehlbar in eine Gemüthsstimmung geräth, wie eine Löwin, welcher man ihr Junges geraubt hat. Mit mehreren Leuten aber verschiedene Tage in so enger Nähe zu verweilen, deren jeder, wie ich dieses bereits erlebt, ein

Gesicht macht, grimmiger und tragischer als der Minos des Dante, wenn er nach Ausspruch des furchtbarsten Verdammungsurtheils sich mit seinem Schlangenschwanze neunfach umschlingt, ist mir noch unangenehmer als jenes beständige Rauchopfer, wonach man unsere Schnellpost gar wohl die fliegende Rauchkammer nennen könnte. Das zweite negative Glück bestand darin, daſs ich die Strecke von Boitzenburg nach Hamburg zurücklegte, ohne einige Rippen zu brechen. In der That wird einem hier durch die grausamsten Stöſse die Wohlthat der preuſsischen Chausseen recht eigentlich fühlbar gemacht. Gar sehr bedauerte ich, daſs die Zeit es nicht erlaubte, die Bilder der holländischen Schule zu besehen, welche sich in der groſsherzoglich-mecklenburgischen Sammlung in Ludwigslust befinden, da die Berichte mancher Kunstfreunde mir eine sehr günstige Vorstellung davon erweckt haben.

Du kannst Dir leicht denken, welche mannigfaltigen Gefühle beim Anblick von Hamburg mich bewegten. Sind es doch jetzt 28 Jahre, daſs ich es erst an der Schwelle des Jünglingsalters verlieſs! Mit der Erinnerung meiner Kinderjahre trat mir das Andenken an meine Mutter, deren irdische Ueberreste dort ruhen, in gröſster Lebhaftigkeit vor die Seele. Daneben drängte sich das Verlangen hervor, zu sehen, was ich noch wiedererkennen, was verändert finden würde. Vorläufig hatte ich meine Freude darüber, daſs, nachdem ich doch Deutschland, Frankreich und Italien gesehen, Hamburg mit seinen ansehnlichen Thürmen noch immer einen höchst stattlichen Eindruck auf mich machte. Ungemein wohl aber that es mir, daſs ich durch Chateauneuf's freundliche Einladung bei ihm zu wohnen, nicht in einem Gasthofe absteigen brauchte, und mir so das Gefühl gänzlicher Fremdheit in der alten Heimath erspart wurde. Die herzliche Aufnahme in seiner Familie verscheuchte aber in kurzer Zeit auch die letzte Spur jener Empfindung. Wenn ich bisweilen mein patriotisches Gefühl an den mannigfachen Beziehungen weidete, worin Hamburg sich auch außer seiner Wichtigkeit als Handelsstadt in Deutschland ausgezeichnet hat, so erregte es mir zugleich immer ein schmerzliches Gefühl, daß dort weder Architectur, noch bildende Künste recht hatten heimisch werden wollen. Denn Denner und van der Smissen sind als Maler, wenn gleich achtbare, doch immer untergeordnete Erscheinungen, die mit der bedeutenden Rolle keinen Vergleich aushalten, welche Hamburg in der Geschichte der Poesie durch Klopstock und Claudius, der dramatischen Kunst durch Schröder, in wissenschaftlichen Beziehungen durch Männer wie Fabricius, Reimarus, Ebeling und Gurlitt gespielt hat. Wie groß war daher jetzt meine Freude, den Sinn für Baukunst und Malerei wenigstens bei Einzelnen erwacht und durch einheimische Künstler auf eine würdige Weise befriedigt zu finden! So ist denn das nun wirklich ins Leben getreten, was schon mein Vater durch eine Zeichenschule, verbunden mit einer Sammlung von Gemälden und Gypsabgüssen, vor nun mehr als 30 Jahren so sehnlichst hervorzurufen wünschte! Um die einzelnen Erscheinungen dieses neuen Kunstlebens aufzusuchen, konnte ich nun keinen besseren Cicerone haben, als Chateauneuf; denn er ist, wie Du weißt, nicht allein einer der Architecten, welche in dieser Kunst zuerst einen gediegenen Geschmack in

Hamburg begründet haben, sondern auch von dem lebhaftesten Interesse für jegliche Kunst erfüllt. Mit ungemeiner Befriedigung sah ich ein Haus, welches er an einem der überraschend verschönerten Ufer der Alster für Herrn Abendroth ausführt. Spricht schon das Aeufsere durch sehr angenehme Verhältnisse und gute Profile an, so erfreut das Innere noch mehr durch die sehr eigenthümlichen Eintheilungen und eleganten Verzierungen. Mit besonderem Vergnügen gewahrte ich aber zwei Eigenschaften, welche die Begründung und höchste Ausbildung der Architectur bedingen. Die erste ist die solide Durchbildung des Handwerks, welche ich hier durch alle Theile, vom rohen Mauerwerke und Gebälk bis zu den letzten Verkleidungen, verfolgen konnte. Es ist ein erhebliches Verdienst dieser neuen Bauschule, ein so wichtiges Element in Hamburg tüchtig begründet zu haben. Die zweite Eigenschaft besteht darin, dafs der Architect sich sein Werk sogleich mit dem Schmuck der Bildhauerei und Malerei denkt, welche sich dazu verhalten, wie die Blüthe zum Baume. In keinem Stücke steht vielleicht die hohe Kunstbildung der Alten mit der rohen Kunstbarbarei der neuesten Zeiten in so grellem Gegensatz. Während auch den Zimmern des kleinsten Bürgerhauses in Pompeji jener, Auge und Phantasie auf eine bedeutende Weise anregende, malerische Schmuck nicht fehlt, hat unsere Zeit in der Regel für die stattlichsten Räume der königlichen Schlösser nichts aufzubringen gewufst, als Tapeten von kostbarem Stoff, welche erst durch die Erwägung ihres grofsen Geldwerths einige Wirkung hervorbringen. Glücklicherweise hat Schinkel bei uns in Berlin durch eine künstlerische Ausschmückung in den Palais der königlichen Prinzen im feinsten und edelsten Geschmack jene langweilige, echt barbarische Pracht zum Theil verscheucht. Chateauneuf hat das Glück, in dem Maler Erwin Spekter einen Künstler gefunden zu haben, der Gefühl für Linie mit dem Sinne für die Art von Composition vereinigt, welche sich für architectonische Malerei eignet. Das bedeutendste Bild, welches Hamburg aber jetzt besitzt, ist Christus am Oelberge von Overbeck. Eine Gesellschaft von Hamburgern hat es vor zwei Jahren in die Capelle des Krankenhauses gestiftet. Es findet sich darin ganz die Tiefe und Reinheit des religiösen Gefühls, welches Overbeck zu dem ersten Kirchenmaler unserer Zeit macht. Ein solches Bild ist innerlich erlebt, nicht wie die meisten Kirchenbilder unserer Tage nur äußerlich mit kaltem Bewußtsein in den einmal hergebrachten Formen zusammengetragen. Auch die Kunstausstellung, welche gerade Statt findet, enthält in den Fächern der Genre- und Landschaftsmalerei manches Gute und zeugt für das wohlthätige Wirken des Kunstvereins, welcher sich hier, gleich wie in so vielen Gegenden Deutschlands, seit mehreren Jahren gebildet hat. Ein historisches Bild von Erwin Spekter, der schlafende Simson, welchem die treulose Delila das Haar abschneidet, gewährte durch fleißige Durchbildung des Nackten, große Klarheit der Färbung, besonders aber durch die glückliche, der venezianischen Schule verwandte Behandlung des landschaftlichen Hintergrundes ein sehr lebhaftes Interesse.

Nachmittags besuchte ich den mit großem Aufwande zum schönsten Spaziergange umgeschaffenen Wall und die Orte, wo die Großmutter und die Eltern gewohnt, und ich so oft als Kind gespielt hatte. Wie kam mir doch jetzt alles so klein und eng vor! So manche fast verblichene Erinnerungen frühster Jugend traten mit neuer Lebhaftigkeit hervor. Besonders konnte ich nicht ohne Bewegung das Haus betrachten, worin ich durch das tägliche Anschauen der mancherlei Kunstwerke, welche mein Vater besafs, die ersten Keime zu der Richtung gelegt, welche später für mein ganzes Leben bestimmend werden sollte. Auch der Stamm der in der Wissenschaft ausgezeichneten Männer ist in Hamburg noch nicht ausgegangen. Es freute mich, einige Repräsentanten desselben als Bekannte begrüfsen zu können. Lappenberg, der als Historiker eines europäischen Rufs geniefst, gab mir noch zwei sehr wichtige Empfehlungen nach England mit. Bei Ulrich, einem feinen Kenner des classischen Alterthums, fand ich ganz die alte vielseitige geistige Lebendigkeit. Am Sonntage besuchte ich in der Gesellschaft von Chateauneuf und seiner Familie die berühmten Elbgegenden, welche sich auf dem rechten Ufer des Strohms hinziehen. Bei den Anlagen der reichen Hamburger daselbst ist das bewegte Terrain mit Sinn und Geschmack benutzt. Der Ausblick auf den grofsen von Schiffen belebten Strohm, die Anhöhen, welche jenseits im tiefblauen Ton den Horizont abschliefsen, geben zugleich allen diesen Parks, von denen sich die der Herren Bauer und Parish am meisten auszeichnen, einen grofsartigen Hintergrund und einen seltenen Reiz. In den Landhäusern sind die Einwirkungen des neuen, besseren Baugeschmacks bis jetzt leider nur sehr vereinzelt wahrzunehmen. In Art, Umfang und Aufwand sehe ich diese Anlagen als ein würdiges Vorspiel dessen an, was ich mir nach den Schilderungen des Verstorbenen von den Parks in England versprechen darf. In einem ähnlichen Verhältnisse möchte sich Hamburg selbst zu London befinden; wenigstens was den Reichthum und den lebhaften Handelsverkehr betrifft. Den Mittag brachte ich sehr angenehm in der Familie des Syndicus Sieveking zu. Er vereinigt auf eine seltene Weise deutsche Herzlichkeit, Gründlichkeit und Vielseitigkeit der Bildung mit den leichten, bequemen Formen eines Weltmanns, so dafs einem in jeder Beziehung bei ihm wohl wird. Ich sah dort Erwin Spekter und seinen Bruder Otto, der durch seine gemüthlich naiven Fabeln in Bildern, bei Jung und Alt in Deutschland so bekannt und beliebt ist. Ich fand an ihm einen blühenden, sehr anspruchslosen jungen Mann, der solche Dinge nur in Nebenstunden macht. In den bleichen Zügen seines Bruders Erwin, dessen Gesundheit die gröfste Besorgnifs erregt*), spricht sich etwas von jenem ächten, aber still glühenden Feuer der Begeisterung aus, welches unserem Schinkel in einem so seltenen Grade eigenthümlich ist, und für jedes feinere Gefühl etwas so wunderbar Anziehendes hat. Sieveking hat einige hübsche ältere Bilder, unter denen mir besonders das Studium eines Pferdes von Potter interessant war, welches er auf Veranlassung meines alten Freundes, des Herrn von Rumohr, gekauft hat. Nur mit Mühe widerstand ich verschiedenen Versuchungen, noch länger in dieser Gegend zu verweilen.

*) Diese Besorgnisse haben sich leider als nur zu begründet bewiesen, denn Erwin Spekter ist im Herbste des Jahrs 1835 gestorben.

Wie gern hätte ich so manche Mitglieder alt befreundeter Familien aufgesucht, wie gern einige Sammlungen von Bildern, wie die beiden des Senators Jänisch und seines Bruders besehen! Am schwersten ward es mir, eine Einladung von Sieveking, den Hrn. von Rumohr auf seinem Gute Rothenhausen zu besuchen, abzulehnen, da es mir höchst wichtig gewesen wäre, mit diesem durchgebildeten Kunstfreund über so manche Denkmale der Kunstwelt, welche sich mir jetzt bald in England aufthun wird, Rücksprache zu nehmen. Doch die Erwägung, dafs die sogenannte „Season," oder die Zeit in London, welche durch Oeffnung aller Kunstsammlungen und Ausstellungen für meine Kunstzwecke die allein geeignete ist, mit jedem Tage mehr vorrückt, treibt mich unaufhaltsam vorwärts, so dafs ich heut Abend schon an Bord des Dampfschiffs Sir Edward Banks gehe, welches morgen mit dem Frühsten nach London losarbeitet.

Zweiter Brief.

London, den 15. Mai 1835.

Nur drei Tage sind verflossen, seit ich Dir von Hamburg aus geschrieben, was habe ich aber in so kurzer Frist nicht für grofse, mir ganz neue Anschauungen gehabt! Ehe ich an Bord ging, führte mich Chateauneuf noch in das Theater, welches, wie Du weifst, nach einem Plan von Schinkel gebaut ist. Die Leichtigkeit und Eleganz der Verhältnisse des geräumigen Saales machten auf mich den wohlthätigen Eindruck eines künstlerischen Abschiedsgrufses aus der Heimath. Den ersten Theil des nächsten Tages war ich sehr wohl auf. Mit vielem Interesse betrachtete ich auf dem Verdeck bald das Arbeiten der Räder, die mit starkem Gebrause uns mächtig vorwärts trieben, und die Bewegung der Wellen, bald das immer mehr hinter uns zurückschwindende Land. Leider mufste aber auch ich bei diesem meinem ersten Versuch, „flüssige Pfade zu beschiffen," wie Homer sagt, gleich den Meisten inne werden, dafs der grofsmächtige Meeresgott Neptunus zur Sippschaft des Aesculap gehört, und seinem Grofsneffen durch Verabreichung starker Vomitive auf seinem Element auf eine garstige Weise in das Handwerk pfuscht. Ich erinnerte mich, dafs Göthe erzählt, wie er bei seiner Ueberfahrt von Neapel nach Sicilien in ähnlichen Nöthen mit Erfolg eine horizontale Stellung angenommen, und fand auch dieses Mittel, auf meinem Lager in der Kajüte ausgestreckt, ziemlich probat; doch gewährte dafür das beständige Knistern des Schiffs bei der Bewegung der Maschine, das Krachen der Wellen, welche das ganze Gebäude wie eine Nufsschaale zusammenprefsten, die Seelenangst endlich, welche mich in jedem engen Raum zu befallen pflegt, gerade keinen erfreulichen Ersatz. Uebrigens fehlte es mir nicht an Leidensgefährten; besonders gewährte ein wohlbeleibter Engländer, der in dem Fache unter mir lag in einer ungeheuren, weifsen Zipfelmütze, welche er sich über die Ohren gezogen hatte, und die mit dem rothen, des Bardolph nicht unwürdigen, Gesicht einen schlagenden Contrast machte, einen tragikomischen Anblick. Als ich den zweiten

1**

Tag wieder leidlich munter auf dem Verdeck dem Treiben bei lebhaft bewegter See zusah, wurde die Maschine plötzlich gehemmt. „Wir werden frische Fische bekommen,“ sagte der Capitain, und in demselben Augenblick gewahrte ich auch ein Boot, welches von einem ziemlich entfernt liegenden Schiffe abstiefs und bald von einer Welle verdeckt, dann wieder pfeilschnell von dem Gipfel herabschiefsend, in kurzer Zeit bei uns war. Von den drei Fischern, welche sich in dem Boote befanden, machte ein Mohrenknabe, der halbnackt mit wildem, scharfem Blick zum Schiff emporsah, einen besonders fremdartigen Eindruck. Bei dem starken Gewoge wurde eine ziemliche Anzahl der frisch gefangenen Meeresbewohner nicht ohne einige Beschwerde lebhaft zappelnd auf das Schiff gebracht, und dagegen zwei Krüge mit Branntwein, die der Capitain mit ungemeinem Bedacht aus einem gröfseren Gefäfse füllte, hinabgereicht. Nie werde ich die sehnsüchtig begierlichen Blicke vergessen, mit welchen die Fischer jene Krüge begrüfsten. Besonders fand ich sie bei dem so öconomisch bekleideten Mohrenknaben natürlich, da ich, in den Mantel gehüllt, vor Kälte schauerte, und seine schwarze Haut auf eine wärmere Heimath deutete. Die Maschine begann wieder zu tosen und in einem Nu war das Boot mit seinem Inhalt im wüsten Meere verschwunden. Am dritten Tage konnte man aus dem minder heftigen Wellenschlage abnehmen, dafs wir uns dem Lande näherten, welches denn auch nach einiger Zeit wie ein feiner, schmaler Streif aus dem Meer hervortauchend, die Gleichförmigkeit des Wasserhorizonts ringsumher auf eine angenehme Weise unterbrach. Als wir uns aber im Bereich der breiten Bucht befanden, worin die Themse ausmündet, liefs uns die grofse Zahl der Schiffe, welche nah und fern aus- und einlaufend das Meer belebten, gar bald inne werden, dafs wir uns dem Mittelpunkte des Welthandels näherten, nach welchem, wie das Blut nach dem Herzen, so die Erzeugnisse aus allen Gegenden der Erde zusammenströhmen, und auch, wenn gleich zum Theil in veränderter Gestalt, wieder in alle Welt zurückfliefsen. In demselben Maafse, als die Bucht sich zur eigentlichen Themse verengte, nahm die Menge der Schiffe zu. Von den gröfsten Linienschiffen bis zu offenen Booten bewegte sich alles bequem durcheinander. Allein an Dampfschiffen zählte ich 28, die pfeilschnell durch die andern einherschossen. Recht zur gelegenen Zeit fielen mir hier Göthe's Zeilen auf einen mächtigen Strohm ein:

Cedernhäuser trägt der Atlas
Auf den Riesenschultern; sausend
Wehen über seinem Haupte
Tausend Flaggen durch die Lüfte,
Zeugen seiner Herrlichkeit.

Es that mir gar wohl für diese fremde, gewaltige Anschauung in dem heimischen Dichter den poetischen Ausdruck zu finden, dessen klarer und edler Geist mich so unendlich oft im Leben erquickend berührt und von dem ich schon früh mit seinen eignen Worten sagen konnte:

„Du hast mich mächtig angezogen,
An deiner Sphäre hab' ich lang' gesogen."

Die Ufer der Themse, an welchen sich von Gravesend ab hin und wieder sehr belebte Orte ausbreiten, prangten in einem Frühlingsgrün von der wunderbarsten Frische, so dafs mir England hier recht eigentlich als eine smaragdene Insel erschien, wie O'Connel Irland so oft zu nennen pflegt. Am linken Ufer sah ich Woolwich, das ungeheure Kriegsarsenal, und bald darauf Greenwich, eine Anstalt für Invaliden, dessen stattliche Gebäude mit vielen Säulen prangen. Als wir bald darauf in den Hafen von London einliefen und ich mich über den Wald von Mastbäumen verwundernd aussprach, sagte man mir, dafs diese Schiffe nicht viel bedeuten wollten, sondern die eigentliche Masse in verschiedenen Docks, sehr weiten, durch Menschenhände ausgegrabenen Bassins, enthalten wären. So vielfachen und grofsartigen Eindrücken der belebtesten Gegenwart trat der hohe Bau des Towers mit seinen vier Thürmchen an den Ecken als ein merkwürdiges Denkmal der Vergangenheit gegenüber. Indefs nicht zu ihrem Vortheil. Die Bilder der Kinder Eduards IV., der Anna Boleyn, der Jane Gray und so vieler dort in den Jahrhunderten der Willkühr und Tyrannei schuldlos hier Gemordeter zogen mir in der Phantasie in düsterer Gestalt vorüber. Wenige Zeit darauf war unsere Fahrt vor dem grofsen Zollhause beendigt. Als ein besonderes Glück mufs ich es aber noch rühmen, dafs das Meer allmählig von dem Zustande starker Bewegung zu dem gänzlicher Stille übergegangen war. Da nun zugleich Sonnenschein mit bewölktem Himmel und Strichregen abwechselte, so war es mir vergönnt, alle Zustände und Wirkungen, welche die berühmten holländischen Seemaler, ein Wilhelm van de Velde, ein Backhuysen dargestellt, nach einander zu beobachten. Erst jetzt verstand ich völlig die Wahrheit ihrer Bilder in dem verschiedenen Wellenschlage und die künstlerische Feinheit, aus Wolkenschatten, dazwischen nah oder fern einfallenden Sonnenlichtern und belebenden Schiffen, eine so anziehende Mannigfaltigkeit in der einförmigen Fläche des Meeres hervorzubringen. Um den Kreis dieser Anschauungen auf eine recht schlagende Weise zu schliefsen, gab die gütige Natur zuguterletzt noch ein Gewitter zum Besten, fand sich indefs damit, um nicht durch langen Regen zu stören, in seltener Kürze ab.

In dem Customhouse hatte ich nach zweistündigem Warten Gelegenheit, die Genauigkeit zu bewundern, mit welcher die englischen Zollbeamten ihre Pflicht erfüllen, indem nicht nur jedes Stück meiner Habseligkeiten angesehen, sondern bei den Schuhen die Bemerkung gemacht wurde: „die Sohlen scheinen einfach zu sein." Während dieser ganzen Zeit beruhigte ich meine bisweilen aufsteigende Ungeduld mit dem Wahlspruche des herrlichen Dulders Odysseus: „Dulde du liebes Herz, schon Vieles ja hast du erduldet," den ich mir bereits seit meinem zehnten Jahre, in welchem ich zuerst aus diesem frischen Urquell der Poesie getrunken, in den vielfachen grofsen und kleinen Qualen des Lebens mit dem besten Erfolge zugelegt habe. Demohngeachtet war ich sehr zufrieden, als ich mit meinem stümperhaften Englisch einem Miethskutscher die Worte „Mayfair Curzon Street Number seven" beigebracht hatte, und nun in behaglicher Ruhe diesem Ziele entgegenfuhr. So lange wir in der City, dem alten Mittelpunkte des Handels und Gewerbes von London, waren, „wo am wüthendsten schlägt das Getümmel," wie Homer sagt, ging die Fahrt wegen des ungeheuren Gedränges von Fuhrwerken aller Art in den engen Gassen nur schneckenartig vor sich. Ja bisweilen hatte ich bei längerem Halten die trefflichste Gelegenheit, das emsige Arbeiten in den Werkstätten von Schustern, Schmieden etc. zu beobachten, deren einige durch malerische Gruppirung und schlagende Beleuchtung das Ansehen von Bildern eines Adrian Ostade oder Schalken hatten, und durch ihre Naivetät die künstlich angeordneten lebenden Bilder um Vieles übertrafen. Endlich in dem „Westend," dem geräumigeren und schöneren Theil der Stadt, wo die elegante Welt wohnt, angelangt, ging es dafür desto rascher, so dafs ich bald vor dem Hause des Herrn Edward Solly still hielt.

Ich fühle mich nirgend einsamer und verlassener, als unter einer sehr grofsen Anzahl von Menschen, von denen mich keiner kennt; dieses Gefühl hatte mich auch einige Mal in dem ungeheuren Gewühl dieser Weltstadt angewandelt, wo so viele Tausende von wildfremden Gesichtern an mir vorübergingen, und Du kannst Dir daher leicht denken, welch einen wohlthätigen Eindruck es auf mich machte, als ich das altbefreundete Gesicht des Herrn Solly sah, und durch die freundliche Aufnahme, welche ich in der Familie fand, mich wie durch einen Zauber mit einem Mal in den so entgegengesetzten Zustand der Heimlichkeit versetzt fühlte. Meine Empfindung wurde noch durch den Umstand gesteigert, dafs ich mich in dem Wohnzimmer, hier „Drawing-room" genannt, von trefflichen italienischen Bildern aus der Epoche Raphaels umgeben sah, mich also recht in dem Heiligthume der Welt bildender Kunst befand, deren Studium der Zweck meiner ganzen Reise ist. Ebenso war das Efszimmer (Dining-room) ausgestattet, so dafs ich von meinem ersten englischen Dinner, welches ich mir nach der neptunischen Kur trefflich schmecken liefs, dann und wann nach den Wänden gar erquickliche Blicke richtete. Der Abend wurde auf eine mir sehr interessante Weise zugebracht. Ich besuchte nämlich mit der Familie Solly die Royal Institution, eine durch Beiträge von Privatpersonen gebildete Anstalt für wissenschaftliche Zwecke, die ein Haus besitzt, worin sich aufser einer gewählten Bibliothek, Apparaten für Naturwissenschaften, einem mit Journalen und Zeitungen aller Art sehr reich ausgestatteten Lesezimmer, auch ein stattlicher Hörsaal befindet, in welchem von den ausgezeichnetsten Gelehrten populäre Vorlesungen über wissenschaftliche Gegenstände gehalten werden. Heut Abend hielt der berühmte Physiker Faraday einen Vortrag über die Akustik. Da ich vor Jahren in Breslau bei Steffens eine ganze Vorlesung darüber gehört hatte, war mir der Gegenstand nicht fremd. Bei der seltenen Deutlichkeit der Aussprache und der grofsen Präcision des freien Vortrages konnte ich daher sehr wohl folgen. Aufser den Untersuchungen unseres Chladni theilte er neue mit, welche ein anderer ausgezeichneter Physiker, der Professor Withstone, welcher zufällig verhindert war selbst zu lesen, auf jene mit vielem Scharfsinn begründet hat. Die Experimente griffen, durchgängig erfolgreich mit einem trefflichen Apparate ausgeführt, überall erklärend und bestätigend ein, so dafs die Wirkung auf das ganze, sehr zahlreich versammelte Publikum, unter denen auch viele Damen, durchaus befriedigend war. Dasselbe Gefühl hatte ich in Bezug auf meine bisherige Reise, worin sich indefs das der Trennung von Dir noch lebhafter einmischte, als es auf meiner Reise nach

Paris vor zwei Jahren der Fall gewesen. Wie leicht man auch jetzt mit den Dampfschiffen über den breiten Rücken des Meeres einherfährt, immer macht es für die Phantasie eine stärkere Trennung, als selbst eine gröſsere Strecke Landes. Wie fühle ich jetzt erst ganz die Schönheit von Göthe's Worten:

Sie aber ist weggezogen,
Weit in das Land hinaus,
Weit in das Land, und weiter,
Vielleicht gar über die See.

Ich tröste mich indeſs mit dem Gedanken, daſs ich ja hoffentlich reich mit Studien beladen über das flüssige Element, was dieses Inselland umfluthet, wohlbehalten in die Heimath zurückkehren werde.

Dritter Brief.

London, den 18. Mai 1835.

Unser Gesandter, der Baron Bülow, den ich vorgestern sogleich besucht, hat mich mit zuvorkommender Güte empfangen, und ich habe gestern mit Freund Raumer nach hiesiger Sitte um sieben Uhr Abends einen sehr angenehmen Mittag bei ihm zu gebracht. Raumer entwickelt hier eine erstaunliche Thätigkeit; den Tag über von früh an zwischen interessanten Untersuchungen über Vergangenheit und Gegenwart getheilt, weiſs er auch noch den vielfachen geselligen Ansprüchen, welche hier bis tief in die Nacht an ihn gemacht werden, vollständig zu genügen. Durch die Güte von Herrn Solly, der mir seine Zeit grofsmüthig geopfert hat, bin ich in den wenigen Tagen schon ziemlich in dieser collossalsten aller Städte orientirt. Obgleich London schon nach der Zahl der Einwohner, die gegen anderthalb Millionen beträgt, gröfser sein mufs als alle übrigen, wird doch der Umfang gegen andere Städte noch dadurch beträchtlich vermehrt, dafs hier nach englischer Sitte in der Regel nur eine Familie in jedem Hause wohnt. Was aber London vor allen mir bekannten Städten auszeichnet, sind die Parks. Denke Dir mitten in einer Stadt die frischesten Rasenflächen von sehr stattlichem Umfang, hin und wieder malerisch mit Bäumen besetzt, von ansehnlichen Wasserspiegeln unterbrochen, und — um das ländliche Ansehen zu vollenden — grofse Heerden von darauf weidenden Schaafen oder Kühen; denke Dir endlich den schlagenden Gegensatz der grofsen architectonischen Massen, wie der ehrwürdigen Abtei von Westminster, welche aus der Ferne in diese grüne Welt hineinragen, und Du wirst Dir eine ungefähre Vorstellung von dem Reiz dieser Parks machen können, Zwei derselben, nämlich St. James- und Green-Park, sind nur von Fufsgängern besucht, in den beiden gröfseren aber, Hyde- und Regents-Park, bewegen sich Nachmittags in der jetzigen Jahreszeit hunderte der glänzendsten Equipagen, ganze Schaaren von Herren und Damen auf Pferden, von denen viele selbst das Auge des Meisters von dem berühmten Pferdekopf vom Parthenon entzücken würden, bunt durcheinander, und gewähren mit dem Gewimmel der Fufsgänger das mannigfaltigste und reichste Schauspiel. Eine andere Eigenthümlichkeit Londons sind die Squares, oder mit Bäumen, allerlei Zierpflanzen und Blumen geschmückten Rasenflächen, welche die Mitte der meisten Plätze einnehmen. Die Anwohner solcher Plätze unterhalten diese sorgfältig umgitterten Anlagen, und haben auch allein die, besonders für Kinder so erquickliche, Benutzung derselben. Zwei der stattlichsten durch Umfang und Umgebungen sind Grosvenor- und der erst neu angelegte Belgrave-Square. Jede der vier Seiten des letzteren wird von einem colossalen Gebäude umschlossen, welches indeſs, näher betrachtet, aus vielen einzelnen Häusern besteht, die nur architectonisch zu einer Masse vereinigt sind. Ein solcher Bau wird meist von einem Unternehmer ausgeführt und vermiethet, und hat also in jeder Beziehung mit den Gebäuden im alten Rom Aehnlichkeit, welche Inseln genannt wurden. Man hat besonders in neueren Zeiten häufig dieses Mittel gewählt, um zu imponirenden architectonischen Massen zu gelangen, wie sie einer solchen Stadt würdig sind, bei dem Bau abgesonderter Häuser nach dem Bedarf einer Familie aber nicht wohl erreicht werden können. Die groſsen Gebäude dieser Art haben indeſs dadurch immer einen Uebelstand, daſs die einzelnen Eintheilungen, die Stockwerke, die Fenster, die Thüren, nicht im Verhältniſs zur Masse des Ganzen, sondern zu dem der einzelnen Wohnungen genommen werden müssen, wodurch sie kleinlich werden und dem Ganzen leicht ein casernenartiges Ansehen geben. In der Entfernung thun sie indeſs immer durch die Gesammtmasse eine groſse Wirkung, wie die sogenannten Terrasses beweisen, welche theilweise den Regentspark einfassen. Mit sehr richtigem Gefühl, in Beziehung auf die Umgebungen, hat man hier diese colossalen Verhältnisse gewählt, indem bei der sehr großen Ausdehnung des Parks selbst schon ansehnliche Gebäude ganz verschwinden würden. Alle die neueren Häuser von einigem Umfange sind abgeputzt und haben meist einen hellen Anstrich. Dagegen stehen bei den älteren und gewöhnlichen Häusern die Ziegel, woraus sie gebaut sind, zu Tage. Nur in den ersten Jahren kann man sehen, daſs diese von gelber Farbe sind, denn bald zieht der Kohlenstaub seinen Schleier dicht und dichter über sie und sie tauchen in das allgemeine Element des Grau, wodurch London ein so einförmiges und melancholisches Ansehen erhält. Die Ersparung des hier so wichtigen und kostbaren Raums hat hier die Einrichtung zuwege gebracht, daſs sich die ganze Oeconomie des Hauses, Küche, Leutezimmer etc., im Kellergeschosse der Häuser befindet. Während sich nun die Leute den Tag über in diesen Räumen befinden, haben sie ihre Schlafzimmer unter dem Dache, so daſs sie, gleich den Dioscuren, aber auf eine mit den Tageszeiten in Widerspruch stehende Weise, zwischen Unter- und Oberwelt getheilt sind. Das Aeuſsere dieser gewöhnlichen Häuser ist nun höchst einfach, und gewährt auſser der netten und scharfen Fügung der Ziegel keinen architectonischen Reiz. Dafür sind aber viele der gröſseren, pallastartigen Gebäude desto mehr mit architectonischem Schmuck aller Art, mit Säulen und Pilastern ausgestattet. Aus zwei Gründen machen indeſs diese meist durchaus keine erfreuliche Wirkung. Einmal fehlt es an Durchführung einfacher Hauptlinien, welche in der Architectur für groſsartige Gesammtwirkung unerläſslich sind, und denen selbst der reichste Schmuck streng untergeordnet sein muſs. Sodann sind die verzierenden Glieder ganz

aber das von dem jüngeren Smirke gebaute Posthaus, dessen Aeufseres und Inneres in elegant ionischer Ordnung einen edlen, würdigen Eindruck hervorbringt. Zu den stattlichsten Gebäuden im Westend gehören die sogenannten Clubhäuser, oder die Versammlungsorte von geschlossenen Gesellschaften von Männern, die sich nach verschiedenen Beziehungen gebildet haben. Bald liegt ein wissenschaftliches und künstlerisches Interesse zum Grunde, wie im Athenäum, bald ein politisches, wie in dem neuen Conservativclub. Jedes solcher Häuser enthält die schönsten Räume für Journale, für eine Bibliothek und für eine vollständige Restauration. Die ganze Einrichtung ist höchst elegant und der Aufenthalt darin so angenehm, dafs manche Frauen in England wohl Recht haben, wenn sie gegen diese Anstalten, als das Leben der Männer in ihren Familien beeinträchtigend, lebhaft eifern. Uebrigens sind diese luxuriösen Vereinigungen nur bei dem erstaunlichen Wohlstande in England möglich, denn jedes Mitglied bezahlt z. B. bei dem Athenäum an Eintrittsgeld 20 Guineen (oder 140 Rthlr.), an jährlichem Beitrag aber 6 Guineen (oder 42 Rthlr.), und doch höre ich von manchen Leuten, welche an drei bis 4 solcher Clubs Theil nehmen, ja der Andrang mufs sehr grofs sein, denn im Athenäum hat man es z. B. im Jahre 1826 für nöthig gefunden, die Anzahl der ordentlichen Mitglieder auf 1000 festzusetzen. Zwei Dinge mufs ich hier noch als höchst angenehm erwähnen. In allen grofsen und kleinen Strafsen der Stadt ist für die Fufsgänger durch das beste Trottoir auf das Vortrefflichste gesorgt, und jeden Morgen wird so reichlich gesprengt, dafs man selbst an den sonnigsten Tagen nicht vom Staube belästigt wird.

Wie ich allmählig meine Empfehlungen an die Besitzer der wichtigsten Sammlungen abgebe, überzeuge ich mich mehr und mehr, wie bequem das Haus vom Hrn. Solly für meine Kunststudien gelegen ist. Alle Hauptsammlungen sind theils ganz in der Nähe, theils für London nur mäfsig entfernt. Als solche nenne ich Dir nur vorläufig heute das brittische Museum, die Nationalgallerie, die Bridgewatergallerie, jetzt dem Lord Francis Egerton gehörig, die Grosvenorgallerie, im Besitz des Marquis von Westminster, so wie die Sammlungen der Herzöge von Devonshire, Sutherland und Wellington, des Marquis von Landsdown, des Lords Ashburton und des Sir Robert Peel. Bevor ich Dir nun von allen diesen Herrlichkeiten, wie ich sie allmählig zu Gesicht bekomme, nähere Auskunft ertheile, denke ich, wird es Dir interessant sein zu erfahren, welchen Ursprung in diesem Lande der Geschmack am Sammeln von Kunstwerken, der gegenwärtig hier allgemeiner als irgendwo in der Welt verbreitet ist, genommen, welche Nahrung und welche Störungen er zu verschiedenen Zeiten gefunden hat.

Die Neigung zum Sammeln von Kunstwerken ging ursprünglich vom Hofe aus. König Heinrich VIII., ein Freund der schönen Künste und großer Beschützer des berühmten Holbein, war der Erste, welcher eine Sammlung von Bildern anlegte. Dieselbe war indefs von sehr mäfsigem Umfange, indem sie, die Miniaturbilder mit eingerechnet, nicht über 150 Stück enthielt. Der Ruhm, zuerst eine eigentliche Gemäldegallerie nach einem grofsartigen Maafsstabe gebildet zu haben, gebührt dem, erst ein Jahrhundert später lebenden, König Carl I. Da diesen Fürst die seltenste Liebe zu Kunstwerken mit einem gewählten Geschmack verband, und weder Mühe noch Aufwand scheute, so gelang es ihm, eine Sammlung von Bildern zu vereinigen, die an Meisterwerken aus der Epoche Raphaels nicht allein die erste seiner Zeit war, sondern auch in unseren Tagen kaum ihres Gleichen haben möchte. Schon als Prinz hatte der König diese Sammlung angefangen. Nach dem Tode seines älteren Bruders, des Prinzen Heinrich, der gleichfalls ein sehr kunstliebender Herr war, wurde sie durch dessen Cabinet verstärkt. Den Hauptbestand aber bildete die Sammlung der Herzöge von Mantua, welche er durch Vermittelung des Herzogs von Buckingham höchst wahrscheinlich von dem Herzog Carl I. im Jahre 1627 oder 1628 erwarb. Er soll dafür die für jene Zeit sehr bedeutende Summe von 80000 Pfund Sterling bezahlt haben. Indeſs war jene Sammlung auch eine der ersten Italiens. Hundert und funfzig Jahre hatte die bis zum Jahr 1627 in Mantua herrschende Familie der Gonzaga daran gesammelt, welche in Italien an Kunstliebe nur von den Mediceern übertroffen wurde. Schon im 15ten Jahrhundert zogen sie den groſsen Andrea Mantegna an ihren Hof, im 16ten Raphaels ersten Schüler, Giulio Romano. Von dem Ersten befand sich daher in dieser Sammlung auſser andern Bildern sein berühmter Triumphzug des Julius Cäsar, von Letzterem eine groſse Reihe ausgezeichneter Staffeleibilder. Raphael führte wahrscheinlich für die Gonzaga die berühmte heilige Familie aus, die unter dem Namen „der Perle" im Escorial bewundert wird, Correggio seine Erziehung des Amor, jetzt in der hiesigen Nationalgallerie, und zwei gröſsere allegorische Bilder, Tizian unter so vielen anderen die berühmte Grablegung,

legung, jetzt im Louvre, und die zwölf ersten römischen Kaiser. Alle diese und vieler anderen Meister treffliche Werke wurden für England gewonnen. Hierzu erwarb der König durch die Vermittlung von Rubens die sieben berühmten Cartons von Raphael. Drei und zwanzig ausgezeichnete Bilder der italienischen Schule wurden außerdem von einem gewissen Frosley gekauft. Endlich wetteiferten fremde Monarchen und seine eigenen Unterthanen, die Sammlung durch die bedeutendsten Geschenke zu vermehren. Bei seinem Besuch in Madrid, noch als Prinz von Wales, schenkte ihm der König Philipp IV. von Spanien das berühmte Bild Tizian's, von dem Pallaste, wo es lange befindlich war, die Venus del Pardo genannt. Dieses stellt eigentlich Jupiter und Antiope in einer der größten und herrlichsten Landschaften, die von Tizian bekannt sind, vor und befindet sich jetzt im Louvre. Der König von Frankreich, Ludwig XIII., verehrte ihm durch seinen Gesandten, Hrn. von Lyoncourt, Johannes den Täufer, ein höchst vollendetes Bild des Lionardo da Vinci, welches jetzt ebenfalls das Louvre ziert. Unter den vielen Engländern, welche dem Könige Bilder verehrten, zeichneten sich vor allen der Obermarschall Thomas Howard, Graf von Arundel, der Lord Kammerherr Graf Pembroke, der Graf von Suffolk, Lord Hamilton und der Lord und Abt Montague aus.

Liebte nun der König vorzugsweise die großen italienischen Meister, so wußte er doch auch die ersten Maler der deutschen und niederländischen Schule sehr wohl zu schätzen. Von den früheren Meistern des 16ten Jahrhunderts besaß er Werke von Holbein, Dürer, Penz, Cranach, Lucas von Leyden und Anton Moor. Von seinen Zeitgenossen suchte er den gröfsten Maler, nämlich Rubens, für England zu gewinnen, überhäufte ihn, als dieses nicht gelang, dennoch mit Gnadenbezeugungen, und liefs durch ihn nicht allein die Decke seines von dem berühmten Inigo Jones erbauten grofsen Festsaals (Banquetting-house) mit Malereien schmücken, sondern erwarb auch verschiedene seiner besten Staffeleibilder. Dagegen wufste er sich Rubens ausgezeichnetsten Schüler van Dyck ganz anzueignen, und die Anzahl der meisterlichen Bilder, welche derselbe vom Jahre 1632 bis zu seinem Tode 1642 für ihn ausführte, war sehr beträchtlich.

Schon das Obige wird Dir eine sehr günstige Vorstellung von der Sammlung des Königs Carl I. erwecken. Durch den Vergleich von drei noch vorhandenen Verzeichnissen wird diese noch ungemein vermehrt und theilweise im Einzelnen näher begründet. Das eine ist ein Auszug aus einem Catalog über alle Bilder und Sculpturen, welche der König besessen, mit Angabe der Schätzungs- und Verkaufspreise, als dieselben nach der unseeligen Hinrichtung des Königs versteigert wurden. Daraus geht hervor, dafs sich die Anzahl der in den verschiedenen königlichen Schlössern befindlichen Bilder auf 1387, die der Sculpturen auf 399 belief. Von allen diesen Kunstwerken sind nur 88 Gemälde als Hauptwerke näher angegeben mit Beifügung der Schätzungs- und Verkaufspreise. Das zweite Document ist ein ungefähr im Jahre 1639 verfafster Catalog des Aufsehers über die königlichen Kunstsammlungen Vanderdoort, welcher sich über 77 kleinere Bilder im Pallast St. James und alle Kunstwerke im Pallast Whitehall, der eigentlichen Hauptgallerie, erstreckt. Daselbst waren an Bildern, einschliefslich der Miniaturen, 497, an Sculpturwerken 79 vorhanden. Unter allen in diesem Catalog verzeichneten 574 Bildern befinden sich aber von den im obigem Auszuge speciell angegebenen 88 Gemälden nur 38. Da nun aufser diesen 38 Bildern unter jenen 574 bei Vanderdoort noch 216 von namhaften Meistern aufgeführt sind, unter denen sich Werke vom ersten Range, wie die Erziehung Amors von Correggio, Christus mit den Jüngern zu Emaus von Tizian, vorfinden, so läfst sich hieraus mit grofser Wahrscheinlichkeit schliefsen, dafs auch aufser den übrigen 50 Bildern, welche von jenen 88 auf die andern Schlösser des Königs, Somersethouse, Hamptoncourt, und dem gröfsten Theil von St. James kommen, in denselben, ebenso wie in Whitehall, noch eine ansehnliche Zahl anderer, werthvoller Bilder enthalten gewesen sein mufs. Dieser Schlufs erhält aber theilweise eine Bestätigung durch das dritte Document, einen Catalog der Sammlung des Königs Jacob II. In demselben befinden sich zuvörderst zwei Bilder als Raphael, zwei als Giorgione, zwei als Parmegiano, eins als Tizian bezeichnet, von denen ausdrücklich bezeugt wird, dafs sie aus der Sammlung Carls I. stammen, die aber weder in der Auswahl der 88 Bilder, noch im Catalog des Vanderdoort enthalten sind. Mit Einschlufs dieser sieben haben wir immer nur von 629 Bildern der 1387, welche König Carl besessen, eine nähere Angabe. Aber auch von der beträchtlichen Anzahl der anderen in dem Catalog Jacobs II. unter den Namen Lionardo da Vinci, Raphael, Giulio Romano, Giorgione, Tizian, den beiden Palma's, Paul Veronese, Tinturett,

2*

Bassano, Parmegiano, Dosso, Holbein, Rubens und van Dyck verzeichneten Bildern, welche weder unter jenen 88, noch im Vanderdoortschen Catalog vorkommen, halte ich mich für überzeugt, dafs die meisten einst zu den 758 Bildern der Sammlung Carls I. gehört haben, worüber uns alle Kunde fehlt. Nehmen wir aber auch nur, was nach jenen drei Catalogen mit Sicherheit Bestandtheil jener Sammlung gewesen, so mufs man über die Anzahl der Werke der gröfsten Meister erstaunen, welche sie enthielt. Es befanden sich darin aus der florentinischen Schule: von Lionardo da Vinci 1, von Andreas del Sarto 3; aus der römischen Schule: von Raphael 13, von Giulio Romano 27, von Perin del Vaga 1, von Garofalo 1; aus der lombardischen Schule: von Luini 1, von Correggio 9, von Parmegiano 11; aus der venezianischen Schule: von Giorgione 5, von Tizian 45, von Pordenone 4, von Sebastian del Piombo 1, von Palma vecchio 5, von Paolo Veronese 4; aus der bolognesischen Schule: von Annibale Carracci 2, von Guido Reni 4; aus der deutschen Schule: von Albrecht Dürer 3, von Hans Holbein 11, von Georg Pens 2, von Aldegrever 1; aus der niederländischen Schule endlich: von Lucas van Leyden 7, von Mabuse 2, von Rubens 6, von van Dyck 18. Mag nun auch gewifs manches dieser Bilder zweifelhaft, oder nicht gerade bedeutend gewesen sein, so war doch bei weitem die Mehrzahl höchst ausgezeichnet. Um Dir eine nähere Vorstellung von allen wesentlichen Bildern, welche jene Cataloge enthalten, zu geben, lege ich Dir hier ein Verzeichnifs derselben bei, dem ich zur Vervollständigung in einem Nachtrage diejenigen aus dem Catalog Jacobs II. hinzugefügt habe, welche muthmaaſslich ebenfalls aus der Sammlung Carls I. stammen.*)

Von so vielem Vortrefflichen hatte der König wieder das Vortrefflichste zu seiner täglichen Umgebung ausgewählt; denn die 46 Bilder, welche seine drei Wohnzimmer in Whitehall schmückten, rührten, bis auf ein einziges von Michael Cocxie, nur von Raphael, Correggio, Tizian, Giulio Romano, Polidor da Caravaggio, Andrea del Sarto, Giorgione, Luini und Parmegiano her. In seiner Privatgallerie daneben hatte er eine Sammlung von Bildnissen von verschiedenen fürstlichen Häusern Europas, besonders der Könige von England und seiner eigenen Familie vereinigt.

An Sculpturwerken sind in dem Catalog des Vanderdoort 79 verzeichnet, worunter indeſs wenig von Bedeutung. Die meisten sind Büsten oder kleine Copien moderner Werke, z. B. des Fiamingo, Bernini. Die Hauptsammlungen von Sculpturwerken befanden sich indeſs im königlichen Pallast zu Greenwich und in Somersethouse. Am ersten Orte belief sich die Anzahl auf 230, am zweiten auf 120 Sculpturen. Obgleich wenig nähere Kunde darüber auf uns gekommen ist, so läſst sich doch daraus, daſs der König Manches durch Sir Kenelm Digby, Admiral in der Levante, dort erwerben lieſs, so wie daſs die Sculpturen auf 17989 Pfund Sterling geschätzt, und einzelne für 200 bis 300 Pfund verkauft wurden, schlieſsen, daſs sich darunter Vieles von Werth befunden haben muſs. Eine besondere Liebhaberei hatte der König an Münzen. Vanderdoort führt 443 der-

*) Siehe Anlage *A.* am Ende des Bandes.

gleichen auf, die indefs, mit Ausnahme einiger griechischen und der Kaisermünzen, dem 16ten und 17ten Jahrhundert angehören. Endlich besafs er auch eine Sammlung von Handzeichnungen grofser Meister, von denen Vanderdoort ebenfalls Einiges, z. B. ein Zeichenbuch des Michelangelo Buonaroti, aufgeführt hat.

Dieser vielseitigen und grofsartigen Kunstliebe des Königs stand die des schon erwähnten Grafen Arundel würdig zur Seite; ja er war es, welcher zuerst den Sinn des Königs für Kunstwerke erweckte. Auch er sammelte mit dem vielseitigsten und feinsten Geschmack und einem fürstlichen Aufwande Gemälde, Handzeichnungen, geschnittene Steine, vor Allem aber antike Sculpturen und Inschriften. Schon er selbst hatte auf seinen langen Reisen auf dem Continent Vieles gekauft; später aber unterhielt er zu diesem Zweck Sachverständige in verschiedenen Ländern Europas. So machten in Italien der Maler Edward Norgate und der Gelehrte John Elwyn besonders glückliche Erwerbungen. William Petty brachte auf Paros und Delos für ihn eine grofse Anzahl von Sculpturen zusammen, die indefs leider sämmtlich durch Schiffbruch zu Grunde gingen; jedoch erhielt er besonders aus Kleinasien aufser manchen Sculpturen eine Anzahl höchst wichtiger Inschriften. Dieses Bestreben, aus der ersten Quelle zu schöpfen, als noch sonst Niemand daran dachte, beweist, auf welche Höhe der Kunstbildung sich der Graf befand. Die in seinem Hause und Garten in London und in seinem Garten in Lambeth aufgestellte Sammlung enthielt 37 Statuen, 128 Büsten, 250 Marmore mit Inschriften, die Sarkophage, Altäre, Fragmente und kostbaren geschnittenen Steine ungerechnet. Eine ganz besondere Vorliebe besafs der Graf für die Werke des Holbein, und es war ihm gelungen, an Bildern und Handzeichnungen dieses Meisters einen erstaunlichen Schatz zusammenzubringen.

Den dritten Rang als Sammler von Kunstwerken nahm in jener Zeit in England der unwürdige Günstling der Könige Jacob I. und Carl I., der Herzog von Buckingham ein. Für die Erwerbung von Sculpturen war für ihn der Gesandte an der Pforte Sir Thomas Roe thätig. Von dem Maler Rubens kaufte er dessen vortreffliche Sammlung von Bildern und anderen Kunstwerken für 10000 Pfund Sterling. In Venedig liefs er durch den englischen Gesandten Sir Henry Woothon sehr bedeutende Ankäufe machen. Manches erwarb er selbst auf seinen vielen Reisen. Alles dieses wurde in Yorkhouse im Strand aufgestellt. Von dem Werth dieser Sammlung kannst Du Dir aus Folgendem eine ungefähre Vorstellung machen. Nach der Ermordung des Herzogs im Jahre 1628 wurde sein Nachlafs unter Sequester gelegt und bei dieser Gelegenheit ein grofser Theil der Kunstwerke verzettelt. Einige Bilder, und gewifs nicht die schlechtesten, kauften der König, der Herzog von Northumberland und der Lord Abt Montague. Dennoch enthielt der Rest nach einem darüber vorhandenen Catalog 3 Bilder von Leonardo da Vinci, 1 von Andrea del Sarto, 3 von Raphael, 1 von Giulio Romano, 2 von Correggio, 2 von Giorgione, 19 von Tizian, 2 von Pordenone, 2 vom alten Palma, 13 von Paul Veronese, 17 von Tintorett, 21 von den Bassano's, 6 vom jüngeren Palma, 2 von Annibale Carracci, 3 von Guido Reni, 9 von Domenico Feti, 8 von Holbein, 6 von Anton Moor, 13 von Rubens, anderer Meister zu geschweigen. Sicherlich war manches Bild unecht, oder minder bedeutend; doch befanden sich darunter auch Hauptbilder, wie der berühmte Ecce homo von Tizian mit 19 lebensgrofsen Figuren, wofür der Graf Arundel dem Herzog vergebens in Geld oder in Land die für jene Zeit sehr grofse Summe von 7000 Pfund Sterling geboten hatte, so wie von Rubens die herrlichsten Jagden und Landschaften. Ueber die Sammlung von Sculpturen ist nichts Näheres bekannt, die der geschnittenen Steine scheint von erheblichem Werthe gewesen zu sein.

Es konnte nicht fehlen, dafs ein solcher Vorgang des Königs und der ersten Männer des Reichs unter dem Adel und sonstigen bemittelten Personen viele Nachfolge fand, so dafs die Engländer damals auf dem besten Wege waren, mit der allgemeineren Verbreitung von Werken aus den für die Kunst glücklichsten Epochen zu einem edlen und reinen Geschmack in den bildenden Künsten zu gelangen. Durch die politischen Ereignisse, welche den Tod des Königs Carl und Cromwels Protectorat herbeiführten, schwand indefs diese schöne Aussicht auf lange Zeit dahin. In Folge derselben wurde nämlich im Juli des Jahres 1650 im Parliamente der Beschlufs gefafst, sämmtliche auf 49903 Pfund Sterling 2 Schilling und 6 Pence geschätzten Bilder und Statuen mit allem anderen Privateigenthum des Königs öffentlich zu versteigern. Noch in demselben Jahr und im Jahr 1653 fand diese Versteigerung statt, zu welcher fürstliche Commissionaire und Kunstliebhaber aus ganz Europa zusammenströhmten. Die Hauptkäufer waren: 1) der spanische Gesandte Don Alonzo de Cardenas. Er erstand an Gemälden und anderen Kostbar-

wohl nur von seinen Cabinetbildern und geschnittenen Steinen. Das Meiste seiner Bilder von Holbein, von denen uns die Stiche des Wenceslaus Hollar noch eine Vorstellung geben, ist verschollen. Nur eine Reihe von 87 von Holbein gezeichneten Bildnissen, welche der Lord Kammerherr Graf Pembroke gegen ein Bild von Raphael, den heiligen Georg, vom König Carl I. eingetauscht und darauf dem Grafen Arundel gegeben hatte, befindet sich jetzt in der königlichen Handzeichnungssammlung. Sie sind durch die Kupfer von Bartolozzi in dem Werk von Chamberlaine bekannt. Die Marmore mit Inschriften schenkte sein ältester Sohn, der Herzog von Norfolk, der Universität zu Oxford, woselbst sie unter dem Namen der „Marmora Oxoniensia“ in der ganzen gelehrten Welt berühmt geworden sind. Von den Statuen, welche in Arundelhouse während Cromwel's Gewaltherrschaft confiscirt wurden, erwarb manche der spanische Gesandte Don Alonzo de Cardenas. Was übrig geblieben, wurde im Jahre 1678, als Arundels Haus und Garten in Straßen verwandelt wurden, verkauft. Die wichtigsten, im Hause befindlichen, kaufte der Graf Pembroke für seine Sammlung auf seinem Landsitze zu Wilton, wo sie, mit anderen vereinigt, noch befindlich sind. Die aus dem Garten kaufte der Lord Lemster für seinen Landsitz Easton Neston; im Jahre 1755 aber verehrte die Gräfin Pomfret sie ebenfalls der Universität zu Oxford.

Der freudlose, aller Kunst und Poesie feindliche Geist der Puritaner, welcher zunächst in England herrschte, war dem Sammeln von Kunstwerken wenig günstig, und wenn die folgenden Könige, Carl II. und Jacob der II., schon einigen Gefallen an Kunstwerken zeigten, so fehlte ihnen der edle Geschmack ihres Vaters. Das Bestreben des Ersteren, die verschleuderten Gemälde der Sammlung Carls I. wieder zu erhalten, verdient indefs die rühmlichste Anerkennung. Auch waren diese Bemühungen keineswegs fruchtlos. Nach dem Tode des oben erwähnten Hrn. Reynst kauften die Generalstaaten sämmtliche, von ihm in der Versteigerung der Sammlung Carls I. erstandene, Bilder und machten damit Carl II. ein Geschenk. Aufserdem brachte er noch so viele zusammen, dafs sich von den in der Auswahl der 88, und im Catalog des van der Doort verzeichneten Bilder namhafter Meister 70 mit Gewifsheit nachweisen lassen, unter denen die 9 Bilder des Triumphzugs von Andrea Mantegna die bedeutendsten sind. Aufser den vielen Bildnissen ohne Angabe der Meister gehören hierher gewifs auch noch die Mehrzahl der Bilder, welche ich in dem Nachtrage gegeben habe. Carl II. hatte die königlichen Sammlungen wieder auf mehr als 1100 Bilder, einschliefslich der Miniaturen und zehn Zeichnungen, und über 100 Sculpturwerke gebracht. Unter den Letzteren war vieles aus dem Cinquecento. Was Jacob II. diesem hinzufügte, war weder der Zahl noch dem Inhalte nach bedeutend. Unter den wenig mehr als 100 Bildern sind zwei von van Dyck, zwei von Wouverman, fünf Seestücke von Wilhelm van de Velde und sieben Bilder des Schiavone noch das Erheblichste. Diese Kunstschätze waren in den Schlössern zu St. James, Hamptoncourt, Windsor und Whitehall vertheilt. Letzteres enthielt noch immer die eigentliche Hauptgallerie, denn es befanden sich dort 738 Bilder, und darunter viele von den namhaftesten Meistern. Einen neuen, unersetzlichen

keiten so viel, dafs 18 Maulthiere nöthig waren, um diese Schätze von Corunna nach Madrid zu schaffen. Unter den Bildern befand sich auch die grofse heilige Familie von Raphael aus der Sammlung von Mantua. Bei ihrem Anblick soll der König Philipp IV. ausgerufen haben: „Das ist meine Perle," woher die Benennung entstanden, unter welcher dieses Bild seitdem in der Kunstwelt bekannt ist. 2) Der aus Cöln stammende, in Paris ansässige Banquier Jabach, welcher später seine kostbare Sammlung Ludwig XIV. verkaufte, erstand damals viele der vorzüglichsten Bilder, unter anderen von Correggio Jupiter und Antiope und die beiden allegorischen Vorstellungen, von Titian die Grablegung und Christus mit den Jüngern zu Emaus, welche jetzt zu den vornehmsten Zierden des Louvre gehören. Jene allegorischen Vorstellungen befinden sich in der reichen und trefflichen Sammlung der Cartons und Handzeichnungen des Louvre, welche leider seit einer Reihe von Jahren den Augen des Publikums entzogen ist. 3) Der Erzherzog Leopold Wilhelm, damaliger Statthalter in den östreichischen Niederlanden. Er wendete eine beträchtliche Summe auf den Ankauf vorzüglicher Bilder, namentlich aus der venezianischen Schule. Dieselben gingen im Jahre 1658, als er den kaiserlichen Thron bestieg, mit seiner ganzen, reichen Sammlung nach Wien, und befinden sich jetzt in der kaiserlichen Sammlung im Pallast Belvedere. 4) Ein bekannter holländischer Kunstkenner jener Zeit, Herr Reynst. Er kaufte mehrere vorzügliche Bilder, die er in einem Werk über seine Sammlung hat in Kupfer stechen lassen. 5) Die Königin Christine von Schweden. Sie kaufte vornehmlich das Werthvollste der

2**

Juwelen und Medaillen, aber auch einige Bilder um hohen Preis. 6) Der Cardinal Mazarin. Er erstand besonders Sculpturen und die kostbaren gewirkten Tapeten und Teppiche, um damit sein Palais in Paris auszustatten. Endlich waren auch Sir Balthasar Gerbier, so wie die Maler de Critz, Wright, Baptist, van Leemput eifrige Käufer. Die Summe, welche für sämmtliche Gegenstände bezahlt wurde, betrug 118080 Pfund Sterling 10 Schilling 2 Pence. So wurde der gröfste Theil der herrlichen Kunstschätze, welche König Carl I. vereinigt hatte, in ganz Europa verstreut. Nur die berühmten sieben Cartons von Raphael liefs Cromwel um 300 Pfund Sterl. für die Nation zurückkaufen. Manches Andere wurde von Engländern erstanden, und so wenigstens dem Lande erhalten. So weit es mir möglich war, habe ich in dem beigelegten Verzeichnifs über die vornehmsten Gemälde der Sammlung Carls I. ihre Herstammung und den Ort angegeben, wo sie sich jetzt befinden.

Auch über die Sammlungen des Grafen Arundel und des Herzogs von Buckingham waltete ein eigner Unstern. Letztere wurde von seinem Sohn während der Zeit seiner Verbannung nach Antwerpen gezogen, und dort, um ihm die Mittel zu seiner Subsistenz zu verschaffen, versteigert. Bei dieser Gelegenheit wurde der Catalog davon gemacht, aus welchem ich die obigen Notizen gegeben habe. Auch hier war der Erzherzog Leopold Wilhelm einer der eifrigsten Käufer und erstand das Hauptbild von Tizian, den Ecce homo, welches sich jetzt zu Wien in der Sammlung im Belvedere befindet. Als der Graf Arundel im Jahre 1642 England verliefs, soll er seine Sammlung mitgenommen haben. Doch gilt dieses

aus der italienischen Schule, Carlo Dolce, Sassoferrato, Salvator Rosa, Claude Lorrain und Gaspar Poussin. Die Bilder der beiden Letzten sind häufig die schönsten Glanzpunkte dieser Gallerien. Von der französischen Schule ist Nicolas Poussin und Bourguignon vor allen geschätzt; in der niederländischen Rubens, van Dyck und, wenn gleich nicht in dem Maafse, Rembrandt. Von allen diesen beliebten Meistern sieht man die herrlichsten Werke. Hier und da stöfst man noch auf treffliche Seestücke des Wilhelm van de Velde, gewählte Landschaften des J. Ruysdael und Hobbema und hübsche Bilder des Teniers. Nur selten trifft man dagegen einen echten Holbein, noch seltener einen Jan van Eyck, oder andere Meister der altniederländischen und deutschen Schulen an. Als die einzige Sammlung, welche hier eine rühmliche Ausnahme macht, und in dem edlen Geschmack Carls I. angelegt worden ist, mufs ich hier die des Lords Cowper auf seinem Landsitze Pansanger in Herfortshire erwähnen. Dieselbe, erst gegen Ende des Jahrhunderts gebildet, enthält vorzugsweise Bilder von Raphael, Andrea del Sarto und Fra Bartolomeo. Die Liebhaberei des 18ten Jahrhunderts umfafste mit vielem Eifer auch die Handzeichnungen. Unter den zahlreich in dieser Beziehung entstandenen Cabinetten zeichneten sich die noch bestehenden der Herzöge von Devonshire, der Grafen Pembroke, des Königs Georg III., die nun zerstreuten der beiden Richardsons und des Sir Josua Reinolds besonders aus. Auch Privatsammlungen von antiken Sculpturen sind in dieser Epoche mehrere und darunter einige sehr zahlreiche entstanden. Auf den ersten Blick sieht man es diesen an, dafs dabei nicht die feine Kunstkritik der neuesten Zeit obgewaltet hat. Mehr oder minder finden sich daher Werke von höherem Kunstwerth mit den stark restaurirten Arbeiten römischer Marmorarier untermischt. Die namhaftesten Sammlungen dieser Art sind: die des Marquis von Landsdowne und Hrn. Hope zu London, des Hrn. Coke zu Holkham, des Herzogs von Bedford zu Wobumabbey, des Grafen Carlisle in Castle Howard, des Grafen Egremont zu Petworth, des Hrn. W. Blundell zu Ince, des Hrn. Smith Barry zu Marburyhall, so wie die von Sir Worsley gebildete zu Apuldurcombe-House auf der Insel Wight. Die wichtigste von allen, die von Charles Townley, bildet jetzt einen Hauptheil des britischen Museums. Endlich sind auch Gegenstände antiker Kunst von geringerem Umfange, als kleine Bronzen, bemalte Thonvasen, gebrannte Erden, Hausgeräth, Schmuck, kurz alles, was man unter dem Namen Anticaglien begreift, so wie Münzen und geschnittene Steine öfter Gegenstände der Sammlerlust gewesen. Besonders verdienen hier nähere Erwähnung für gebrannte Erden Sir Charles Townley, für Vasen Sir William Hamilton, für geschnittene Steine der Herzog von Devonshire, Graf Carlisle, Joseph Smith, Sir R. Worsley, für kleine Bronzen Hr. Kemp (dessen Sammlung 1720 verkauft wurde), für Anticaglien aller Art Dr. Mead.

Doch noch einmal sollte England einen empfindlichen Verlust an Kunstwerken leiden. Im Jahre 1779 wurde nämlich die schon erwähnte, an Umfang und Gehalt sehr bedeutende Gemäldegallerie des Ministers Robert Walpole zu Houghton-Hall für die Summe von 36000 Pfd. Sterl. an die Kaiserin Catharina nach Rufsland verkauft, wo sie eine der wichtigsten Be-

Verlust erlitten daher die königl. Sammlungen, als im Jahre 1697 der Pallast Whitehall abbrannte. Von den 3 Lionardo da Vinci, 3 Raphael, 12 Giulio Romano, 18 Giorgione, 18 Tizian, 6 Palma vecchio, 6 Correggio, 7 Parmegiano, 27 Holbein, 4 Rubens, 13 van Dyck, 14 Wilhelm van de Velde genannten Bildern, welche darin befindlich, und von denen gewifs ein sehr beträchtlicher Theil echt war, fanden hier die meisten ihren Untergang.

Unter den Privatsammlungen zur Zeit König Carls II. war die des Sir Peter Lely, der als Bildnifsmaler in jener Zeit dieselbe Rolle spielte, wie van Dyck unter Carl I., wohl die bedeutendste. Unter den 167 Bildern, welche sie enthielt, befanden sich 2 von Tizian, 8 von Paul Veronese, 5 von Rubens und 3 von Claude. Die Hauptstücke der Sammlung waren indefs die Bilder des van Dyck. Von den 26 Bildern von ihm waren 23 meist sehr vortreffliche Bildnisse. Hierzu kam noch eine Folge von 37 Bildnissen ausgezeichneter Personen, die er zum Gebrauch der Kupferstecher klein in brauner Farbe ausgeführt hatte. Zwölf derselben befinden sich jetzt in der Gallerie in München. Die meisten anderen aber besitzt der Herzog von Buccleugh auf seinem Landsitz Brougtonhall. Besonders werthvoll war aufserdem Lely's Sammlung von Zeichnungen grofser Meister, vornehmlich des Raphael, Polydor und Michelangelo, so wie die der alten Kupferstiche. Nach seinem Tode wurde alles dieses im Jahre 1680 versteigert.

Als seit Anfang des 18ten Jahrhunderts der Geschmack am Sammeln von Gemälden wieder allgemeiner erwachte, so ging dieses weder von den folgenden Königen, noch vom Parliament, sondern lediglich von kunstliebenden Privatpersonen aus, welche zugleich die Sitte einführten, die Sammlungen meist auf ihren Landsitzen anzulegen. Mehr oder minder Mitglieder von folgenden Familien haben sich darin besonders ausgezeichnet. Die Herzöge von Marlborough, Bedford, Devonshire und Hamilton, die Marquis von Landsdowne und Bute, die Grafen von Pembroke, Exeter, Leicester, Warwick, Spencer, Burlington, Radnor, Egremont. Ganz besonders sind aber die Minister Sir Robert Walpole, und Paul Methuen, so wie Welbore Ellis Agar zu nennen. Diese bis gegen das Ende des 18ten Jahrhunderts entstandenen Sammlungen tragen indefs einen ganz anderen Character, als die aus der Zeit Carls I. Sie verrathen einen ungleich minder reinen und edlen Geschmack, und zeugen in manchen Theilen von wenig gründlicher Kunstkenntnifs. Man begegnet in denselben zwar öfter den Namen eines Raphael, Correggio, Andrea del Sarto, sehr selten den Werken. Besser ist die venezianische Schule besetzt, so dafs von Tizian, Paul Veronese, Tintorett, den Bassano's öfter treffliche Bilder vorkommen. Noch häufiger sind die Gemälde aus der Schule der Carracci, dieser Meister selbst, des Domenichino, des Guido, des Guercino, des Albani; doch befinden sich darunter nur wenige Werke ersten Ranges. Besonders zahlreich sind leider die Bilder aus der Epoche des Verfalls der Malerei in Italien, als von B. Castiglione, P. F. Mola, Filippo Lauri, Carlo Cignani, Andrea Sacchi, Pietro da Cortona, Carlo Maratta, Luca Giordano. Für gewisse Meister bildet sich in dieser Zeit eine ganz besondere Vorliebe aus. Dahin gehören

standtheile der kaiserlichen Sammlung in der Eremitage bildet. England büfste dadurch für immer eine Reihe von Hauptwerken des Rubens und van Dyck ein. Auch eine dem Lyde Browne zugehörige Sammlung von 80 antiken Sculpturwerken, meist von dem bekannten englischen Banquier Jenkins in Rom aus dem Pallast Barberini und durch neue Nachgrabungen zusammengebracht, ging auf dieselbe Weise nach Petersburg.

Wie bald darauf mit der französischen Revolution der Zeitpunkt eintrat, von welchem ab England für alle früheren Verluste an Denkmalen bildender Kunst reichlich entschädigt werden sollte, darüber behalte ich mir vor, Dir im nächsten Briefe Einiges mitzutheilen.

Vierter Brief.

London, den 20. Mai 1835.

Jetzt habe ich doch auch eine Vorstellung erhalten, wie ein englischer Herzog wohnt und eingerichtet ist. Durch die Gnade I. k. H. der Herzogin von Cumberland und I. k. H. der Prinzefs Luise von Preufsen mit zwei Briefen versehen, wartete ich dem Herzog von Sutherland auf. Ich wurde auf das Freundlichste empfangen und von dem Herzog selbst in dem Pallast herumgeführt. Durch Umfang, stattliche Hauptverhältnisse, Gediegenheit des durchgängig aus Werkstücken bestehenden Materials und Schönheit der Lage zeichnet sich derselbe vor allen andern Pallästen Londons aus. Von dem letzten Herzog von York unter Leitung des Architecten B. Wyatt angefangen, wurde er nach des Herzogs Tode von dem Vater des Herzogs von Sutherland, dem jetzt gleichfalls verstorbenen Marquis von Stafford, gekauft und ausgebauet. Der jetzige Besitzer hat indefs noch ein Stockwerk aufsetzen lassen. Aus den Fenstern geniefst man eine freie, herrliche Aussicht; denn nach der einen Seite übersieht man den ganzen Greenpark, nach der anderen aber St. Jamespark mit mächtigen Bäumen vom üppigsten Bewuchs, zwischen denen die Thürme von Westminster im Hintergrunde hervorragen. Dennoch kehrt der Blick immer wieder nach dem Inneren der Zimmer zurück, wo ihn die mannigfaltigsten Gegenstände fesseln. Denn aufser dem Reichthum und der Pracht, welche überall Tapeten, Vorhänge und Meubeln entfalten, fehlt hier nirgend der edlere, gebildete Genufs, den nur Kunstgegenstände gewähren. Die marmornen Camine sind mit kleinen Bronzen und zierlichen Gefäfsen nach den bekanntesten Antiken in den seltensten Steinarten geschmückt. Auch einigen antiken Büsten und Reliefen begegnet man. Den Hauptschmuck aber gewähren die Bilder aus der italienischen, niederländischen, spanischen und modern-englischen Schule, welche der Herzog, einer der reichsten Männer in England, fortwährend zu vermehren bemüht ist. Eine von oben beleuchtete Gallerie, welche er mir in dem neuen Stockwerk zeigte, wird in einigen Jahren die werthvollsten Gemälde vereinigen. Der Herzog, welcher in seiner Jugend länger am preufsischen Hofe gelebt, hat das Andenken jener Zeit noch treulich bewahrt, wie verschiedene Bildnisse aus der königlichen Familie beweisen, unter denen sich die Büste der verewigten Königin von unserem Rauch in Marmor, nach seinem Denkmal in Charlottenburg ausgeführt, vor allen auszeichnet. Bei einem späteren Besuche in Berlin, als ich die Gelegenheit hatte, ihm und der Herzogin einen Theil der aus der Solly'schen Sammlung stammenden Gemälde des Königs zu zeigen, hat er auch das vielseitige Genie Schinkels nach Würden schätzen gelernt. Die Art, wie er sich über die Eleganz und den Reichthum der Formenerfindung Schinkels aussprach, bewies mir, dafs er mit Recht eine der ersten Stellen unter den jetzigen Kunstprotectoren Englands einnimmt. Die Herzogin, welcher ich von ihm vorgestellt wurde, fand ich unverändert. Der Ausdruck des gütigsten Wohlwollens und eines klaren Verstandes, welcher sich bei ihr zu einer seltnen und dabei echt englischen Schönheit gesellt, machen ihre Erscheinung höchst ansprechend. Das Imposanteste des Pallastes ist das Treppenhaus. Dieser sehr grofse Raum, welcher, durch alle Stockwerke gehend, vermittelst einer Laterne von oben sehr hell erleuchtet ist, macht durch seine guten Verhältnisse, durch die Farbe der Wände, worin vortrefflich das Giallo antico nachgeahmt worden, durch das reich mit vergoldeter Bronze geschmückte Geländer der Treppe, einen sehr überraschenden und stattlichen Eindruck. Ich wurde dadurch lebhaft an manche der grofsen Räume in den Pallästen zu Genua erinnert. Da mir der Herzog auf das Freundlichste den täglichen Zutritt zu den Gemälden gestattet hat, werde ich Dir in einiger Zeit Näheres darüber schreiben, heut aber nach meinem Versprechen versuchen, Dir einen Ueberblick der unermefslichen Ernte von Kunstwerken aller Art zu geben, welche England vom Anfang der französischen Revolution bis auf unsere Tage gehalten hat.

Von allen Kunstsammlungen, welche in diesem Zeitraum in England eingeführt worden sind, machte die bedeutendste den Anfang. Dieses ist die Gallerie des Herzogs von Orleans. Damit Du Dir eine ungefähre Vorstellung von derselben machen kannst, theile ich Einiges über ihre Entstehung und ferneren Schicksale mit. Der Herzog Philipp von Orleans, unter dem Namen des Regenten bekannt, war es, welcher sie in der ersten Hälfte des 18ten Jahrhunderts mit vielem Geschmack und sehr großem Aufwande anlegte. Der wichtigste Erwerb, welchen er machte, waren 47 Bilder aus der Sammlung der Königin Christine von Schweden. Nach dem Tode derselben waren diese in den Besitz des Cardinals Decio Azzolini gekommen, von dessen Neffen sie Don Livio Odeschalchi, Herzog von Bracciano, kaufte. Die Erben desselben überließen sie an den Herzog von Orleans. Darunter befanden sich die drei berühmten Werke des Correggio, die Leda, die Io und die Danaë. Ganz oder theilweise gingen in die Gallerie des Herzogs noch folgende namhafte Sammlungen über: die der drei Cardinäle Richelieu, Mazarin und Dubois, der Herzöge von Grammont, von Noailles, von Vendôme, von Menars und von Hautefeuille, die des Lord Melfort, des Abts Maisainville, der Herren Deval, de Nosse, de Seignelay, Forest de Nancré, Tambonceau, Paillet, Corberon, de Bretonvilliers, de Launay, de la Ravois, du Cher de Lorraine, Dorigny und des Abbé Decamps. Endlich benutzte der Herzog jede Gelegenheit zum Ankauf einzelner Hauptbilder, unter denen die Auferweckung des Lazarus von Sebastian del Piombo, als Gegenstück von Raphaels Transfiguration gemalt, aus der Cathedrale von Narbonne das berühmteste ist. Die bei seinem Tode aus 485 Bildern bestehende Gallerie enthielt auf solche Weise aus den glücklichsten Epochen der italienischen, niederländischen und französischen Schulen die seltensten Schätze, war aber besonders reich an italienischen Bildern aus den Zeiten Raphaels und der Carracci. Der bekannte Kunstkenner Crozat gab daher ein eigenes Kupferwerk über dieselbe heraus, woraus man sich noch jetzt nach deren Zerstreuung eine Vorstellung von ihrer dereinstigen Reichhaltigkeit machen kann. Freilich können viele jener Bilder vor der genaueren Kunstkritik der neueren Zeit nicht mehr bestehen. Die zwölf sogenannten Raphaels schmelzen auf fünf, die zwölf Correggio's auf höchstens die Hälfte zusammen. Doch wie viele der heutigen Gallerien in Europa dürfen sich rühmen, so viele ganz unzweifelhafte Bilder dieser Meister aufzuweisen? Bei anderen Meistern stellt sich auch das Verhältniſs ungleich günstiger; so möchte von den 27 angeblichen Tizians höchstens der 6te Theil, von den 33 Bildern der Carracci aber nur sehr wenige gegründetem Zweifel unterworfen seyn. Obgleich die niederländische Schule nicht so zahlreich besetzt war, so hatte sie doch 19 Bilder von Rubens, 12 von van Dyck, 7 von Rembrandt, 10 von Teniers, 4 von Gerard Dow, 3 von Franz Mieris dem älteren, 7 von Caspar Netscher, 4 von Wouwermans und manches andere Schätzbare aufzuweisen. Unter den Bildern der französischen Schule befanden sich die berühmten 7 Sacramente des Nicolas Poussin.

Durch Louis von Orleans, dem Sohn des Regenten, wurde der Gallerie ein unersetzlicher Verlust bereitet. In pietistischem Irrwahn schnitt er die Köpfe der Leda und der Io aus den Bildern des Correggio heraus und verbrannte sie. Das Gemälde der Leda wurde außerdem in Stücke geschnitten und so wie das der Io ebenfalls zum Feuer verdammt. Glücklicherweise gelang es dem Director der Gallerie, dem Maler Noël Coypel, die Bilder zu retten. Er fügte die Stücke des Bildes der Leda wieder zusammen und malte in beiden die Köpfe neu. Nach der Meinung von dem bekannten Maler Landon soll indeſs der Maler Deslyen den Kopf der Leda gemalt haben. In diesem Zustande kamen sie nach Coypels Tode an einen Hrn. Pasquier, in dessen Auction Friedrich der Groſse sie erstehen lieſs. Bis zum Jahre 1806 machten sie eine Zierde der Gallerie von Sanssouci aus. Um diese Zeit nach Paris zurückgebracht, wurde unter Denons Aufsicht eine neue Restauration damit vorgenommen. Coypels schlechter Kopf der Io wurde durch einen ausgezeichnet schönen, nur in der Farbe zu kalten, von dem bekannten Maler Prud'hon ersetzt *), das Bild von der Leda aber bei dieser Gelegenheit fast ganz übermalt. Im Jahre 1814 wurden beide Bilder wieder nach Sanssouci versetzt, wo sie bis zum Jahre 1830 blieben. Seit dieser Zeit befinden sie sich, wie Du weiſst, in dem neu gegründeten Museum und sind durch den so gewissenhaften, als geschickten Restaurator des Museums, Professor Schlesinger, in einen ungleich besseren Stand gesetzt worden. An der

*) Landon berichtet irrig, daſs dieses mit dem Kopf der Leda geschehen sei.

lo sind die störendsten Retouchen heruntergenommen und der Kopf von Prud'hon durch eine warme Lasur mit dem Körper in Uebereinstimmung gebracht worden. Das Bild der Leda zeigte sich nach dem Herunternehmen der schlechten Uebermalungen ungleich weniger zerstört, als man erwarten durfte und hat jetzt die alte Helligkeit des Gesammttons, in vielen Theilen auch die ursprüngliche, feine Abrundung der Figuren wieder gewonnen. Auch ist jener schwarze und gemeine Kopf der Leda von Coypel durch einen neuen in Ton und Ausdruck glücklich ersetzt worden.

War nun auf solche Weise durch den unseeligen Pietismus des Herzogs Louis von Orleans die Gallerie schon einiger ihrer Hauptzierden beraubt worden, so wurde sie durch den beklagenswerthen Ehrgeiz des Herzogs Philipp, bekannt unter dem Namen Egalité, vollends ganz zersplittert. Um Geld zur Erreichung seiner politischen Absichten zu erhalten, verkaufte er nämlich im Jahre 1792 die ganze Sammlung um einen wahren Spottpreis. Für die sämmtlichen Bilder aus der italienischen und französischen Schule, welche sich auf 295 beliefen, erhielt er von dem Banquier Walkuers aus Brüssel die Summe von 750000 Livres, für die Bilder der flamändischen, holländischen und deutschen Schule von dem Engländer Thomas Moore Slade die Summe von 350000 Francs. In dem löblichen Bestreben, diese Schätze seinem Vaterlande zu erhalten, kaufte Laborde de Mereville, ein reicher Edelmann, die erste Abtheilung dem Banquier Walkuers für 900000 Francs wieder ab. Als er aber im Verfolg der Revolution, gleich so vielen vom Adel, Frankreich verlassen mufste, liefs er seine Bilder nach England überbringen und verkaufte sie, da es ihm an Subsistenzmitteln gebrach, für 40000 Pfd. Sterl. an das Handelshaus von Jeremias Harman in London. So standen die Sachen, als es im Jahre 1798 dem Hrn. Bryan, einem eifrigen Kunstfreunde, gelang, den verstorbenen Herzog von Bridgewater, den Grafen Gower, nachmaligen Marquis von Stafford, und den Grafen Carlisle zu bewegen, diesen großen Kunstschatz für die Summe von 43000 Pfd. Sterling zu kaufen und ihn so auf immer für England zu sichern. Hierauf ließen diese Herren die einzelnen Bilder von Bryan schätzen, welches eine Summe von 72000 Pfd. Sterl. ergab, und alsdann vom 26. Decbr. 1798 bis zu Ende Augusts 1799 zum öffentlichen Verkauf ausstellen. Nachdem sie sich selbst nach jener Schätzung von Bryan 94 Bilder zum Belauf von 39000 Guineen vorbehalten, wurden in diesem Zeitraum für 31000 Guineen durch Privatverträge verkauft. Die Zahl von 66 Bildern endlich, welche noch übrig geblieben waren, wurden im nächsten Jahre versteigert und ergaben mit der ansehnlichen Summe, welche durch die Ausstellung eingekommen, eine Summe von ungefähr 10000 Pfd. Sterl. Auf solche Weise hatten die drei Herren jene 94 Bilder, die sie größtentheils als die schönsten ausgewählt, so gut wie umsonst.

Der größte Theil der anderen Abtheilung der Orleans'schen Gallerie, welche die Bilder aus der flamändischen, holländischen und deutschen Schule enthielt, war von Hrn. Slade ebenfalls in Gemeinschaft von einigen andern Herren, nämlich des Lord Kinnaird und der Herren Morland und Hammersley, gekauft, noch im Jahre 1792 von ihm nach Chatham gebracht und dort für einige Monate in seinem Hause auf-

aufgestellt worden. Im Jahre 1793 aber wurden sie nach London gebracht, ausgestellt und öffentlich versteigert. Auch von allen namhaften Bildern dieser Gallerie lege ich Dir ein Verzeichniſs mit Angabe der ersten Käufer und der jetzigen Besitzer bei, so weit es mir gelungen ist, mir darüber Kunde zu verschaffen.*)

Der Sammlung Orleans folgte zunächst die aus 359 Bildern bestehende des französischen Ministers Calonne, welche dieser mit groſsem Aufwande in einer Reihe von Jahren gebildet hatte. Sie enthielt eine Anzahl der gröſsten Meisterwerke der holländischen Schule des 17ten Jahrhunderts, so wie verschiedene treffliche Werke französischer und spanischer Maler. Die Preise, welche in der im Jahre 1795 gehaltenen Versteigerung bezahlt wurden, sind im Ganzen für England sehr mäſsig zu nennen.

Durch die Verbreitung der Bilder aus diesen beiden Sammlungen in England nahm der Geschmack an trefflichen Gemälden einen erstaunlichen Aufschwung, und die folgenden Zeiten boten die mannigfaltigste und seltenste Gelegenheit dar, denselben auf eine würdige Weise zu befriedigen. Wie nämlich der Sturm der französischen Revolution über die verschiedenen Länder Europas hereinbrach und das Besitzthum der Staaten wie der Einzelnen bis auf den Grund zerrüttete, brachte die allgemeine Noth und die Unsicherheit des Eigenthums eine unermeſsliche Anzahl von Kunstwerken auf den Markt, welche vorher Jahrhunderte lang die Altäre der Kirchen als ein unantastbares Heiligthum geschmückt, oder die Wände

*) Siehe Anlage B.

in den Pallästen der Grofsen als Denkmale alter Herrlichkeit und alten Glanzes geziert hatten. Von diesen Kunstwerken hat sich England das Meiste und Beste anzueignen gewufst. Denn kaum war ein Land von den Franzosen überschwemmt, so waren auch schon kunsterfahrene Engländer mit ihren Guineen bei der Hand. In Italien machte schon in den Jahren 1797 und 1798 vor allen der Maler Day sehr bedeutende Erwerbungen, nächst ihm der bekannte Kunstgelehrte Joung Ottley, später war besonders der Kunsthändler Buchanan, so wie die Herren Champernowne und Wilson mit Erfolg thätig. Augenblickliche, dringende Verlegenheit brachte auch manche Familie dahin, berühmte Bilder an englische Banquiers zu überlassen. Auf diese Weise erwarb besonders der Banquier Sloane in Rom manches Treffliche. So geschah es, dafs die meisten grofsen Familien Italiens mehr oder minder von ihren Kunstschätzen einbüfsten. Besonders hart traf dieses Rom, und namentlich die Familien Aldrobandini, Barberini, Borghese, Colonna, Corsini, Falconieri, Giustiniani Ghigi, Lanzelloti und Spada; nächstdem Genua, wo die Familien Balbi, Cambiasi, Cataneo, Doria, Durazzo, Gentile, Lecari, Marano, Mari und Spinola den alten Kunstbesitz ganz oder theilweise veräufserten. In Florenz verlor der Pallast Riccardi, in Neapel das königl. Schlofs Capo di Monte manches treffliche Bild. Endlich gaben eine grofse Anzahl Kirchen im Bereich von ganz Italien ihre Altarblätter her.

In gleicher Weise und mit dem besten Erfolg waren die Engländer vom Jahre 1798 bis auf die neueste Zeit in Belgien und Holland bemüht. In früherer Zeit ist hier besonders Bryan, der bei dem

Ankauf der Sammlung Orleans so thätig gewesen, zu nennen, später wieder Buchanan und der Kunsthändler John Smith. Von der erstaunlich großsen Anzahl werthvoller Bilder, welche in beiden Ländern aus den vaterländischen Malerschulen verbreitet waren, ist so allmählig die Mehrzahl des Vorzüglichsten nach England hinübergegangen. Dort muss man jetzt so viele Bilder aufsuchen, welche in früherer Zeit die Sammlungen van Zwieten, van Hasselaer, Lubbeling, van Leyden, van Slingelandt, Lormier, Braamcamp und so manche andere, noch in diesem Jahrhundert die von Smeth van Alpen, Muilman, Brentano und van Goll schmückten. Zwei Sammlungen, mäfsig von Umfang, aber ausgesucht von Inhalt, die von dem alten Greffier Fagel stammende der Gräfin Holderness, und die des Banquier Crawford, wurden in den Jahren 1802 und 1806 in London selbst versteigert.

In Spanien konnte die Kunsternte erst mit der französischen Invasion im Jahre 1807 ihren Anfang nehmen. Diese Gelegenheit zu benutzen war aber um so wichtiger, als bis dahin nur sehr wenige Bilder spanischer Meister außser Spanien vorhanden waren, denn die Ausführung von dergleichen war bei harter Strafe verboten. Ueberdem wurde jede bedeutende Erwerbung dadurch sehr erschwert, dafs die werthvollsten Bilder entweder der Krone oder den reichen Klöstern gehörten, oder endlich Fideicommisse der grofsen Familien waren. Der schon mehr erwähnte Buchanan fafste den Entschlufs, die seit dem Jahre 1807 eingetretenen Umstände für die Erwerbung von Kunstwerken zu benutzen, und er hatte das Glück, in dem berühmten englischen Landschaftsmaler Wallis einen Commissionär zu finden, dem es durch Kenntnifs, Beharrlichkeit und Entschlossenheit gelang, über alle Schwierigkeiten und Gefahren zu triumphiren, welche der furchtbare Zustand des Landes seinem Unternehmen entgegensetzte. So gelangten vorzüglich durch sein, aber auch durch einiger Anderer Bemühen Bilder ersten Ranges von Spanien nach England. In Madrid waren es vorzüglich die berühmten Murillo aus dem Pallast St. Jago, und viel Vorzügliches aus den Sammlungen Alba, Altamira und des Friedensfürsten; ja selbst einige Bilder aus dem Escorial wurden erworben. Aufserdem mufste das Kloster Loeches, unfern Madrid, die berühmten colossalen Bilder des Rubens und Sevilla so manchen herrlichen Murillo hergeben.

Während die Engländer nun zugleich in Italien, Belgien, Holland und Spanien mit so vieler Umsicht die Zeitumstände für ihre Kunstzwecke zu benutzen wufsten, verloren sie Frankreich, woselbst sie mit der Gallerie Orleans so glänzend alle ihre Operationen im Felde des Erwerbs von Gemälden eröffnet hatten, darüber keineswegs aus den Augen. Als daher die an Meisterwerken der flamändischen, holländischen und französischen Schule so reiche Sammlung des Citoyen Robit im Jahre 1801 in Paris zur Versteigerung kam, trat der mehr erwähnte Bryan mit zwei Kunstfreunden, dem Sir S. Clarke und Hrn. Hibbert, zusammen, erstand 47 der gewähltesten Bilder aus der Sammlung Robit, und brachte sie mit anderen im folgenden Winter in London zur Versteigerung, wobei sich die Hrrn. Clarke und Hibbert eine bestimmte Anzahl von Bildern nach einer gewissen Taxe vorbehielten. Später trat auch hier Hr. Buchanun auf den Schauplatz. Außer einzelnen trefflichen Erwerbungen brachte er mehrere sehr ausgezeichnete Bilder der holländischen Schule aus der im Jahre 1817 versteigerten reichen Sammlung des General-Einnehmers Laperrière nach England. Einen Hauptschlag aber führte er in demselben Jahre durch den Ankauf der Sammlung des Fürsten Talleyrand aus. Diese bestand aus 46 Gemälden, deren Mehrzahl von den berühmtesten Werken der holländischen Schule aus den vornehmsten Sammlungen in Europa gebildet wurde. Viele dieser Bilder haben gewisse Namen, unter welchen sie bei allen Liebhabern bekannt sind. So befand sich hier aus der Sammlung des Herzogs von Dalberg „les fagots“ von Berchem, aus der Sammlung des Herzogs von Choiseul „la leçon de musique“ von Gabriel Metsu, aus der Sammlung des Herzogs von Alba „les Oeuvres de miséricorde“ von Teniers, aus der Sammlung van Leyden in Holland „La Paix de Munster“ von Terburg. Auf letzterem sind nach dem Leben die 69 Gesandten der verschiedenen europäischen Mächte vorgestellt, welche den westphälischen Frieden abgeschlossen haben. Auch ein vortreffliches Bild des Claude Lorrain aus der kurfürstlichen Gallerie zu Cassel war in der Sammlung vorhanden. In dieses gepriesene Cabinet, welches mit 320000 Francs bezahlt wurde, theilten sich, bis auf einige Ausnahmen, zwei Kunstliebhaber in England, die Hrrn. John Webbs und Allnut. Auch aus den rühmlich bekannten Sammlungen Erard und Lafitte, welche erst in den neusten Jahren in Paris versteigert wurden, haben die Engländer sich wieder die meisten werthvollen Bilder angeeignet.

Je größer die Anzahl meisterhafter Gemälde war,

welche so allmählig nach England kam, desto mehr wuchs der Geschmack daran, so daſs bei der zunehmenden Nachfrage immer höhere Preise bezahlt werden. Die natürliche Folge hiervon war, daſs, wer in Europa Bilder von groſsem Kunstwerth verkaufen wollte, sich damit nach England wandte. Die Anzahl der Gemälde, welche demzufolge nach England hinüberströhmte, ist erstaunlich groſs. Aus den Niederlanden brachte ein Hr. Panné, besonders aber die Familie Niewenhuys viel und darunter höchst Vorzügliches aus den alten Familiensammlungen ein. Da in Holland von alter Zeit her auch in den kleinsten Orten bisweilen Bilder der besten Meister vorhanden waren, so wurde dieses Land von den Kunsthändlern förmlich wie ein Jagdrevier abgesucht, und an solchen kleinen Orten durch einen Ausrufer bekannt gemacht, daſs, wer alte Bilder hätte, sich melden möchte. Hierbei kamen hier und da die herrlichsten Werke eines Hobbema, Ruysdael und anderer Meister zum Vorschein. Aus Italien gelangte die aus 196 Bildern bestehende Sammlung von Lucian Buonaparte, die viele gute Bilder aus der italienischen, holländischen und spanischen Schule enthielt, im Jahre 1815 in London zur Versteigerung.*). Dasselbe war um dieselbe Zeit der Fall mit den Sammlungen spanischer Meister, welche der General Sebastiani und der General-Zahlmeister der französischen Armee, Chevalier de Crochart, Gelegenheit gefunden hatten, während ihres Aufenthalts in Spanien zu erwerben. Es befanden sich darunter einige Bilder von groſsem Werth. Höchst bedeutend sind

*) Etwa 20 der besten Bilder blieben in Rom zurück.

endlich die Bilder, welche die Hrrn. Delahante, Erard, le Brun und Lafontaine aus Paris nach England einführten. Dieselben waren nämlich eine Auswahl aus den berühmten französischen Sammlungen, eines Randon de Boisset, eines Duc de Praslin, Duc de Choiseul, Prince de Conti, Poulain, Sereville, Sabatier, Tolazan, Robit, Solirenc u. a., und aus der großen Masse trefflicher Bilder, welche die Revolution aus Italien, Spanien, Belgien, Holland und Deutschland nach Frankreich geführt hatte. Bei der feinen Gemäldekenntniß jener Männer, namentlich von Delahaute und Lebrun, waren unter diesen Bildern eine Reihe von Meisterwerken aus allen Schulen enthalten.

So viel Seiten habe ich herunterschreiben müssen, um Dir nur eine gedrängte Uebersicht des Werthvollsten, welches seit dem Jahre 1792 an Gemälden nach England gegangen ist, zu geben. Rechne hierzu noch die große Zahl von trefflichen Bildern, welche Engländer auf Reisen einzeln erworben, oder Kunsthändler von minderem Belang nach England gebracht haben, und Du wirst Dir eine ungefähre Vorstellung von dem außerordentlichen Reichthum machen können, welchen England an ausgezeichneten Gemälden besitzt.

Der Wetteifer, sich von diesen Kunstschätzen etwas anzueignen, war in England sehr groß; doch zeigte sich auch hierin die bestimmte Richtung des Nationalgeschmacks, welcher sich im Allgemeinen vorzugsweise für die Bilder der flamändischen und holländischen Schule des 17ten Jahrhunderts entschied, und von den italienischen wieder eine besondere Vorliebe für die Schule des Carracci zeigte. So war die große Anzahl von Bildern aus dieser Schule, welche sich in der Gallerie Orleans fand, zuerst und sehr rasch vergriffen. Ein Hauptgrund dieser Erscheinung ist wohl in dem Umstand zu suchen, dafs die Engländer die Gemälde in der Regel zur Verzierung ihrer Wohnzimmer verwenden, wozu sich die Bilder jener Schulen durch Gefälligkeit und Vollendung der äufseren Kunstform vorzugsweise empfehlen. Namentlich bildete sich für die Werke gewisser Meister der holländischen Schule eine wahre Leidenschaft aus. Dahin gehören vor allen Hobbema, Cuyp, Potter, Pieter de Hooge, Teniers, Adrian und Isaac van Ostade und der Seemaler Willem van de Velde. Daneben behauptete sich aber zugleich die alte Vorliebe für Bilder von Rubens, van Dyck, Rembrandt, Claude, Nicolas, Gaspar Poussin und Carlo Dolce in ihrer ganzen Stärke.

Schliefslich gebe ich Dir hier das Verzeichnifs der namhaftesten Sammler in England seit dem Jahre 1792, welche sich durch die Verbreitung der trefflichsten Kunstwerke in ihrem Vaterlande um dasselbe ein dauerndes Verdienst erworben haben: Herzog von Bridgewater, Marquis von Stafford, Graf Carlisle, Herzog von Buckingham, Graf Darnley, Marquis von Landsdowne, Herzog von Richmond, Lord Berwick, Viscount Fitzwilliam, Lord Kinnaird, Graf Suffolk, Lord Nortwick, Sir Abraham Hume, Sir Francis Basset, Lord Farnborough, Lady Lucas (jetzt Gräfin de Grey). Ferner die Hrrn. Henry und Thomas Hope, Angerstein, Samuel Rogers, Hibbert, Maitland, Willett, William Smith, Penrice, Elwyn, Hartdewis, Lord Radstock, Hr. Aufrere, George Byng, Watson Taylor, Walsh Porter, W. Wells, Jeremias Harman, Champernowne, Sir Thomas Baring, Coesvelt, Sir Simon Clarke, Lord Grosvenor, jetzt Marquis von Westminster, Lord Dudley, Edward Gray, Holwel-Carr, W. Beckford, der Herzog von Wellington, der Marquis von Londonderry, Hr. Miles, Lord Ashburton und Sir Robert Peel. Ich habe diese Aufzählung ungefähr in der Folge gemacht, wie diese Sammlungen zu einiger Bedeutung angewachsen sind. Endlich ist hier noch als eine der vorzüglichsten die Privatsammlung des Königs Georg IV. zu nennen, welche der Zeit nach mit den beiden letzten zusammenfällt. Ungefähr ein Drittel dieser Sammlungen ist jetzt theils wieder zerronnen, theils in öffentliche Stiftungen übergegangen, theils endlich durch Verkauf einzelner Bilder minder bedeutend geworden, von den übrigen, bestehenden sind indeſs mehrere noch in beständigem Fortschreiten.

Die alte Liebhaberei der Engländer an Handzeichnungen der groſsen Meister fand ebenfalls seit dem Ausbruch der französischen Revolution die reichste Nahrung. In Italien benutzte zuerst wieder Joung Ottley die Gelegenheit, eine treffliche Sammlung von Zeichnungen der gröſsten italienischen Meister, besonders von Raphael und Michelangelo zu erwerben. Später war vor allen der erste Kunsthändler Englands, Hr. Samuel Woodborn, mit Erfolg thätig. In Pesaro kaufte er von dem Marchese Antaldo Antaldi den Rest der Sammlung von Handzeichnungen, welche dieser aus der Verlassenschaft des Timoteo della Vite, eines Schülers von Raphael, besaſs, unter denen sich besonders sehr gewählte Handzeichnungen dieses sei-

*) Die Uebrigen hatte der berühmte französische Kunstkenner Crozat bereits im Jahre 1714 erstanden.

3**

nes Lehrers befanden. Ungleich bedeutender war indeſs die Ernte, welche er in Rom hielt. Der dort lebende Maler Vicar, ein Mann von feiner Kunstkenntniſs, hatte, als einer der Commissarien der französischen Republik, um die Auswahl der Kunstwerke in Italien für sein Vaterland zu treffen, Gelegenheit gehabt, sich eine Sammlung von Handzeichnungen anzueignen, welche eine Auswahl des Vorzüglichsten, namentlich den seltensten Schatz Raphaelischer Zeichnungen enthielt. Diese Sammlung kaufte Hr. Woodburn für 11000 Scudi. In Paris aber erwarb er für 140000 Francs die berühmte Sammlung von Handzeichnungen des Paignon Dyonval, eine Auswahl aus der des bekannten Baron Denon, welche dieser als französischer General-Commissair für alle Kunstgegenstände, welche Frankreich sich aus den besetzten Ländern aneignete, im Bereich von ganz Europa erworben hatte, endlich die Sammlung des Architekten Brunet. Auch in Holland wurde jede Gelegenheit benutzt, Handzeichnungen dortiger Meister aus den Sammlungen der alten Familien zu erwerben. So ging auch Vieles der berühmten Sammlung des Grafen Fries in Wien nach England. Der gröſste Theil aller dieser Schätze floſs wieder in die gepriesene Sammlung des berühmten Portraitmalers und Präsidenten der königl. Kunstakademie in London, Sir Thomas Lawrence, zusammen, der bei einer leidenschaftlichen Liebe zu den Kunstdenkmalen dieser Art kein Geld scheute und an 40000 Pfd. Sterl. dafür ausgegeben haben soll. Auſserdem aber bildeten sich auch andere bedeutende Sammlungen, von denen die der Hrrn. Esdaile, Richard Ford, Hibbert, Payne Knight, Mordant Cratcherode und des Generals Sir Charles Greville die bekanntesten sind.

Einen andern sehr beträchtlichen Zweig der englischen Kunstliebhaberei bilden die mit Miniaturen geschmückten Handschriften, welche für die Geschichte der Malerei von so großer Wichtigkeit sind. Denn da größere Denkmale aus den früheren Jahrhunderten des Mittelalters in den meisten Ländern Europas ganz fehlen, in anderen nur sehr spärlich vorhanden sind, kann man sich von dem jedesmaligen Zustande der Malerei vom 4ten bis zum 15ten Jahrhundert nur noch aus jenen Miniaturen eine anschauliche Vorstellung machen. Sie lehren uns, wie die christliche Malerei, noch lange ihrer Mutter der antiken in Auffassung und Technik getreu, allmählig in beiden Stükken zu einer neuen eigenthümlichen Weise übergegangen ist, und wie sich später die Sinnesart der verschiedenen Nationen darin ausgeprägt hat. In ihnen allein ist der vollständige, außerordentlich große Kreis der Darstellungen und Erfindungen enthalten, welchen die mittelalterliche Malerei beschrieben. Ja von ihnen aus ist sogar der ganze große Aufschwung, den die Malerei im 15ten Jahrhundert in Italien, wie in den Niederlanden nahm, ausgegangen. Denn der berühmte Fiesole, welcher zuerst in Italien von der Mannigfaltigkeit der Bedeutung geistiger Affecte des menschlichen Gesichts in seinen Gemälden auf das glücklichste allgemein Anwendung machte, und dadurch eine neue Epoche herbeiführte, war der Schüler eines Miniaturmalers und bildete jene Eigenschaft zuerst in dieser Art von Kunst aus. Ebenso waren auch die berühmten Brüder Hubert und Jan van Eyck, die Begründer der großen niederländischen Malerschule, dem Wesentlichen nach aus jener Schule der Miniaturmaler hervorgegangen, welche in der

2ten Hälfte des 14ten Jahrhunderts in den Niederlanden so sehr blühend war und eine so hohe Ausbildung erreicht hatte. Von der großen Anzahl solcher wichtigen Monumente, welche besonders durch die Aufhebung so vieler Klöster in ganz Europa zum Vorschein kam, ist erstaunlich viel nach England gegangen, welches dort theils in öffentlichen Anstalten, theils in Privatsammlungen aufbewahrt wird. Die interessanten Sammlungen der Hrn. Edward Astle, Dent und Marc Sykes sind schon wieder aufgelöst. Unter den bestehenden enthalten die des Herzogs von Devonshire in Chatsworth, des Hrn. Coke in Holkham, des Herzogs von Sussex in Kensington, des Sir John Tobin in Liverpool, des Hrn. Joung Ottley in London besonders werthvolle Denkmäler. Eine der allerbedeutendsten, die des Kunstgelehrten Francis Douce, ist nach seinem Vermächtniß erst ganz neuerlich der berühmten Bodleianischen Bibliothek in Oxford vermacht worden.

Das Interesse, welches durch die Schriften der Deutschen von Heinike und Bartsch, des Italieners Zani für die älteren Kupferstiche und Holzschnitte in ganz Europa erweckt worden war, hatte sich auch in besonderer Lebhaftigkeit nach England verbreitet und dort durch ein Werk*) des schon so oft erwähnten Joung Ottley neue Nahrung erhalten. Bei der dadurch hervorgerufenen Liebhaberei für diese Gegenstände, die mit dem seltenen Geschick der Engländer, an die rechten Quellen zu gehen, und mit den noch seltenern englischen Guineen betrieben

*) An Inquiry into the origin and early history of engraving. London 1816. 4to.

wurde, konnte es nicht fehlen, dafs bald die Mehrzahl des Seltensten und Merkwürdigsten, was auf dem ganzen Continent an Nielloplatten, Abdrücken von denselben, an Holzschnitten, Kupferstichen und Radirungen durch die Ereignisse der Revolution für den Kauf zugänglich geworden war, seinen Weg nach England nahm. Dahin ging der berühmte heilige Christoph aus dem Kloster Buxheim bei Memmingen, der für den ältesten mit einem Datum (er trägt die Jahrszahl 1423) bezeichneten Holzschnitt gilt, dahin so manche Nielloplatte, so mancher Nielloabdruck aus Florenz und Genua. Doch ich muſs Dir wohl mit einigen Worten sagen, was eine Nielloplatte ist. Die Goldschmiede im Mittelalter pflegten häufig in Metallplatten, gewöhnlich in silbernen, mit dem Grabstichel nach Art der Kupferstecher allerlei einzugraben, bald nur Arabesken, bald figürliche Vorstellungen, und diese Vertiefungen mit einer schwarzen Masse von Schwefelsilber auszufüllen, welche, im Gegensatz mit dem weifsen Silber, das Eingegrabene sehr deutlich erscheinen liefs. Diese Masse wurde in Italien, wo diese Verzierungsart im 15ten Jahrhundert sehr häufig und mit dem meisten Erfolg in Anwendung kam, wegen der schwarzen Farbe lateinisch Nigellum, italienisch Niello genannt. In solcher Weise wurden Kirchengeräthe, Dosen, Uhren, Messerscheiden, Knöpfe und so manche andere kleine Gegenstände von Silber geschmückt. In der neusten Zeit ist diese Kunstart nach langer Vergessenheit durch den jetzt in Paris ansässigen Goldschmied Wagner aus Berlin mit dem besten Erfolg wieder in Anwendung gekommen. Diese niellirten Platten sind nun in der Kunstgeschichte deshalb besonders wichtig, weil sie, nach der Erzählung des Vasari Veranlassung zur Erfindung der Kupferstecherkunst gegeben haben sollen, wenn schon diese viel wahrscheinlicher in den Niederlanden gemacht worden ist. Ihm zufolge kam nämlich Maso Finiquerra, ein geschickter Goldschmied, welcher in der Mitte des 15ten Jahrhunderts in Florenz lebte, unter allen zuerst darauf, bevor er jene Vertiefungen in seinen Silberplatten mit dem Niello ausfüllte, eine schwarze Flüssigkeit hinein zu streichen, und über ein darauf gelegtes, feuchtes Papier mit einer hölzernen Rolle hin und wieder zu fahren, wobei denn das Papier jene Flüssigkeit aus den Vertiefungen an sich sog, und so ganz treu die auf der Platte enthaltene Vorstellung wiedergab. Solche Abdrücke von Nielloplatten werden nun ebenfalls als die ältesten und ersten Proben der Kupferstecherkunst sehr eifrig von den Liebhabern gesucht. Noch eine andere Art von Abdrücken pflegten die Goldschmiede auf Schwefelplatten zu machen. Zu diesem Behuf drückten sie auf ihre Nielloplatte einen so feinen Thon, dass er in alle Vertiefungen eindrang, welche denn, wenn man den Thon abgenommen, auf demselben als feine Erhabenheiten erschienen. Hierüber gossen sie nun flüssigen Schwefel, der sich bei seiner Feinheit um alle jene kleinen Erhabenheiten herumlegte, so dass sich darauf, wenn er erstarrt war, der vorgestellte Gegenstand wieder, wie auf der Nielloplatte, vertieft darstellte. Diese Vertiefungen wussten sie nun mit einer Schwärze anzufüllen, so dass solche Schwefelplatten wie Kupferstiche auf gelbem Papier aussehen. Die beiden bedeutendsten Sammlungen, welche sich für Gegenstände dieser Art in England bildeten, war die des Sir Marc Sykes in London und des Herzogs von Buckingham auf seinem Landsitze Stove. Für radirte Blätter der großen Maler ist die des Herrn John Sheepshanks, für einzelne Meister die des Hrn. Richard Ford, beide in London, sehr reich und ausgezeichnet.

Gegen diese große Verbreitung der Liebhaberei an Werken der zeichnenden Kunst, in allen ihren verschiedenen Verzweigungen, erscheint die an Werken der Sculptur in England seit der Revolution nur vereinzelt. Am häufigsten hat sich der Geschmack den Werken moderner Sculptur zugewendet, und die Arbeiten eines Canova, Thorwaldsen und der englischen Bildhauer sind daher in England sehr zahlreich. Dagegen ist fast nur von einem einzigen englischen Privatmann bekannt, daſs er antike Sculpturwerke von sehr erheblicher Bedeutung erworben. Dieses ist aber auch dafür in so großartiger Weise geschehen, daſs dieser Eine für Viele zählen, ja seine Erwerbungen gegen alle jene herrlichen Schätze von Gemälden, die wir vorher übersehen, gar füglich in die Waagschaale gelegt werden können. Dieser eine Mann ist Lord Elgin, und diese Erwerbungen bestehen in nichts Geringerem, als in den hauptsächlichsten Werken, welche aus den schönsten Zeiten griechischer Sculptur auf unsere Tage gekommen und jedem Gebildeten in Europa unter dem Namen der „Elginmarbles“ bekannt sind. Obgleich dieses Unternehmen von Lord Elgin mit der größten Umsicht eingeleitet worden, so bedurfte es doch auch hier der durch die Revolution herbeigeführten politischen Verhältnisse, um es gelingen zu lassen. Als Lord Elgin im Jahre 1799 zum außerordentlichen Gesandten von Grofsbritannien bei der Pforte ernannt, nach Constantinopel ging, nahm er von Italien den bekannten Landschaftsmaler Don Tito Lusieri, den als Zeichner sehr geübten Kalmucken Feodor, zwei Architekten und zwei geschickte Former mit, siedelte diese in Athen an und liefs durch sie von allen antiken Gebäuden genaue Aufnahmen, von allen bedeutenden Sculpturen und architektonischen Ornamenten Formen machen. Während die Künstler hiermit beschäftigt waren, sahen sie mit Schmerz die Verwüstungen, welche sowohl die Türken als die Reisenden täglich an den Denkmalen verübten. Durch solche Barbarei war ein ionischer Tempel an dem Flüfschen Ilissus, der sich noch im Jahre 1759 in leidlichem Zustande befunden, spurlos von der Erde verschwunden, mehrere der gröfsten Statuen des Phidias aber von den Türken zerstofsen und zu Kalk verbrannt. Erst jetzt fafste Lord Elgin den Entschlufs, Alles aufzubieten, um von den schon fragmentirten Gebäuden an Sculpturen und architectonischen Ornamenten so viel als möglich von ähnlichem, schmachvollen Untergange für England und somit für alle Gebildeten in Europa zu retten. Hierzu bot sich unerwartet die Gelegenheit, als die Engländer dem abenteuerlichen Zug Napoleons nach Aegypten ein Ende machten und dieses Land der Pforte zurückgaben. Denn hierdurch wurde England bei derselben so beliebt, dafs ihm nicht leicht ein Gesuch abgeschlagen ward, und so gelang es denn auch dem Lord Elgin im Jahr 1801 zwei Fermans zu erwirken, wodurch er den Zutritt zur Akropolis erhielt, mit der Erlaubnifs zu zeichnen, abzuformen und wegzunehmen, was ihm gut dünken möchte. In Folge dessen nahm er von dem berühmten Minerventempel, dem Parthenon, bis auf zwei, sämmtliche Rundwerke aus den Giebelfeldern, funfzehn Metopentafeln und drei Seiten* der Reliefe, welche als Fries rings um die Celle des Tempels herliefen, so vieles Andere nicht zu erwähnen. Durch die Aufstellung dieser Sculpturen in London, durch die Verbreitung derselben in Gypsabgüssen in ganz Europa war es nun zum erstenmal allen Gebildeten vergönnt, Werke aus eigner Anschauung kennen zu lernen, die theils wohl unstreitig von der eignen Hand des gröfsten, griechischen Bildhauers, des Phidias, herrühren, theils wenigstens nach seiner Angabe und unter seiner Aufsicht ausgeführt worden sind. Die berühmtesten Archäologen und Künstler Europas, ein Visconti, ein Canova, wetteiferten, sich über die höchste Vortrefflichkeit dieser Sculpturen, welchen nur einige wenige aller bisher bekannten Antiken sich annähern, mit Begeisterung auszusprechen. Auch stehen diese Werke meines Erachtens zu den vorher bekannten Sculpturen des Alterthums, bis auf sehr wenige Ausnahmen, ungefähr in dem Verhältnifs, wie die Gedichte des Homer zu den spät-griechischen und den römischen Poesieen. Die Gewinnung derselben für das gebildete Europa ist daher auf dem Gebiete der bildenden Kunst des Alterthums von derselben Wichtigkeit, als es für die antike Poesie sein würde, wenn die Gedichte des Homer verloren gewesen, und beträchtliche Fragmente derselben, etwa aus der Bibliothek eines griechischen Klosters, zur Veröffentlichung gekommen wären.

Mit grofsem Eifer sind von manchen Engländern Anticaglien aller Art in Griechenland wie in Italien gesammelt worden, so dafs sich auch ein grofser Theil des Feinsten, was von solchen Denkmalen existirt, in England befindet. Als Sammler für solche Gegenstände sind besonders zu nennen: Payne Knight, (besonders wichtig für die kleinen Bronzen) die Hrrn. S. Rogers, Burgon, Leake und Hawkins, der das wunderbar schöne, zu dem Fund bei Dodona gehörige, bronzene Relief in getriebener Arbeit besitzt, welches Paris und Helena vorstellt, und in Gypsabgüssen allen Kunstfreunden bekannt ist.

Jetzt wirst Du Dir von dem erstaunungswürdigen Schatz von trefflichen Kunstwerken aller Art, welche dieses Inselland in sich schliefst, eine ungefähre Vorstellung machen können. Da ich nun, mit den besten Empfehlungen ausgerüstet, hoffen darf, zum bequemen Studium der meisten dieser Schätze zu gelangen, wirst Du es wohl natürlich finden, wenn sich neben dem freudigsten Gefühl, welches mich bei dieser Hoffnung durchdringt, auch manchmal das der Besorgnifs einstellt, wie es doch nur möglich sein wird, Alles zu bewältigen. Ich befinde mich hier also recht eigentlich in einem „embarras de richesse" und wünsche mir oft die 100 Augen des Argus, welche alle hier vollauf Beschäftigung finden würden.

Fünfter Brief.

London, den 24. Mai 1835.

Welche grofsartigen Eindrücke habe ich nicht seit meinem letzten Briefe empfangen! Die edelsten

Werke der Sculptur, Malerei und Musik haben mich um die Wette so tief, so innig durchdrungen, dafs ich mein ganzes Wesen in eine höhere Sphäre emporgetragen fühle. Du kennst meine leidenschaftliche Liebe zur Musik und den mächtigen, wohlthätigen Einflufs, welchen sie auf mich ausübt, und kannst Dir daher meine Freude denken, als ich durch die Güte S. k. H. des Herzogs von Cambrigde ein Billet zu einem der Concerte für ältere classische Musik erhielt, deren hier jährlich in der Saison acht gegeben werden. Diese Concerte, welche vornehmlich den Sinn für den tiefen, geistigen Gehalt und die wunderbare Schönheit und Gediegenheit der Musiken eines Händel, Haydn, Mozart und anderer älterer Meister lebendig erhalten, und so bewirken, dafs doch nicht ausschliefslich dem verführerisch gefälligen, aber bedeutungslosen und einförmigen Ohrenkitzel der neuen italienischen Modemusik gehuldigt wird, stehen unter dem Schutz des Königs und der Königin und unter der Direction höchster und hoher Personen. So gehören jetzt zu den Directoren die Herzöge von Cumberland und von Cambridge, der Erzbischof von York und der Lord Howe. Diese Concerte werden in dem königl. Concertsaal in Hanoversquare unter Mitwirkung der ersten italienischen und englischen Künstler gegeben. Da der Raum durch die Subscribenten, welche von der vornehmsten und reichsten Gesellschaft von London gebildet werden, fast ganz angefüllt ist, hält es äufserst schwer ein Billet zu erhalten, welches überdem eine Guinee kostet. Der Saal, welcher von jenem sehr eleganten Publikum ganz angefüllt war, ist für den vornehmsten dieser Art in einer Stadt wie London weder durch Verhältniſs noch Decoration ausgezeichnet und kann sich in beiden auch nicht entfernt mit dem von Schinkel in unserem Schauspielhause in Berlin messen. Der Inhalt des Concerts bestand aus 18 Nummern, fast jede ein Glanzpunkt aus den berühmtesten Werken eines Händel, Haydn, Mozart etc., doch für mich hie und da zu willkührlich gemischt; so war z. B. zwischen Händels Arie aus dem Messias, „O Du, der Gutes verkündigt in Zion" und dem Chor „Denn es ist uns ein Kind geboren" die berühmte Arie aus Mozarts Don Juan „Il mio tesoro" eingeschoben. Da die geistlichen und weltlichen Musikstücke ungefähr an Quantität gleich waren, hätte man meines Erachtens schicklicher jede derselben in einem der beiden Theile des Concerts zusammenfassen sollen. Den Anfang machte auf eine sehr heitere Weise und sehr wohl ausgeführt der Frühling aus Haydn's Jahreszeiten. Merkwürdig war es mir, die Stücke aus den Händelschen Musiken zu hören, der von den Engländern als Nationalcomponist betrachtet und nach Würden verehrt wird. Die Recitative und Arien wurden im Geist der Musik einfach und meist mit wahrem Gefühl vorgetragen. Besonders zeichnete sich dadurch eine Miſs Postans in der Arie „O Du, der Gutes verkündigt in Zion" ungemein aus. Ihre schöne Stimme hat ganz das Ernste, Feierliche, Keusche, wodurch manche Altos eine so wunderbare Wirkung machen. Bei den Händelschen Chören fiel mir zweierlei auf. Sie wurden meist in einem etwas rascheren Tempo genommen, als es in Deutschland zu geschehen pflegt, doch schien mir dieses für die Wirkung sehr vortheilhaft, und ich möchte wohl glauben, daſs sich dieses noch traditionel von den

Aufführungen erhalten hat, die von Händel selbst dirigirt worden sind. Ferner aber artete der Vortrag öfter aus einem eigentlichen Gesang in ein zu hartes und grelles Geschrei aus, welches eine betäubende Wirkung machte. Auch die Instrumentalbegleitung war für die Gröfse des Saals zu stark; niemals sah ich bis jetzt solche riesenhafte Pauken, als die, welche hier arbeiteten. Höchst gespannt war ich, hier zum ersten Mal die berühmte Malibran und den ersten italienischen Tenoristen, Rubini, zu hören. Bei dem Letzten fand ich meine Erwartung nur theilweise befriedigt. Denn seine Stimme ist allerdings von wunderbarem Reiz, sie verbindet grofse Stärke mit schmelzender Weichheit, und ist von einer Ausbildung, dafs sie selbst im Pianissimo noch auf das Zarteste nüancirt. Sein Vortrag der beiden berühmten Arien von Mozart „Il mio Tesoro" und „Diefs Bildnifs ist bezaubernd schön" in italienischer Uebersetzung konnte aber niemandem zusagen, der mit dem Geist Mozartscher Musik näher befreundet ist. Ohne im geringsten auf den Sinn der Worte Rücksicht zu nehmen, wechselte darin ein wieherndes Forciren des Tons unmittelbar mit einem kaum hörbar säuselnden Pianissimo, so dafs jener bezaubernde Flufs, jener ganz eigenthümliche Schmelz der Melodie ganz verloren ging. Es war, als ob einer ein Bild des Correggio dadurch wiedergeben wollte, dafs er Schwarz und Weifs unmittelbar gegen einander setzt, während doch der Reiz eines solchen Werks gerade darin besteht, dafs sich nirgends diese Extreme neben einander finden, sondern alles durch die zarte Abstufung von Uebergängen verbunden ist. Ich fühlte bei dieser Gelegenheit besonders lebhaft den gewaltigen

Abstand der neubeliebten italienischen Musik von dieser Mozartschen; denn bei jener fühlt man kaum das Verkehrte dieser Vortragsweise von Rubini, da zwischen Text und Musik wenig Uebereinstimmung statt findet, sondern alles auf bald süfsliche, bald grelle Effecte hinausläuft. Wie ganz anders zeigte sich dagegen die Malibran! Auch sie singt für gewöhnlich in jenen modern italienischen Opern, doch konnte man hiervon in ihrem Vortrag von drei sehr verschiedenartigen Gesangstücken nicht das Geringste merken, sie fafste vielmehr jedes sehr geistreich nach seinem eigenthümlichen Charakter auf. In Zingarelli's „Ombra adorata" legte sie ganz den Ausdruck jener in der Resignation glücklichen Liebe; in Marcello's berühmtem Psalm „Qual anelante cervo," worin die Garcia die zweite Stimme sang, drückte die rasche Bewegung und der höchst einfache Vortrag hinreifsend das Gefühl des in grofser Bedrängnifs in Eil zum Höchsten Emporflehenden aus; in der Bravourarie des Sextus mit der obligaten Hornbegleitung aus Mozart's Titus zeigte sie endlich die grofse Solidität in der Ausbildung ihres Gesanges und die edle Leidenschaftlichkeit ihres musikalischen Ausdrucks. Sehr interessirte mich noch die Composition des englischen Musicus Stevens zu dem schönen Liede „Stürm, stürm, du Winterwind" in Shakspeare's „Wie es euch gefällt." Es ist in diesem vierstimmigen Gesang eine Leichtigkeit, Fröhlichkeit und Frische, dafs man sich wirklich in jenes Waldleben versetzt fühlt, worin uns Shakspeare in jenem Stücke so meisterhaft einführt. Zugleich drückt die heitere Melodie vortrefflich im Gegensatz zu den theilweise bitter melancholischen Worten aus, wie die Sänger sich über ihren elenden Zustand eigentlich nur wegzusingen suchen. Diese Art Compositionen, meist fröhlichen Inhaltes, sind hier sehr beliebt und werden Glee genannt. Sie sind durchaus originell, und beweisen, wie man doch zu weit geht, wenn man den Engländern, wie es wohl geschehen, die eigenthümliche Erfindung in der Musik ganz abspricht.

Den folgenden Tag hatte ich den erhabenen Genuſs, zum ersten Mal das so berühmte britische Museum zu besuchen. Bei dem Director desselben, Sir Henry Ellis, fand ich die freundlichste Aufnahme, und er versprach mir die freiste Benutzung des Museums in allen seinen Abtheilungen. Wie alles Sammeln von Kunstwerken in England nach den Zeiten König Carls I. von Privatleuten ausgegangen ist, so verdankt auch diese groſsartige Anstalt ihren Ursprung einem Privatmann. Sir Hans Sloane vermachte nämlich seine werthvolle Sammlung von naturhistorischen und ethnographischen Gegenständen, so wie von antiken Kunstwerken, welche ihm mehr als 50000 Pfd. Sterl. gekostet hatte, dem Parliamente unter der Bedingung, seiner Familie dafür die Summe von 20000 Pfd. auszuzahlen. Nach seinem im Jahre 1753 erfolgten Tode kaufte das Parliament zur Aufstellung derselben das vormalige Montaguhouse, und eröffnete dasselbe im Jahre 1759 dem Publikum zum ersten Mal als britisches Museum. Seit jener Zeit ist es durch eine groſse Zahl von Ankäufen, Geschenken und Vermächtnissen allmählig zu dem erstaunlichen Reichthum von Kunstwerken der verschiedensten Art gelangt, welche es jetzt in sich begreift. Die wichtigsten Ankäufe sind folgende: Im Jahre 1772 die an kleineren Marmorwerken, besonders aber an Anticaglien, als griechischen Vasen, Bronzen etc., reiche Sammlung des Sir William Hamilton für 8400 Pfd. Im Jahre 1805 die an Marmorwerken wie an gebrannten Erden höchst bedeutende und reiche Sammlung von Charles Townley für 20000 Pfd., im Jahre 1814 dessen übrige Alterthümer für 8200 Pfd. Dieser folgte im Jahre 1815 der Ankauf des Frieses vom Tempel des Apollo zu Phigalia in Arkadien mit den Kämpfen der Lapithen und Centauren und der Griechen und Amazonen, welche an Ort und Stelle mit 15000 Pfd. bezahlt wurden, durch den Cours aber 19000 Pfd. kosteten. Endlich wurde in drr Sitzung des Unterhauses vom 7. Juni des Jahres 1816 mit 82 Stimmen gegen 30 der Ankauf der Sammlung des Lords Elgin für 35000 Pfund beschlossen. Da nach den Berichten der vom Unterhause über diese Angelegenheit niedergesetzten Commission Lord Elgin für seine Sammlung, einschliefslich der Zinsen, einen Aufwand von 74000 Pfund gemacht hatte, büfste er hierbei immer noch die Summe von 39000 Pfund ein. Unter den Vermächtnissen ist die der Sammlung des Payne Knight vom Jahre 1824 die bedeutendste. Aufser der grofsen Anzahl interessanter Bronzen und griechischer Münzen enthält sie auch treffliche Handzeichnungen. Zunächst ist das der Handzeichnungen des Mordant Cratcherode zu nennen. Auch in der Sammlung von Gypsabgüssen des Sir Thomas Lawrence befindet sich viel Interessantes, besonders an architectonischen Ornamenten. Unter den vielen, sehr wichtigen Geschenken zeichnen sich ganz besonders die der berühmten Gesellschaft der Dilettanten aus. An Kunstgegenständen enthält das britische Museum aufserdem

noch

noch eine sehr reiche Sammlung ägyptischer Alterthümer, deren wichtigste Gegenstände theils von Nelson in Aegypten den Franzosen abgenommen worden, theils aus der Sammlung des verstorbenen englischen Consuls in Aegypten, Salt, herstammen, Sculpturen aus Persepolis und Ostindien und eine treffliche Sammlung von antiken, mittelalterlichen und neueren Münzen und geschnittenen Steinen, endlich eine Sammlung von alten Wachssiegeln.

Einen anderen Hauptbestandtheil des Museums bildet die Bibliothek, welche besonders einen sehr großen Reichthum von Handschriften enthält, die vorzugsweise aus den berühmten Bibliotheken des Robert Cotton, Harley, des Grafen Arundel und des Marquis von Landsdowne herstammen. Die bis jetzt über diese Handschriften gedruckten Cataloge nehmen 5 Folianten und 4 Quartanten ein. Diese Bibliothek hat neuerdings durch die große und gewählte Büchersammlung des Königs Georg III., welche der König Georg IV. im Jahre 1823 der Nation schenkte, so wie die hierher vermachte des berühmten Naturforschers Sir Joseph Banks, einen sehr beträchtlichen Zuwachs erhalten.

Den dritten Hauptbestandtheil des Museums machen die naturhistorischen Sammlungen aus der Zoologie, Botanik und Mineralogie aus, die seit Sloan's Vermächtniß, besonders durch die Bemühungen des Sir Joseph Banks, sehr vermehrt worden sind. Hieran schließt sich endlich eine ethnographische Sammlung von Geräthen, Waffen und Kleidungen der Wilden aus den verschiedenen Welttheilen, meist Geschenke englischer Seefahrer.

So zahlreichen und so bedeutenden Schätzen

konnte das alte, in der Architectur sehr unscheinbare und gewöhnliche Montaguhouse nicht lange genügen. Nach der Erwerbung der Townleyschen Sammlung wurde daher schon eine Reihe von Zimmern zu deren Aufnahme angebaut. Die späteren Ankäufe machten indeſs eine neue Erweiterung nöthig, und es wurde daher im Jahre 1823 vom Parliamente die Errichtung eines gröſseren, dem hohen Werthe der Denkmale entsprechenden Baues beschlossen und hiermit der Architect Sir Robert Smirke beauftragt. Dieser Bau ist bereits so weit vorgeschritten, daſs darin die Erwerbungen des Lord Elgin, des Fries aus Phigalia, die ägyptischen, indischen und persepolitanischen Sculpturen, das Cabinet der Handzeichnungen und Kupferstiche, so wie ein groſser Theil der Bibliothek und der naturhistorischen Sammlungen haben aufgestellt werden können.

Ich war so begierig, die berühmten Elginmarbles zu sehen, daſs ich mich förmlich zwang, durch eine Reihe von Zimmern zu schreiten, worin von allen Seiten die interessantesten Antiken meine Blicke lebhaft anzogen. Dennoch sollte ich nicht so schnell zu ihnen durchdringen; denn als ich in einen hohen Raum trat, übersah ich mit einem Mal im hinteren Theil desselben die colossalen Denkmale ägyptischer Sculptur, deren Eindruck so gewaltig war, daſs ich nicht widerstehen konnte, sie sogleich auch in der Nähe zu betrachten. Zu beiden Seiten des Eintritts befinden sich zwei ruhende Löwen, die würdigen Wächter dieses ägyptischen Heiligthums. Sie sind in dem Granit gearbeitet, den die Italiener wegen der rothen Farbe des Feldspaths Corallino nennen, und wahre Muster architectonischer Sculptur. Die

Stellung ist mit feinem Sinn der Natur abgesehen, und entspricht doch zugleich trefflich dem Strengen, Gradlinigten, Architectonischen der ägyptischen Kunst. Alle Hauptverhältnisse sind sehr richtig, die einzelnen Formen nach einem gewissen Schema sehr vereinfacht, in diesem aber mit seltnem Gefühl für das Bedeutende in der Natur gerade die festgehalten, welche das Grofsartige des Löwen ausdrücken. Nimm hierzu die gröfste Schärfe und Präcision in der Bearbeitung des harten Steins bis zur schönsten und dauerhaftesten Politur der Oberfläche, so hast Du das Wesentlichste, wodurch die gewählteren Monumente ägyptischer Sculptur einen so eigenthümlich-grofsartigen Eindruck machen. Diese Löwen sind ein Geschenk des Lord Pradhoe. Nur in England werden von Privatmännern den öffentlichen Anstalten solche wahrhaft fürstliche Geschenke gemacht. Sagt man, dafs dieses auch nur mit englischen Gelde möglich sei, so mufs ich hinzufügen, auch nur mit englischem Gemeinsinn und der Bildung, welche die Wichtigkeit solcher Kunstwerke zu fühlen im Stande ist. Als ich mich nun aber zwischen den beiden Reihen befand, in welchen die meist colossalen Hauptdenkmale in dem hohen, von beiden Seiten beleuchteten Saal aufgestellt sind, empfand ich zum ersten Mal in ganzer Fülle den Eindruck des erhabenen Ernstes, der religiösen Feier, den diese Colosse ausüben, und konnte mir sehr lebendig die mächtige Wirkung vergegenwärtigen, welche eine ganze Welt solcher Werke auf die alten Aegyptier hervorgebracht haben mufs. Der Eindruck hat in dem Ausdruck von Feier und Majestät eine grofse Verwandtschaft zu den altchristlicher Mosaiken, ist indefs durch das Massenhafte des

4*

Stoffs noch schlagender. Vor allem ziehen den Blick zwei gegen einander über stehende colossale Köpfe an, jeder mit dem Hauptschmuck etwa 9 Fuſs hoch. Der eine in rothem Granit (No. 15 des Catalogs) wurde im Jahre 1818 von dem berühmten Reisenden Belzoni im alten Theben gefunden. Er hat die meist bei ägyptischen Statuen vorkommende Bildung, die sehr breite, an der Wurzel etwas eingedrückte, an der Spitze etwas heruntergebogene Nase, die aufgeworfenen und, so wie die Augen, heraufgezogenen Lippen. Die Arbeit ist aber von der wunderbarsten Schärfe und Nettigkeit, ein abstehendes Ohr, welches sich erhalten, wie ein Cameo ausgeführt. Der andere, noch ungleich wichtigere Kopf ist der der berühmten Statue des Pharao, Ramses des groſsen, gewöhnlich Sesostris genannt, aus dem Memnonium zu Theben. (No. 19 des Catalogs.) Denn bei gleicher Vortrefflichkeit der Arbeit ist derselbe ungleich edler in Form und Ausdruck. Die Nase ist von der Wurzel an mehr ausgeladen und minder breit, das leise Heraufziehen der Mundwinkel ist hier durchaus nicht widrig, sondern giebt den Ausdruck von Freundlichkeit und Milde. Auch das Oval ist ungleich weniger dick und geschwollen als meist. Das Ganze macht den Eindruck einer edlen, würdigen Männlichkeit. Der Block, worin dieser auf das Vollkommenste erhaltene Kopf gearbeitet ist, wird von zwei verschiedenen Steinarten gebildet. Der obere Theil bis zum Kinn ist ein quarzartiges Gefüge von röthlicher Farbe, der untere ein schwärzlicher Syenit. Auch dieses Hauptstück der ganzen Sammlung ist ein Geschenk von Privatleuten, nämlich von dem englischen Consul in Aegypten Salt und dem bekannten Reisenden Burckhart. Von der Statue, welcher der erste Kopf angehört, ist hier auch noch ein Arm vorhanden (No. 18), welcher eine Kenntniſs in Angabe der Sehnen und Muskeln verräth, wovon die gewöhnlichen Denkmale ägyptischer Sculptur nichts ahnden lassen. Es ist eine gewaltige, gesunde Kraft in diesem Arm ausgedrückt. Obgleich dieser schon durch die Gröſse — er ist ungefähr 10 Fuſs lang — imponirt, erscheint er doch wieder klein im Verhältniſs gegen eine geballte Faust, die ungefähr 5 Fuſs lang ist. Diese, so wie andere bedeutende Stücke, waren von den Franzosen bei ihrer Herrschaft in Aegypten zusammengebracht, kamen aber in Folge der Uebergabe von Alexandrien im Jahre 1801 durch Nelson in den Besitz der Engländer. Es zeichnen sich darunter besonders ein colossaler Widderkopf (No. 7) durch Groſsartigkeit in der Auffassung des Charakters und der berühmte Stein von Rosette aus, welcher dadurch, daſs er eine Inschrift desselben Inhalts in Hieroglyphen, in altägyptischer Schrift und Sprache, und im Griechischen enthält, den Schlüssel zur Entzifferung der Hieroglyphen gegeben hat, worin man jetzt besonders durch Champollions Bemühungen schon so weit vorgerückt ist. Es ist ein Block Syenit von ansehnlicher Gröſse, von dem indeſs leider ein beträchtlicher Theil der griechischen Inschrift durch Zertrümmerung fehlt. Sehr merkwürdig war mir unter so vielem Höchstwichtigen, welches unter den 181 Nummern dieses Saales enthalten ist, noch eine Statue des Pharao Phthahmenoph, Sohns jenes Ramses, auf das Trefflichste in rothem Granit ausgeführt, weil sich auch an ihm wieder eine edlere Gesichtsbildung und eine

Aehnlichkeit mit dem Vater zeigt, welche entscheidend dafür spricht, dafs beide Portraits sind. Unter sieben Gemälden, die meist Gegenstände aus dem Leben der alten Aegyptier darstellen, war mir eine Heerde von schwarzen, weifsen und rothen Stieren (No. 169) besonders bemerkenswerth, weil sich bei den schwarzen in den helleren Tönen des Bauches und der Schulterblätter ein Bestreben, durch Farben abzurunden zeigte, während ich bis jetzt bei allen Malereien der Aegyptier nur ein bloſses Anstreichen mit der Localfarbe gefunden hatte. Endlich sah ich hier auch den colossalen Scarabäus, bekanntlich das Symbol der Unsterblichkeit bei den alten Aegyptiern, den der Lord Elgin aus Constantinopel mitgebracht hat. Dieser Käfer ist ungefähr 5 Fufs lang und von vortrefflicher Arbeit.

Gewifs waren diese alten Aepyptier ein gewaltig wollendes und mit wunderbarer Energie das Gewollte vollbringendes Volk, denn während hunderte von Völkern von der Erde verschwunden sind, ohne auch nur die geringste Spur ihres Daseins zu hinterlassen, geben unzählige Gestalten, in den daurendsten Stoffen mit unsäglicher Mühe auf das schärfste ausgeprägt, von der Art ihres Wesens noch heute ein anschauliches Bild, und stehen nach mehr als drei Jahrtausenden in einer Erhaltung vor uns, als ob erst gestern die letzte Hand daran gelegt worden wäre. Gewifs konnten die Griechen von diesem Volk in der Technik alles, in der Zeichnung ungleich mehr lernen, als man früher geglaubt hat!

Von diesen mächtigen Krystallisationen uralter Cultur wandte ich mich jetzt zu den höchsten Gebilden griechischer Kunst. Dem in den grofsen Raum

Eintretenden befindet sich links eine Thür, die in ein Zimmer von mäfsigem Umfange führt, welches die Reliefe aus Phigalia aufgenommen hat. Dieses vorläufig durchschreitend, befand ich mich in einem grofsen, von oben erleuchteten Saal, wo verständigerweise aufser dem ganzen Erwerb des Lord Elgin nur einiges Ergänzende und nahe Verwandte aufgestellt ist. Aus der Zeit des Sesostris und Aegyptens alter Hauptstadt, der hundertthorigen Thebae, von welcher uns schon Homer Kunde giebt, war ich plötzlich auf die Acropolis von Athen und in die Zeit des Pericles versetzt. Mit wenigen Schritten hatte ich einige hundert Meilen, in wenigen Augenblicken ein Jahrtausend durchmessen!

So sah ich denn von Angesicht zu Angesicht jene aus der Werkstatt, gewifs wohl manche aus der Hand des Phidias selbst hervorgegangenen Denkmale, welche selbst die Alten vor allen priesen, von denen noch Plutarch sagt, dafs sie durch ihre Gröfse vor anderen hervorragten, an Schönheit und Grazie aber unnachahmlich seien. Der Gedanke, dafs vor diesen Werken die gröfsten und gebildetsten Männer des Alterthums, ein Pericles, Sophocles, Socrates, Plato, Alexander der Grofse und Caesar mit Bewunderung verweilt, gofs für mich einen neuen Zauber darüber aus und erhöhte noch das begeisterte Gefühl, welches mich durchdrang. Auf eine Zeit lang mufste dieses freilich einem heftigen Unwillen weichen, den der Gedanke in mir hervorrief, dafs der traurige Zustand arger Verstümmelung, worin sich diese kostbaren Ueberreste befinden, nicht allein durch die Zeit, sondern noch mehr durch die Barbarei der Menschen verursacht worden ist. Die Menschheit erscheint so im Ganzen wie ein einzelner, reichbegabter Mensch, dessen Geist bisweilen auf lange Zeit von Blödsinn oder Raserei verdunkelt wird, so dafs er seine schönsten Gebilde verkommen läfst, sie wohl gar mit eignen, unheiligen Fäusten zerschlägt, endlich zum Bewufstsein gekommen, aber mit bitterer Reue die kläglichen Trümmer wieder zusammensucht und sich eifrig aber vergebens abmüht, ihr früheres Bild in seiner ganzen Schönheit vor die Seele zu rufen.

Nicht leicht habe ich den Unterschied zwischen Gypsabgufs und Marmor so grofs gefunden, als bei diesen Elginmarbles. Der penthelische Marmor, worin sie gearbeitet sind, hat nämlich einen warmen, gelblichen Ton und ein sehr feines und dabei doch klares Korn, wodurch diese Sculpturen etwas ungemein Lebendiges und eigenthümlich Gediegenes erhalten. Namentlich hat der Block, worin der berühmte Pferdekopf gearbeitet ist, ein förmlich knochenartiges Ansehen und gewährt in seiner scharfen, flächenartigen Behandlung einen Reiz, wovon der Gypsabgufs keine Vorstellung giebt. Er macht den Eindruck, als ob es das versteinerte, aus der Hand der Gottheit hervorgegangene, Urpferd sei, von dem alle wirklichen Pferde mehr oder minder degeneriren, und rechtfertigt auf das Glänzendste den Ruhm, welchen Phidias als Bildner von Pferden bei den Alten besafs. Dieser Kopf, so wie alle Rundwerke aus den beiden Giebelfeldern des Parthenon, woran theils wegen Bedeutung der Stelle, theils wegen Schönheit der Arbeit die eigne Theilnahme des Phidias mit der meisten Wahrscheinlichkeit anzunehmen ist, stehen in einer langen Reihe in der Mitte des Saales, in der Ordnung, welche sie zum Theil nach Muthmafsung ursprünglich gehabt haben. Da das Fenster unmittelbar darüber ist, gewähren sie leider keine Gegensätze von entschiedenen Licht- und Schattenmassen. Die Statuen aus dem östlichen Giebelfeld, worin die Geburt der Minerva vorgestellt war, folgen sich, von dem dem Beschauer linken Winkel desselben zur Mitte aufsteigend, so: Hyperion (No. 91) mit zweien der Pferde seines Gespanns (No. 92) aus dem Okeanus emportauchend. Die Statue des ruhenden Theseus von mächtigen Formen, voll jugendlicher Frische und gesunder Kraftfülle, die zwei sitzenden weiblichen Gottheiten, Demeter und Persephone genannt, (No. 94) höchst edel in Formen, Stellung und Gewändern, eine weibliche Figur in eiliger Bewegung, Iris genannt (No. 95), bisher nicht abgeformt. Das Augenblickliche in der Bewegung der Tunica und des fliegenden Mantels ist wunderbar lebendig und kühn. Der Torso einer Victoria (No. 96), ebenfalls nicht abgegossen. Die Falten des enganliegenden Gewandes sind von feinerem Stoffe als bei allen anderen. An dieser Stelle, wo das Giebelfeld seine gröfste Höhe hatte, befanden sich die jetzt ganz verlorenen Hauptfiguren des Zeus, der Pallas, welche so eben aus dem Haupte des Zeus hervorgesprungen war, und der Hephästos, als Geburtshelfer. Auch von den Statuen der anderen Hälfte desselben Giebelfeldes fehlen mehrere, denn es folgt hier sogleich die herrliche Gruppe der ruhenden drei Parzen (No. 97) und der schon oben erwähnte berühmte Pferdekopf (No. 98), welcher zu dem Gespann der in den Okeanus herabtauchenden Nacht gehört hat." Die Statuen aus dem westlichen Giebelfelde, worin der Streit des Poseidon und der Pallas um die Stadt Athen vorgestellt war, folgen

4**

sich, wieder vom linken Winkel zur Mitte aufsteigend, so: der ruhende Flussgott Ilissus (No. 99), von allen die lebendigste Gestalt. Ihm zunächst befanden sich zwei sitzende Statuen, die im Giebelfelde zurückgelassen worden sind und nach Visconti's Meinung Vulcan und Venus vorstellen. Ein wegen der stark zerstörten Epidermis sehr formloser, männlicher Torso, Cecrops genannt (No. 100), die Bruchstücke der Pallas, nämlich: a) ein Stück vom oberen Theile des Kopfes, bestehend aus dem Ansatz der Nase, den Augen nebst etwas Stirn und Haar. (No. 101.) Der Helm war in Erz hinzugefügt, wie die Löcher am Marmor, woran er befestigt gewesen, beweisen. So waren auch die jetzt hohlen Augen mit einer anderen Masse ausgefüllt, welche ohne Zweifel das Eulenäugige (γλαυκῶπις) auszudrücken bestimmt war. Das Haar ist noch ganz in der alterthümlichen Weise, wie starke Bindfaden behandelt, die in sehr einfacher Windung neben einander herlaufen. b). Ein sehr fragmentirter Theil der Brust (No. 102) von colossalem Verhältniss. Ein Stück von einem der Schlangenfüsse des Erichthonius, welchen Pallas, die vom Poseidon erschaffenen Rosse anjochen lehrt und ihn dadurch besiegt. Hierauf folgt der obere Theil vom Torso des Poseidon (No. 103), von wunderbar mächtigen Formen. Diese Statuen befanden sich wieder als die Hauptpersonen in der Mitte des Giebelfeldes. Von der anderen Seite desselben sind nur vorhanden: 1) der Torso der flügellosen Victoria (No. 105), von den Athenern so vorgestellt, um den Sieg für immer bei sich zu fesseln. Dieser bisher nicht abgeformte Torso, welcher vom Halse bis zur Hälfte der Schenkel reicht, ist von sehr edlen, grossartigen Formen, und wundervoll lebendig in der Bewegung vorwärts. 2) Der Schoofs der Leto mit einem kleinen Ueberrest des Apollon (No. 106), von einer Gruppe dieser Göttin mit ihren beiden Kindern Apollon und Artemis.

So manche Betrachtungen, welche ich schon früher bei dem Studium der Gypsabgüsse dieser Werke angestellt, gestalteten sich in mir jetzt vor den Originalen erst zu voller Deutlichkeit. Die eigenthümliche Vortrefflichkeit, welche die Werke vom Parthenon vor fast allen anderen Sculpturen des Alterthums auszeichnet, beruht meines Erachtens vornehmlich auf der feinen Schwebe, worin sie in allen Rücksichten zwischen der früheren und späteren Kunst mitten inne stehen. Die Sculptur ist in Aegypten wie in Griechenland eine Tochter der Architectur. In Aegypten entliefs diese Mutter sie nie der strengsten Unterordnung, der gröfsten Abhängigkeit; in Griechenland dagegen erwuchs die Sculptur nach einer ähnlichen, sehr langen, aber auch für ihr Gedeihen sehr wohlthätigen, Erziehung endlich zur Mündigkeit. Ungeachtet dieser gewonnenen Selbstständigkeit und Freiheit wurde sie der Mutter bis zu den spätesten Zeiten des Alterthums niemals ganz entfremdet, in der ersten Zeit aber schmiegte sie sich ihr noch mit der ganzen kindlichen Anhänglichkeit auf das innigste an. Dieser Zeit gehören nun die Sculpturen des Parthenon an. Die allgemeine Anordnung ist noch ganz durch die Architectur bedingt, auch die einzelnen Gruppen entsprechen sich als Massen architectonisch-symmetrisch; bei der Ausgestaltung derselben offenbart sich aber die gröfste Freiheit in mannigfacher Abwechselung und Gegensätzen der Stellungen, welche so leicht, bequem und natürlich sind, dafs man glauben könnte, die architectonische Einfassung habe sich nach den Sculpturen, nicht umgekehrt diese nach jener gerichtet. Doch nicht allein auf die räumliche Anordnung, sondern auch auf die Art der geistigen Auffassung wirkte die Architectur ein. Denn in allen Vorgängen, selbst in solchen, welche die lebhafteste geistige und körperliche Bewegung mit sich bringen, wie in den Kämpfen der Griechen und Centauren in den Metopen, sind diese Anforderungen der Aufgabe mit einer gewissen ruhigen Würde und Feier auf das Feinste gepaart. In dieser Durchdringung des architectonischen Elements, als durchwaltenden Gesetzes im Allgemeinen, mit dem Plastischen der gröfsten Freiheit und Lebendigkeit im Einzelnen, liegt nun das eigenthümliche E r h a b e n e dieser Monumente. Den h ö c h s t e n R e i z erhalten sie aber, wie die Gedichte des Homer, durch ihre Naivetät. Wie die Urheber derselben, durch das begeisterte Bestreben ihre Aufgaben auf eine möglichst d e u t l i c h e und s c h ö n e Weise zu behandeln, zum tiefsten Studium der Natur, zur freien Beherrschung aller darstellenden Mittel gelangt waren und dadurch alles Conventionelle der früheren Kunst abgestreift hatten, so fiel es ihnen auch nicht ein, diese Vortheile anders, als zu jenem Zwecke zu verwenden. Nichts lag ihnen aber entfernter, als dieselben, wie in späterer Zeit, um ihrer selbst willen geltend zu machen, und damit prunken zu wollen. Daher alle Charactere der Körper den Gegenständen so ganz angemessen, daher in allen Bewegungen eine so einfache, natürliche Grazie. Eben so einzig ist aber die feine Weise, womit die Nachahmung der durchgängig edel gewählten Natur mit den Forderungen der gehörigen Wirkung in der Kunst ausgeglichen ist. Die Behandlung ist so ausführlich, dafs sogar Adern und Falten der Haut wiedergegeben sind, wodurch in einem hohen Grade der Eindruck von Naturwahrheit hervorgebracht wird; dennoch ist alles dieses den Hauptformen so untergeordnet, dafs der Eindruck wieder sehr grofsartig ist und den Gedanken von eigentlich portraitartiger Bildung nicht aufkommen läfst. So stehen diese Werke in einer glücklichen Mitte zwischen den zu individuellen Körperformen früherer Zeit, z. B. der äginesischen Statuen und den meist zu allgemeinen des späteren Zeiten. Die gesunde Kraft und Lebensfrische, welche diese Gestalten athmen, hat indefs noch einen besonderen Grund in dem scharfen Gegensatz der Behandlung der festeren und weicheren Theile. Wo Knochen oder Sehnen unter der Haut eintreten, sind diese mit der gröfsten Schärfe und Bestimmtheit angegeben, wo dagegen die gröfseren Muskeln vorwalten, sind sie zwar straff und flächenartig gehalten, zugleich aber ihre Weiche und Elasticität auf das Ueberraschendste ausgedrückt.

Die funfzehn vorhandenen Metopen von der Südseite des Tempels (No. 1 — 16) sind mit einem Abgusse des 16ten in Paris befindlichen in mäfsiger Höhe und schicklicher Entfernung von einander in der langen Wand, dem Eingange gegenüber, eingelassen. Auch von den seit dem Jahre 1681 in der Kunstkammer zu Copenhagen befindlichen Originalköpfen der einen Gruppe (No. 3) sind hier Abgüsse auf die Rümpfe gesetzt, und so alles für die Vervollständigung gethan. Diese Metopen machen in dem scharfen, von oben schräg auf sie fallenden Licht eine erstaunliche Wirkung. Der Artikel Bassorilievo in der hier erscheinenden Pfennigencyclopädie, dessen Verfasser die feinste künstlerische Beobachtung verräth, enthält über diese Metopen, wie über die Reliefe der Cella des Tempels, das Beste, was mir darüber bekannt geworden, so daſs ich darin meine eignen Wahrnehmungen bestätigt und vervollständigt gefunden haben. Ich theile Dir daher einige Bemerkungen daraus mit. Die Vorstellungen von Kämpfen, welche man hier, so wie meist, für die Verzierung der Metopen gewählt hat, gewährten den Vortheil, daſs sie gröſstentheils diagonale Linien hervorbrachten und so mit den verticalen der Triglyphen und den horizontalen des Carnises und des Architravs einen Gegensatz, und doch wieder zwischen beiden eine Vermittelung bildeten; dabei füllte eine solche Gruppe den gegebenen Raum auf eine natürliche Weise sehr vollständig aus. Da diese Sculpturen mit den groſsen architectonischen Gliedern der äuſseren Säulen und des Gebälks in Verbindung standen, muſste bei ihnen auf eine starke Wirkung hingearbeitet werden. Eine solche wurde aber durch ein sehr erhobenes Relief erreicht, welches sich dem Rundwerk nähert; denn mittelst der kräftigen Schlagschatten, welche dadurch auf dem Grunde hervorgebracht wurden, hoben sie sich sehr entschieden von demselben ab. Dabei war es indeſs wichtig, daſs die Figuren selbst das Licht möglichst ununterbrochen empfingen, und es wurden daher solche Stellungen vermieden, bei denen Schlagschatten auf die Figuren selbst gefallen wären und so die Deutlichkeit der Formen unterbrochen hätten. Es ist bemerkenswerth, daſs die griechischen Künstler an den Metopen, als den am engsten mit der Architectur verbundenen Sculpturen, am längsten eine gewisse alterthümliche Strenge und Bedingtheit festgehalten haben. Dieses zeigt sich auch hier offenbar im Vergleich zu den Figuren in den Giebelfeldern.

Der berühmte Fries, welcher um die ganze Cella des Tempels von aufsen herumlief, und worauf das große Fest, welches der Pallas alle fünf Jahre in Athen gefeiert wurde (die Panathenaeen) vorgestellt ist, läuft auch hier um alle vier Seiten des Saals. Außer 53 Platten der Originale, findet sich hier die ganze Westseite in Gypsabgüssen, ferner ein Gypsabgufs der Platte in Paris und einiger jetzt zerstörten Figuren (No. 17 — 90). Der untere Rand dieser Reliefe ist ungefähr 4 Fuſs vom Boden, so daſs man sie sehr bequem in der Nähe betrachten kann. Hier sieht man von der Vorder- oder Ostseite des Tempels die in behaglicher Ruhe dasitzenden zwölf Götter, welchen die atheniensischen Jungfrauen unter der Beaufsichtigung der Magistratspersonen die Gaben darbringen; von der Nord- und Südseite, sich zunächst der Vorderseite anschliefsend, die Opferstiere, dann besonders die herrlichen Reiterzüge der Jünglinge; von der Hinter- oder Westseite endlich die Zurüstungen zu diesem Zuge. Ich wurde nicht müde, den Reichthum, die Lebendigkeit, die Schönheit und Feinheit in den mannigfaltigen Motiven zu bewundern. Nicht minder nahm mich aber die künstlerische Weisheit und Vortrefflichkeit der Arbeit in Anspruch. Da dieser Fries sich oben an der Tempelmauer in dem Säulenporticus befand, war er beständig im Schatten, und erhielt die stärkste Beleuchtung von dem Reflexlicht des Fufsbodens. Um unter diesen Umständen Deutlichkeit hervorzubringen, bemerkt unser obiger Verfasser sehr richtig, mußte man den entgegengesetzten Weg, wie bei den Metopen, einschlagen. Da eine Fläche das Licht in gleichmäßiger Masse aufnimmt, jede Rundung es aber mehr oder minder bricht, so hat Phidias hier, um das spärliche Licht vollständig auszunutzen, ein sehr flaches Relief gewählt. Doch kam hier wieder alles darauf an, die Figuren scharf von der Fläche des Grundes abzuheben, welche das Licht eben so stark aufnimmt. Dieses hat Phidias dadurch unvergleichlich erreicht, daß die Figuren nicht von ihrer Mitte an Erhabenheit abnehmen, und sich so allmählig in den Grund verlieren, sondern in ihren Umrissen gegen den Grund hin im rechten Winkel sich in der ganzen Höhe abschneiden, womit sie überhaupt aus dem Grunde hervortreten. Hierdurch wurde längs dieser äußeren Umrisse ein dunkler Schatten hervorgebracht, wodurch sich die Figuren sehr stark abhoben, die Umrisse solcher Theile der Figuren, welche innerhalb der so erhobenen Gesammtfläche der Sculpturen fallen, wurden nun, um diese Fläche möglichst wenig zu unterbrechen, mehr hineingegraben, als abgerundet, und erschienen grade dadurch bei der Masse des Lichts, welches die Fläche gleichmäßig aufnimmt, von unten sehr deutlich, ja machten in dem Helldunkel der gedämpfteren Beleuchtung den Eindruck einer größeren Abrundung.

Die Erhaltung dieser Reliefe ist sehr verschieden; die der Westseite sind am besten, ja zum Theil wunderbar erhalten, die der Südseite haben am meisten gelitten. Dieses scheint mit der Beschaffenheit des Marmors zusammenzuhängen, welcher an dieser

Seite großentheils von grauer Farbe und von besonders schiefriger Textur ist. Wenigstens ist gerade an den Platten, die daraus bestehen, das Meiste abgefallen. (So von No. 60 — 68 und wieder 72 — 74.)

Höchst wichtig war es mir, zunächst die Abgüsse von mehreren Sculpturen am Tempel des Theseus in Athen zu sehen, der ungefähr 30 Jahre früher als der Parthenon auf Cimons Veranlassung erbauet worden ist. Drei Metopenplatten (No. 155 — 157), welche Kämpfe des Theseus enthalten, haben ein alterthümlicheres Ansehen als die Sculpturen am Parthenon; die Körper erinnern in Verhältniß und Behandlung noch in etwas an die äginetischen Statuen. An einem erhaltenen Kopf von zwei Ringenden ist Haar und Bart nur als dicke, ganz glatte Masse ausgeladen, wie bei den Sculpturen aus Olympia, welche ich vor drei Jahren in Paris sah, wobei die Angabe einzelner Locken und Haare offenbar der Malerei überlassen war. Der Fries von dem Pronaus (No. 136 — 149) stellt Kämpfe in Gegenwart von sechs sitzenden Göttern, der von Posticus (No. 150 — 154) Kämpfe der Lapithen und Centauren vor. Die Sculptur an diesen ist der am Parthenon sehr nahe verwandt und höchst vorzüglich, nur sind die Verhältnisse ein wenig kürzer. Die Kämpfe stehen, in Rücksicht des Dramatischen, zwischen den Metopen des Parthenon und dem Fries aus Phigalia. Das Motiv des Caeneus, der, weil er unverwundbar war, von zwei Centauren durch große Steinmassen in die Erde gedrückt, nur noch mit Kopf und Brust hervorragend, sein Schild emporhält, ist dem in den Reliefs von Phigalia sehr ähnlich, nur hier noch geistreicher und lebendiger, indem er noch stärker widerstrebt. Das

Relief ist sehr stark ausgeladen, die Erhaltung der Epidermis im Ganzen besser, wie bei den Sculpturen vom Parthenon, besonders die engfaltigen, reichen Gewänder in den Höhen der Falten nicht so viel abgestoſsen und daher von trefflicher Wirkung.

Von einem kleinen Tempel der ungeflügelten Victoria, in der Nähe der Propyläen, sind hier vier Reliefe des Frieses von starker Ausladung ungefähr zwei Fuſs hoch. Sie stellen Kämpfe von Persern und Griechen (No. 158, 159) und von Griechen unter einander (No. 160, 161) vor. Sowohl in der sehr geistreichen, höchst dramatischen Auffassung, als in der Behandlung der Gewänder sind sie den Reliefen aus Phigalia sehr nahe verwandt, die Verhältnisse sind hier ebenfalls gedrungen, die Beendigung mäſsig. Der Kampf um einen Todten in dem ersteren ist die geistreichste Vorstellung dieser Art, welche mir aus dem Alterthum bekannt ist und die plastische Vergegenwärtigung von Homers Darstellung des Kampfes über den gefallenen Sarpedon oder Patroclus. Leider sind diese Reliefe sehr verstümmelt, alle Gesichter fehlen, auch die Epidermis ist meist sehr angegriffen.

Aus der etwa 100 Jahre späteren Zeit des Praxiteles sind hier ebenfalls einige wichtige Denkmale. Dahin gehören die Abgüsse der Reliefe von dem choragischen Monument des Lisycrates (No. 352—360), gewöhnlich die Laterne des Demosthenes genannt. Sie stellen in Gruppen voll Geist und Leben die Strafe vor, welche die tyrrhenischen Seeräuber von Bacchus und seinem Gefolge erleiden müssen. Einige werden von den Satyrn gepeitscht, oder gebrannt, andere sind in Verwandlung zu Delphinen begriffen. Die Erfindung, wie Kopf und Oberleib schon Fisch ist, während sie noch mit den menschlichen Beinen sparkeln, ist höchst eigenthümlich und hat zugleich etwas Graziöses. In der Behandlung des Reliefs von mäßsiger Höhe herrscht das Princip in Behandlung der Flächen wie beim Zuge der Panathaeneen. Die Ausführung ist nicht grofs, doch alle Haupttheile mit meisterlicher Bestimmtheit angegeben. Von einem anderen ähnlichen Monument, dem des Thrasyllus, ist hier die colossale Statue des Bacchus vorhanden, welche dasselbe krönte. Bemerkenswerth war es mir an dieser Statue, dafs man auch in dieser Zeit, in welcher im Ganzen das Zierliche, Gefällige, Weiche in der Sculptur vorherrschte, den Sinn für architectonische Sculptur noch so streng bewahrt hatte. Der Gott ist hier sitzend in einfacher, ruhiger Stellung in breitem Verhältnifs und mit mächtigen Formen vorgestellt. Seine Brust bedeckt eine Löwenhaut, das lange Gewand ist in einfachen, trefflichen, aber ungleich weiteren und sparsamer gerippten Faltenmassen als bei den Bildwerken aus der Zeit des Phidias gehalten. Alles dieses scheint mir für die Höhe von etwa 27 Fufs, in welcher diese Statue aufgestellt war, sehr einsichtig berechnet zu sein.

Doch dieser Brief würde zu einem Büchlein anschwellen, wenn ich noch von allen den Denkmalen sprechen wollte, die unter den 386 Nummern, welche dieser Saal enthält, meine Aufmerksamkeit lebhaft auf sich zogen. Ich bitte Dich daher, mit mir in Gedanken in das ebenfalls von oben beleuchtete Zimmer zurückzugehen, worin sich die berühmten Reliefs vom Tempel des Apollo in Phigalia befinden. Diese sind in der Wand so eingelassen, dafs sie mit dem Auge des Beschauers in gleicher Höhe sind und also das genaueste Studium zulassen. Sie zierten einst als Fries das Innere der Cella jenes Tempels. Da derselbe ein Hypaethros war, d. h. ein solcher, in den das Tageslicht durch eine Oeffnung in der Mitte hineinfiel, empfingen die Reliefe ein unmittelbares und scharfes Licht, so dafs bei ihnen das Hochrelief in Anwendung gekommen ist. Von den 23 vorhandenen Marmorplatten stellen 11 Kämpfe der Lapithen und Centauren (No. 1—11), 12 Kämpfe der Griechen und Amazonen vor (No. 12—23). Zwischen der Erfindung und Ausführung findet bei ihnen ein grofser Unterschied statt. Als Darstellungen der momentanen Aeufserungen eines im höchsten Grade leidenschaftlich bewegten Lebens stehen sie, meines Erachtens, ganz einzig da, und sind das Schönste dieser Art, was uns aus dem ganzen Alterthum aufbehalten worden ist. Die ergreifenden Gegensätze, welche beide Folgen darbieten, sind mit der seltensten Erfindungsgabe ausgenutzt. Bei den Centauren und Lapithen sehen wir die äufsersten Anstrengungen thierischer Wuth und Rohheit gegen männliche Tapferkeit. Wunderbar hat sich der Künstler in diese Phantasiegeschöpfe der Centauren hineingelebt und von ihrer Doppelnatur Vortheil gezogen. Während z. B. einer derselben einen Lapithen mit den Händen hält und in den Hals beifst, schlägt er mit seinen Hinterhufen nach einem anderen aus. Bei den Griechen und Amazonen ist es der heldenmüthige Widerstand weiblicher Anmuth gegen männliche Kraft, welcher unsere Theilnahme auf eine mehr rührende Weise in Anspruch nimmt. Im Kampf, im Unterliegen, ja im Tode, waltet hier das Element der Anmuth und Schönheit. Herrlich ist besonders das Zusammensinken einer Amazone, die in dem Augenblick die Todeswunde empfangen hat. Welche Kunst, die das Schreckliche solcher Vorgänge in ihrer höchsten Lebendigkeit zeigen, und durch die Gewalt der Schönheit zugleich so anziehend machen kann! Dabei ist dies Werk im höchsten Grade naiv, geht die Schönheit nicht aus einem allgemeinen Princip, welches den Gegenständen mit kaltem Bewufstsein als etwas Aeufserliches angefügt wird, sondern lediglich aus der Sache hervor, so dafs diese niemals gewissen Schönheitsregeln aufgeopfert wird. Nach der heftigen Bewegung sind daher die Gewänder, zwar wo sie frei fliegen, leicht gekräuselt, wo sie dagegen das gewaltige Ausschreiten im Kampf anspannt, in straffen, parallelen Falten angezogen, obschon ein neuerer Bildhauer sich dergleichen als unschön nicht erlauben würde. Bemerkenswerth ist endlich die Feinheit, wie die verschiedenen Gruppen durch ineinander greifende Motive wieder zu einem fortlaufenden Ganzen verbunden sind. Die Verhältnisse der Figuren sind indefs etwas kurz, die Arbeit im Ganzen keineswegs sorgfältig und noch dazu sehr ungleich. Im Allgemeinen sind die Centauren- mehr, als die Amazonenkämpfe vernachlässigt. Die Ausführung erstreckt sich bei den ersteren nicht über eine energische Angabe der Haupttheile, ja an einer Stelle (No. 7) wird die vordere Hälfte eines Centauers ganz vermifst. Dieser Umstand ist mir ein merkwürdiger Beweis, ein wie viel gröfseres Gewicht von den Alten auf die Schönheit und den Reichthum der Erfindung und der Motive, als auf die genaue Rechenschaft und die saubere Ausbildung derselben im Einzelnen gelegt wurde.

Nachdem ich aus diesem reinsten Quell griechischer Kunst diesen „langen, tiefen Trunk“ gethan hatte, fühlte ich mich aber für den Tag gesättigt, und es war mir daher ganz gelegen, daſs ich durch den Schluſs des Museums daraus vertrieben wurde.

Sechster Brief.

London, den 27. Mai.

Als ich dem Herzog von Devonshire aufwarten wollte, war derselbe in Chiswick, einer benachbarten Villa; ich lieſs daher meine Briefe von I. k. H. der Prinzeſs Luise und S. k. H. dem Prinzen Carl von Preuſsen in Devonshirhouse. Am 24sten Abends erhielt ich ein sehr freundliches Billet vom Herzog, worin er mich einlud, ihn den nächsten Tag zu besuchen. Ich fand einen sehr stattlichen Mann, in dessen Zügen sich so viel Herzensgüte aussprach, daſs ich vom ersten Augenblick an ein unbedingtes Vertrauen zu ihm faſste. Mit der gröſsten Verehrung sprach er von der Prinzeſs Luise und dem Prinzen Carl, und führte mich darauf selbst in seinem Hause herum. Innerhalb eines von hohen Mauern umschlossenen Raums mit einem ansehnlichen Garten gelegen, ist es in der Communication der Zimmer sehr bequem, hat indeſs, auſser dem Erdgeschoſs, nur ein Stockwerk und macht im Aeuſseren wenig Ansprüche. Auſserordentlich sind dagegen die Schätze für Kunst und Literatur, welche darin enthalten sind. Auſser der reichen Gemäldesammlung, von der ich heut nur eine flüchtige Uebersicht nahm, sah ich in dem Wohnzimmer des Herzogs in einem Glaskasten über dem Camin eine Sammlung von antiken, geschnittenen Steinen, mit einigen Medaillen, 564 an der Zahl, worunter ich viel Vorzügliches bemerkte. Welche Freude empfand ich aber, als der Herzog auf meinen Wunsch mir das berühmte „Libro di verità" hervorholte und mir eine ruhige und behagliche Beschauung desselben vergönnte. So nannte Claude Lorrain ein Buch, welches von den Bildern, die er ausgeführt hatte, Zeichnungen von seiner Hand enthielt. Bei dem aufserordentlichen Beifall, den seine Bilder schon bei seinen Lebzeiten fanden, legten sich nämlich manche Maler darauf, Compositionen in seinem Geschmack auszuführen und als Bilder von ihm zu verkaufen, deren Unechtheit durch das Nichtvorhandensein in seinem „Buch der Echtheit" erwiesen werden konnte. Die Zahl der Zeichnungen beläuft sich auf 200. Auf der Rückseite der ersten ist ein Zettel geklebt, mit einer Aufschrift von Claude's Hand, die ich hier treu in seiner Orthographie wiedergebe:

Audi. 10. dagosto 1677
ce present livre Aupartien a moy que je faict durant
ma vie. Claudio Gillee Dit le lorains
A Roma ce 23. Aoé. 1680.

Als Claude das letzte Datum schrieb, war er 78 Jahr und starb im zweiten Jahr darauf. Aufserdem hat er auf der Rückseite jeder Zeichnung die Nummer mit seinem Monogramm, den Ort, wofür das Bild gemalt, meist den Besteller, zuweilen auch das Jahr angegeben, niemals aber das „Claudio fecit" vergessen. Seinem Testament zufolge sollte dieses Buch immer ein Eigenthum seiner Familie bleiben. Auch wurde dieses noch von seinen Enkeln so treulich gehalten, dafs alle Bemühungen des Cardinals d'Eltrées, französischen Gesandten zu Rom, es zu erhalten, umsonst waren. Bei den späteren Erben war indefs solche Art von Pietät so ganz verschwunden, dafs sie es für den geringen Preis von 200 Scudi an einen französischen Juwelenhändler verkauften, der es wieder in Holland verhandelte, von wo aus es in den Besitz der Herzöge von Devonshire kam, und daselbst in gebührenden Ehren gehalten wird. Die bekannten Abbildungen von Barlow in dem Werk von Boydell geben doch nur eine sehr allgemeine und einförmige Vorstellung dieser herrlichen Zeichnungen. Die Meisterschaft, Leichtigkeit und Feinheit in der Behandlung von den flüchtigsten Skizzen bis zu den mit der gröfsten Sorgfalt beendigten Blättern übersteigt in der That das Glaubliche. Letztere machen die Wirkung vollendeter Bilder. Mit dem einfachen Material einer Vorzeichnung mit der Feder, mit dem Pinsel aufgetragener Tusche, Sepia oder Biester, und Aufhöhung der Lichter in Weifs, ist hier der Character jeder Tageszeit, das Sonnige, das Kühle, das Duftige ausgedrückt. Höchst glücklich hat er sich zum Gesammtton der frischen Morgenkühle des blauen Papiers, des warmen, glühenden Abendtons der Sepia bedient. Einige sind nur mit der Feder gezeichnet, bei einer (No. 27) sind blofs die Hauptformen mit dem Bleistift ganz flüchtig angegeben, und die beleuchteten Massen breit mit dem Pinsel in Weifs hingeworfen. Das Uebrige ergänzt die Phantasie. In einem Schrank, welchen der Herzog öffnete, sah ich stattliche Bände, die einen grofsen Schatz von Kupferstichen des Marcanton und anderer alter, seltener Meister enthalten. So grofs das

das Gelüst war, welches mich bei diesem Anblick befiel, so widerstand ich ihm doch aus dem Grundsatz, bei der beschränkten Zeit hier in England nichts zu sehen, was man auch auf dem Continent antrifft. Der Herzog ist ein großer Kenner und Freund der älteren dramatischen Literatur der Engländer. Er zeigte mir einige Bände von seiner Sammlung alter Dramen, welche die reichste in der Welt ist und sich noch alljährlich vermehrt. Er wird jetzt einen Catalog darüber drucken lassen. Wie sehnlichst wünschte ich in diesem Augenblick Tieck herbei, um in diesen Schätzen schwelgen zu können! Der Herzog entließ mich mit der freundlichen Zusage, daß ich seine Kunstschätze jeden Tag sehen könnte, und gab mir zwei Briefe, um Zulaß auf seinen Landsitzen Chiswick und Chatsworth zu erhalten.

Doch ich bin Dir noch den Bericht über so viele Kunstschätze des britischen Museums schuldig. Außer einer allgemeinen Uebersicht von der Art der Aufstellung kann ich Dir indeß nur von den wichtigsten Gegenständen der verschiedenen Abtheilungen etwas Näheres mittheilen. Die Reihe von Zimmern, welche zu jenem hohen Mittelsaal führen, bilden den eigens für die darin aufgestellte Townleysche Sammlung erbauten Theil des Museums. Sie sind bis auf eins sämmtlich von oben beleuchtet, doch fällt das Licht durch das matt geschliffene Glas theilweise etwas zu gedämpft ein. In dem ersten befinden sich die berühmten „terre cotte“ jener Sammlung. Die meisten sind als Reliefe in die Wände eingelassen, darunter einige für ihren kleinen Umfang etwas zu hoch. In diesem geringen Material, welches selbst dem wenig Bemittelten zuließ, sich mit den edelsten Gedanken bildender Kunst zu umgeben, haben die Alten uns eine Fülle der schönsten Erfindungen, zumal der zierlichsten Grotesken hinterlassen, welche sehr häufig zum Schmuck von Friesen gedient haben. Unter den 88 Stücken, die hier vereinigt sind, zeichnen sich die meisten durch die Composition, verschiedene auch durch ihre treffliche Arbeit aus. Dahin gehören Kämpfe zwischen Amazonen und Greifen (No. 4) und zwischen Greifen und Arimaspen (No. 7 und 8) von sehr graziösem Motiv, symmetrisch-arabeskenartig gehalten. Eine Frau, von ihren Dienerinnen umgeben, worin der höchste Schmerz auf das ergreifendste und edelste dargestellt ist. (No. 12.) Sie gilt für eine Penelope, die um Ulysses trauert. Der bärtige Bacchus mit der Methe, oder der personificirten Trunkenheit, beide mit Thyrsen, von strenger aber doch freier Kunstwahl. (No. 14.) Aus der Sammlung von Sir Hans Sloane. — Der verwundete Machaon, dem Nestor einen Trank reicht. (No. 20.) Die Vorsorglichkeit in dem Alten ist trefflich. Ein Held, wahrscheinlich Orest, den Schutz des Apollo anflehend; Trauer und Bitte sind wunderbar edel ausgedrückt. (No. 53.) Zwei knieend den Ampelos feiernde Faunen (No. 22), und zwei, die sich in einem Gefäfs mit Wein spiegeln (No. 31), eine Bacchantin, die einen Korb mit Feigen der Göttin Pudicitia darreicht (No. 27), ein Satyr und eine Bacchantin, welche tanzend den kleinen Bacchus in einer Getraideschwinge schaukeln (No. 44), sind sämmtlich von der ergötzlichsten Erfindung und voll des bewegtesten Lebens. Endlich erwähne ich noch zwei Jungfrauen zu den Seiten eines brennenden Candelabers (No. 54), nicht allein wegen der höchst zierlichen Arbeit in der älteren griechischen Kunstweise, sondern noch ganz besonders wegen der Behandlung der Gewänder, die den Uebergang aus den in regelmäßige Kniffe gelegten zu dem freiern Faltenwesen bilden. Die Statuen von zwei Musen, ungefähr 3 Fuß hoch (No. 38 und 40), zeichnen sich durch die schönen Verhältnisse, die zierlichen Gewandmotive aus.

Das zweite Zimmer ist rund mit einer ähnlichen Kuppel. Dem Eingange gegenüber macht die große Statue einer Venus (No. 8) eine herrliche Wirkung. Der emporgerichtete Blick, der edle Character des Kopfs, das Schlanke und doch zugleich Erhabene in der Gestalt deuten auf eine Venus victrix. Der untere Theil des Körpers ist wie bei der berühmten Venus von der Insel Milo im Museum zu Paris bekleidet, auch die nackten Theile, besonders die Brust, zeigen eine nahe Verwandtschaft zu derselben. Formen und Motive sind meines Erachtens edler als an der berühmten Venus von Arles ebenfalls im Pariser Museum, welche zu derselben Gattung von Venusstatuen gehört. An dieser in den Bädern des Claudius im Jahre 1776 zu Ostia von Gavin Hamilton gefundenen Statue ist die Nasenspitze, der linke Arm und die rechte Hand neu. Sie ist aus zwei Marmorblöcken gearbeitet, welche beim Ansatz des Gewandes zusammengefügt sind. Nächstdem fällt eine Caryatide auf (No. 4), welche früher den Porticus eines kleinen Bacchustempels in der Nähe der via Appia gestützt hat. Sehr interessant ist der Vergleich dieser Statue mit einer ähnlichen vom Pandrosion herrührenden im Saale der Elginmarbles. Das Breite, Geradlinigte, in allen Theilen streng Architectonische der letzten von ungleich gröherem Styl ist hier freier, weicher, geschwungener geworden, ohne doch den Hauptcharacter dabei einzubüfsen. Man sieht hieraus, mit welchem sicheren Tact die Alten eine einmal als richtig erkannte Auffassung fest hielten und sich begnügten, sie innerhalb derselben zu modificiren. Hierin liegt ein Hauptgrund der hohen Ausbildung antiker Kunst. Ungemein bemerkenswerth sind hier vier colossale Büsten, zwei der Pallas und zwei des Hercules. Die eine des letzten (No. 12) ist ein höchst bedeutendes Uebergangsmonument aus der älteren, conventionellen in die neuere, freie Kunstweise. Der Character des Hercules ist im Gesicht, ungeachtet der Strenge und Mäfsigung in Ausladung der Formen, schon ganz ausgebildet, und zwar in der früheren, würdigeren Weise, zumal ist Stirn und Mund sehr edel. Die Nase ist neu. Dagegen besteht das kurze Haar hier noch, wie bei den äginetischen Statuen, aus lauter abgesonderten, schneckenartig gewundenen Löckchen, die das Ansehen haben, als ob sie angefeuchtet wären. Die Arbeit ist sehr fleifsig und bestimmt. Die andere, in der Nähe des Vesuv gefundene und dem Museum von Sir William Hamilton geschenkte, ebenfalls colossale Büste des Hercules (No. 11) ist ganz in der späteren Weise mit den stark ausgeladenen Formen. Die geschwollenen, sogenannten Pancratiastenohren sind hier besonders ausgebildet. Die Nase und ein Stück der rechten Wange sind neu. Die Arbeit ist ganz frei und sehr tüchtig, der Character edler als an der farnesischen Statue. Auch die eine, von Gavin Hamilton in der Nähe von Rom gefundene Büste der Minerva (No. 16) ist ein interessantes Uebergangswerk. Die Wangen nähern sich in der Breite und starken Ausladung den ägyptischen Monumenten; dagegen ist in der edel gebildeten Nase, dem feinen, geöffneten Munde schon ganz der Character der Gottheit ausgedrückt. Die Arbeit ist sehr scharf in parischem Marmor. Die Augenhöhlen waren einst mit einem anderen Material ausgefüllt, Haarlöckchen und Ohrringe aber in Metall angefügt. Ersteres beweist ein Rostfleck auf der linken, ein Stückchen Metall auf der rechten Seite; letzteres die vorhandenen Ohrlöcher. Der Helm mit zwei Eulen und die Spitze der Nase sind neu. Bei der andren Büste der Minerva (No. 1) ist die starke Beschädigung höchst zu beklagen (Nase, Kinn, Unterlippe, ein Theil der Oberlippe und eines Ohrs sind neu); denn Stirn und Wangen sind wunderbar grofs und edel in der Form, das Haar vortrefflich behandelt, beides an Lebendigkeit der Pallas von Velletri weit überlegen. Unter den 16 Gegenständen dieses Zimmers sind endlich zwei Marmorvasen mit bacchischen Vorstellungen zu erwähnen (No. 7 und 9), die in Form wie in Erfindung und Arbeit der Reliefs den vollen Reiz griechischer Kunst gewähren. Sie haben leider stark restaurirt werden müssen, besonders die letztere.

Das folgende dritte Zimmer enthält unter den 51 Gegenständen, die es einschliefst, wieder viel Interessantes. Unter den Statuen sprach mich besonders (No. 22) eine ungefähr 3 Fufs hohe, im Jahre 1775 bei Ostia gefundene, fast unbekleidete Venus durch das edle, svelte Verhältnifs und die fleifsige, vortreffliche Arbeit an. Die Arme sind neu. Nächstdem ist No. 35, eine in der Villa des Antoninus Pius gefundene, etwa 3 Fufs hohe, in einer Herme endigende Statue zu bemerken, welche die Flöte bläst,

Die Art der sehr zierlichen Behandlung, der gewikkelte Spitzbart, zeigt ein Werk altgriechischer Kunst; dabei ist der Ausdruck des Blasens im Munde höchst lebendig. Diese dem bacchischen Kreise angehörende Statue wird hier Pan genannt. Besonders aber sind eine Anzahl griechischer Büsten, theils Götter, theils Portraite, in diesem Raume wunderbar anziehend. Man fühlt sich unter ihnen in der edelsten, gebildetsten Gesellschaft, in welcher mit hohem Geist gepaarte Güte und Milde, Feinheit und Schönheit und jene, ruhige, echte Begeisterung uns abwechselnd ansprechen. Homer, Periander, Pindar, Sophocles, Hippocrates, Epicur und Pericles sind die Bildnisse benannt. Wenn auch einige darunter sehr unsicher sind, wie Pindar und Sophocles, und Periander ohne Zweifel nur eine spätere Vorstellung von ihm wiedergiebt, indem die Kunst in *seiner Zeit* so ausführlicher, portraitartiger Auffassung nicht gewachsen war, sind die Büsten doch solcher Namen würdig. Wichtig war es mir besonders, die Büste des Pericles (No. 82) mit dem echten Namen zu sehen, da ich hiernach eine Büste im Berliner Museum (No. 396), die bisher als unbekannt aufgeführt worden, mit Bestimmtheit für einen Pericles erkannte. Die Büste des berühmten Arztes Hippocrates (No. 20) gehört zu den schönsten griechischen Büsten, welche auf uns gekommen sind. Nie aber sah ich bisher Köpfe des bärtigen Bacchus von so feiner Durchbildung des edelsten Characters, so voll Geist und väterlicher Milde, in verschiedenen Abstufungen von alterthümlicher bis zu fast ganz freier Kunst, wie hier in den No. 19, 27, 29 und dem sogenannten Sophocles, No. 26. Denn entweder ist diese Büste wirklich ein solcher Bacchus, oder ein ideelles Bildnifs des Dichters, dem man, als dem würdigsten Schüler seines Schutzgottes, dessen Bildung in der feinsten Ausgestaltung geliehen hat. Dagegen hat wieder eine andere Bacchusherme (No. 30) etwas Individuelles und möchte eher ein bestimmtes Portrait sein. Auch eine unbekannte Büste (No. 44), welche einen Mann von Genius darstellt, ist in Auffassung der Form, wie in der Arbeit ein Meisterwerk. Würdig schliefst sich hier ein Kopf des Mercur auf moderner Herme (No. 21) von grofser Feinheit des Characters an, in der nur die weit geöffneten Augen und die Spitzen der Lokken an die ältere Zeit erinnern. Eine Herme des jungen Hercules im Pappelkranze (No. 46) in ganz freier Kunst gehört durch Arbeit und Adel der Auffassung zu den schönsten, mir bekannten Vorstellungen dieses Halbgottes. Die Mehrzahl dieser Büsten sind von der seltensten Erhaltung. Unter den trefflichen Reliefen in diesem Zimmer zeichnen sich vor allen die berühmte Apotheose des Homer (No. 23), vormals im Hause Colonna, im Jahre 1819 um 1000 Pfd. Sterl. für das Museum gekauft, und ein Castor aus, der ein Rofs bändigt (No. 6). In dem sehr flachen Relief ist dasselbe Princip, wie bei dem Zuge der Panathenäen beobachtet, und das schöne Motiv mit Freiheit behandelt; das Profil hat aber in der Linie von der Stirn bis zur Nasenspitze noch die Schräge, wie auf den älteren griechischen Vasengemälden mit schwarzen Figuren auf rothem Grunde. Es wurde von Gavin Hamilton im Jahre 1769 in der Villa des Hadrian am Ufer der Tiber gefunden. Hier ist auch der öfter vorkommende Besuch des bärtigen Bacchus bei Icarius (No. 4); ein Relief von geistreicher Erfindung und sehr guter Arbeit, welches schon Santo Bartoli gestochen hat, als es sich noch in der Villa Montalto befand.

Der vierte kleine Raum enthält nur 12 Gegenstände, unter denen vor allen die grofse Statue eines Apollo (No. 2) als ein Uebergangswerk der conventionellen in die freie Kunst wichtig ist. Die Formen des Körpers sind grofs behandelt, doch von einer gewissen Strenge; die Züge des im Verhältnifs kleinen Kopfes sind edel, indefs etwas starr. Besonders gehören die weit geöffneten Augen, und die Art, wie die Locken des Haars an den Spitzen gekrümmt sind, noch der früheren Weise an. Die Ausführung ist höchst fleifsig und bestimmt, die Erhaltung trefflich, denn nur die Nase, der rechte Unterarm und die linke Hand sind neu. Dieses in der Mitte zwischen den äginetischen und parthenonischen Sculpturen stehende Werk stammt aus der Sammlung des Choiseul-Gouffier. Die Statue einer Thalia (No. 5), in den Bädern des Claudius zu Ostia gefunden, zeichnet sich besonders durch das engfaltige, sehr fleifsig gearbeitete Gewand aus. Hier befinden sich nächstdem sehr gute römische Büsten, Trajan (No. 1), Hadrian (No. 12), Marc-Aurel (No. 6) und Lucius Verus (No. 7). Auch der Kopf eines jungen Hercules (No. 9) fällt durch den edlen Character, die strenge Arbeit, die treffliche Behandlung des kurzen Haares auf. Nur die Nase und ein Stück Ohr sind neu.

Das fünfte Zimmer enthält eine schätzbare Sammlung römischer und hetrurischer Todtenkisten und Inschriften, wie man sie indefs auch sonst häufig antrifft. Die Gegenstände belaufen sich auf 46.

Unter den 86 Gegenständen, die im sechsten

Zimmer aufgestellt sind, gehört sehr vieles der spätrömischen Zeit an und ist von minderer Bedeutung. Graziös im Motiv, trefflich in der Arbeit ist der ungefähr einen Fuſs hohe Torso einer Venus (No. 20). Einige Reliefe zeichnen sich indeſs durch höchst geistreiche Erfindung aus. Diese sind: 1) Achill unter den Töchtern des Lycomedes (No. 2), außerdem von fleiſsiger Arbeit. 2) Gefangene Amazonen mit ihren Schilden und Streitäxten (No. 9). 3) Eine leicht bekleidete Bacchantin (No. 28), wunderbar graziös und lebendig in leidenschaftlichster Aufregung, in der Rechten ein Messer schwingend, in der Linken das Hintertheil eines Rehs. Der rechte Fuſs, ein Stück Gewand und Reh sind neu. 4) Ruhende Thiere mit einem alten und jungen Faun (No. 57), so voll Leben und Character, daſs man ein Idyllion des Theocrit in Sculptur übersetzt zu sehen glaubt. Nächstdem ist der Kopf einer Amazone (No. 25) wegen des edlen Ausdrucks von Schmerz und der trefflichen Arbeit zu erwähnen, welche in der Strenge und der bindfadenartigen Behandlung des Haars noch der älteren Zeit angehört. Auch eine Büste des Caracalla (No. 51) ist sehr lebendig und fleiſsig. Endlich interessirten mich noch ungemein zwei Stirnziegel aus Athen (unter No. 57) in gebrannter Erde. Auf einem dünnen Ueberzug von Stuck sind sie nämlich auf rothem Grunde mit Verzierungen in Weiſs bemalt, welches eine sehr gute Wirkung macht. Eine als unbekannt angegebene Büste (No. 53) hat viel von Heliogabal, ein Profilkopf in Relief (No. 1), der für einen unbekannten griechischen Philosophen ausgegeben wird, ist wohl nach Character und Arbeit eine römische Sculptur, etwa von einem Triumphbogen.

5**

Das siebente Zimmer enthält nur Bleigewichte, die mit den Namen verschiedener Kaiser bezeichnet in England gefunden worden und interessant für den alten Betrieb der Bleiminen daselbst sind; das achte aber, worin Mumien mit ihren Sarcophagen und kleinere Gegenstände ägyptischer Kunst bewahrt werden, war mir nicht zugänglich. Da das neunte und zehnte Zimmer nicht in dieser Reihe liegen und die Anticaglien enthalten, trete ich mit Dir zunächst in das eilfte ein.

Unter den 95 Gegenständen, welche in diesem ziemlich großen, durch Seitenfenster erleuchteten Raum aufgestellt sind, haben die meisten ein vorwaltend antiquarisches Interesse; doch finden sich auch einige künstlerisch wichtige Statuen und Reliefs vor. Das Hauptstück ist das vortrefflichste Exemplar des berühmten Scheibenwerfers von Myron (No. 19), wovon bekanntlich verschiedene Copien auf uns gekommen sind. Der Augenblick, wie er die Scheibe grade fortschleudert, ist in der Stellung des ganzen Körpers mit unvergleichlicher Lebendigkeit ausgedrückt. Obgleich die äufserste Anstrengung ein sehr lebhaftes Muskelspiel hervorruft, ist dieses doch keinesweges durch zu starke Ausladung übertrieben, sondern alles flächenartig behandelt. Auf den anderen Wiederholungen sieht er sich nach der Scheibe um, hier gradeaus, abwärts. Obwohl der Kopf nicht dazu zu gehören scheint, ist er doch von dem Restaurator dem Motiv und dem Ausdruck der Statue sehr glücklich angepafst. Diese fleifsig gearbeitete Statue ist im Ganzen besonders gut erhalten, denn aufser kleinen, eingesetzten Stücken ist nur die linke Hand und das rechte Knie, am Kopf nur die Nase und Oberlippe neu. Nächstdem sind die Statuen von zwei Faunen bemerkenswerth. An dem einen, aus dem Hause Rondanini, welcher die Becken schlägt (No. 18), sind die alten Theile, der Torso und das rechte Bein bis zum Knie, in Character und Durchbildung der kräftigen Musculatur höchst vorzüglich. Diese Statue ist erst im Jahre 1826 angekauft worden. Bei dem anderen ist die Lust des Rausches ungemein lebendig ausgedrückt, auch die Arbeit der wenigen unversehrten Theile sehr gut, denn er ist sehr stark fragmentirt und restaurirt. Am Kopf sieht man Löcher, die zur Befestigung eines metallnen Kranzes gedient haben. Unter den Reliefen zeichnet sich das Fragment einer bacchischen Gruppe (unter No. 13) durch gute Arbeit und das wunderbar schöne Motiv einer hinsinkenden Bacchantin sehr aus. Eine im Catalog als unbekannt aufgeführte Büste (No. 39) von sehr guter Sculptur halte ich für die des Julius Caesar, wenigstens stimmt sie mit der vortrefflichen Büste desselben im Berliner Museum auffallend überein.

In dem zwölften Zimmer sind 87 Gegenstände aufgestellt, worunter sehr viele, an Umfang und Werth minder bedeutende, aus der Hamiltonschen Sammlung. Unter dem mancherlei Schätzbaren, welches auch hier ist, sprach mich ein Apollokopf (No. 4) besonders an. Er erinnert in den edlen Formen, dem begeisterten Ausdruck lebhaft an den Apoll in der Sammlung des Grafen Pourtales in Paris. Die treffliche, scharfe Ausführung aller Theile, besonders des reichen, schön angeordneten Haars, erhöht noch den Reiz. Leider sind Nase und ein Stück der Wangen neu. Der Kopf einer Diana (No. 2. b) gehört in der Arbeit, zumal des reichen Haars, zu den vollendetsten, welche ich kenne. Leider sind die halbe Nase, das Kinn und ein Stück der Wangen neu. Hier ist auch (No. 12) die schöne, weibliche Büste, deren unterer Theil von einer Blume umschlossen wird, weshalb sie Townley für die in eine Sonnenblume verwandelte Clytie hielt. Er kaufte sie im Jahre 1772 zu Neapel aus dem Hause Lorenzano.

So hatte ich mich allmählig wieder dem Mittelsaal genähert, in den ich von Neuem eintrat, um die altpersischen und ostindischen Sculpturen näher zu betrachten, welche sich darin befinden.

Erstere bestehen in einer beträchtlichen Anzahl der Reliefs, welche die Ruinen des alten Palastes der Perserkönige zu Persepolis schmücken, theils in den Originalen selbst, theils in Gypsabgüssen. Sie zeigen eine eigenthümliche, in einer gewissen Beschränkung sehr ausgebildete Kunst. Wie bei den Reliefen der Aegyptier erscheinen alle Figuren und Köpfe im Profil, wobei indeſs die Augen ebenfalls wie bei jenen en face gebildet sind. Den Köpfen liegt ein wohlgebildeter Typus zum Grunde. Die Nase ist gleich von der Wurzel gehörig ausgeladen und nur an der Spitze etwas gekrümmt, der stattliche Bart und das reiche, perückenartige Haar ist sehr sorgfältig in regelmäſsige Locken gelegt, welche in etwas an die altgriechischen Sculpturen erinnern. Der Gesammteindruck eines solchen Kopfes ist der einer ernsten, sehr würdig repräsentirenden Männlichkeit. In besonderem Maaſse ist dieses den thronenden Herrschern eigen, gegen welche sich mehrere Figuren hintereinander feierlich heranbewegen. Die ganz geradlinigten, gekniffenen Falten der langen Gewänder haben ebenfalls etwas von den auf den altgriechischen Sculpturen. Die Verhältnisse der Körper sind richtig, die Hände gut gezeichnet und bewegt. Auch verkommende Pferde sind, bis auf zu kurze und dicke Köpfe wohl gebildet. Das durchgängig flache Relief ist zwar gegen den Grund nicht so scharf abfallend, wie bei den Griechen, innerhalb der Figuren aber nach ähnlichem Princip, wonach die einzelnen Theile mehr durch Vertiefungen als durch Rundungen angegeben sind, sehr consequent durchgeführt. Die Ausführung ist im Ganzen sauber und fleifsig, zumal an No. 86 und 89. Etwas Architectur mit sternartigen Ornamenten, auf No. 92 und das Rad eines Wagens sind sehr zierlich. Gewifs gewähren diese Monumente von dem Wesen und Walten der alten Perserkönige, eines Cyrus, oder Darius Hystaspes keine unwürdige Vorstellung!

Die Denkmale ostindischer Sculptur müssen dagegen weit zurückstehen. Es sind Rundwerke oder stark erhobene Arbeiten. Sie erscheinen als ungemein styllos und barbarisch. Der Typus des Gesichts ist höchst widerstrebend, die Lippen geschwollen, die Augen schrägstehend, die Nase lang, schmal und wie das ganze Oval sehr spitz. Die Brüste und Hüften der Frauen sind übertrieben stark, die Taille übertrieben schlank. Die Ausführung ist übrigens fleifsig. Man darf indefs von diesen Sculpturen keinen Schlufs auf die Kunst der Indier im Ganzen machen, indem einige Sculpturen aus Java, die auf der Kunstkammer in Berlin befindlich sind, ungleich mehr Sinn für Styl und einen besseren Geschmack für Formen verrathen.

Zwischen dem achten und eilften Zimmer führt eine Treppe zu den Anticaglien. In der Mitte des ersten kleinen Raums, welcher jetzt der neunte heifst, befindet sich auf einem Postament die weltberühmte Portlandvase. Dieses Gefäfs wurde bereits im 16ten Jahrhundert in einem Sarcophag innerhalb einer, Monte del Grano genannten, Grabkammer an der Strafse von Rom nach Frascati gefunden und erhielt, von der Familie, in deren Besitz es zuerst kam, den Namen des barberinischen Gefäfses. Vor etwa 40 Jahren verkaufte Sir William Hamilton, der dasselbe erworben, es an die Herzogin von Portland, von welcher es seinen jetzigen Namen Portlandvase erhalten hat. Im Jahre 1810 wurde es vom Herzog von Portland im britischen Museum deponirt. Dieses zehn Zoll hohe Gefäfs von sehr zierlicher Form, besteht aus einem dunkelblauen Glase, über dessen Oberfläche eine feine Schicht eines weifsen, undurchsichtigen Glases geschmolzen war. Auf diese weifse Schicht wurden die Figuren, welche das Gefäfs schmükken sollten, aufgezeichnet, in der bei erhaben geschnittenen Steinen üblichen Technik ausgeführt, dann aber alles von der weifsen Schicht, was sich aufserhalb der Umrisse dieser Figuren befand, wieder abgeschliffen, so dafs sich dieselben jetzt von dem dunklen Grunde des blauen Glases ungemein scharf abheben und eine den Onyxcameen verwandte Wirkung hervorbringen. Das Relief dieser Figuren ist in der dünnen Schicht so flach, dafs die Hauptform des Gefäfses dadurch nicht gestört wird; alle innerhalb der äufseren Umrisse liegenden Theile aber sind nach dem Princip der Reliefs des Zugs der Panathenäen durch fast unmerkliche Erhebungen und Senkungen auf das Zarteste modellirt. Was diese Figuren eigentlich vorstellen, hat noch nicht ermittelt werden können, wohl aber gehören sie durch die Weiche der Formen, den wunderbaren Flufs in der Grazie der Bewegungen, der Zeit völliger Vollendung der Kunst an. In der Ausbildung der Köpfe und des Gefältes zeigt sich eine grofse Sparsamkeit, die bisweilen an Leere grenzt. Das wohl im 1sten christl. Jahrh. gearbeitete Gefäfs ist einmal zerbrochen gewesen, doch sind alle Stücke, bis auf ein sehr kleines, vorhanden. Hr. Hawkins, der gefällige Vorsteher dieser Abtheilung, zeigte mir noch eine ziemliche Anzahl von antiken Bruchstücken ähnlicher Gefäfse, die über die technische Behandlungen solcher Arbeiten interessante Aufschlüsse geben. Einige standen in der Arbeit noch höher als die Portlandvase. Bewunderungswürdig war mir daran die Mannigfaltigkeit der schönsten Muster in den verschiedensten Farbenzusammenstellungen.

In einem Schaukasten vor dem Fenster befindet sich die gröfste Sammlung von persischen Cylindern, die mir bekannt ist. Die Zahl beläuft sich über 100, und neben jedem liegt ein Abgufs von Schwefel. Sie sind im Jahre 1825 mit der Sammlung des Herrn Rich gekauft worden. In der Arbeit und dem Character der Figuren stimmen sie sehr mit den Monumenten von Persepolis überein; einige sind sehr fleifsig ausgeführt, viele aber roh.

Den Hauptbestandtheil des darauf folgenden zehnten Raums bildet die Sammlung des Sir William Hamilton. In der Mitte stehen die durch die Werke darüber so bekannten, griechischen Thonvasen, welche indefs bei den unermefslichen Schätzen, welche man seitdem von dergleichen gefunden, jetzt eine untergeordnetere Stelle einnehmen. Unter den Bronzen sind die beiden berühmten Pectoralien oder Bruststücke eines griechischen Harnisches, welche in einem Grabe im südlichen Italien gefunden, so lange in Brönstedts Besitz gewesen sind, bei weitem das Vorzüglichste. Jedes derselben enthält die Gruppe eines eine Amazone überwindenden Griechen, welche auf das Feinste in sehr dünnen Metallplatten getrieben sind. Beide haben durch Oxydation sehr gelitten, so daſs jeder Amazone ein Arm fehlt; besonders ist aber die Oberfläche der rechten Brustverzierung stark angegriffen. Sie sind das Vorzüglichste, was mir von dieser Art von Arbeit aus dem Alterthum bekannt ist. Alle Vortheile der ganz freien Kunst sind darin mit den wohlthätigen, architectonischen Gesetzen der früheren vereinigt. Da diese Verzierungen auf beiden Seiten der Brust symmetrisch gegenüber standen, ist auch das Hauptmotiv dasselbe. Die bis auf Chlamys und Helm unbekleideten Griechen haben die schon auf die Kniee gesunkenen Amazonen mit der rechten Hand am Haar ergriffen, während sie in der linken ein groſses rundes Schild halten, was aber nur bei dem einen erhalten ist. Es drückt sich darin mehr im Allgemeinen Sieg und Unterliegen aus, als daſs die eigentliche Handlung des Tödtens darin erschiene. Wie bei den Metopen vom Parthenon ist mit der angestrengten Bewegung eine gewisse ruhige Haltung verbunden. Im Einzelnen ist nun aber eine feine Variation wahrzunehmen, denn die eine Amazone widersteht noch, die andere macht keine Anstrengungen mehr, um den Tod abzuwenden. In den etwas gedrungenen Verhältnissen und der Behandlung der Gewänder, findet eine groſse Verwandtschaft zum Fries von Phigalia statt; doch ist hier alles in den kaum drei Zoll hohen Figuren auf das Feinste durchgebildet. Merkwürdig ist der Ausdruck des Schmerzes im Gesicht der tödtlich verwundeten Amazone auf der der rechten, höchst edel der Kopf des Griechen auf der linken Brustverzierung. Selbst die kleinen Schilder und Helme haben noch feine Ornamente. Man sieht, auf welcher Kunsthöhe sich ein solcher antiker Benvenuto Cellini befunden hat. Unter den übrigen Bronzen fiel mir ein grofser Rabe durch die wunderbare Vollendung auf, womit die Federn gearbeitet sind, ein Lectisternium von der elegantesten Form, worin die schönsten silbernen Verzierungen eingelegt sind, und ein Candelaber, durch Gröfse, Form und Arbeit von seltner Art.

In einem Schaukasten befinden sich antike Schmucksachen, worunter Dir zwei Ohrringe mit der feinsten Filigranarbeit und ein Halsschmuck mit Smaragden gewifs gefallen würden. Noch andere, welche neuerlich in Hetrurien gefunden und von dem Fürsten von Canino erworben waren, zeigte mir Hr. Hawkins. Es waren theils ganz flache Runde von Perlmutter, ganz dünn mit Gold belegt, theils goldene Perlen mit dem feinsten, körnigen Filigran überzogen.

Die Sammlung von geschnittenen Steinen, welche in einem anderen Schaukasten zu sehen, enthält manches sehr Schöne, kann sich aber an Kunstgehalt und Umfang auf keine Weise mit der trefflichen Stoschischen Sammlung in unserem Museum messen. Auch unter den Gegenständen in gebrannter Erde ist manches Interessante, wie einige Gruppen von Gottheiten, die gemeinschaftlich auf einem Sessel thronen. Doch im Ganzen ist unsere Sammlung dieser Art ebenfalls reicher und bedeutender, zumal an schönen, architectonischen Verzierungen.

Sehr merkwürdig sind einige antike Sculpturen in Elfenbein, die mir Hr. Hawkins zeigte. Eine kleine Gruppe von zwei Figuren ist gut erhalten, ein Kopf von vorn ist von grofser Schönheit und guter Arbeit.

Vortrefflich in Anzahl und Auswahl sind die meisten übrigen Zweige der Anticaglien ausgestattet, als Waffenstücke, Metallspiegel, Lampen, Opfergeräthe, Marken, römische Gewichte u. s. w.

Jetzt mufst Du mir aber in das noch alte Mittelgebäude folgen, worin die Mehrzahl der naturhistorischen Gegenstände befindlich, um zu der hier zur vorläufig in fünf Schränken aufgestellten Bronzensammlung des Payne Knight zu gelangen. Dieselbe wurde seit dem Jahre 1785 von ihm angelegt. Eine grofse Anzahl kaufte er von dem Herzog de Chaulnes, andere wufste er sich aus Italien und Griechenland, ja aus Indien und Aegypten zu verschaffen. Die Sammlung enthält daher eine grofse Anzahl von indischen, ägyptischen, griechischen und römischen Bronzen; meist Figuren, aber auch durch Arbeit und Formen sehr interessante Geräthe. Unter den Figuren befindet sich indefs ungleich mehr historisch oder antiquarisch Merkwürdiges, als eigentlich Schönes. Namentlich möchte man nicht leicht eine so grofse Anzahl von Bronzen altgriechischer und hetrurischer Kunst vereinigt finden, als hier. Unter den ersten zeichnet sich besonders eine weibliche Figur, vielleicht eine Venus, durch die fleifsige Ausführung, die feinen Verzierungen der Gewandsäume und die schönste Patina aus. Von letzteren sind hier vier Reliefe von dem berühmten Wagen, einem Weihgeschenk, der im Jahre 1812 in dem alten Hetrurien zwischen Perugia und Cortona gefunden worden ist. Die Bildung der Gesichter, wie die ganze Kunstform, stimmen mit den altgriechischen Monumenten überein, und deuten auf den entschiedensten Einfluſs von daher. Merkwürdig ist die Art der Arbeit. Die Reliefe bestehen aus dünnen Silberplatten, worauf einzelne Theile von Goldplättchen mit Nieten befestigt sind. Diese uralte Art von Arbeit nannten die Alten Empästik. Betrachtet man die Reliefe auf der verkehrten Seite, so haben sie das Ansehen, als ob sie über Formen von irgend einem festen Stoff, am wahrscheinlichsten von Holz, ausgeschlagen worden wären.

Unter den eigentlich schönen Bronzen zeichnen sich besonders verschiedene im Jahre 1792 in Epirus bei dem alten Dodona gefundene aus. Dahin gehört ein den Bogen spannender Apoll von gröſster Eleganz und feinster Vollendung, dahin zwei Statuetten des Jupiter. Höchst geistreich ist die Büste eines Seegottes, das Gesicht etwa drei Zoll hoch, irrig eine pantheistische Büste genannt, indem sie keine Abzeichen hat, die nicht auch bei anderen Seegöttern vorkämen, nämlich die Fische im Haar, die Krebsscheeren an der Stirn, die Ochsenohren, die Blätter von Seepflanzen in den Fleischtheilen, und die Zitzchen der Ziegen am Halse. Endlich bemerke ich noch einen Hermaphroditen von sehr feiner und zierlicher Arbeit in stehender Stellung.

Heut Abend steht mir wieder ein schöner Genuſs bevor. Ich habe durch die Gnade des Herzogs von Cambridge nämlich wieder ein Billet zu einem Concert alter Musik erhalten.

Siebenter Brief.

London, den 1. Juni.

Das letzte Concert war wieder für mich von mannigfachem Interesse. Die Versammlung war, da die Königin erwartet wurde, noch zahlreicher und glänzender als das erste Mal. So wie sie auf der Tribune dem Orchester gegenüber mit ihrem Gefolge erschien, erhob sich alles feierlichst und blieb auch so, bis das „God save the King", womit das Concert eröffnet wurde, geendet war. Ich hörte diesen herrlichen Nationalgesang hier in England heut zum ersten Mal. Die Worte entsprechen der trefflichen Melodie. Es drückt sich darin die den Engländern so eigenthümliche Vereinigung einer begeisterten Loyalität und eines edlen Freimuths aus, denn nachdem alle Segnungen auf das Haupt des Herrschers vom Himmel erfleht sind, heifst es zum Schlufs, möge er unsere Gesetze schützen und uns immer Ursach geben, mit Herz und Mund zu singen, Gott erhalte den König. Die Wirkung des Ganzen war wunderbar mächtig und ergreifend, ich fühlte darin ganz und auf das Würdigste die stolze, ruhige Zuversicht ausgesprochen, welche dieses grofse Volk mit Recht durchdringt. Bei den Worten:

O Lord our God arise
Scatter his enemies
And make them fall

mufste ich lebhaft der ruhmvollen Waffenthaten der Engländer in alter und neuer Zeit gedenken. Vortrefflich schlofs sich hieran eine majestätische Krösangshymne von Händel. Auch ein anderer längst ersehnter Wunsch, Lablache, den ersten Bassisten in Europa, einmal zu hören, ging heute in Erfüllung. Noch mehr als die wirklich unerhörte Kraft der Stimme, welche er seiner mächtigen, breiten Brust entsendet, bewunderte ich das gleichmäfsig Klangreiche und Leichtansprechende in seinem ganzen Register von beträchtlichem Umfange. Das Ohr wird von diesem Strom des Tons ganz und auf das Erquicklichste erfüllt. Dabei hob er in Mozarts trefflicher Arie des Figaro „Non piu andrai" meisterlich den dramatischen Ausdruck des komischen Uebermuths hervor, der sich darin so unvergleichlich ausspricht. Auch Julietta Grisi sang zwei Hauptarien der Donna Anna aus Mozarts Don Juan. Sie hat, seit ich sie vor zwei Jahren in Paris hörte, ungemein gewonnen. Ungeachtet der grofsen Ausbildung der Stimme, der seltenen Leichtigkeit und Eleganz des Vortrags, fehlt es ihr aber, mit der Malibran verglichen, an Begeisterung und einer genialen, dramatischen Auffassung. Zwei Glees erfreuten mich wieder sehr. Der eine, ein Gesang von Elfen, von dem Grafen von Mornington, dem Vater des Herzogs von Wellington, athmete Heiterkeit, Feinheit und Grazie; der andere, der Gesang eines alten spartanischen Kriegers nach Plutarch vom Dr. Cooke, drückte vortrefflich ein ernstes, mannhaftes Selbstgefühl aus. Leider konnte ich den zweiten Theil, der sehr viel Ansichendes enthielt, nicht abwarten, da mich der Besitzer der ersten Privatsammlung in England, Lord Francis Egerton, für den Abend eingeladen hatte. Auch an ihn hatte der Herzog von Cambridge die Gnade gehabt, mich mit einem Briefe zu versehen, und ich war von dem Lord auf das Gütigste empfangen und in dem stattlichen Bridgewaterhouse herumgeführt worden. Er ist mit der deutschen Literatur sehr bekannt und hat früher Göthe's Faust, ganz kürzlich Raumers historische Forschungen in Paris ins Englische übersetzt. Die Schätze der berühmten Stafford- oder Bridgewater-Gallerie sind in einer langen Reihe von Zimmern vertheilt, welche die Familie meist selbst bewohnt, und so, täglich unter den Bildern lebend, sie auf das Behaglichste genießt. Heute waren die vorzüglichsten glänzend durch Lampen mit Scheinwerfern erleuchtet, so daß ich mit Entzücken bald vor einem Raphael, bald vor einem Tizian verweilte. Zauberhaft war die Wirkung einer der schönsten Morgenlandschaften des Claude Lorrain. Auch Raumer, den ich dort fand, nahm an diesen Betrachtungen lebhaften Antheil, zumal da wir beide von der glänzenden Gesellschaft, welche sich in den Räumen bewegte, fast niemand kannten. Als ich um Mitternacht mich zurückzog, begegnete ich noch neuen Ankömmlingen. Den anderen Tag war ich wieder im britischen Museum, und ich nehme daher auch den Bericht darüber wieder auf.

Die Sammlung der Handzeichnungen und Kupferstiche wird in einem neuen, von oben erleuchteten Raum von ziemlicher Größe aufbewahrt, dessen Schränke mit den Büsten berühmter Männer, dessen eine Wand mit einem vortrefflichen Bildnisse des Sir William Hamilton von Sir Josua Reinolds geschmückt ist. Der Aufseher dieser Sammlung ist der schon so oft erwähnte Joung Ottley, der vielseitig gebildetste Kunstgelehrte, welchen England besitzt. Seine persönliche Bekanntschaft war für mich sehr lehrreich und angenehm, und er machte auf die freundlichste Weise die Honneurs dieser Kunstschätze.

Die Handzeichnungen der großen Meister haben einen ganz eigenthümlichen Reiz. Mehr als durch Kunstwerke irgend einer anderen Art wird man dadurch in die geheimnißvolle Werkstatt des künstlerischen Bildens eingeführt, so daß man ein Gemälde vom ersten Lebenskeim bis zur letzten Ausgestaltung in seinen verschiedenen Vorbildungen und Umbildungen verfolgen kann. Mit gewohntem, feinem Kunstgefühl macht der Hr. von Rumohr auf den sicheren, technischen Tact aufmerksam, mit welchem jene alten Meister in ihren Zeichnungen immer das Material brauchten, welches ihrer jedesmaligen Absicht am meisten entsprach. Galt es, einen ersten Gedanken, wie er grade in der Phantasie aufgestiegen war, auf das Papier zu werfen, so wählten sie meist den leicht angebenden, italienischen Rothstein, oder auch wohl die weiche, italienische schwarze Kreide. Durch die Breite und Weiche der Striche erhielt ein solcher erster Entwurf sogleich etwas Malerisches und Massenhaftes, und zugleich ließ das Material bis zu einem hohen Grade eine etwa beliebte weitere Ausführung zu. Kam es aber darauf an, ein in der Natur beobachtetes Motiv von schnell vorübergehender Art, wie es der Phantasie frisch vorschwebte, festzuhalten, einen zufällig glücklichen, schnell veränderlichen Faltenwurf sich anzueignen, oder irgend einen Character in den Hauptzügen scharf und bestimmt wieder zu geben, so wählten sie am liebsten die Feder, welche den leichten, beweglichen Schwung mit der sicheren und scharfen Angabe der Formen zu vereinigen gestattet. Wollten sie im Bildniß, im

Modellstudium, in der Composition die zartesten Bewegungen der Formen, das feine Spiel der innerhalb der Umrisse liegenden Flächen ausdrücken, so griffen sie meist zum abgerundeten Silberstift. Dieser giebt auf einem, mit einem Gemisch von Bleiweifs und etwas hellem Ocker, Grünspan oder einem Roth überzogenen Papier nur leicht und weich an, erlaubt also ins Unbegrenzte abzuändern und nachzubessern, und durch stärkeres Aufdrücken endlich die Angaben, wofür sich das Gefühl entschieden, bestimmt aus allen anderen herauszuheben. Handelte es sich darum, über die Hauptvertheilung von Licht und Schatten ins Klare zu kommen, so führte der volle Wasserpinsel, in Sepia oder Tusche getaucht, mit seiner leicht beweglichen Spitze, seiner kühnen Fülle, am schnellsten und sichersten zum Ziele. Hierbei sind öfter die Umrisse der Formen gar nicht angegeben, sondern ergeben sich nur aus der Begrenzung der Schatten. Wo es zugleich um Bestimmtheit der Form zu thun war, wurde der Gebrauch der Feder hiermit vereinigt. Für eine mehr ins Einzelne gehende Ausbildung von Lichtern und Schatten gewährte ihnen endlich ein gefärbtes Papier einen Mittelton, mit Hülfe dessen sie durch schwarze Kreide in den Schatten, durch weifse in den Lichtern, eine höchst feine Nüancirung und eine grofse Abrundung der Theile erreichten. Diese Zeichnungsart ist wegen dieser grofsen Vortheile besonders häufig in Anwendung gekommen. Erst wenn man aus einer gröfseren Zahl solcher Handzeichnungen gesehen, von wie vielen Seiten ein Gemälde auf das Gewissenhafteste vorbereitet worden, wird einem die grofse Reife und die seltne Durchbildung so vieler Bilder aus der Epoche Raphaels recht

recht erklärlich, und erst, wenn man solche Bilder als die Endergebnisse ganzer Studienreihen der hochbegabtesten Geister betrachten lernt, fühlt man sich gebührend von dem hohen Werth derselben durchdrungen.

Ist nun auf solche Weise kein Kunststudium viel leicht anziehender als das der Handzeichnungen, so ist auch gewiſs keins schwieriger. Nur die innigste Vertrautheit mit der Gefühlsweise der Meister, insofern diese sich in jeder Linie ausspricht, kann in diesem Labyrinth zum sicheren Leitfaden dienen. Denn es giebt nicht allein eine Unzahl von Studien, welche von sehr ausgezeichneten Künstlern, z. B. von den Carracci nach den Werken eines Michelangelo, Raphael etc., mit vielem Geist und groſser Meisterschaft gemacht worden sind, sondern in alter und neuer Zeit haben sich geschickte Leute darauf gelegt, aus der Nachahmung der Handzeichnungen groſser Meister einen einträglichen Erwerbszweig zu machen. Daher ist denn auch keine andere Gattung von Sammlungen so ungleichmäſsig besetzt, als die der Handzeichnungen, so daſs oft neben dem geistreichsten Original die gleichgültigste Copie liegt.

Dasselbe gilt in einem hohen Grade von den beiden Vermächtnissen des Payne Knight und des Mordant Cratcherode, welche diese Sammlung bilden. Indeſs befinden sich unter dem des ersten treffliche Zeichnungen aus den verschiedenen italienischen Schulen, und eine groſse Anzahl von Claude Lorrain; in der des zweiten vorzugsweise sehr gute Zeichnungen aus der flamändischen und holländischen Schule, aber auch manche gewählte aus der italienischen.

Ich muſs mich begnügen, Dir von einigen der merkwürdigsten etwas Näheres mitzutheilen.

I. 6

Durch den Reichthum der Gallerie unseres Museums an Bildern der italienischen Schulen aus dem 14ten und 15ten Jahrhundert, bin ich besonders zu dem Studium derselben veranlafst worden, und sah daher mit grofsem Interesse verschiedene diesen angehörige Zeichnungen.

Zwei männliche Figuren in langen Kleidern und drei weibliche, ein meisterlich mit der Pinselspitze auf Pergament gezeichnetes Fragment, welches hier dem Giotto gegeben wird, schien mir bestimmt der alten Schule von Siena, wahrscheinlich dem Simon Martini, gewöhnlich Simon Memmi genannt, anzugehören. Ich fand hier dieselbe Gefühlsweise, wie in seinen kleinen Bildchen in Tempera oder in Miniatur, auch die langen Verhältnisse und etwas kleinen Hände.

Ein Giotto fiorento 1305 bezeichneter Bogenschütze hat aber noch ungleich weniger mit diesem Meister zu schaffen. Diese meisterhaft auf röthlichem Papier mit der Feder gezeichnete und weifs gehöhte Figur ist so frei und leicht bewegt, auch die Landschaft schon so ausgebildet, dafs sie nicht früher als um die Mitte des 15ten Jahrh. fallen kann. Ja ich finde hier die auf Ausbildung der Form und Bewegung gerichtete Sinnesweise des Antonio Pollajuolo, der eigentlich Bildhauer war und nur nebenher malte. Es möchte wohl ein Studium zu seinem Hauptbilde sein, dem Martyrium des heiligen Sebastian in der Capelle des Vorhofes der Serviten in Florenz.

Ein ältlicher Mann im Profil, höchst lebendig und geistreich in Silberstift auf röthlichem Papier gezeichnet, hier Agnolo Gaddi benannt, ist meines Erachtens schon von Passavant mit Recht dem Masaccio gegeben worden. Dagegen kann ich ihm nicht beistimmen, wenn er ein auf beiden Seiten mit Studien bezeichnetes Blatt letzterem Künstler absprechen will.

Vortrefflich ist das Fragment einer Zeichnung des Antonio Pollajuolo, worauf nackte Männer mit der Feder gezeichnet und angetuscht sind. Es erinnert lebhaft an seinen berühmten Kupferstich, den wüthenden Kampf zwischen nackten Männern, und gehört seiner spätesten Zeit an.

In dem Kopf eines jungen Mädchens, welcher dem Domenico Ghirlandajo beigelegt wird, erkannte ich mit Bestimmtheit eine der schönsten mir bekannten Zeichnungen des Filippino Lippi. Es stimmt in der ganzen Gefühls- und Auffassungsweise wunderbar mit dem Bildnisse dieses Künstlers von seiner Hand in unserem Museum überein. (Abtheilung I. No. 192.) Dagegen ist ein anderes weibliches Bildniſs fast en face unstreitig ein höchst lebendiges Werk des D. Ghirlandajo.

Unter den Zeichnungen, die den Namen Lionardo da Vinci tragen, ist der Kopf eines Mannes im Profil, mit dem Silberstift auf blauem Papier gezeichnet und mit Weiſs gehöht, durch die ihm eigenthümliche Groſsartigkeit der Auffassung besonders auffallend. Die Striche sind hier nach seiner Weise alle nach einer, sich der Horizontale nähernden, Richtung gelegt. Auch ein anderer Kopf en face ist höchst vollendet. Von seiner Lust an Miſsgestalten geben zwei Blätter mit alten Weibern und Männern mit der Feder gezeichnet ein sehr energisches Zeugniſs. Auch eine Probe von seiner Neigung zum Phantastischen ist in einer meisterlich in derselben Weise ge-

6*

zeichneten Gruppe sich beifsender Unthiere von den abenteuerlichsten Formen hier vorhanden.

Von den Zeichnungen, die Michelangelo Buonaroti genannt sind, ist das Naturstudium zum Propheten Jonas, in schwarzer Kreide, worin nach seiner Weise die Formen mit dem tiefsten Verständnifs und wunderbarer Grofsartigkeit angegeben sind, das Vorzüglichste. Die meisten andern sind unsicher.

Die neun dem Fra. Bartolomeo gegebenen Zeichnungen scheinen mir alle echt. Es befindet sich darunter der Entwurf zu dem von Vasari erwähnten Altarblatt des heiligen Bernhard, dem die Maria mit dem Kinde erscheint, und ein Studium mit der Feder zu seinem berühmten heiligen Marcus, nun im Pallast Pitti. Das Studium zu einem auferstandenen Christus, welcher segnet, auf grauem Papier mit Tusche und Weifs ausgeführt, ist besonders geistreich. Auch zwei, in seiner etwas kniokrigen Weise mit der Feder gezeichnete, heilige Familien verdienen wegen der schönen Compositionen Erwähnung.

Aus der römischen Schule sind gleichfalls treffliche Zeichnungen vorhanden.

Einen emporblickenden Engel mit der Violine, eine Federzeichnung von sehr feinem Gefühl, welche hier für Fr. Francia gilt, giebt Passavant dem Perugino. Auch finde ich darin mehr das schwärmerisch-sehnsüchtige Gefühl dieses Meisters, als jene leisere, ruhigere Wehmuth des Francia. Dagegen erscheint mir der Kopf eines alten Mannes, sehr fleifsig auf braunem Papier gezeichnet, den Passavant ebenfalls für Perugino hält, viel eher eine Zeichnung des Pinturicchio. Ich finde hier die diesem Meister eigne, gröfsere Naturwahrheit, aber minder geistige Auffassung. Von Pinturicchio möchte ebenfalls eine Gruppe von Reitern und zwei Männer zu Fuſs, zu einer Anbetung der Könige herrühren, die hier Raphael genannt wird. Sie zeigt wenigstens in allen Theilen groſse Uebereinstimmung zu dem groſsen Bilde der Anbetung der Könige in unserem Museum. (Abth. I. No. 212.)

Du kannst Dir meine Freude denken, als ich unter den Zeichnungen von Raphael auch ein Studium zu dem jungen Könige auf der in Leimfarben ausgeführten Anbetung der Könige von Raphael fand, welches vor einigen Jahren von der Familie Ancajani in Spoleto für unser Museum erworben worden ist. Die mit der Pinselspitze ausgeführte, mit Weiſs gehöhte Zeichnung hat leider sehr gelitten. Die Figur ist von der anderen Seite gesehen und der Kopf etwas mehr im Profil.

Von den übrigen Zeichnungen Raphaels zogen mich noch vorzüglich an:

Eine Anzahl von Kindern, worin die reizendsten, wegen der lebhaften Bewegung nur vorübergehenden Motive gleichsam aus der Natur erhascht und mit dem Silberstift auf röthlich grundirtem Papier fixirt sind. Darunter befindet sich auch das des auf dem Schooſs der Maria erwachten Kindes, welches, sich streckend, mit innigem Blick zu ihr emporschaut, wovon das Bild in so vielen Exemplaren vorhanden ist.

Drei Federzeichnungen, ein knieender Mann, flüchtig nach dem Leben gezeichnet, von wunderbarer Feinheit des Naturgefühls, ein sitzender, in einigen fleiſsigeren Theilen von auſserordentlichem Verständniſs, endlich ein Gewandstudium zu der Figur des Horaz im Parnaſs, worin durch die breite Behandlung die Massen vortrefflich ausgedrückt sind.

Mit viel'em Interesse sah ich die Zeichnung, worauf Raphael das bekannte Sonett: „Un pensier dolce e rimembrare etc.“ niedergeschrieben hat. Die Leichtigkeit und Feinheit, welche seinen Federzeichnungen etwas so Elegantes giebt, findet man auch in seiner Handschrift wieder. Die sehr flüchtigen Entwürfe einiger Figuren zur Disputa, welche dieses Blatt, außer einem trefflichen Studium eines Fußes, enthält, geben über die Zeit dieses Sonetts nähere Auskunft. Es möchte hiernach ungefähr zu Anfang des Jahrs 1509 fallen.

Unter den Zeichnungen des Julio Romano zog mich besonders der Kampf der Lapithen und Centauren durch die Mannigfaltigkeit und das Feuer der geistreichen Motive an.

Aus der lombardischen Schule befinden sich hier einige echte Zeichnungen des Correggio, die bekanntlich zu den großen Seltenheiten gehören. Er liebte vor allen den Rothstein, dessen Weiche, welche den Gebrauch des Wischers besonders zuläßt, seinem Bestreben nach Masse und Rundung am meisten zusagen mußte. In dieser Art sind, außer einigen flüchtigen Zeichnungen von Kindern, eine sehr eigenthümliche Composition von der Vermählung der heiligen Catharina und ein Johannes, der das Lamm umarmt, vorhanden. Bei dem letzten ist die leichte, zarte Verschmelzung mit dem Wischer bewunderungswürdig.

Ein Christus am Oelberge mit dem Bildnisse des Stifters von Gaudenzio Ferrari ist mit dem feinsten Gefühl ebenfalls in Rothstein gezeichnet und mit Weiß gehöht. Sie stimmt in der Sinnesart mit einem trefflichen Bilde dieses Meisters im Besitz des Herrn Solly überein, von dem ich Dir später noch einmal schreiben werde.

Auch aus der venezianischen Schule sind hier sehr werthvolle Zeichnungen.

Von Andrea Mantegna, dem Hauptmeister der strengeren, nach den Vorbildern antiker Sculpturen auf Ausbildung von Form und Charakter gehenden Richtung, welche seit etwa 1440 in Padua unter Anleitung des Squarcione verfolgt worden war, ist hier eine sehr reiche allegorische Composition vorhanden, welche die Herrschaft der Laster über die Tugenden vorstellt. Sie bildet gleichsam das Gegenstück zu einem berühmten Bilde des Mantegna in der königl. Sammlung des Louvre in Paris (No. 1107), wo die Laster von den Tugenden ausgetrieben werden, und ist vortrefflich in Bister ausgeführt und mit Weifs gehöht. Diese Zeichnung mit Passavant für eine Arbeit des Florentiners Sandro Botticelli zu halten, verbietet mir die strenge Ausbildung und Völligkeit der Formen und die Mannigfaltigkeit der bedeutenden Charactere.

Eine andere in ähnlicher Weise behandelte Zeichnung, welche dem Mantegna beigelegt wird, stellt in einer reichen Composition Christus am Kreuz vor, erscheint mir aber, ungeachtet grofser Schönheiten, mit Ottley für den Mantegna nicht energisch genug.

Von der venezianischen Schule im engeren Sinne, welche vorzugsweise auf eine wahre und treue Auffassung der Natur ausging, und an deren Spitze Johann Bellini steht, sind mir zwei diesem gegebene Zeichnungen sehr bedenklich. Ein sehr echtes Ansehen hat dagegen eine fleifsige Federzeichnung, die einen Türken und eine Türkin vorstellt, von seinem Bruder Gentil Bellini. Sie ist ungemein lebendig und gewifs ein Studium nach der Natur während seines Aufenthalts in Constantinopel. Dafür spricht auch der Umstand, daſs bei der Frau die Farben der Kleidung aufgeschrieben sind.

Von dem Meister, worin diese Richtung ihre höchste Ausbildung erreichte, von Tizian, sind drei Federzeichnungen sehr vorzüglich. Merkwürdig ist bei ihm das Breite und Genährte seiner Federstriche, wodurch sie sich der Wirkung von Pinselzügen nähern. Eine Nymphe auf einem Delphin von Liebesgöttern umgeben, giebt sich durch die Grazie der Bewegungen, die svelteren Verhältnisse, die minder ausgeladenen Formen, als ein Werk seiner früheren Zeit kund. In der ganzen Stärke seiner Meisterschaft erscheint er in einer groſsen Zeichnung zu seinem berühmtesten Altarbilde, dem Tode des Petrus Martyr in der Kirche St. Giovanni e Paolo zu Venedig. Die Sicherheit und Kühnheit und zugleich das Malerische in der Behandlung mit der Feder hat hier den höchsten Grad erreicht. So ist auch das dritte Blatt, eine heilige Familie in einer Landschaft, durch die leichte, geistreiche Flüchtigkeit, womit alles hingespielt ist, höchst anziehend.

Ich übergehe manche treffliche Zeichnungen aus der Schule der Carracci, da dergleichen öfter vorkommen, so auch die vielen Studien des Claude, indem sie doch mit den Zeichnungen im Libro di Verità keinen Vergleich aushalten. Wohl aber muſs ich mit einigen Worten der Kinder in einer Landschaft, welche einen Schmetterling fangen, erwähnen, weil diese mit der Feder und Sepia ausgeführte Composition von Nicolas Poussin zu denen gehört, worin sein schönes Gefühl für Naivetät und Grazie der Natur nicht, wie so oft, durch sein Princip der Nachahmung der Antiken oder zu viel Gelehrsamkeit zurückgedrängt wird.

Zu den gröfsten Seltenheiten der Sammlung gehören zwei Zeichnungen aus der altflamännischen Schule der van Eyck. Eine Barbara, meisterlich mit der Feder gezeichnet, hier Jan van Eyck genannt, möchte am ersten von Hans Memling (auch Hemling genannt), einem der gröfsten Meister dieser Schule, sein; ein weiblicher Kopf, auf das Zarteste in Silberstift ausgeführt und leicht mit Roth angetönt, Antonello da Messina genannt, ist das Studium zu einer der Marien auf einer Kreuzigung in der Gallerie unseres Museums (Abth. II. No. 21), welches bisher ebenfalls Memling genannt worden, aber wohl von einem anderen etwas späteren Meister herrührt.

Auf die zahlreichen und mitunter vortrefflichen Zeichnungen der späteren Niederländer, eines Rubens, van Dyck, Rembrandt und der Genremaler im Einzelnen einzugehen, würde mich hier zu weit führen.

Die Kupferstiche kann man nur einen Anfang zu einer der britischen Nation würdigen Sammlung dieser Art nennen. Demohngeachtet findet sich manches sehr seltne und vortreffliche Blatt, besonders aus der altitalienischen Schule vor. So sah ich hier die früher im Cabinet von Monroe befindliche Folge von acht Blättern, die der florentinische Goldschmied Baldini nach den Zeichnungen des Malers Sandro Botticelli gestochen hat. Das erste Blatt stellt eine Art Calender mit den Abbildungen der 12 Monate, die anderen die 7 Planeten so dar, dafs in der Luft jeder Planet als Gottheit in seinem Wagen, auf der Erde darauf bezogene Vorgänge enthalten sind. Wenn Bartsch und Andere glauben, dafs Sandro Bot-

6**

ticelli selbst an dem Stechen seiner Zeichnungen Theil genommen, so irren sie, wie ich dieses gelegentlich zu beweisen hoffe.

Eine der gröfsten Merkwürdigkeiten dieser Sammlung ist der berühmte Schwefelabdruck der weltberühmten Pax des Maso Finiguerra. Deiner Frage, was denn ein Pax ist, begegne ich mit Folgendem. Man versteht darunter eine kleine Metallplatte, meist von Silber, welche bei feierlichen Messen der celebrirende Priester, während das agnus Dei gesungen wird, küfst und dann den andern Priestern mit den Worten „pax tecum" (Friede sei mit Dir) ebenfalls zum Kusse reicht, woher denn auch der Name kommt. Diese Plättchen pflegten früher mit heiligen Vorstellungen geschmückt zu werden, bald in Relief bald in Email, bald in Niello. Im Jahre 1452 machte der schon erwähnte florentinische Goldschmid Maso Finiguerra eine solche Pax für die Kirche des heil. Johannes daselbst, worauf er in Niello die Krönung Mariä vorstellte. Diese, welche ich im Museum zu Florenz gesehen habe, zeichnet sich gleich sehr durch die Schönheit der reichen Composition, als durch die vortreffliche Ausführung in allen den kleinen Einzelheiten aus; ihre grofse Berühmtheit verdankt sie aber vorzüglich dem Umstande, dafs der gröfste italienische Kupferstichkenner Zani im Jahre 1797 in dem königl. Kupferstichcabinet zu Paris einen Abdruck davon auf Papier entdeckte und darin jenen zu erkennen glaubte, der nach Vasari's Erzählung auf die Erfindung der Kupferstecherkunst geführt hatte. Seit jener Zeit wird nämlich dieses Blatt von Vielen für den ersten und ältesten aller Kupferstiche gehalten. Aufserdem kennt man nun von dieser Nielloplatte noch zwei Abdrücke auf Schwefel. Der eine, ein Probeabdruck, welcher die Platte unvollendet wiedergiebt, befindet sich in der vortrefflichen Sammlung von Niellen des Grafen Durazzo in Genua, der andere, welcher erst nach gänzlicher Beendigung der Platte genommen worden ist, war früher im Besitz des Senators Seratti in Livorno und gelangte nach dessen Tode in die große Kupferstichsammlung des Herzogs von Buckingham, welcher ihn mit 250 Pfd. Sterl. bezahlte. Bei der Versteigerung dieser Sammlung im Jahre 1834 wurde er von Seiten des britischen Museums angekauft. Er ist vortrefflich erhalten und giebt das Original mit den feinsten Einzelnheiten auf das Genaueste wieder.

Hier zeigte mir Ottley außerdem seine eigne, höchst reiche und wichtige Sammlung von Nielloabdrücken auf Papier, welche er größtentheils aus den berühmten Sammlungen des Mark Sykes und des Herzogs von Buckingham erworben hat. Unter vielen anderen merkwürdigen Blättern befindet sich darunter auch einer der vier bekannten Abdrücke der Anbetung der Könige, welche gleichfalls dem Finiguerra beigemessen wird, und wovon Duchesne (p. 144) eine Abbildung giebt.

Ungemein interessante Belege für die in England frühe und sehr verbreitete Ausübung der Kunst in Metall zu graviren, gewährt eine sehr große Sammlung von Abdrücken auf Papier, welche von dem schon erwähnten, ausgezeichneten, englischen Kunstgelehrten Douce von sehr großen metallnen Platten, welche Gräber in vielen Kirchen decken, genommen, und dem britischen Museum vermacht worden sind.

Sehr viele Freude machte es mir, das bewunderungswürdig vielseitige, technische Talent des großen Albrecht Dürer hier in einer seltnen Beziehung anzutreffen. In einer kleinen Platte von 7½" Höhe und 5¼" Breite des unweit Pappenheim vorkommenden Kalksteins, dessen man sich jetzt zum Lithographiren bedient, hat er die Geburt Johannes des Täufers gearbeitet. In dem sehr erhabenen Relief waltet, wie in den Thüren des Ghiberti, ganz das malerische Princip vor, so dafs es nach der Tiefe in verschiedenen Plänen componirt ist. Die das Monogramm begleitende Jahrzahl 1510 belehrt uns, dafs es aus der besten Zeit Dürers herrührt, und in der That enthält es in einem hohen Grade alle Eigenschaften, die in seinen schönsten Werken so sehr anziehen. In dem alten Zacharias im Vorgrunde spricht sich ganz der Ernst und die Würde aus, womit Dürer solche Gegenstände auffafste, in einem lächelnden jungen Mann das Element einer gutmüthigen Schalkheit, welches er gern beimischte, in der Elisabeth im Hintergrunde, die im Begriff ist ihr Wochensüpplein zu verzehren, fühlen wir die naive Weise, wie er durch häusliche Einzelnheiten aus seiner Zeit solche Vorgänge uns in eine trauliche Nähe rückt. Endlich sind alle Theile, vom gröfsten bis zum kleinsten, mit dem gefühltesten und liebevollsten Fleifs gepflegt, welcher ihm so ganz eignet.

Achter Brief.

London, den 8. Juni.

Ich habe seit meinem letzten Briefe wieder so viel mir Wichtiges gesehen und erfahren, dafs ich wirklich nicht weiſs, wovon ich Dir zuerst erzählen soll. Um indeſs in einer gewissen Ordnung zu bleiben, mache ich zuerst den Beschluſs meiner Bemerkungen über das britische Museum.

Als ich dem Sir Henry Ellis meinen Wunsch aussprach, mir über die Manuscripte mit Miniaturen, welche in der Bibliothek des britischen Museums enthalten sind, Bemerkungen zu machen, hatte er die Güte, mir eigenhändig eine Eintrittskarte für das Lesezimmer auszufertigen. Ich fand einen sehr ansehnlichen von oben erleuchteten Raum, der indeſs so stark besucht war, daſs ich nur mit genauer Noth einen Platz erhalten konnte. Von den groſsen Schätzen, welche hier an Manuscripten mit Miniaturen aus den verschiedenen Zeiten und Ländern aufgehäuft sind, habe ich nur einen sehr mäſsigen und dem Werthe nach gewiſs nicht durchgängig wichtigsten Theil von etwa 40 Handschriften gesehen. Ich konnte nämlich dieselben nur nach den Nummern fordern, welche ich mir aus den, in den Abhandlungen der Gesellschaft für Antiquitäten, in den, durch die vortrefflichen Abbildungen so höchst verdienstlichen, Werken von Dibdin und dem Buch mit den Facsimiles von Shaw verzeichneten, ausgezogen hatte, wobei mir denn besonders von den im letztern, vorzugsweise auf Verzierung der Ränder und Anfangsbuchstaben ausgehenden, Werk benutzten Manuscripten öfter solche vorgelegt wurden, welche für meinen, rein kunsthistorischen Zweck sehr unbedeutend waren. Indeſs habe ich wenigstens meinen Hauptzweck erreicht, zu erfahren, wodurch sich die Miniaturen der Engländer vom 7ten bis 14ten Jahrhundert von denen der anderen europäischen Nationen unterscheiden, und auſserdem auch manches

Interessante, was diesen anderen Nationen angehört, zu Gesicht bekommen.

Das Hauptdenkmal für angelsächsische Malerei des 7ten Jahrhunderts ist ein Evangelienbuch in Folio mit angelsächsischer Interlinealversion (Cotton. Mss. Nero D. IV.), welches nach einer gleichzeitigen Inschrift zu Ende von Endfrith, Oethelwald, Bilfrith und Aldred für Gott und Cuthbert geschrieben und ausgeschmückt worden ist. Der heilige Cuthbert war aber ein Bischof, der in der Mitte des 7ten Jahrhunderts lebte. Einige halten dieses Manuscript indeſs erst aus dem 8ten Jahrhundert. Das sorgfältig geglättete, starke Pergament, die schönen Uncialen, worin es durchgängig geschrieben ist, die höchst reichen, riemenartigen Ornamente, womit ganze Seiten und mehrere Initialen geziert sind, zeugen dafür, daſs auf dieses Denkmal gewiſs alle Sorgfalt und Kunst gewendet worden, deren die damalige Zeit fähig war. An eigentlichen Gemälden sind nur die 4 Evangelisten vorhanden. Es liegen ihnen byzantinische Vorbilder zum Grunde, wie noch die Beischriften o agios („der heilige" statt des lateinischen sanctus) Mathäus etc., welches bei dem heiligen Marcus o agius, also mit lateinischer Endung, geschrieben ist, beweisen. Dennoch sind sie von den gleichzeitigen byzantinischen und italienischen Malereien, so wie von denen der fränkischen Monarchie des 8ten und 9ten Jahrhunderts sehr verschieden. In allen diesen hat sich nämlich das Element der antiken Kunst, worin die vier Evangelisten ursprünglich ausgeprägt worden, in Darstellung und Behandlung noch sehr deutlich erhalten. Die Malereien in diesem angelsächsischen Manuscript haben dagegen ein höchst barbarisches

Ansehen, sind aber in ihrer Art mit dem gröfsten technischen Geschick ausgeführt. Von den byzantinischen Vorbildern sind nur die Motive, die Art der Bekleidung und die Formen der Sessel übrig geblieben. Statt der breiten, noch antiken Behandlung mit dem Pinsel in Guaschfarben, worin sich Schatten, Lichter und Halbtöne angegeben finden, sind hier alle Umrisse sehr zierlich mit der Feder gemacht, und die jedesmalige Localfarbe nur angestrichen, so dafs alle Angaben von Schatten, mit Ausnahme der Augenhöhlen und längs der Nase, fehlen. Die Gesichter sind völlig leblos wie ein calligraphisches Schema behandelt. Bei den Gewändern sind die Falten mit einer ganz anderen Localfarbe angegeben, als die Gewänder selbst haben, so sind sie z. B. im spangrünen Mantel des Mathäus zinnoberroth; dabei ist nur noch in den Hauptmotiven der Gewänder einiger Sinn, für die kleineren sind die Striche rein willkührlich und mechanisch hineingesetzt. Wo calligraphisches Geschick ausreicht, wie bei den mit einer Art Geriemsel verzierten Rändern, und den Anfangsbuchstaben, ist das Unglaubliche von Feinheit und Sicherheit geleistet, und die Erfindung der Verschnörkelungen mit häufig eingemengten Drachenköpfen nicht allein sehr künstlich, sondern auch zierlich. Dabei machen die hellen, durchsichtigen Farben des Geriemsels, hellgelb, rosa, violett, blau, spangrün auf dem schwarzen Grunde eine sehr hübsche Wirkung, so dafs diese Verzierungen an Sauberkeit, Präcision und Feinheit alles übertreffen, was ich der Art in Denkmälern der verschiedenen Nationen des Continents gesehen habe. Unter den oft sehr stark aufgetragenen Farben ist nur das Roth und Blau eigentlich deckend. Alle Farben sind aber von einer Frische, als ob die Malereien erst gestern gemacht wären. Gold ist dagegen nur in sehr kleinen Theilchen gebraucht. Diese hohe Ausbildung aller rein technischen Theile in so früher Zeit, bei der gänzlichen Abwesenheit von Verständniſs in dem Figürlichen, als dem eigentlichen und höheren Elemente bildender Kunst, ist gewiſs sehr eigenthümlich und merkwürdig. Dieses Manuscript liefert den Beweiſs, mit welcher Sorgfalt auch die Malerei in dieser ihrer Weise von den englischen Mönchen, welche sich im 7ten und 8ten Jahrhundert durch Gelehrsamkeit und Eifer in Verbreitung des Christenthums so sehr auszeichneten, während dieser Periode ausgeübt worden ist.

Eine Handschrift der Uebersetzung Cicero's von dem astronomischen Gedicht des Aratus (Harleian Mss. No. 647, 1 Vol. gr. Quarto) hat neuerdings Ottley Gelegenheit zu einer gelehrten Abhandlung gegeben, welche, in den Schriften der antiquarischen Gesellschaft von diesem Jahre abgedruckt, mir von Sir Henry Ellis verehrt worden ist. Da diese Handschrift in reiner Minuskel geschrieben ist, welcher Art man nach den bisherigen Annahmen allgemein erst im 10ten Jahrhundert begegnet, so wurde dieselbe auch immer aus dieser Zeit gehalten. Die Miniaturen der Sternbilder, welche sich darin befinden, erschienen Ottley indeſs in den Motiven, den Formen und der Behandlung der antiken Malerei so nahe zu stehen, daſs er dadurch veranlaſst wurde, die Entstehung dieses Manuscripts in das 2te oder 3te Jahrhundert zu versetzen. Um diese seine Annahme zu begründen, hat er viel Mühe, Scharfsinn und Gelehrsamkeit aufgewendet, den Beweis zu führen, daß der Gebrauch der Minuskel bereits ungleich früher, ja schon in jenen ersten Jahrhunderten stattgefunden hat. Dieser siegreich geführte Beweis macht indeß meines Erachtens das Hauptverdienst der Abhandlung aus, denn was die Miniaturen anlangt, so kann ich seiner Meinung so wenig beipflichten, daß ich hiernach die Handschrift nicht früher, als aus dem 9ten Jahrh. halten muß. Durch Vergleichung einer großen Anzahl von Miniaturen in Handschriften vom 7ten bis zum 10ten Jahrhundert bin ich nämlich zu der Ueberzeugung gelangt, daß sich eine starke Einwirkung antiker Malerei, wenn schon in abnehmender Reinheit, in dieser ganzen Epoche erhalten hat. Die Miniaturen in einem Manuscript der Werke des Gregorius von Nazianz, welches für den Kaiser Basilius Macedo, also im 9ten Jahrhundert geschrieben worden, so wie die in einem griechischen Psalter des 10ten Jahrhunderts, beide in der königl. Bibliothek zu Paris, stehen theilweise den Malereien von Pompeji ungleich näher, als die in dem fraglichen Manuscript. Dasselbe gilt, obschon in minderem Grade, von den Miniaturen in einem zwischen den Jahren 714 und 732 in Italien geschriebenen Evangeliarium, in der Bibliothek St. Genevieve ebenda. In Behandlung, wie in den Formen der Gesichter, findet sich dagegen eine große Uebereinstimmung mit einigen fränkischen Denkmalen aus dem 9ten Jahrhundert z. B. dem Psalterium und der Bibel Carls des Kahlen, ebenfalls in der königl. Bibliothek zu Paris. Besonders characteristisch sind darin die in die Länge gezogenen, viereckigen, einförmigen Gesichter, mit den sehr kurzen Stirnen und sehr langen Nasen, welche sich in dem Manuscripte des Aratus am entschiedensten in den Brustbildern der fünf Planeten, Jupiter, Sol, Mars, Venus und Mercur finden, und auch in dem Werk von Ottley (Pl. VIII.) sehr getreu wiedergegeben worden sind. Diese Barbarisirung ist mir vor dem 9ten Jahrhundert nicht vorgekommen. Auf der nur mit der Feder gezeichneten und leicht angetuschten Planisphäre finden sich aber schon Beispiele von dem Gesichtstypus, welcher nur in englischen Handschriften vom 10ten bis 12ten Jahrhundert so häufig ist, in der Abbildung bei Ottley Pl. XXII. aber sich nicht genau wiedergegeben findet. Mir ist daher diese Handschrift als ein Belag interessant, daſs im Laufe des 9ten Jahrhunderts jene, in allen Theilen auf Ueberlieferung der antiken Malerei begründete, Kunstweise, welche auf dem Continent herrschte, auch in England in Ausübung gekommen, ja vielleicht jene eigenthümlich angelsächsische theilweise verdrängt hat.

Die Denkmale vom 10ten bis 12ten Jahrhundert zeigen einen tiefen Verfall. Die Figuren sind in den Bewegungen von einem kindischen Ungeschick, die Verhältnisse sehr lang, alle Glieder sehr mager, Hände und Füſse ganz elend, die Köpfe höchst kunstlos, mit einigen nichtssagenden Strichen, einen unbedeutenden Typus wiederholend. Dem Wesentlichen nach sind die meisten Bilder nur Zeichnungen mit der Feder, die aber auf eine kritzliche Weise mit einer handwerksmäſsigen Flüchtigkeit geführt ist. Bald sind diese Umrisse mit Blau, Roth oder Grün umzogen, bald mit denselben Farben etwas angetuscht. Nur ausnahmsweise tritt eine eigentlich deckende und malende Guaschbehandlung ein. In den Gewändern ist es characteristisch, daſs sie nicht anders flattern, als ob sie nach allen Richtungen vom Winde getrieben würden. Das Beste dieser Denkmale ist noch das mit allerlei Schnörkeln verzierte Leistenwerk, welches manche Ränder schmückt; denn wenn es an Feinheit und Eleganz mit jenem „Cuthberts book“, wie es die Engländer nennen, auch nicht entfernt zu vergleichen ist, so zeigt es doch in der Erfindung Zusammenhang mit den Ornamenten der gleichzeitigen, romanischen Architectur, in der Ausführung eine gewisse Präcision. Auch in dieser ganzen Zeit ist die Anwendung des Goldes im Ganzen spärlich; am häufigsten kommt es noch in dem Leistenwerk jener Randverzierungen vor.*)

Ist nun eine ähnliche Erscheinung des Sinkens der Malerei vom 10ten bis 12ten Jahrhundert mehr oder minder in den Ländern des Continents wahrzunehmen, so kann sie in England am wenigsten befremden, wo die Dänenkriege, die Eroberung Wilhelms von der Normandie, das Gedeihen der Künste des Friedens dauernder als anderswo stören mußten. Dagegen hob sich die Malerei im 13ten Jahrhundert

*) Die Manuscripte, woraus ich diese Bemerkungen entnommen habe, sind folgende: Psalter vom Jahre 978. Mss. Cotton. Titus. D. XXVII. — Psalter Mss. Cotton. Tiber. C. VI. — Buch Josua Mss. Regia. 1. C. VII. — Psalter Mss. Arundel. No. 155. — Psalter Mss. Arundel. No. 60. — Descriptio topographica aliquot regionum etc. in Oriente. Mss. Cotton Tiberius. B. V. — Osberni vita St. Dunstani. Mss. Arundelian. No. 16. Ueber alle diese habe ich mir zum Behuf meiner Geschichte der Miniaturmalerei nähere Notizen genommen. Aus dem ersten derselben, so wie aus dem „Hyde Abbey Book,“ im Besitz des Herzogs von Buckingham, giebt Dibdin in seinem bibliographischen Decameron I. Theil p. LV. und LVII. einige Abbildungen, woraus Du Dir von dieser Art von Kunst eine sehr richtige Vorstellung machen kannst.

unter der langen Regierung des kunstliebenden Königs Heinrich III. in England, gleich in den anderen gebildeteren Ländern Europas. Auch mögen Beweise dafür in Manuscripten der Bibliothek des britischen Museums vorhanden sein, von denen mir indefs die Kunde fehlt. In den Miniaturen der verschiedenen Länder des Continents wurde die zeichnende Behandlung mit der Feder, welche erst mit dem 11ten Jahrhundert eingetreten war, schon in der zweiten Hälfte des 12ten Jahrhunderts theilweise durch einen Einflufs von byzantinischer Kunst verdrängt, in Folge dessen mit dem Goldgrunde wieder eine stark impastirende Guaschbehandlung eintrat, welche sich bis in die zweite Hälfte des 13ten Jahrhunderts erhielt. Obschon in den starken, schwarzen Umrissen, den häufig ganzen und dunklen Farben, von der früheren, der antiken Malerei entlehnten Guaschbehandlung verschieden, hatte diese Weise sich daraus noch eine gewisse Breite des Vortrags und eine geschickte Angabe von Schatten, Lichtern und Mitteltönen erhalten.

Die englischen Miniaturen aus dem 14ten Jahrhundert stimmen in allen Haupttheilen mit der Weise der gleichzeitigen französischen und niederländischen überein, die dort schon in der zweiten Hälfte des 13ten Jahrhunderts aufkam. In den Figuren und Gewändern herrscht die lebhafte, geschwungene Bewegung, das schlanke Verhältnifs der Sculpturen, welche die gothische Architectur begleiten; in den Gesichtern finden sich neben dem Typischen auch aus dem Leben beobachtete Züge. Die Umrisse sind mager mit der Feder gezeichnet, die Flächen zwar mit Guaschfarben bemalt, doch mit geringer und vertriebener Angabe der Schatten. In den Farben herrscht ein grelles Zinoberroth und ein dunkles Blau vor; die Hintergründe werden von Glanzgold in einer gewissen Erhabenheit, oder von einer Art Schachbrett gebildet, worin jenes Gold mit Farben wechselt. In allen Theilen aber müssen die englischen den französischen und niederländischen nachstehen und gewähren meist den Eindruck von flüchtigen und in wenigen Stücken z. B. in der Länge von Figuren übertriebenen Nachahmungen derselben. Ein sehr ausgezeichnetes Denkmal dieser Art ist ein Psalter (Mss. Arundel. 83), welcher nach dem Wappen ohne Zweifel für einen König von England, am ersten für Eduard III., geschrieben worden ist; demohngeachtet mufs er einem dem Inhalte und der Zeit nach sehr verwandten, angebundenen Manuscript, dessen Ursprung wahrscheinlich niederländisch ist, weit nachstehen. In dem letzteren bezeugt am Ende des Calenders nämlich ein Robert de Lyle, dafs er dieses Buch am Tage der heiligen Catharina des Jahres 1439 seiner Tochter Andere geschenkt habe.

Ueber Manuscripte mit Miniaturen von englischer Kunst aus dem 15ten und 16ten Jahrhundert hatte ich keine Notizen finden können. Eine Reihe von Monumenten, deren wir mehrere sogleich näher betrachten werden, beweist indefs, dafs die Engländer sich in dieser Zeit häufig der Miniaturmaler in Frankreich und den Niederlanden bedient haben, in welchen Ländern diese Kunst während dieser Epoche sehr häufig und in einem hohen Grade der Vollendung ausgeübt wurde.

Unter den sehr interessanten Manuscripten mit Miniaturen, welche anderen Nationen angehören, mufs ich mich hier begnügen, einige der wichtigsten, besonders solche zu erwähnen, welche zu England in specieller Beziehung stehen. Diese gehören einer Epoche der englischen Geschichte an, welche Shakspeare in dem Kreise seiner großartigen Dramen behandelt hat. Ein Psalter (Cotton. Mss. Domitian. XVII.), worin öfter ein betendes, gekröntes Kind vorkommt, auf dessen Kleide das englische und französische Wappen, ist für den König Heinrich VI. verfertigt worden, der im Jahre 1431 in einem Alter von 10 Jahren zu Paris als König von Frankreich gekrönt wurde. Eine Notiz zu Anfang des Buchs, worin gesagt wird, dieses sei der Psalter König Richards II., ist irrig; denn Schrift und Bilder entscheiden für die erste Hälfte des 15ten Jahrhunderts. Blatt 49. A. steht hinter dem kleinen König Heinrich VI., der von dem Christkinde gesegnet wird, sein Onkel, der Herzog von Bedford, welcher als damaliger Regent von Frankreich mit einer Krone und dem französischen blauen Königsmantel mit goldnen Lilien angethan ist. Die Gemälde, womit das Buch sehr reich geschmückt ist, sind auf das Zarteste in Guasch ausgeführt, und athmen ganz den Geist der Schule der Brüder van Eyck, von denen damals Johannes, der größte Maler seiner Zeit, grade auf der Höhe seiner Kunst stand. Dieser niederländische Ursprung ist um so erklärlicher, als der Herzog von Bedford, welcher auf alle Angelegenheiten des jungen Königs einen großen Einfluß ausübte, mit Anna von Burgund, der Schwester Philipps des Guten, Herzogs von Burgund und Herrn der Niederlande, dem großen Gönner des Jan van Eyck, vermählt war. Die Feinheit der Köpfe ist bewunderungswürdig; z. B. an einer Krönung Mariä in Gegenwart vieler Heiligen (Blatt 140). Auch eine

Messe (Bl. 148) und singende Nonnen und Mönche (Bl. 73 und 120), von denen Dibdin in seinem bibliographischen Decameron Abbildungen giebt (s. p. CI, CII, CIII,), sind sehr bemerkenswerth.

Ein anderes Manuscript (Mss. regia 15. E. VI.) zeigt uns auf dem Titelblatt denselben König Heinrich VI. etwa um 20 Jahre später in Gesellschaft seiner Gemahlin, Margaretha von Anjou, und seines Hofes. Vor der Königin kniest ein stattlicher Mann, welcher ihr ein Buch überreicht, so nach der Sitte der damaligen Zeit unser Manuscript sein soll. Wer dieses ist, erfahren wir aus einem Gedicht darunter, welches anhebt:

„Princesse très excellente
Ce livre cy vous presente
De Schrosbury le conte..."

Dieser ist nun kein anderer als der wegen seines Heldenmuths und seiner Waffenthaten in Frankreich so berühmte Talbot, welchem Shakspeare in seinem Heinrich VI. ein so herrliches Denkmal gesetzt hat. An sein tragisches Ende gedenkend, konnte ich nicht ohne Rührung folgenden Vers lesen, welcher unten auf einer aufgewickelten Rolle geschrieben ist.

„Mon seul desir
Au Roy et wus
Et bien servir
Jusquau mourir
Ce sachent tous
Mon seul desir
Au Roy et wus."

In dem Verfolg des Gedichtes heifst es, dafs er dieses Buch der Königin zur Unterhaltung verehre. Um Dir zu sagen, was ein solcher Held einer Königin der Zeit zu solchem Zweck bot, füge ich hinzu, dafs der dicke Folioband die Geschichten Alexanders und Carls des Grofsen, Ogiers von Dänemark, Reinalds von Montalban, Königs Ponthus und des nationalenglischen Guy von Warwick enthält. Offenbar hat Talbot dieses Buch in Frankreich schreiben und mit Bildern schmücken lassen. Denn die letzteren, welche als Vignetten im Text sehr zahlreich vorkommen, sind sorgfältige Arbeiten gewöhnlicher, französischer Miniatoren; nur das Blatt 17 verräth die Hand eines eigentlichen Künstlers. Es fand nämlich in jener Zeit ein grofser Unterschied zwischen Miniaturen statt, die von Leuten herrührten, welche, ohne sich anderweitig in der Kunst zu versuchen, von dem Ausschmücken der Bücher ein Gewerbe machten, und solchen von eigentlichen Künstlern im höheren Sinne des Worts, welche sich damit befafsten, Bilder in Büchern auszuführen. Die ersten sind, ungeachtet einer sehr ausgebildeten Technik, einer grofsen Ausführung, und der lebhaftesten Farben, in den Gesichtern einförmig, in der Zeichnung ohne Verständnifs, im Ganzen fabrikartig, geistlos und von allgemeinem Character; die zweiten tragen in allen Theilen das Gepräge des Gefühls einer besonderen Künstlerseele, und haben daher den Reiz eines eigentlichen Kunstwerks. Gegen hundert der ersten Art giebt es immer nur höchstens eins von der zweiten. Wie es sich für ein solches Geschenk ziemt, sind die Ränder sehr reich verziert. Zu den goldnen Knöpfchen der früheren, schon im 14ten Jahrhundert üblichen Weise gesellen sich hier die Arabesken, die Blumen, die Erdbeeren, welche in der zweiten Hälfte des 15ten Jahrhunderts den Hauptschmuck solcher Ränder bilden.

Ein

Ein anderes Manuscript (Les chroniques d'Angleterre) enthält auf dem Titelblatt den Nachfolger König Heinrichs VI., Eduard IV., der von 1461 bis 1483 regierte, wie er das Buch aus den Händen des Schreibers empfängt. Die Malereien haben das bestimmte Gepräge der van Eyckschen Schule und sind von sehr prächtigem Ansehen. Ein Bild mit reich gekleideten Damen und Spielleuten, ein anderes mit Rittern in silbernen Rüstungen ist mit Freiheit und Feinheit behandelt. Der andere vorhandene Band ist in Schrift und malerischem Schmuck ungleich geringer, Blatt 62 ist mit dem Wappen und den Waffen des Königs Eduard geschmückt, wobei auch die weifse Rose als Abzeichen des Hauses York vorkommt.

Zwei Manuscripte sind auf Veranlassung König Heinrichs VII. gemacht, der durch Besiegung König Richards III. im Jahre 1485 den blutigen Kämpfen zwischen den Häusern York und Lancaster ein Ende machte. Das eine (Bibl. Regia 16. F. 11) enthält Venus und Cupido, ein Gedicht zur Verherrlichung König Heinrichs VII., und englische Balladen. Auf dem Titelblatt, welches eine Versammlung von Männern und Frauen in sehr glänzenden Trachten, in einem Brunnengebäude von den Italienern nachgeahmten Bauformen darstellt, enthält der Rand das englische Wappen mit weifsen und rothen Rosen, zum Zeichen, dafs Heinrich durch die Heirath mit der Tochter Eduards IV. beide Rosen vereinigt hatte, unten aber befindet sich das Familienwappen des Königs, ein Hund, und ein Greif, welche eine rothe Rose halten, um anzudeuten, dafs er seine Ansprüche auf das Haus Lancaster gründe. Vor dem Anfang der Balladen, Blatt 73, ist eine Vorstellung von London merkwürdig. Man sieht darauf den König, wie er am Thore des Towers eine Person empfängt, und wieder, wie er in einem Zimmer des Towers, von Trabanten umgeben, schreibt. In der Ferne ist die alte Londonbridge, durch deren Bogen sich das stauende Wasser bei der Ebbe gewaltsam drängt. Ein sehr stattliches Bild ist endlich Blatt 89, wo der König mit seinem Gefolge von der Jungfrau Maria vor den gekreuzigten Christus geführt wird. Sowohl der Rand, als der Anfangsbuchstabe A übertreffen den andern Schmuck des Buchs weit und sind von der gröfsten Feinheit. Der mattgoldne Grund von seltenster Zartheit ist mit den zierlichsten Arabesken, Vögeln, Schmetterlingen und Erdbeeren geschmückt. Ungeachtet der genauen Angabe der Londoner Localität stimmt das Figürliche in allen Theilen so sehr mit den französischen Miniaturen dieser Zeit überein, dafs sie ohne Zweifel von einem recht geschickten Arbeiter dieser so erstaunlich fruchtbaren Fabrik herrühren. Das andere Manuscript, welches für Heinrich VII. angefertigt worden, ist die französische Uebersetzung der Schrift des Boccaz, über die Schicksale der berühmten Frauen und Männer, welche Uebersetzung ursprünglich für den Herzog Johann von Berry, Sohn König Carls V. von Frankreich, gemacht worden. Die Ränder sind von derselben Art und Feinheit, wie der im vorigen Manuscript näher beschriebene, die Bilder ebenfalls von französischer Arbeit, von ungleichem Verdienst, doch mehrere von höherem Kunstwerth als in jenem.

Das britische Museum besitzt indefs ein Manuscript (Harleian Mss. No. 4425), worin man sehen kann, wie Aufserordentliches die eigentliche Schule der Miniaturmalerei in Frankreich zu Ende des 15ten und Anfang des 16ten Jahrhunderts leisten konnte. Es ist dieses eine Abschrift des Roman de la Rose, der im 13ten Jahrhundert von Guillaume de Lorris begonnen, im 14ten von Jehan de Meun vollendet, im Mittelalter in Frankreich zu so grofser Beliebtheit gelangt war. Aufser vier gröfseren Bildern enthält dieser Folioband viele Vignetten. Die Erfindungen sind glücklich, die Bewegungen graziös. Auf dem ersten grofsen Bilde ist eine Figur mit einem Federhut, auf dem zweiten liebende Paare, die sich im Freien mit Musik und Gesang ergötzen, besonders anziehend. Die Figuren sind von guten Proportionen und, bis auf die öfter mifsrathenen Verkürzungen, gut gezeichnet. Die blühende Fleischfarbe, die lebhaften, leuchtenden und doch harmonischen Farben der Gewänder, worin das Gold auf das Feinste mit dem Pinsel angewendet ist, die grofse Ausführung aller Theile, der Köpfe, der Gewänder, der harmonisch abgetönten Hintergründe, machen einen wunderbaren Eindruck von Heiterkeit, Sauberkeit, Pracht und Reichthum, welcher in dem vierten grofsen Bilde, wo sich fünf liebende Paare führen, den höchsten Grad erreicht. Dieses Manuscript läfst sich gar wohl dem berühmten, nur um weniges späteren Gebetbuch der Anna von Bretagne auf der königl. Bibliothek in Paris an die Seite setzen, welchem es in der ganzen Kunstart sehr verwandt ist. Mufs es jenem an Reichthum der Bilder weit nachstehen, so hat es wieder mehr Mannigfaltigkeit und Eigenthümlichkeit der Köpfe vor ihm voraus. Auch die Art des Schmucks der Ränder ist in beiden ähnlich. Auf einem Grunde

7*

von zarter, meist bräunlicher Farbe, leicht mit Gold schraffirt, sind Pflanzen, Blumen, auch wohl Arabesken bis zur täuschendsten Wahrheit ausgeführt und durch Schlagschatten abgehoben. Besonders zierlich ist eine Wicke auf dem 32sten Blatt.

Auch aus der Zeit des Königs Franz I. von Frankreich mufs ich noch eines kleinen, aber sehr feinen Denkmales erwähnen. Dieses ist ein Manuscript, welches ein Gespräch zwischen diesem Könige und Julius Cäsar enthält (Bibl. Harleian No. 6205). Es befinden sich darin, aufser den Bildnissen Franz I. und Julius Cäsars zu Anfang, zwölf Bilder mit Vorgängen aus den gallischen Feldzügen des letzteren. Diese Vignetten sind grau in grau in Guasch mit seltner Gewandtheit und Meisterschaft gemacht. Durch das Pinselgold, welches in Waffen, Kleidern, Gesimsen noch gebraucht ist, durch Anwendung des ganzen Costüms der Zeit mit Schnäbelschuhen hängen sie noch mit der älteren Miniaturmalerei zusammen; durch die italienische Architectur, welche, gleich anderen Nebensachen, öfter in zarten Farben angegeben ist, durch die häufig zu schlanken Verhältnisse, die ganz freien, oft sehr graziösen, bisweilen schon übertriebenen Stellungen, gehören sie schon der sogenannten „Epoque de la renaissance“ in Frankreich an, welche in der sogenannten „Ecole de Fontainebleau“ ihre höchste Ausbildung fand. Durch zwei Umstände aber wird dieses Manuscript besonders interessant. Die meisten Bilder sind mit einem G, fast alle mit der Jahrszahl 1519 bezeichnet. Aus dem ersten erfahren wir den Namen des Urhebers. In einem Manuscript, ganz von derselben Hand und Art, in der Bibliothek des Arsenals zu Paris, worin die Triumphe des Petrarcha vorgestellt sind, findet sich nämlich, außer jenem Buchstaben, auch einmal der ganz ausgeschriebene Name Godefroy. Die Jahreszahl 1519 aber beweist uns, daß jene überschlanken Verhältnisse, jene übertriebne Grazie nicht, wie man gewöhnlich glaubt, erst durch Rosso, Primaticcio und Benvenuto Cellini nach Frankreich gebracht worden, sondern daß diese Künstler jene Eigenschaften dort schon vollständig ausgebildet vorgefunden und allmählig angenommen haben; denn es ist bekannt, daß alle drei erst später als im Jahre 1519 nach Frankreich gekommen sind.

Höchst interessant ist noch ein italienisches Manuscript (Mss. Regia. 6. E. IX.), welches lateinische Gedichte enthält, und auf Veranlassung des Königs Robert von Neapel, also in der ersten Hälfte des 14ten Jahrhunderts, verfaßt worden ist. Auf dem ledernen Einbande befindet sich das neapolitanische Wappen. Das Titelblatt enthält 6 goldne Lilien auf blauem Felde, nach den Versen darunter das Wappen des Königs Robert; gegenüber befindet sich auf rothem Grunde der Schlüssel Petri mit Versen darunter, die sich auf die Oberlehnsherrschaft der Päpste über das Königreich Neapel beziehen. Die folgenden Bilder sind nun für die ganze Art der allegorischen und mythologischen Darstellungen jener Zeit in Italien höchst merkwürdig. Ich muß mich indeß hier begnügen, nur Einiges von dem, was ich mir darüber aufgemerkt, anzuführen. Auf der folgenden Seite knieen zwei Heilige vor einem Granatapfel, der Pomus vitae (Lebensapfel) genannt wird, und aus welchem Lilien entsprossen. Das Ganze ist arabeskenartig angeordnet. Auf der Rückseite von

Blatt 4 ist Christus sehr grofs auf prächtig goldnem Grunde vorgestellt. Hier und da, z. B. am Herzen, ist stellenweise das Pergament ausgespart, und mit Inschriften versehen. Er segnet den auf der andern Seite knieenden König, dessen goldene Krone zu seinen Füßsen liegt. Auf den nächsten Blättern folgen Schaaren von Cherubim und Seraphim. Auf der Rückseite vom 6ten Blatt mufste ich in drei Engeln mit Streitkolben, und vier anderen geharnischten, welche Teufel bändigen, das glückliche Bestreben nach Hoheit, Würde und Schönheit bewundern. Auf der Rückseite von Blatt 10 thront der König Robert mit der Krone, Liliensceptor und Reichsapfel in den Händen. Die gekrümmte Nase, der Mund haben etwas Individuelles und Aehnlichkeit mit den Bildnissen seines Grofsvaters Carl I. von Anjou. In den grofsen, goldnen Lilien des azurblauen Grundes sind wieder Stellen des Pergaments ausgespart und darin Inschriften, z. B. „Rex ego sum certus flos est iste Robertus." Dem Könige gegenüber steht in flehender Stellung eine weinende Frau, vielleicht eine Personification des neapolitanischen Volks oder Italiens. Blatt 12 a. führt uns den Hercules mit dem Löwenfell und goldnen Streitkolben vor, und die folgende Seite zeigt eine Frau in weifsem, prächtigem, mit silbernen Mustern verziertem Gewande, welche eine goldne, silberne und rothe Lilie verehrt. Sehr eigenthümlich ist die Vorstellung des Himmels (Blatt 20 a.) als einer, aus einem blauen Kreisabschnitt, worin Sonne, Mond und Sterne in Gold angegeben sind, hervorragenden Frau. Blatt 22 a. enthält das Urtheil des Paris. Die drei Göttinnen erscheinen als Büsten. In dem kleinen, knieenden Paris im rothen Rock, welcher der Venus den Apfel hinhält, ist der Ausdruck der Verwunderung und des Verliebten sehr gut. Am merkwürdigsten aber waren mir die folgenden Vorstellungen. Der Pegasus, ein weifses Roß mit blauen und grünen Flügeln, erzeugt durch das Stampfen seines Hufs die Hippokrene (Blatt 28 b.). Auf der Seite gegenüber knieen, ihn verehrend, die sieben freien Künste, als weibliche Gestalten von sehr wohl gewählten Gebährden. Die nächsten beiden Seiten enthalten 8 Musen. Um auszudrücken, daſs sie sich aus der Hippokrene begeistern und darin geistig baden sollen, stecken einige mit den Füſsen in einem Kruge, woraus ein blauer Wasserstrahl flieſst, mit der Beischrift Helicon. Wie die Alten der Calliope einen Vorrang vor den anderen Musen einräumten, so erscheint sie auch hier allein auf der folgenden Seite, eine Art Clarinet blasend. Obgleich diese Musen sämmtlich in der italienischen Tracht des 14ten Jahrhunderts, und daher von einem antiken Ansehen weit entfernt, sind sie doch durch edle Motive, theils auch durch Schönheit der Köpfe, wie bei Terpsichore und Urania, ihrer geistigen Bedeutung nicht unwerth. Wir haben hier in seiner ganzen Naivetät den bildlichen Ausdruck der in jener Zeit in Italien erwachten Begeisterung für die Poesie des classischen Alterthums, der sich in Männern wie Dante und Petrarca so lebhaft aussprach. Diese Bilder verrathen in allen Theilen den Einfluſs von Dante's Freund, dem groſsen Maler Giotto. Die Köpfe haben den durch ihn in Aufnahme gekommenen Typus, die langgeschlitzten, einander nahe stehenden Augen, die langen wenig ausgeladenen Nasen. Die verschiedenen Affecte sind in den Gesichtern mit wenigen Zügen deutlich, bisweilen übertrieben ausgedrückt. Die Gebährden sind, ohngeachtet der geringen Kenntnifs in der Zeichnung der Körper, ungemein lebhaft, sprechend und fein. Die Behandlung ist ganz wie in den Temperabildern aus Giotto's Schule, wobei, wie Du weifst, die Farben mit Eigelb und Pergamentleim gemischt wurden. Sie sind mit der grünen Veroneserde untermalt, und darauf die Localtöne stark impastirt. Die Ausführung ist sehr sorgfältig. Manche Umstände sprechen dafür, dafs die Malereien dieses Buchs, wenn auch nicht von Giotto selbst gemalt, doch unter seiner persönlichen Mitwirkung entstanden sind. Er hielt sich längere Zeit (wahrscheinlich in den Jahren 1326 und 1327) am Hofe des Königs Robert auf, und führte mehrere Werke für denselben aus, ja er war persönlich vom Könige als der gröfste Maler seiner Zeit und ein aufgeweckter Mann sehr gern gesehen, endlich waren ihm solche Vorstellungen allegorischen Inhalts keineswegs fremd, wie er denn nach dem Zeugnifs des Vasari dergleichen zu Florenz, Rimini und Ravenna ausgeführt hat.

In einer Erwartung habe ich mich sehr getäuscht gefunden. Nach einer Nachricht bei Dibdin war ich sehr gespannt, ein griechisches Manuscript aus dem 5ten Jahrhundert zu sehen, welches den gröfsten Theil der Genesis enthält und mit Miniaturen geschmückt ist, die nach Dibdins Urtheil denen in dem berühmten alten Pentateuch in Wien vorzuziehen sind. Ich fand jedoch die Bilder durch ein Feuer, welches schon im vorigen Jahrhundert viele Manuscripte der cottonianischen Bibliothek beschädigt hat, bis auf geringe Spuren so zerstört, dafs sie gar kein Urtheil mehr zulassen, und also die Herabsetzung der Bilder in dem

Codex zu Wien wohl in einem zu weit getriebenen Patriotismus zu suchen ist.

Doch nun genug von diesen merkwürdigen Alterthümern!

Am 1sten dieses Monats brachte ich einen sehr angenehmen Mittag bei dem Maler Callcott zu Kensington zu. Er malt meist Landschaften, besonders Seeküsten Italiens, versteht aber auch die Figur sehr wohl, so dafs seine Staffagen eine feine Zeichnung und geschmackvolle Wahl und Anordnung vor den meisten englischen Landschaftsmalern voraus haben. Ja er hat ganz kürzlich Raphael und in Fornarina halbe, lebensgrofse Figuren beendigt, worin er gezeigt, dafs er auch solchen Gegenständen sehr wohl gewachsen ist. Ebenso zeichnen sich seine Bilder durch die hier seltne, sorgfältige Ausführung und Harmonie der Haltung aus. Hr. Callcott vereinigt in einem hohen Grade das einfache, schlichte, treuherzige Wesen, und den gutmüthigen Humor, welche so vielen Engländern eigen sind, mit sehr gebildeten Formen und einer Kunstliebe von seltner Vielseitigkeit. Er stellte mich seiner Frau vor, die durch Krankheit schon seit längerer Zeit an's Sopha gefesselt ist. Selten sah ich bis jetzt eine Frau, in deren Zügen so viel Tiefe des Gefühls mit so viel Geist gepaart ist. Obgleich man ihr ansah, dafs sie sehr leidend war, beherrschte sie doch ihren Zustand mit ungemeiner Stärke. Mit dem liebenswürdigsten Interesse sprach sie über bildende Kunst, Poesie, Musik, ja durch den Leidenszug ihres Mundes spielte bei heiteren Anlässen bisweilen ein leichtes Lächeln. Die Frau hat merkwürdige Lebensschicksale gehabt, sie ist in Ost- und Westindien gewesen und hat über beide Länder geschätzte Werke

7**

herausgegeben. Von dem edlen und reinen Geist, der in den Gebilden italienischer Kunst des 14ten und 15ten Jahrhunderts durch die noch rauhe Schaale hervorleuchtet, war sie auf das Lebhafteste durchdrungen, und schenkte mir eine von ihr jüngst herausgegebene Beschreibung der Malereien Giotto's in der Capelle dell Annunciata dell Arena zu Padua, worin die feinen Bemerkungen durch treffliche Holzschnitte der schönsten Figuren und ergreifendsten Motive nach den Zeichnungen des Hrn. Callcott eine anschauliche Bestätigung erhalten. Aufserdem hatte ich hier noch angenehme Begegnungen. Ich fand den Maler Eastlake, der mir aus einem früheren Besuch in Berlin schon bekannt war. Unter allen jetzigen Historienmalern in England zeichnet er sich durch gründliches Studium, Richtigkeit und Feinheit des Geschmacks und durch eine zwar blühende, aber nicht, wie hier meist, schreiend bunte, sondern gemäfsigte Färbung aus. Dabei gehört er zu den seltnen Künstlern, die sich, wie Schinkel, eine allgemeine Kunstbildung angeeignet haben und, von einem begeisterten Hingeben an ihre Kunst ausgehend, allmälig zu einem anschaulichen, sehr klaren Denken über das Grundwesen und die letzten Gesetze der bildenden Kunst gelangt sind. Auch den Maler Magnus aus Berlin sah ich hier, ein in manchen Beziehungen dem Eastlake verwandtes Naturell, der hier sein neuestes Bild, eine Griechenfamilie in voller, abendlicher Sonnenbeleuchtung von schlagender Wirkung und fleifsiger Ausführung aus Paris mitgebracht hat. Endlich freute ich mich ungemein, hier meinen alten Freund, den Dr. Rosen, zu finden, dessen gründliche Gelehrsamkeit im Sanscrit und anderen Sprachen des

Orients ihm ebenso sehr wie seine liebenswürdige Bescheidenheit und Ansprochlosigkeit auszeichnen. Unter lauter so gebildeten und befreundeten Elementen mufste einem wohl werden. Die harmonische Stimmung, welche in der Gesellschaft herrschte, erhielt durch einige der schönsten Tenorarien von Mozart, welche Magnus nach Tische im Geiste des Meisters vortrug, noch einen künstlerischen Vereinigungspunkt und würdigen Abschlufs.

Es mochte gegen 10 Uhr Abends sein, als ich mit Eastlake in einem Cab (die gewöhnliche hiesige Benennung für ein Cabriolet) vor dem Local der British-Institution hielt, um eine treffliche Ausstellung von Bildern anzusehen. Das ist doch eine eigne Zeit zu dergleichen, wirst Du denken, und doch ist es hier grade die gesuchteste (the most fashionable) in dieser Anstalt. Diese sogenannte „British-Institution" wurde im Jahre 1805 gegründet und 1806 zum ersten Mal geöffnet. Unter dem Schutze des Königs, und dem Vorstande eines der ersten vom hohen Adel vereinigte sich eine Anzahl von Kunstfreunden, um durch jährliche Ausstellungen von Gemälden den Sinn für bildende Kunst im Lande zu fördern. Durch jährliche Beiträge der Mitglieder ist in Pall-mall, der besten Gegend Londons, ein anständiges Local erworben, worin im Frühjahr die Bilder lebender, im Sommer die Werke älterer Meister ausgestellt werden. Zu den letzteren steuren vom König ab die meisten Besitzer werthvoller Sammlungen bei, so dafs man in einer Reihe von Jahren hier eine ziemliche Uebersicht des Wichtigsten erhalten kann, was von alten Bildern in England vorhanden ist. Durch einzelne Schenkungen und die Ausstellungsgelder, welche für jede Person einen Schilling betragen, ist die Gesellschaft aber schon zu so bedeutenden Fonds gekommen, daß sie verschiedentlich Bilder um hohe Preise, bis zu 3000 Pfd. Sterl., angekauft und der Nationalgallerie zum Geschenk gemacht hat, und doch besitzt sie schon jetzt wieder die Summe von 8500 Pfd. Sterl. in Consols. Die Einnahme betrug im Jahr 1834 die Summe von 2434 Pfd. Sterl. 17 Schilling 11 Pens (17334 Rthlr.), wovon nur 1719 Pfd. 9 Schil. 8 Pens ausgegeben, von den 715 Pfd. 8 Schil. 3 Pens Rest aber 455 Pfd. zum Ankauf von 500 Pfd. Consols angelegt, und das Uebrige in Casse behalten worden ist. Sechs Abende während jeder Saison werden nun diese Bilder auf das Glänzendste beleuchtet und dazu unter die Mitglieder eine Anzahl Einlaßkarten vertheilt, welche sie nach Belieben vergeben. Ich hatte die meinige vom Herzog von Sutherland, dem jetzigen Präsidenten, dessen sehr ähnliche Büste von dem berühmten englischen Bildhauer Chantry daher auch in dem mittleren der drei Zimmer aufgestellt war. Eine sehr zahlreiche Gesellschaft von elegant gekleideten Herren und Damen war mit Betrachtung der Bilder beschäftigt, welche alle Wände schmückten. Hier begegnen sich die ausgezeichnetsten Künstler und Kunstfreunde und theilen sich gegenseitig ihre Bemerkungen mit. Nichts ist wohl so geeignet, dem Fremden eine Vorstellung von dem erstaunlichen Reichthum, den England an guten Bildern besitzt, zu geben, als diese Ausstellung. Von der so beträchtlichen Anzahl der Besitzer von Gemälden haben dieses Mal außer dem Könige nur 40 Personen Einiges aus ihren Sammlungen hergegeben, und doch sind 176 Bilder zusammen gekommen, unter denen die meisten gut, mehrere vom ersten Rang zu nennen sind. Da nun ein einmal ausgestelltes Bild erst nach mehreren Jahren wieder zugelassen wird, so ist der gröfste Theil der alljährlich ausgestellten Gemälde jedesmal neu. So etwas läfst sich in der ganzen Welt nur in England durchführen! Durch die Bedeutung der beigesteuerten Bilder zeichneten sich nächst dem König, aus dessen Sammlung ein berühmtes Bild von Rembrandt, der Schiffszimmermeister und seine Frau, und ein Hauptbild von A. Cuyp herrührte, der Herzog von Sutherland, Sir Robert Peel und Hr. William Wells vor allen andern aus. An Zahl wie an Werth haben im Ganzen die Gemälde aus der flamännischen und holländischen Schule des 17ten und 18ten Jahrhunderts ein entschiedenes Uebergewicht; denn unter den 176 Bildern gehören 108 diesen an. Ich begnüge mich, hier einige der wichtigsten Bilder aus solchen Sammlungen etwas näher zu betrachten, von denen es noch ungewifs ist, ob ich sie zu sehen bekomme, und welchen ich daher jedesmal den Namen des Besitzers beifüge. Die anderen von besonderem Werth werde ich dagegen bei Beschreibung der Sammlungen erwähnen, wozu sie gehören. Aus der altitalienischen Schule ist nur ein einziges Bild vorhanden, aber ein sehr vorzügliches, nämlich der Triumph des Scipio, grau in grau von Andrea Mantegna mit der gröfsten Sorgfalt ausgeführt und trefflich erhalten. (George Vivyan.) Es ist dieses ein Werk seiner besten Zeit, worin er seine Nachahmung antiker Sculpturen schon mehr mit den Gesetzen der Malerei auszugleichen wufste. Dieses Bild zeigt, dafs Mantegna sich auf seine Weise eine würdige Darstellung von den alten Römern gemacht hat, denn die

Köpfe der mannigfach und edel bewegten Gestalten athmen gesunde Kraft und Lebensfrische. Besonders meisterhaft sind die frei nach antiken Motiven ausgeführten Gewänder. Nach der etwas minderen Fülle der Formen möchte dieses, ganz basreliefartig behandelte Bild, dessen Grund einen bunten, röthlichen Marmor nachahmt, kurz vor dem Triumphzug des Julius Cäsar in Hamptoncourt gemalt und als ein Art Vorstudium dafür zu betrachten sein. Bei dem elenden Zustande, worin sich jener befindet, ist es um so schätzbarer. Eine Venus mit dem Amor von Paul Veronese, vormals im Pallast Borghese, nun im Besitz der Lady Clarke, zeichnet sich durch eine seltne Klarheit und Helligkeit aus, womit die nackten Theile im vollen Licht sehr zart gerundet sind. Der Kopf ist, wie öfter bei diesem Meister, leer und keineswegs der Idee einer Venus entsprechend. In dem edel und groß aufgefaßten und trefflich colorirtem Bilde einer heiligen Cäcilia (Wells), angeblich von Domenichino, schien mir weder die Gefühlsweise noch die Malerei für diesen Meister zu sprechen; ich halte es für ein ausgewähltes Werk des Christofano Allori, wohl werth als Gegenstück neben seiner berühmten Judith im Pallaste Pitti zu prangen. Eine Aussicht auf das Meer von Claude (Sir W. W. Wynne) ist aus der schönsten Zeit des Meisters. In Tiefe und Klarheit der beleuchteten Wasserfläche, in der Vereinigung herrlicher Harmonie des Ganzen mit Bestimmtheit des Einzelnen erinnert es lebhaft an das schöne Bild in der Dresdner Gallerie mit Acis und Galatea. Eine der seltensten Zierden der Ausstellung ist der heilige Thomas von Villanueva, welcher den Preßhaften und Armen Almosen austheilt, von Murillo. (Wells.) Dieses treffliche Bild befand sich früher in der Franciscanerkirche zu Genua. Es gehört der zweiten Epoche des Meisters an, in welcher er nach seiner Rückkehr von Madrid noch im frischen Andenken der Bilder des Velasquez grofse Naturwahrheit in der Auffassung und Bestimmtheit der einzelnen Formen zeigte. Der Gegenstand war für Murillo besonders glücklich. In dem Kopf des Heiligen, in welchem geistliche Würde und Strenge vortrefflich ausgedrückt sind, hat er bewiesen, wie sehr er solchen kirchlichen Aufgaben aus den Legenden mönchischer Heiligen gewachsen war. Die Krüppel und Kranken gewährten ihm dagegen ein reiches Feld, seine Meisterschaft in Darstellung aus dem gemeinen Leben geltend zu machen, welche wir in seinen Betteljungen so sehr bewundern. Das ruhige, geistige Walten des Heiligen bildet mit der lebhaften Aufregung der Nothleidenden, deren ganzes Bewufstsein in dem Verlangen nach der augenblicklichen Befriedigung des äufserlichsten Bedürfnisses aufgeht, einen ergreifenden Gegensatz. Das Bildnifs seiner 83jährigen Mutter, von Rembrandt im Jahre 1634 gemalt (Wells), ist von einer seltnen Gewalt der Wirkung. Der ganz von vorn genommene Kopf ist breit und meisterlich im glühendsten Goldton sehr stark impastirt, die Mütze, der weifse Kragen, das schwarze Kleid aber sehr zart behandelt. Solcher Energie der Wirkung war nur Rembrandt fähig! Von Paul Potter, dem gröfsten Viehmaler der holländischen Schule, ist hier ein besonders reiches Bild; denn vor einem Bauerhause befinden sich aufser fünf Kühen, von denen eine gemelkt wird, noch ein Kalb, eine Ziege und fünf Schaafe, und auf den fernen

Wiesen ist eine ganze Heerde zerstreut. Dieses Bild, welches aus der berühmten holländischen Sammlung M. V. L. van Slingelandt stammt, ist höchst solide impastirt und sehr fleifsig ausgeführt und in dieser Beziehung ein treffliches Werk des Meisters. Aus der Jahrszahl 1646, womit es bezeichnet ist, geht hervor, dafs er es in seinem 21sten Jahr gemalt hat, die Pinselzüge haben daher noch eine gewisse Trokkenheit, die Formen eine gewisse Härte, der Hauptton ist kalt. Um Dir eine Vorstellung von dem hohen Preise zu geben, in denen die Bilder dieses Meisters stehen, bemerke ich, dafs dieses, was nicht einmal aus seiner besten Zeit ist, im Jahre 1825 in der Versteigerung von Lapeyrière in Paris mit 28200 Frc. (ungefähr 8000 Rthlr.) bezahlt wurde. Jetzt gehört dieses Bild dem Herzog von Somerset. Ein ganz besonderer Liebling von mir ist endlich ein Bild von Ruysdael aus der Sammlung des Hrn. Wells. Wenige Landschaften drücken so ganz die eigenthümliche Gefühlsweise dieses Meisters aus. Ein stilles, dunkles Wasser, auf dessen Oberfläche der Lotus mit seinen breiten Blättern und gelben Blüthen in feuchter, kühler Frische gedeiht, wird von den mächtigen Bäumen eines Waldes beschattet; besonders streckt eine schon morsche und absterbende Buche ihren weifsen Stamm weit darüber hin. Auf der rechten Seite des Bildes sieht man in der Ferne einige Anhöhen. Das helle Tageslicht des nur leicht bewölkten Himmels vermag nicht in das heimliche Dunkel des Wassers mit seinen Bäumen einzudringen. Das Gefühl der Einsamkeit und des stillen Friedens, welches bisweilen aus der Natur das menschliche Gemüth so erquickend anspricht, hat hier der Künstler in einem seltenen Grade festzuhalten und wiederzugeben gewufst.

So manches andere Bild ich auch noch gern anführte, so mufs ich mich doch hiermit begnügen. Erst gegen 12 Uhr kam ich höchst befriedigt von der Schau zu Hause.

Jetzt hat auch der Brief, welchen I. k. H. die Kronprinzefs mir an I. M. die Königin von England mitzugeben die Gnade gehabt, bereits seine schönen Früchte getragen. Der Graf Howe, Lordkammerherr der Königin, an den ich, wie Du weifst, einen Brief von meinem Jugendfreunde dem Prinzen Eduard von Carolath hatte, in Folge dessen er mich auf die liebenswürdigste Weise mit Freundlichkeiten überhäuft hat, schickte am 1. Juni für Raumer und mich in Auftrag der Königin zwei Billets zu ihrer Loge im Theater von Coventgarden, und lud mich zugleich persönlich ein, mit ihm den 3. nach Windsor zu fahren, um dort der Königin vorgestellt zu werden. Nachdem Raumer und ich den folgenden Tag bei dem Baron Bülow unser Dinner gemacht, fuhren wir mit ihm nach dem Theater. Der Saal ist von ansehnlicher Gröfse, sonst architectonisch nicht bedeutend. Man wird hier, wie in Paris, sehr reichlich regalirt; denn der Oper Lestocq von Auber schlofs sich aufser einem langen Ballet noch ein englisches Stück an, so dafs der Schlufs erst gegen Mitternacht erfolgte. In der Darstellung erhob sich nichts über das Mittelmäfsige. Einige derb-burleske Parthieen des Ballets zogen mich durch die Neuheit ihrer Eigenthümlichkeit und im Gegensatz des langweiligen Einerleis der gewöhnlichen Windmühlenkünste, in welchen die Geschmacklosigkeit in unseren Tagen ihren höchsten Triumph feiert, noch am meisten an. Am nächsten Morgen um 11 Uhr safs ich mit dem Lord Howe im Wagen. Es war mein erster Ausflug aus London. Lange dauert es, bevor man eigentlich ins Freie kommt, so viel Ortschaften ziehen sich fast zusammenfliefsend an der Strafse hin. Bei der Anlage der gewöhnlichen Häuser in den Flecken und Dörfern geht alles auf möglichste Raumersparung aus. Sie sind daher klein, die Thür oft nicht breiter, als um eine Person einzulassen, doch nett und reinlich von Ziegeln gebaut und sauber gehalten. Wo vor dem Hause nur irgend ein Fleckchen vergönnt ist, findet sich ein sorgfältig gepflegtes Blumengärtchen, wo solches fehlt, sind wenigstens rankende Gewächse mit schönen Blüthen die Mauern hinangezogen. Der Eindruck eines solchen englischen Dorfs ist daher sehr freundlich; auch ist dieser Blumenschmuck ein Beweis, dafs es diesen Leuten nach ihren kleinen Verhältnissen wohl gehen mufs; denn erst, wenn der dringende Lebensbedarf gesichert ist, entsteht bei dem Menschen das Verlangen, sich an etwas zu freuen, was darüber hinaus liegt. Ein anderer Beweis waren die schönen, wohlgenährten, rothbäckigen Kinder, welche in ansehnlicher Zahl das „dolce far niente" genossen. Mit allem diesem stimmte das blühende Land, worin die herrlichsten Saaten und Wiesen abwechselnd im üppigsten Grün des Frühlings prangten, gar wohl überein, und erzeugte, wie der leicht rollende Wagen einherflog, eine behaglich-heitere Stimmung. Diese nahm einen bedeutenderen Aufschwung, als mir der Lord in weiter Ferne die Thürme des Schlosses Windsor zeigte, unter denen einer vor allen mächtig hervorragte. Da wir uns der

Stadt näherten, fielen mir natürlich Shakspeare's lustige Weiber von Windsor ein, und die Bemerkung des Lords, dafs ein Gehölz, an welchem wir grade hinfuhren, dasjenige sei, wo Shakspeare den Falstaff so arg zwicken läfst, und welches noch immer nicht für geheuer gelte, rückte mir das Stück recht in eine anschauliche Nähe. Endlich hielt der Wagen vor dem Eingange des Schlosses still. Wir hatten die fünf deutschen Meilen in zwei Stunden zurückgelegt. Der Anblick ist wirklich erstaunungswürdig. Auf einer feleichten Anhöhe, welche weit und breit die Gegend beherrscht, erheben sich in einem malerischen Durcheinander die gewaltigen Thürme und Mauern mit ihren Zinnen in Werkstücken von einer hellgrauen Farbe. Man glaubt einen grofsartig-phantastischen Traum des Mittelalters durch einen Zauber verwirklicht und eine Burg zu sehen, worin jene alten Ritterkönige ihr Hoflager gehalten haben. Auch stammt der eigentliche Kern wirklich aus jener Zeit, denn in jenem riesenhaftesten aller Thürme, der mir schon aus der Ferne auffiel, hat schon Wilhelm der Eroberer gehauset. Von einem kleinen Wartthurm, der noch aus ihm hervorwächst, flattert jetzt die grofse, königliche Fahne. Durch den Architecten, Sir Wyatville, hat das Schlofs seit dem Jahre 1824 seine jetzige Gestalt und seinen Umfang erhalten. Es ist das einzige Schlofs, welches eines Königs von England würdig ist; denn wie dieser, die Besitzungen in Ostindien eingerechnet, über mehr als 100 Millionen Menschen herrscht, so ragt auch der Bau hoch und riesenhaft aus den Wohnungen der anderen Menschenkinder hervor, die dagegen wie Pygmäen erscheinen. Der König und die Königin pflegen den größten Theil des Jahres hier zuzubringen. Vor dem Schlosse trafen wir Raumer, der ebenfalls der Königin vorgestellt werden sollte. Wir mußten mehrere Thore und große Höfe passiren, bevor wir zur Wohnung der Majestäten gelangten. Während der Lord Howe uns anmeldete, sahen wir uns in einem prächtigen Corridor um, welcher um einen inneren Hofraum läuft. Die Decke ist auf das Vortrefflichste in der reichen Weise der gothischen Baukunst, die sich zu Ende des 15ten Jahrhunderts in England ausbildete, in Eichenholz gearbeitet, die Wände mit vielen Bildern geschmückt, unter denen sich eine große Anzahl von Canaletto befinden, wovon manche zu dem Besten gehören, was dieser Meister je gemacht hat. Die Königin redete uns bei dem Empfange sogleich deutsch an. Ihre ganze Weise hat das Einfache, Schlichte und natürlich Freundliche, welches bei so hochgestellten Personen so wohlthuend ist. Bei Personen vom allerhöchsten Range habe ich dieses öfter gefunden. Es sind meist nur die kleinen großen Herren, welche das, was ihnen an Bedeutung der Stellung abgeht, bisweilen durch ein hochfahrendes Wesen ersetzen zu können wähnen. Sie hatte die Gnade, uns in ihr Cabinet (Closet) zu führen, welches in der That ein Aufenthalt von dem seltensten Reiz ist. Aus den Fenstern gleitet das Auge zunächst auf einen Garten auf einer Terrasse des Schlosses mit einem Springbrunnen in der Mitte des feinsten, sammetartigen Rasens; weiter hinaus aber ruht das Auge auf den herrlichen Räumen des Parks aus, der den größten Theil des Schlosses weit und breit umgiebt. Nachdem uns die Königin gnädigst entlassen, hatte der Lord Howe die Güte, uns im Schlosse herumzuführen. Du kannst Dir wohl vorstellen, daß die königlichen Wohnungen und Staatszimmer mit der gediegensten Pracht ausgestattet sind, so daß Wände und Meublen von Gold und den kostbarsten Stoffen in Sammet und Seide strotzten. Interessanter für mich waren drei Säle. Die George-Hall, wo die großen Ordens- und Staats-Diners gehalten werden, ist ein sehr großer Raum von schönen Verhältnissen, und auf das Reichste in jenem späteren gothischen Geschmack verziert. Die künstliche in Eichenholz ausgeführte Decke, mit unzähligen bunten Wappenschildern geschmückt, macht einen echt mittelalterlichen Eindruck von Pracht und Solidität. In dem kleineren Saal, der Halle für den Hosenbandorden, befinden sich die Büsten der drei Ritter dieses Ordens, welche Englands größte Helden sind, die des Admiral Nelson in Bronze und frei stehend, die der Herzöge von Marlborough und Wellington in Marmor auf Consolen. Der Kunstwerth der beiden ersten ist nicht bedeutend. Unter den aufgestellten Waffenstücken zeichnen sich besonders die Rüstungen des Prinzen Ruprecht von der Pfalz und des bekannten Grafen Essex aus. Von sehr bedeutendem Werth als Kunstwerk ist aber ein Schild, welches der König Franz I. von Frankreich dem König Heinrich VIII. bei ihrer Zusammenkunft auf dem Champ d'or bei Calais geschenkt hat. Es ist ein Werk des Benvenuto Cellini, und der reiche Schmuck von Figuren, Masken und Arabesken gehört in Erfindung und Ausführung zu dem Trefflichsten, was in der Art existirt. Es hat in allen Theilen viel Uebereinstimmung mit dem schönsten Schilde in der gewählten Waffensammlung S. k. H., des Prinzen Carl von Preusen. Leider macht ein sehr dickes Glas dieses Kunstwerk fast ungeniefsbar. Der dritte Saal, die Waterloohall, ist wieder von ansehnlicher Gröfse. Er ist dem Andenken der Weltereignisse gewidmet, deren Schlufspunkt die Schlacht von Waterloo bildet, und enthält die Bildnisse der Monarchen und bedeutendsten Männer im Felde und im Cabinet, welche bei jenen Ergebnissen gewirkt haben. Sie sind auf Befehl des König Georg IV. von dem berühmten Portraitmaler Sir Thomas Lawrence ausgeführt worden. An jeder der schmalen Seiten des Saals befindet sich eine Gallerie. Auf der einen hängt in der Mitte der Herzog von Wellington, zu den Seiten Blücher und Platow, auf der anderen in der Mitte der Fürst Schwarzenberg, zu den Seiten Erzherzog Carl (wenn ich mich recht erinnere) und der ältere Herzog von Cumberland von Sir Josua Reinolds. Dieser letztere ist wohl nur hier aufgenommen, um die symmetrische Aufstellung von Generalen in ganzer Figur vollständig zu machen. Unten hängen an der einen langen Seite in der Mitte der Kaiser Franz, rechts der König von Preufsen, links der Kaiser Alexander; neben dem Könige der Fürst Hardenberg und darauf der Cardinal Consalvi; neben dem Kaiser der Graf Nesselrode und darauf der Papst Pius VII. An der Wand gegenüber nimmt die Mitte der König von England Georg IV. ein. Die übrigen Hauptpersonen sind der jetzige König Wilhelm IV., ein stattliches Portrait von dem berühmten Wilkie, die Herzöge von York und von Cambridge, die Lords Castlereagh und Liverpool. Auch an den schmalen Wänden befinden sich noch Portraite in halben Figuren, von denen mir indefs auf der einen nur die des Fürsten Mettersich, des Grafen Capodistrias und des General Tschernicheff, auf der anderen das des Ministers von Humboldt im Gedächtnifs geblieben sind. Dem letzteren hier zu begegnen, erfüllte mich zugleich mit dem Gefühl der Freude und der Wehmuth. Fand ich ihn hier doch in der Gesellschaft der ersten Männer jener denkwürdigen Zeit, welche damals die Verhältnisse von Europa bestimmten! Zugleich wurde ich aber besonders lebhaft von der Gröfse des Verlustes erfüllt, den alle Gebildeten, besonders aber seine Freunde, zu denen ich mich auch zählen durfte, durch seinen erst vor so wenigen Monaten erfolgten Tod erlitten haben. Die seltne Klarheit und Schärfe seines Geistes, die wunderbare Vielseitigkeit und Tiefe seiner Bildung kannte Europa, seine Freunde wufsten an ihm nicht minder die Feinheit und Innigkeit des Gefühls, den edlen Enthusiasmus für alles Gute und Schöne zu schätzen. Wer den Dahingeschiedenen öfter gesehen hat, kann von diesem Bilde nur wenig befriedigt werden. Die Auffassung ist unbedeutend, die Aehnlichkeit sehr allgemein. Das Schlimmste aber ist, dafs der Körper gar nicht zum Kopf pafst. Als nämlich den König Georg IV., welcher ein persönlicher Freund des Ministers war, ihn bei seinem letzten Aufenthalte in England, kurz vor seiner Abreise, von Lawrence malen liefs, nahm dieser in der Eil eine Leinwand, worauf er ein Portrait des Lord Liverpool angefangen, und dessen Körper er im violetten Sammtrock bereits ausgeführt hatte, und malte den Kopf des Minister v. Humboldt darauf, mit der Absicht, später das Uebrige hiernach zu verändern, was aber durch den Tod des Königs und von Lawrence später unterblieben ist. Es wäre sehr wünschenswerth, daſs noch jetzt diesem Uebelstande abgeholfen würde. Auſser den obengenannten sind hier noch die Bildnisse von Canning, von dem Grafen Bathurst, dem General Ouvaroff und dem Herrn von Genz, ohne daſs ich mich indeſs der Stellen, wo sie hängen, erinnere. Natürlich sind eine so groſse Anzahl von Bildnissen nicht von gleichem Kunstwerth. Augenblickliche Stimmung und Interesse des Künstlers, nicht zu beseitigende Wünsche für Stellung und Costüm und die zufällige Gemüthsverfassung der zu malenden Personen üben hier die mannigfachsten Einflüsse aus. Mich sprachen besonders die des Papstes, Consalvi's und des Kaisers von Oestreich an. Auſser der eleganten und leichten Auffassung, der klaren und leuchtenden Färbung, welche dem Lawrence eigenthümlich sind, zeichnen sich diese durch eine gröſsere Wahrheit des Characters und einen beseelteren Ausdruck aus, als man häufig in seinen Bildern antrifft. Bei dem letzten ist es ihm besonders hoch anzurechnen, wie er so manche Schwierigkeit, welche sich einer schönen Darstellung entgegenstellten, namentlich die ungünstigen Farben des Costüms, bis auf einen gewissen Grad zu überwinden gewuſst hat.

Eine Reihe von Zimmern enthält eine Sammlung von älteren Bildern, deren Aufstellung indeſs noch nicht beendet ist.*) Die nur weiſs angestrichenen Wände

*) Ich habe diese älteren Bilder erst im Oktober nach meiner Rückkunft aus dem Lande gesehen, führe sie aber jetzt an, um hier mit Windsorcastle abzuschlieſsen. Leider befand sich der Lord Howe um diese Zeit auf seinem Landsitze, so daſs mir, unerachtet aller Bemühungen, die Erlaubniſs versagt ward, mir irgend etwas notiren zu dürfen, weshalb denn meine Mittheilungen über diese Bilder so manchen anderen an Vollständigkeit und Genauigkeit nachstehen müssen.

Wände bilden mit der übermäfsigen Pracht, die hier sonst überall herrscht, einen sehr auffallenden und nicht angenehmen Gegensatz. Wenigstens hätte man eine andere Farbe wählen sollen, da das Weifs der Wirkung der Bilder bekanntlich höchst ungünstig ist. Die Gemälde eines Meisters hängen meist in einem Zimmer zusammen. Das interessanteste ist das mit 21 Bildern des van Dyck. Als Portraitmaler war er ohne Zweifel der gröfste Meister seiner Zeit. Seine Auffassung ist fast immer angenehm, oft bedeutend, die Stellungen bequem und ungesucht, die Gesammthaltung trefflich, die Zeichnung der Köpfe und Hände fein. Zu allem diesem kommt noch eine grofse Klarheit und Wärme der Färbung, eine freie und doch weiche Behandlung, so dafs seine Bildnisse in einem hohen Grade anziehend und elegant sind. Da er die letzten zehn Jahre seines Lebens (vom Jahre 1631 bis 1641) mit geringer Unterbrechung in England zugebracht, die Engländer aufserdem manche Meisterwerke aus seiner früheren Zeit erworben haben, kann man sein Talent nirgend so in den verschiedensten Aeufserungen verfolgen, als in diesem Lande. Unter den hier bereits aufgestellten Bildern von ihm bemerke ich folgende: 1) Das berühmte Bildnifs Carls I. auf einem Schimmel (ungefähr 10 Fufs hoch und 8 Fufs breit). Fast von vorn gesehen sitzt der Monarch in würdevoller Ruhe mit malerisch herabwallendem Haar auf dem feurigen, in der Verkürzung genommenen Pferde. Ueber seinen Harnisch fällt der breite Halskragen herab, mit der Linken stützt er sich auf einen Commandostab. Neben ihm steht, ehrfurchtsvoll zu ihm emporblickend, sein Stallmeister, der Herzog von Epernon, den Helm des Königs haltend. Köpfe und

Hände sind in dem warmen, klaren Goldton gemalt, der dem van Dyck in den früheren Jahren seines Aufenthalts in England eigen war. Das Ganze ist von ungemein gesättigter Farbe und kräftiger Harmonie. Besonders bemerkenswerth ist in diesem Bilde der schwermüthige, Unglück weissagende Zug im Gesicht des Königs. 2) Die Kinder Carls I. In der Mitte steht Prinz Carl, in einem Alter von 7 Jahren, die Linke auf den Kopf eines großen Hundes legend, rechts von ihm die Prinzessinen Elisabeth und Marie, links Anna mit ihrem Bruder, dem Prinzen Jacob, der fast unbekleidet auf einem Stuhl sitzt, unten ein Spaniel. Kinder und Thiere sind von großer Wahrheit. Dasselbe Bild befindet sich im Museum zu Berlin. Das hier in Windsor, mit dem Namen des van Dyck und der Jahreszahl 1637, ist stärker impastirt und gleichmäßiger ausgeführt, das in Berlin klarer und feiner in der Farbe, zumal im Fleisch. 3) Prinz Carl, ungefähr 9 Jahre alt, Prinzeß Marie und der Herzog von York stehen neben einander, sich traulich anfassend, am Boden zwei Spaniels. Dasselbe öfter vorkommende Bild ist auch in der Gallerie zu Dresden vorhanden, doch ist das hiesige wärmer und goldner im Fleischton, meisterlicher behandelt und im Einzelnen feiner modellirt. Die drei schönen Kinder sind vom größten Reiz! 4) Thomas Killegrew, der Poet, und Henry Carew mit dem Namen van Dycks und der Jahreszahl 1638 bezeichnet, von sehr zartem Naturgefühl in einem hellen, aber warmen Ton gemalt. 5) Die Herzogin von Richmond durch Lamm und Palme als heilige Agnes bezeichnet, womit aber das seidene Kleid und der Ausdruck wenig übereinstimmen. Dieses Bild, aus van

Dycks späterer Zeit ist von großer Zierlichkeit und Eleganz. 6) Der Kopf Carls I. auf einem Bilde dreimal, von vorn, von der Seite, und dreiviertel von der Seite. Dieses wurde dem Bernini nach Rom geschickt, um danach die Büste des Königs zu machen. Es ist in einem warmen, goldnen Ton sehr fleißig gemalt, doch mechanischer, weniger lebendig und geistreich als so viele andere Bilder des Meisters. Das Bild blieb bis zur Zeit der französischen Besetzung Italiens in der Revolution im Besitz der Nachkommen des Bernini, kam dann nach England und wurde im Jahre 1822 dem Könige Georg IV. von dem oben erwähnten, ausgezeichneten Sammler W. Wells für 1000 Guineen abgetreten. Zu ähnlichem Zweck malte van Dyck auch diese drei Ansichten von der Königin, indeß auf drei Bildern. Sie sind von großer Zartheit, in einem feinen, bei ihm nicht häufigen Silberton, ausgeführt. Ein anderes sehr großes Gemälde, welches für dieses Zimmer bestimmt ist, sah ich in London. Es stellt Carl I. mit der Königin sitzend vor, bei ihnen die beiden Prinzen Carl und Jacob. Abgesehen, daß dieses Bild viel gelitten hat, ist es kalt in Farbe und Gefühl, und macht den Eindruck einer eleganten Decorationsmalerei. Ein anderes Exemplar dieses Bildes, in der Sammlung des Herzogs von Richmond, wird gerühmt. Verschiedene bedeutende Bilder fehlten noch. Ein anderes Zimmer ist nur für Gemälde von Rubens bestimmt, doch sind bis jetzt nicht alle aufgestellt. Besonders zog mich darunter sein eignes Bildniß aus der Sammlung Carls I. an, welches Paul Pontius so vortrefflich gestochen hat. Er hat einen Hut mit breiter Krämpe auf, und trägt über einem schwarzen

8*

Mantel eine goldne Kette. Die schönen Züge seines bedeutenden Gesichts heben sich in der blühenden Farbe des Fleisches besonders vortheilhaft aus dieser Tracht hervor. Es ist sehr solide impastirt und fleifsig beendigt. Auf Holz, 2 Fufs 9½ Zoll hoch und 2 Fufs 1 Zoll breit. Für die Klarheit und Wärme der Farbe und die Lebendigkeit im Ausdruck des Mundes ziehe ich indefs das Exemplar desselben Bildes in der Gallerie in Florenz vor. Auch ein Bildnifs seiner zweiten Frau, der Helena Forment in reicher Kleidung, gehört zu den vorzüglichsten, welche ich von ihr kenne. Der Fleischton ist klar und blühend, aber wahrer und gemäfsigter als meist, die Formen sind fein durchgebildet, besonders die Hände sehr zierlich. Vor allem ist die Beseelung und das Gemüthliche des Ausdrucks anziehend. Dieses Bild befand sich früher zu Antwerpen im Besitz der Familie Lunden, seit 1817 in dem des Herrn van Havre und wurde im Jahre 1820 vom König Georg IV. für 800 Guineen gekauft. Ein grofses Bild, der Infant Ferdinand von Spanien und der Erzherzog Ferdinand von Oestreich zu Pferde, wie sie die Schlacht von Nördlingen befehligen, gehört nicht zu Rubens vorzüglichen Werken. Es ist für ihn dunkel in der Färbung, roh in den Formen, arm in des Composition. Die Himmelfahrt Mariä. Fleifsiges Studium für das grofse für die Jesuiterkirche in Antwerpen ausgeführte, jetzt in dem dasigen Dom befindliche Bild. In der Wirkung kräftig und klar, in den Farben hell und gemäfsigt. Die Charactere ungewöhnlich edel. Holz, hoch 3 F. 4 Z., breit 2 F. 1 Z. Pan verfolgt die Syrinx. Ein durch die schöne Landschaft, die fleifsige Beendung und wundervolle Sattigkeit und

Gluth der Farbe höchst anziehendes Cabinetsbild. Auf Holz, hoch 1 F. 8 Z., breit 2 F. 2 Z. Ein heiliger Martin, der seinen Mantel mit dem Armen theilt, gehört meines Erachtens nur der Composition nach dem Rubens, die Ausführung aber verräth die frühere Zeit des van Dyck, worin er, in der Art zu coloriren, dem Rubens noch sehr nahe stand, sich aber doch durch minderen Glanz und mehr Wahrheit in dem etwas bräunlicheren Fleischton von ihm unterscheidet. Leinwand, hoch 8 F. 4 Z., breit 7 F. 10 Z. Auch das Familienbild des bei Carl I. so angesehenen Malers und Schriftstellers Gerbier, welches, als von Rubens, für diesen Raum bestimmt ist, bin ich geneigt, für eine Arbeit des van Dyck zu halten. Die bequeme Art, wie der Mann hinter seiner sitzenden Frau steht, die ein Kind hält, während die anderen acht sehr geschickt in Gruppen vertheilt sind, ist ganz im Geschmack des van Dyck. Die Köpfe sind minder energisch, aber mit mehr Naturgefühl aufgefafst, als bei Rubens, die Landschaft ist für ihn zu kalt im Ton. Der röthlich-klare Ton des Fleisches hat allerdings sehr viel von Rubens, war aber auch dem van Dyck in seiner früheren Zeit eigen. Endlich glaube ich in der Aufschrift: „Famille de Messire Balthasar Gerbier Chevalier“ bestimmt die Hand des van Dyck zu erkennen. Das Bild gehört bis auf einige schwächere Theile zu den schönsten mir bekannten Familienportraiten. Auf Leinw., h. 7 F., br. 10 F. Das Portrait eines Mannes mit einem Falken auf der Faust, Hintergrund Landschaft mit abendlicher Beleuchtung. Von ungewöhnlich feinem Naturgefühl, breit und doch fleifsig, in einer warmen und doch gemäfsigten Farbe ausgeführt. Auf Holz, h. 4 F. 6 Z., br. 3 F. 5 Z.

Eine Hauptzierde dieses Zimmers werden einige der berühmtesten Landschaften des Rubens bilden. Wie Tizian so war auch Rubens in der grofsartigen und poetischen Auffassung seiner Landschaften den meisten eigentlichen Landschaftsmalern überlegen. Man kann seine Landschaften in historisch-phantastische und in idyllisch-portraitartige eintheilen. Von der ersteren Art ist eine der vorzüglichsten die im Pallast Pitti zu Florenz, wo in hochbergiger Gegend, bei noch sturmbewegtem Meere Odysseus die Hülfe der Nausikaa anfleht. Auch eine der hier aufzustellenden mit dem heiligen Georg, der nach Ueberwindung des Drachens die Siegespalme empfängt, gehört dieser Gattung an. Obgleich von schlagender Lichtwirkung, macht sie durch die dunklen Schatten, die zerstreuten Figuren einen etwas bunten und fleckigen Eindruck. Sie wurde wahrscheinlich von Rubens während seines Aufenthalts in England gemalt. Auf Leinw., hoch 4 F. 5 Z., breit 7 F. Desto vortrefflicher sind zwei der anderen, idyllischen Art. Zuerst ist hier die „Prairie de Laeken" zu nennen. Man glaubt sich in die gesegneten Auen Brabants in der Umgegend von Brüssel versetzt, wenn man dieses herrliche Bild betrachtet. Die frisch grünenden Bäume, die üppigen Wiesen glänzen in den Strahlen der durch leichtes Gewölk brechenden Sonne. Unter der reichen Staffage zeichnen sich zwei Bauermädchen, von denen die eine einen Korb mit Früchten auf dem Kopfe trägt, am meisten aus. An sorgfältiger Vollendung aller Theile ist vielleicht keine, an Kraft, Klarheit und Frische nur sehr wenige der Landschaften von Rubens dieser zu vergleichen. Dieses 2 F. 10 Z. hohe, 4 F. 1 Zoll breite Bild, war, als es der Kunsthändler Nieuwenhuys, Vater, im Jahre 1817 für 30000 Frc. von Herrn van Havre in Antwerpen kaufte, noch nie gefirnifst worden, und ist von der seltensten Erhaltung. Es ging ungefähr im Jahre 1821 aus der Sammlung Aynard in Paris in die des Königs über. Eine gröfsere Landschaft, welche unter der Benennung „Going to Market“ von Browne gestochen worden, ist noch grofsartiger in der Auffassung. Man übersieht hier eine weite Ferne, die durch die leichte Bewegung des Erdreichs, durch Bäume, Wasser, Wiesen, hin und wieder ausgestreute Dörfer und Landhäuser mit einfallenden Sonnenlichtern, den mannigfachsten und reichsten Eindruck des fruchtbaren und volkreichen Brabant gewährt. Im Vorgrunde sind zu Markt gehende Landleute, darunter ein Mann auf einem Karrn mit Gemüse; auch sonst ist alles reich mit Figuren belebt. Selbst an Vögeln hat Rubens es weder in der Luft noch in den Bäumen fehlen lassen. Die Ausführung ist durchgängig sehr fleifsig. Auch dieses Hauptbild ist erst in neueren Zeiten in Belgien erworben worden. Auf Leinw., hoch 5 F., breit 7 F. 7 Z. Einen sehr entschiedenen Gegensatz mit diesen beiden Gemälden bildet ein offner Schuppen, der zum Kuhstall dient. Drei Männer, eine Frau und zwei Kinder wärmen sich an einem Feuer, während draufsen ein starkes Schneegestöber die Luft erfüllt. Das Unbehagliche des Wintergefühls spricht sich darin vortrefflich aus. Rubens, der alles und jedes malte, hat hier selbst die einzelnen Schneeflocken angegeben. Uebrigens ist das Ganze eine flüchtigere Arbeit als die vorigen, in welcher die dunklen, braunen Schatten stören.

Auch aus der älteren deutschen und niederländischen Schule finden sich manche gute Bilder vor, und darunter verschiedene, welche den Namen Holbein tragen. Man ist mit dieser Benennung in England viel zu freigebig, und scheint oft zu vergessen, dafs dieser Meister an Wahrheit der Auffassung, an Feinheit des Naturgefühls, an Genauigkeit der Durchbildung im Einzelnen auf einer aufserordentlichen Höhe steht, so dafs seine besten Portraite neben denen der gröfsten Meister, eines Raphael, eines Tizian, sehr ehrenvoll ihren Platz behaupten. Man sollte aber besonders vorsichtig sein, ihm solche Bilder Heinrichs VIII. oder von dessen Familie und den bekannteren Personen des englischen Adels jener Zeit beizumessen, welche ungefähr seinen Kunstauschnitt haben, da natürlich von Personen, deren Bildnisse so viel begehrt wurden, die Originale, welche Holbein nach der Natur gemacht hatte, mit mehr oder minder Geschick schon während seines Lebens vielfach copirt werden mufsten. So ist mir hier ein Bildnifs Heinrichs VIII. in halber Figur sehr zweifelhaft, obschon es zu hoch hängt, um etwas Gewisses auszusprechen, ein Bildnifs des jungen Königs Eduard VI. ist viel zu schwach und leer für Holbein, um so mehr, als es aus seiner spätesten und vollendetsten Zeit herrühren müfste. Auch das hier vorhandene Exemplar des öfter vorkommenden Bildnisses von Holbeins grofsem Gönner, Thomas Howard Herzog von Norfolk, der als Marschall und Grofsschatzmeister zwei Stäbe hält, ist gewifs nicht das Original. Der braune Ton des Fleisches ist zu schwer und trübe, die Züge entbehren der dem Holbein in allen auch noch so verschiedenen Epochen eigenthümlichen Lebendigkeit. Echt ist das Bildnifs des deutschen Kaufmanns Stallhof, der einen

Zettel mit der Jahreszahl 1532 hält. Es ist eins der spätesten Bilder in dem bräunlichen Fleischton des berühmten Altarbildes mit der Familie des Bürgermeisters Meyer in der Gallerie zu Dresden und von grofser Wahrheit in allen Theilen. Leider wird es durch viele Retouchen entstellt. Ein anderes Bildnifs eines jungen Deutschen mit 1533 bezeichnet, ist in den etwas graueren Schatten und helleren Lichtern feiner abgerundet. Es stimmt in allen Theilen der Ausführung mit dem trefflichen Bildnisse des Kaufmanns Gysi im Museum zu Berlin überein; beide wurden ohne Zweifel während des damaligen Aufenthalts von Holbein in Basel ausgeführt. Ein berühmtes Bild, die Geizigen von Quintyn Messys, entspricht nicht seinem Ruf. Ich glaubte hier das Original so vieler Wiederholungen, von denen auch unser Museum eine besitzt, zu finden, doch ist es minder glühend und schwerer in der Farbe als manche andere Exemplare. Vortrefflich in der Wärme und Klarheit des Tons ist eine Copie des Georg Penz nach dem Portrait des Erasmus von Rotterdam von Holbein. Noch mehr aber freute ich mich über zwei Bildnisse des Joas van Cleve, welche ihn und seine Frau vorstellen. Dieser Meister, der aus übermäfsiger Einbildung den Verstand verloren haben soll, steht in der Zeit und in seiner ganzen Kunstweise zwischen Holbein und Anton Moro mitten inne. Die fein gezeichneten Köpfe verbinden Bestimmtheit mit Weiche in den Formen, der klare, warme, harmonische Ton hat eine sehr grofse Verwandtschaft zu den besten Venezianern. Zwei Bildnisse Carls V. und des Herzogs von Alba, angeblich von A. Moro, hängen zu hoch und dunkel, um ein Urtheil zuzulassen.

Unter den Bildern aus der italienischen Schule sprachen mich besonders an: Das Bildnifs eines Hauptmanns der päpstlichen Garde von Parmegiano; lebendig und geistreich aufgefafst und sehr fleifsig in einem warmen Ton gemalt. Es ist dieses wahrscheinlich das Portrait des Lorenzo Cibo, welches schon Vasari sehr rühmlich erwähnt. Ein männliches Bildnifs von Andrea del Sarto, sehr edel und fein aufgefafst und gezeichnet und sehr klar im Ton. Zwei heilige Familien, welche hier diesem Meister beigemessen werden, gehören, gleich so vielen andern, die in ganz Europa zerstreut sind, nur seiner Schule an. Ein anderes ebenso genanntes Portrait eines Mannes mit einem Gartenmesser ist ein sehr gutes Bild seines Freundes und Nebenbuhlers Franciabigio, dessen schwächeren und schwereren Fleischton man sogleich darin erkennt. Ein heiliger Johannes der Täufer in einer Landschaft aus der Sammlung Carls I, als Correggio stammend, ist nach Ausdruck, Bewegung, Zeichnung und dem glühenden Fleischton ein treffliches Werk des Parmegiano. Drei Bilder des Claude Lorrain (ein viertes fehlte noch) gehören nicht zu den gewählten Werken des Meisters. Ein ganzes Zimmer ist mit Landschaften von Zuccharelli geschmückt, welcher sehr gefällige, aber oberflächliche Meister hier in England sehr beliebt ist. Sonst findet sich hier viel Mittelmäfsiges, ja manches Schwache, wie eine Copie nach dem so oft vorkommenden Christus des Carlo Dolce. Zwei gröfsere Bilder dieses Meisters, deren eins eine Magdalena, sind zwar sehr ausgeführt, aber in seiner dunklen, minder geschätzten Weise gemalt. Bei der grofsen Anzahl der echtesten und trefflichsten Bilder, welche der König von England besitzt, scheint mir ein solches Gemisch von Gutem und Geringem weder nothwendig, noch, zumal den vielen, so höchst gewählten Privatsammlungen gegenüber, seiner würdig zu sein.

Nachdem unsere, nach einer so reichen Schau etwas erschöpften Lebensgeister durch ein Gabelfrühstück wieder gestärkt worden waren, begleitete uns der Lord Howe noch nach der St. Georgs-Capelle, einer gothischen Kirche, die in ihrer jetzigen Gestalt aus der Zeit Heinrichs VII. herrührt. Das Innere ist von sehr guten Verhältnissen, die Arbeit der reichverzierten Decke mit den fächerförmig sich ausbreitenden Gewölben sehr leicht und zierlich. In dem Chor hängen die Fahnen der jetzigen Ritter des Ordens vom Hosenbande, dessen kirchliche Feierlichkeiten hier begangen werden. Die unteren Gewölbe dienen vielen Königen von England zur Grabstätte. So ruhen hier jetzt die Gebeine der im Leben so feindlich gesinnten Könige Heinrich VI. und Eduard IV. friedlich nebeneinander. Als wir aus der Capelle heraus traten, fuhr ein sehr zierlicher, offener Wagen mit zwei braunen Pferden von der kleinen Gattung vor, welche die Engländer Ponys nennen. So schön, so groſs, so ganz gleichmäſsig hätte ich bis jetzt keine gesehen. Auf Befehl der Königin führten uns diese in munteren Sprüngen zu ihrem kleinen, an dem bekannten Virginiawater gelegenen Landhäuschen (Cottage), welches Wasser der vorige König künstlich hat anlegen lassen, um seiner Freude am Fischfang ungestört nachgehen zu können. Wie wir so durch den herrlichen Park einherflogen, hatten wir bei abwechselndem Strichregen und Sonnenschein die gröſste Mannigfaltigkeit der Beleuchtungen. Nie werde ich die höchste Frische des Grüns der Wiesen und Bäume vergessen, wenn die Sonne die noch vom Regen glänzenden Blätter beschien. Das Auge schwelgte recht eigentlich in dieser gesättigten Farbe. In der Cottage gefiel mir das Anspruchlos-ländliche und doch Zierliche. Diese kleinen Anlagen sind in England sehr beliebt und das Ergebnifs des Natursinns, den sich die Engländer, ungeachtet ihre Hauptrichtung auf Handel und Fabriken so sehr davon verschieden ist, in besonderer Lebhaftigkeit erhalten haben. Zumal scheinen die höheren Klassen der Gesellschaft, bei deren gewöhnlichem Leben dieser Sinn so gar keine Befriedigung findet, das Bedürfnifs zu haben, in solchen Cottages in stiller Abgezogenheit und Einfachheit eine Zeit lang des erquicklichen Umgangs mit der Natur zu geniefsen. Ein hübscher Garten umgiebt das Gebäude. Auf dem Virginiawater, welches von einem Umfange ist, dafs man es nicht für künstlich ausgegraben halten sollte, lag eine ganz ähnliche kleine Fregatte, wie der jetzige König von England vor einigen Jahren unserem König verehrt hat, deren Du Dich in den Gewässern der Pfaueninsel erinnern wirst. Um 5 Uhr safsen Raumer und ich schon wieder auf der Postkutsche und freuten uns von unserem hohen Sitz des Landes, welches sich wie ein grofser Garten rings ausbreitet und von der abendlichen Sonne herrlich beschienen wurde. Unsere vier eleganten Pferde feierten nicht, so dafs wir nach einiger Zeit London wie eine dunkle Nebelwolke vor uns liegen sahen. Die solide Dicke dieser Wolke merkten wir aber erst, als wir hineintauchten, und uns vergebens nach einem Stückchen des blauen Himmels umsahen, der uns noch so eben umgeben hatte.

Um 11 Uhr trafen wir uns wieder in einer Abendgesellschaft des Lord Francis Egerton, die noch ungleich zahlreicher und glänzender als die erste war, denn ungeachtet der Reihe von grofsen Zimmern war das Gedränge bisweilen sehr ernsthaft. Als zahme Tyroler ihre wilden Gesänge anhuben und die Strömung der Gesellschaft nach dieser Gegend fluthete, fand ich Raum, meine lieben Bilder, die wieder im hellsten Lichte glänzten, nach Mafse zu betrachten. Wie gern ich die Naturklänge der Alpensöhne in ihrem Vaterlande vernehme, wenn sie abendlich von den sonnebeschienenen Matten bald fröhlich, bald wehmüthig herabtönen, so wenig behagen sie mir in ihrem grellen, schreienden Wesen in geschlossenen Räumen vor städtisch-eleganter Gesellschaft. Mit dem wohlthätigen Gefühl des reichen Inhalts dieses Tages begab ich mich um halb Zwei zur Ruhe.

Neunter Brief.

London, den 11. Juni.

Ich bin nun mit dem Studium der Nationalgallerie so weit vorgerückt, dafs ich Dir etwas Näheres darüber mittheilen kann. Obgleich der Anzahl nach bisher sehr mäfsig, enthält sie doch eine Reihe von Bildern vom ersten Range, wie sie einem Institute dieser Art, welches die reichste Nation in der Welt anlegt, vollkommen würdig sind. Die Gründung dieser Gallerie ist nämlich von sehr neuem Datum. Im Jahre 1823 wurde die aus 38 Bildern bestehende

Sammlung des verstorbenen Banquiers Angerstein von der Nation gekauft. Der eigentliche Kaufpreis belief sich nach der Schätzung der Herren Stanfield und Woodborn auf 56000 Pfund Sterling, zur Deckung einiger Nebenkosten bewilligte indefs das Parlament die Summe von 60000 Pfund. Ich bemerke hier nur vorläufig, dafs sich in dieser Sammlung das Hauptbild der ganzen Nationalgallerie, die Auferweckung des Lazarus von Sebastian del Piombo, so wie verschiedene andere der vorzüglichsten Gemälde, aber auch einige Copien befinden. Da ich die Herkunft bei jedem Bilde angebe, wirst Du den ganzen Bestand kennen lernen. Im Allgemeinen ist dieser Ankauf, der die eigentliche Grundlage der Gallerie bildet, immer sehr zweckmäfsig zu nennen. Im Jahre 1825 kamen hierzu einige Bilder ersten Ranges, die für hohe Preise von einem Hrn. Hamlet gekauft wurden. Das Hauptbild war Bacchus und Ariadne von Tizian für 5000 Pfund Sterling. In demselben Jahre wurde aufserdem die kleine heilige Familie von Correggio, genannt „la Vierge au Panier", von dem Kunsthändler Nieuwenhuys für 3800 Pfund erworben. Höchst bedeutend aber war der für die Summe von 11500 Pfund im Jahre 1834 gemachte Ankauf der zwei berühmten Werke des Correggio, der Ecce homo und die Erziehung des Amor aus der Sammlung des Marquis von Londonderry. Auch hier zeigte sich, wie bei dem britischen Museum, sehr bald der in England mehr als irgendwo in der Welt verbreitete Sinn, Nationalanstalten durch Geschenke und Vermächtnisse zu heben. Schon im Jahre 1826 schenkte Sir George Beaumont seine Sammlung, deren Werth auf 7500 Guineen angeschlagen wird. Darunter befand sich eine der größten und schönsten Landschaften, die **Rubens** je gemacht hat, und **Wilkie's** treffliches Bild, der blinde Fiedler. Von den gegenwärtig aufgestellten Bildern stammen aus dieser Sammlung sechszehn. Ungleich bedeutender noch ist das Vermächtniß des Geistlichen **W. Holwell Carr.** Unter den 31 Bildern, welche nach seinem Tode seit dem Jahre 1834 aufgestellt sind, ist eine Reihe trefflicher Werke aus der Schule der **Carracci** enthalten, aber auch von **Tizian, Luini, Garofalo, Claude Lorrain, Caspar Poussin** und **Rubens** sind einzelne vorzügliche Bilder vorhanden. Unter den sonstigen Schenkungen ist Rubens berühmtes Werk, die Segnungen des Friedens beschützt, von dem verstorbenen Marquis von **Stafford**, das bedeutendste; nächstdem aber fünf Bilder von den Vorstehern der **British-Institution**, wovon drei gepriesene Werke der englischen Maler **Reinolds, Gainsborough** und **West**, eins ein Hauptbild des **Parmegiano** ist. Unter den 117 jetzt überhaupt aufgestellten Bildern beläuft sich die Zahl der geschenkten und vermachten auf 60, beträgt mithin über die Hälfte. Das Local in Pall-Mall, worin diese Kunstschätze vorläufig aufbewahrt werden, ist derselben in keiner Weise würdig. Die vier Zimmer haben ein schmutziges Ansehen, und bei einer großen Tiefe so wenig Licht, daß man die meisten Bilder nur sehr unvollkommen sehen kann. Die Aufstellung ist ohne irgend einen Plan, wie der Zufall es gegeben hat. Da nun dieses gewöhnliche Privathaus überdem keine Sicherheit gegen Feuersgefahr gewährt, so wird durch die Errichtung eines eignen Gebäudes für die angemessene Aufbewahrung dieser

Sammlung in jeder Beziehung einem dringenden Bedürfnifs abgeholfen. Der Zutritt ist während der Saison in den ersten vier Wochentagen jedermann von 10 bis 4 Uhr ganz frei gestattet. Ich gehe jetzt die vorzüglichsten Gemälde nach den Schulen durch, wobei ich Dir rathe, die kleinen zierlichen Stiche zur Hand zu nehmen, wodurch Du mich besser verstehen und mir eigentliche Beschreibungen ersparen wirst. Von den grofsen Malern der florentinischen Schule, welche von allen die Zeichnung am gründlichsten durchgebildet hat, ist nach meiner Ueberzeugung nichts vorhanden; wohl aber kann man sich von den beiden Hauptmeistern, dem Lionardo da Vinci und dem Michelangelo Buonaroti, durch zwei Bilder anderer Meister, worauf sie einen bedeutenden Einflufs ausgeübt haben, eine würdige Vorstellung machen. Das eine ist Christus von vier Schriftgelehrten umgeben, halbe Figuren 2 F. 4½ Z. hoch, 2 F. 10 Z. breit. Sammlung Carr. Dieses trug zwar in der Sammlung Aldobrandini in Rom, wo es sich vor der Revolution befand, den Namen Lionardo da Vinci, indefs ist auf solche Benennungen der früheren Zeit, insofern sie nicht auf achtbare Zeugnisse, wie eines Vasari, Malvasia etc., gegründet sind, gar nichts zu geben. Bevor seit der Revolution besonders durch das Werk des Lanzi die vielen Meister zweiten Ranges zu allgemeiner Kenntnifs und verdienten Ehren und Ansehen gekommen sind, machte man sich die Benennung von Bildern dadurch sehr leicht, dafs man sie unter wenige Collectivnamen vertheilte. Was z. B. in dem bekannten Schulzuschnitt des Andrea del Sarto gemalt war, wurde ohne Weiteres diesem Meister, was von Luini, Salai,

Cesare da Sesto, Uggione, Boltraffio, Solario und so vielen andern Schülern oder Nachfolgern des Lionardo da Vinci herrührte, dem Lionardo selbst beigemessen. So ist es denn auch mit diesem Bilde ergangen, in welchem niemand, der die Werke jener trefflichen mayländischen Maler mit Aufmerksamkeit betrachtet hat, ein Werk des Bernardino Luini verkennen kann. In welchem beglaubigten Werke des Lionardo fände sich wohl diese warme, blühende Farbe des Fleisches in allen Theilen, diese reinen, ganzen, gesättigten Localfarben des Roth und Blau in den Gewändern? Wie schön aber auch die Züge Christi sind, wie sehr sie im Allgemeinen den bekannten Schultypus des Lionardo tragen, wie lebhaft der Ausdruck einer leisen Melancholie darin anzieht, entbehren sie doch des tiefen Ernstes, der großen Bedeutung, welche Lionardo seinen Gebilden aufprägte. Endlich ist die Abrundung und Durchbildung der Zeichnung für ihn viel zu gering, wie sich trotz der unseligen Restauration erkennen läßt, welche dieses schöne Bild erfahren hat. Nach der Weise so mancher italienischen Restauratoren sind nämlich alle Fleischtheile mit Firnißfarben übertüpfelt und dadurch jene bedeutungslose Glätte und Leerheit entstanden, welche zwar den großen Haufen besticht, den wahren Kunstfreund aber, der so die ursprünglichen, modellirenden Züge des Pinsels vergebens sucht, mit dem schmerzlichsten Gefühl und dem lebhaftesten Unwillen erfüllt. Besonders leer erscheinen dadurch jetzt die Stirn, die Wangen und die Hände Christi.

Michelangelo ist allerdings durch die Auferweckung des Lazarus von Sebastian del Piombo ungleich würdiger repräsentirt, ja ich stehe nicht an, dieses Bild für das bedeutendste zu erklären, welches England überhaupt aus der italienischen Schule besitzt. Der Cardinal Julio von Medici, nachmaliger Papst Clemens VII., wünschte als Erzbischof von Narbonne zwei Bilder in die Cathedrale daselbst zu stiften, und bestellte daher bei Raphael die Transfiguration, bei Sebastian del Piombo die Auferweckung des Lazarus, beide, als Gegenstücke, von gleicher Gröfse. Aus einem sehr interessanten Briefe des Sebastian del Piombo an seinen damals in Florenz befindlichen Gönner Michelangelo vom 29. December 1519, der jetzt im Besitz der Gebrüder Woodborn befindlich, erfahren wir, dafs das Bild des Sebastian gegen diese Zeit fertig geworden ist. Vasari sagt davon im Vergleich zur Transfiguration: „beide Bilder wurden unendlich bewundert, und obgleich die Arbeiten des Raphael wegen ihrer höchsten Grazie und Schönheit nicht ihres Gleichen hatten, wurden doch auch die Leistungen des Sebastian allgemein und von jedermann gelobt." Dieses wird auch noch heute ein jeder, der beide Bilder kennt, sehr natürlich finden, denn es war nicht Sebastian allein, es war mit ihm der grofse Michelangelo, welcher hier gegen Raphael in die Schranken trat. Auch wenn es Vasari nicht bezeugte, so würde schon der erste Anblick lehren, dafs manche Theile, besonders die Figur des Lazarus, von keinem andern als Michelangelo gezeichnet sein können, so ganz in seinem Geist sind die Motive, so grofsartig und vom tiefsten Verständnifs die Formen. Ja ich gehe so weit, zu behaupten, dafs die ganze Composition von Michelangelo, wenn vielleicht auch nur in einer kleinen

Zeichnung, angegeben worden ist. Der Meinung hochgeachteter Kenner, z. B. des Hrn. Ottley, daſs Michelangelo die Figur des Lazarus selbst gemalt hat, kann ich indeſs nicht beitreten. Vasari, der genaue Freund und Schüler des Michelangelo, erzählt, es habe diesen geschmerzt, daſs die Anhänger Raphael's in dessen Malereien auſser der Zeichnung besonders die schöne Färbung hervorgehoben, und behauptet, daſs die seinigen auſser der vortrefflichen Zeichnung keine Vorzüge hätten. Als er daher die vortreffliche venezianische Art zu coloriren am Sebastian aus Venedig wahrgenommen, sei er auf den Gedanken gekommen, daſs, wenn seine Zeichnungen in dieser Malweise ausgeführt würden, solche Bilder den Raphael übertreffen würden, weshalb er den Sebastian fortan in seinen historischen Gemälden mit seinen Zeichnungen unterstützt habe. Wie ist es nun denkbar, daſs Michelangelo, der selbst sehr wenig Uebung in der Oelmalerei besaſs (wie denn kein einziges Oelbild von seiner Hand mit Sicherheit nachzuweisen ist), es unternommen haben sollte, die Hauptfigur in dem Bilde eines der gröſsten Oelmaler seiner Zeit auszuführen, und sich so selbst um den Hauptvortheil zu bringen, den er durch den Sebastian zu erreichen hoffte? Hätte Michelangelo wirklich diese Figur selbst gemalt, so würde Vasari gewiſs nicht unterlassen haben, dieses Umstandes zu erwähnen, da er alles, was zum Ruhm seines Lehrers gereicht, mit Liebe hervorhebt, und da Michelangelo, der, als Vasari im Jahre 1550 die erste Ausgabe seines Werks machte, noch am Leben war, sehr eifersüchtig auf das hielt, was ihm gebührte. Aber auch in dieser Ausgabe sagt Vasari nur, Sebastian hätte dieses Bild „sotto ordine e disegno in alcune parti per Michele Angelo“ ausgeführt. Endlich zeigt die Art des Auftrags und des Modellirens in der Figur des Lazarus nichts Abweichendes von den übrigen Theilen des Bildes. Sehr wohl möglich ist es aber, dafs Michelangelo für diese Figur, woran am meisten gelegen war, dem im Nackten schwachen Sebastian mit einem Carton ausgeholfen hat. Wunderbar geistreich und zugleich der Schrift ganz treu ist in dem Lazarus der Uebergang vom Tode zum Leben ausgedrückt. Das Leichentuch, welches sein Gesicht dunkel beschattet, erregt lebhaft die Vorstellung der Grabesnacht, die ihn noch vor Kurzem umgeben, das aus diesem Dunkel scharf auf Christus, seinen Erlöser, blickende Auge zeigt uns dagegen im schlagendsten Gegensatz das neue Leben in seinem geistigsten Organ. Dieser ist auch in dem Körper durchgeführt, der in lebhafter Anstrengung ist, sich völlig von den Binden, die ihn fest umwunden hatten, zu befreien. „Mein Herr und mein Gott!“ sagt sein ganzer Ausdruck. Die Gebehrde des in Gestalt und Ausdruck edlen und würdigen Christus ist ebenfalls sehr sprechend. Mit der Linken deutet er auf Lazarus, mit der Rechten gen Himmel, als ob er sagte: „ich habe dich erweckt durch die Kraft dessen, der mich gesandt hat,“ was auch wieder ganz mit dem biblischen Text übereinstimmt. Es würde mich zu weit führen, hier im Einzelnen durchzugehen, wie in den vielen anderen Figuren Dank, Erstaunen, gläubige Ueberzeugung, Zweifel in den verschiedensten Abstufungen ausgedrückt sind. Eine sehr poetische Landschaft beschliefst den hochgenommenen Horizont. Man sieht, dafs Sebastian hier in allen Stücken sein Aeusserstes gethan hat, indem die Ausführung durchhin sehr gründlich und gediegen, die Farben von grosser Tiefe und Sättigung des Tons sind. Dennoch ist die Gesammtwirkung des Bildes jetzt etwas bunt und fleckig, denn manche Schatten haben sehr gedunkelt, manche helle Farben treten zu sehr hervor; überdem aber ist die ganze Oberfläche ungleichmässig von einer starken Lage alter Firnisse und Schmutz bedeckt. Durch eine vorsichtige Reinigung würde das Bild ganz ausserordentlich gewinnen, doch trägt man billig Bedenken, an solches Hauptwerk die Hand zu legen. Beklagenswerth für jeden Kunstfreund aber ist es, dass dieses Hauptwerk durch Würmer, welche von dem bei der Uebertragung auf Leinwand gebrauchten Kleister angezogen werden, schon seit Jahren zernagt wird, ohne dass die Direction irgend etwas gethan, diesem Uebelstand abzuhelfen. Das Bild blieb in Narbonne, bis es, wie ich schon oben bemerkt habe, in die Gallerie Orleans überging. Der Regent soll nur 24000 Francs dafür bezahlt haben. Als es mit der Gallerie Orleans nach England kam, kaufte es der Banquier Angerstein gleich den Morgen der Ausstellung, in welcher nur die Kunstfreunde zugelassen wurden, für 3500 Guineen oder 25725 Rthlr. Später wurden ihm von dem, als vormaliger Besitzer der gepriesenen Fonthillabbey, so bekannten Hrn. Beckford 20000 Pfund Sterling oder 140000 Rthlr., mithin die höchste Summe geboten, welche wohl jemals für ein Bild in Antrag gebracht worden ist. Dennoch bestand Hr. Angerstein darauf, dass er es nur geben würde, wenn es Guineen, also 5 Procent mehr wären, worüber sich denn die Sache zerschlug. Das Bild war ursprünglich auf Holz gemalt, ist aber mit vielem Geschick auf Leinwand übertragen worden. Es trägt die Aufschrift SEBASTIANUS VENETUS FACIEBAT. Ich muß noch bemerken, daß auf dem Kupferstich des Vendramini die Formen des Lazarus viel colossaler und übertriebner sind, als auf dem Bilde und eine ebenso ungünstige als unrichtige Vorstellung erwecken.

Der sogenannte Traum des Michelangelo (No. 48) aus dem Pallast Barberini ist das beste Exemplar dieser so oft in Bildern und Kupferstichen vorkommenden Composition, was ich noch gesehen habe. (Auf Holz, 2 F. 1 Z. hoch, 1 F. 9 Z. breit.) Es ist sehr im Geist des Erfinders gemalt und könnte nach dem Ton sehr wohl aus der späteren Zeit des Sebastian del Piombo herrühren. (Carr.)

Andrea del Sarto, dem Range nach der dritte unter den florentinischen Malern, ist nicht so würdig repräsentirt. Die unter seinem Namen aufgestellte heilige Familie aus der Sammlung Aldobrandini (No. 74. auf Holz, 4 F. 5¼ Z. hoch, 2 F 8 Z. breit. Carr) rührt nur von einem Schüler, am wahrscheinlichsten von Puligo, her. Dieser schwere, übertrieben braune Ton ist auf keinem seiner beglaubigten Bilder nachzuweisen. Ist das Lächeln seiner Kinder schon bisweilen geziert, artet es doch nie in eine so frazzenhafte Verzerrung aus, wie hier in dem Christuskinde, dessen übertrieben dicker Bauch auch übel mit dem Beinamen des del Sarto „Andrea senza errori“ übereinstimmt. Die Augen der Maria haben ein förmlich krankes Ansehen.

Ein meisterlich gemaltes Bild einer jungen Frau von Angelo Bronzino spricht durch den breiten und sehr dunklen Schatten wenig an. (Auf Holz, 2 F. 10¼ Z. hoch, 1 F. 7 Z. breit. Carr. No. 62.)

Die römische Schule, für Composition und Ausdruck die erste, ist sehr mager besetzt. Der Papst Julius II., angeblich von Raphael, ist eine treffliche alte Copie, welche aus dem Pallast Borghese stammt. Wie so oft bei den Copien, fehlt die Haltung. Die Stirn erscheint zu hell gegen den schweren braunen Ton der übrigen Gesichtstheile. Das Bild erinnert in einigen Stücken, z. B. in der Behandlung des kaltgrünen Vorhangs, an Angelo Bronzino. (Auf Holz, 3 F. 6 Z. hoch, 2 F. 8 Z. breit. Angerstein.)

Ein Bild des Garofalo, aus dem Pallast Corsini (No. 47), ist dagegen eins der vortrefflichsten, die mir von ihm vorgekommen. Am Ufer des Meeres sehen wir den heiligen Augustinus, einen ernsten, kräftigen Character mit dem Kinde, welches ihm bedeutet, daſs sein Grübeln über das Geheimniſs der Dreieinigkeit eben so vergeblich sei, wie sein eignes Beginnen, das Meer mit einem Löffel auszuschöpfen zu wollen. Die heilige Catharina, eine edle Gestalt, vom reinsten Ausdruck der Züge, blickt neben ihm stehend zur Maria mit dem Kinde empor, die von Engeln umgeben in den Wolken erscheint. Dieses Bild gehört der Zeit des Garofalo an, in welcher er die kräftige und saftige Art der Malerei, wodurch sich Raphaels Schüler aus Bologna und Ferrara vor den übrigen auszeichnen, mit dem edleren Ausdruck, den reineren Formen und der Grazie Raphaels zu vereinigen wuſste. (Auf Holz, 2 F. 8 Z. hoch, 2 F. 1¼ Z. breit. Carr.)

Eine kleine Caritas von Giulio Romano, aus der Villa Aldobrandini (No. 18) und eine heilige Familie von Mazzolino, aus dem Pallast Durazzo, sind artige, doch nicht bedeutende Bilder. (Carr.)

Die berühmte heilige Familie von Baroccio, genannt „la Madonna del Gatto,“ aus dem Pallast Cesari in Perugia (No. 53), ist ein rechter Beweis, wie sehr der alte kirchliche Sinn gegen die Mitte des 16ten Jahrhunderts bereits entwichen war. Das Hauptmotiv des Bildes ist der kleine Johannes, welcher eine Katze sich nach einem Dompfaffen, den er in der Hand hält, abmühen läfst. Maria, das Christuskind und Joseph werden vortrefflich von diesem grausamen Spiel unterhalten. Alle Köpfe sind gefällig, süfslich. In der Färbung ist es minder manierirt als andere Bilder des Baroccio, und von seltner Flüssigkeit und Feinheit des Pinsels.

Der strahlendste Glanzpunkt der Gallerie sind die vier vorhandenen Bilder aus der lombardischen Schule, welcher in Kenntnifs des Helldunkels, der Abrundung der Formen auf der Fläche, der Luftperspective vor allen anderen die Palme gebührt.

Von den drei Werken des Correggio ist ohne Zweifel der Ecce homo von dem bedeutendsten geistigen Gehalt. Durch fünf halbe Figuren auf einem Raum von nur 3 F. 5 Z. Höhe und 2 F. 8 Z. Breite ist dieser Gegenstand hier tiefer und erschöpfender dargestellt, als mir sonst irgend wie bekannt ist. Die edlen Formen des Antlitzes Christi drücken den gröfsten Schmerz aus, ohne dadurch im geringsten entstellt zu werden. Dieses Dunkle, Schwimmende der Augen konnte nur Correggio so malen! Wie sprechend ist das Vorhalten, das Zeigen der gebundenen Hände von den edelsten Formen, es ist, als wollte er sagen: „Seht diese sind für euch gefesselt.“ Maria, welche,

um

um ihren Sohn ganz nahe zu sehen, sich an das Geländer, welches ihn von ihr trennt, gehalten, ist durch den Anblick so vom Uebermaafs des Schmerzes überwältigt, dafs ihre Natur sich in die Bewufstlosigkeit rettet. Noch beben ihre Lippen vom Weinen, doch die Winkel des Mundes sind schon erstarrt, die Oeffnung desselben ist nicht mehr willkührlich, die gewölbten Augenlieder sind im Begriff den schon hinstarrenden Stern zu bedecken, die Hände, mit denen sie sich festgeklammert, lassen von dem Geländer ab. Die so Sinkende wird von der Maria Magdalena unterstützt, deren Züge die rührendste Theilnahme ausdrücken. Links im Vorgrunde zeigt auch das edle Profil eines Soldaten das Gefühl des Mitleids. Der rechts aus einer Fensteröffnung auf dem zweiten Plan sehende Pilatus, welcher auf Christus deutet, greift der Natur der Sache nach geistig am wenigsten in die Handlung ein. Auch in allen anderen Beziehungen gehört dieses Bild zu den vortrefflichsten des Correggio. Alle Formen sind ungleich strenger und edler als meist, die Ausführung höchst gediegen, der Auftrag stark impastirt, die Färbung von der seltensten Kraft, Tiefe und Sättigung. Merkwürdig wird die Wirkung des erbleichenden Gesichts der Maria durch den Gegensatz des schwarzblauen Mantels erhöht, den sie als Schleier über den Kopf gezogen hat. Wenn es einer der höchsten Zwecke der Kunst ist, durch die Schönheit der Darstellung selbst die schmerzlichste Leidenschaft so zu reinigen und zu verklären, dafs ihr Anblick nur erquickend und trostreich winkt, so ist dieses dem Correggio hier in einem wunderbaren Grade gelungen. Leider hat das Bild nicht unbedeutend durch Verwaschen und Restaurationen gelitten. Am linken Unterarm Christi, mehr noch an der rechten Hand der Magdalena, liegen die bläulichen Unterlagen zu sehr am Tage und stören die Harmonie. Wie hoch schon die Carracci dieses Werk hielten, zeigt eine Copie des Lodovico in dieser Gallerie und ein Stich des Agostino vom Jahre 1587. Nachdem es lange im Hause Colonna zu Rom gewesen, kam es in neueren Zeiten in Besitz von Murat, von dessen Wittwe der Marquis von Londonderry es in Wien kaufte. Es ist auf Holz gemalt.

In der sogenannten Erziehung des Amor zeigt sich Correggio von einer sehr verschiedenen Seite. Hier galt es den höchsten Liebreiz hervorzubringen, und dieses hat er denn auch in der Venus erreicht. Den linken Arm auf einen Baumstamm gestützt, steht sie mit etwas vorgebeugtem Körper da, und deutet, den Beschauer schalkhaft anblickend, mit der Rechten auf den kleinen Amor, der, im Profil gesehen, in kindlicher Naivetät eifrig bemüht ist, ein Blatt zu lesen, welches der am Boden sitzende Mercur ihm vorhält. Ihr Körper ist von schlankem, edlem Verhältniß, die Stellung der schönen Glieder von den weichsten, graziösesten Schwingungen der Linien, und dabei alle Theile in der blühendsten und klarsten Färbung in einer Art abgerundet, daß man hier den Correggio einen Bildhauer auf der Fläche nennen möchte. Abtönung im solidesten Impasto, Reflexe, Schlagschatten, sind hier mit der größten Kunst und der seltensten Feinheit angewendet, um diese Abrundung hervorzubringen. Das Gesicht befriedigt minder, es ist in Formen und Ausdruck von einer zu wenig edlen Sinnlichkeit. Obgleich die Zeichnung ungleich correcter ist, als in so vielen Bildern des Correggio, läfst doch der rechte Mundwinkel und der Daumen der rechten Hand zu wünschen übrig; auch macht es an letzterer keine gute Wirkung, dafs man den kleinen und den Goldfinger gar nicht sieht. Merkwürdigerweise ist Venus hier mit einem stattlichen, hellbunten Flügelpaar begabt. Alle Figuren werden durch den aus Baumwerk bestehenden Hintergrund sehr vortheilhaft abgehoben. Wo sich das Grün der Blätter noch erkennen läfst, ist es von erstaunlicher Kraft und Tiefe. Mit den Correggio's in Dresden verglichen, steht dieses Bild in Form und Malerei dem heiligen Sebastian am nächsten. Es hat merkwürdige Schicksale gehabt, die mit dem Wechsel irdischer Gröfse und Herrlichkeit auf eine merkwürdige Weise zusammenhängen. Wahrscheinlich für die Gonzaga gemalt, kam es mit der mantuanischen Sammlung in die Gallerie Carl's I. Bei dem Verkauf derselben ging es nach Spanien und zierte dort lange die Sammlung der Herzöge von Alba. Aus dieser kam es in die Hände des Friedensfürsten. Als dessen Sammlung während der französischen Invasion in Madrid versteigert werden sollte, sicherte sich Murat am Morgen des Tags, welcher zum Verkauf anberaumt war, dieses Bild zu und nahm es mit nach Neapel. Nach seinem Tode führte seine Wittwe es nach Wien, wo es ebenfalls der Marquis von Londonderry kaufte. An seiner jetzigen Stelle ist es denn nun endlich zur Ruhe gekommen und auf immer für England geborgen. Natürlich konnten so viele Wanderungen nicht ohne Beschädigung abgehen, welche wieder Restaurationen nach sich zogen, so dafs schon die verewigte Ministerin von Humboldt, als sie das Bild in der Sammlung Alba in Madrid sah, in ihren so genauen als geistreichen Notizen über die damals in Spanien befindlichen Kunstschätze, sich über den elenden Zustand desselben beklagt. Seitdem hat es mindestens nicht gewonnen. Ohne von den kleineren Retouchen zu sprechen, die fast in allen Theilen vorkommen, durch welche indefs die Originalfarbe überall hervorleuchtet, breiten sich gröfsere und schwerere, vornehmlich über die Lichtseite des rechten Schenkels der Venus, über die rechte Seite des Leibes und beide Schenkel des Mercur aus. Besonders störend aber ist eine sehr dunkle Retouche unter der Nase der Venus, welche den Eindruck macht, als ob sie stark Taback nehme, was doch weder mit dem Character dieser Göttin noch der Geistesart des Correggio übereinstimmt. Ich habe indefs die feste Ueberzeugung gewonnen, dafs diese Retouchen unnöthigerweise viel zu weit ausgedehnt sind und das Bild dem Wesentlichen nach noch gesund ist, so dafs ein Restaurator, wie unser Schlesinger, der aufser den übrigen hierzu erforderlichen Eigenschaften noch die sehr seltne besitzt, ein sehr geschickter Maler zu sein, dieses herrliche Bild seinem ursprünglichen Zustande sehr nahe bringen würde. Es ist auf Leinwand gemalt, 5 F. 1 Z. hoch, 3 F. breit, die Figuren ¾ lebensgrofs. Es ist schon früh viel copirt worden. So befindet sich eine Copie in Sanssouci, eine andere, früher ebenfalls im Besitz des Friedensfürsten, zu Paris, wo sie irrig für das Original gehalten wird. Unerachtet des zerrütteten Zustandes kann ich den Preis von 11500 Pfd. Sterl. für diese beiden Hauptbilder des Correggio nicht für übertrieben halten.

Das dritte Bild des Correggio ist die unter dem Namen „la vierge au panier“ bekannte heilige Familie, welche früher eine Zier der königlichen Sammlung in Madrid, während der französischen Invasion in Spanien von dem englischen Maler Wallis daselbst erworben und im Jahre 1813 umsonst in England für 1200 Pfd. Sterl. zum Kauf angetragen wurde. Das Bild kam darauf später in die Sammlung Laperière in Paris. Bei der Versteigerung derselben, den 19. April des Jahres 1825, wurde es dem Hrn. Nieuwenhuys, dem Vater, für 800005 Francs zugeschlagen, welcher es kurz darauf für 3800 Pfd. Sterl. oder 27600 Rthlr. an die Nationalgallerie verkaufte. Für ein Bild von 13 Z. Höhe und 10 Z. Breite erscheint dieses allerdings als ein sehr hoher Preis, indefs ist es auch ein Werk von der seltensten Feinheit. Nicht leicht ist es wohl gelungen, den Ausdruck der seeligsten, unschuldigsten Lust mit so viel Schönheit zu vereinigen, als in dem Köpfchen dieses Kindes, welches mit der gröfsten Lebhaftigkeit nach irgend einem Gegenstande aufserhalb des Bildes verlangt, und so der Mutter, die es auf dem Schoofs hat, um es anzuziehen, nicht wenig zu schaffen macht. Ihr Gesicht aber athmet die höchste Freude über diese frischen, ausgelassenen Lebensäufserungen des Kindes. In der Landschaft, die den Hintergrund bildet, ist Joseph als Zimmermann beschäftigt. Neben der Maria steht ein Korb, woher der Name des Bildes. Dasselbe trägt in allen Theilen das Gepräge der letzten Zeit des Correggio. Die Localfarbe ist ungleich weniger kräftig und blühend, als in den beiden vorigen Bildern, sondern viel mehr gebrochen. Die Abtönung der Halbtinten bis zum Hintergrunde zog schon die Bewunderung des Mengs auf sich, als er das Bild in den Zimmern der Prinzessin von Asturien sah, und zeugt von einer Feinheit des Auges und einer Ausbildung der Technik, welche als ein wahres Wunder erscheint, und auch so unter allen Malern nur dem Correggio eigenthümlich war. Auch manche Uebertreibungen seiner späteren Zeit kommen indefs vor. Das Lächeln der Maria grenzt an Geziertheit, die Stellung ihrer rechten Hand, die Verbindung der Linken mit der Hand des Kindes ist keineswegs glücklich, ihr linker Fufs zu unbestimmt gehalten. Leider hat dieses Kleinod an einigen Stellen durch Verwaschen gelitten. Dadurch ist die rechte Hand des Kindes der Rundung und Form beraubt und verschwimmt das vorgestreckte, rechte Bein jetzt zu sehr mit dem Leibe. Es ist auf Holz gemalt.

Zwei Gruppen von Engeln, über lebensgrofs, die hier auch Correggio genannt werden, sind alte Copien nach den Fresken im Dom zu Parma und bei dem elenden Zustande dieser Originale immer sehr schätzbar. (Frühere Besitzer: 1) Königin Christine, 2) Orleans, 3) Angerstein.) Eine alte Copie nach Correggio ist ebenso ein Christus am Oelberge. Auf die Erklärung der berühmten Maler West und Lawrence, dafs dieses Bild Original sei, bezahlte Hr. Angerstein einem Italiener 2000 Pfd. Sterl. dafür. Das Original befindet sich in der Sammlung des Herzogs von Wellington.

Das vierte bedeutende Bild der lombardischen Schule ist das Altarblatt, welches Parmegiano, wie uns Vasari erzählt, im Jahre 1527 in Rom auf Bestellung der Maria Bufalina für die Kirche St. Salvatore in Lauro in Citta di Castello ausgeführt hat. (No. 94.) Wahrscheinlich war es dieses Bild, wobei der Meister sich so bei der Arbeit vertieft hatte, dafs er von der Einnahme Roms durch die Truppen des Connetable von Bourbon erst dann etwas merkte, als einige deutsche Krieger, um zu plündern, in seine Werkstatt drangen, welche aber so über diesen Anblick erstaunten, dafs sie den Künstler selbst gegen die Unbilden anderer Soldaten in Schutz nahmen. Nach dem Erdbeben in Citta di Castello vom Jahre 1790 kaufte es Herr Durno, später kam es in die Sammlung vom Hrn. Hart Dawis, der es mit 6000 Pfd. Sterl. bezahlte. Es ist an Umfang (11¼ F. hoch, 4 F. 11 Z. breit) und Gehalt eins der Hauptwerke des Meisters. Die Erfindung, wie die Maria oben in der Herrlichkeit mit dem Christusknaben erscheint, wie der unten knieende Johannes der Täufer, den Blick auf den Beschauer gerichtet, in lebhaftester Begeisterung als Verkünder Christi nach oben deutet, hat etwas Grofsartig-poetisches. Der schöne Kopf des Jesusknaben ist des Correggio würdig, auch der Körper kommt ihm in Feinheit der Abrundung durch Halbtinten und Reflexe nahe. Der Johannes ist dagegen auf das Markigste in dem glühendsten Goldton impastirt und von gewaltiger Wirkung. In den manierirten und übertriebenen Stellungen erkennt man deutlich das verfehlte Bestreben, die Grofsartigkeit des Michelangelo in Form und Bewegung mit dem graziös Fliefsenden und Rundlichen des Correggio zu verbinden. Am wenigsten genügt der in verzerrter Verkürzung schlafende Hieronymus, welchem eigentlich alles Obige als Vision erscheinen soll; überdem stören an ihm einige schwere Retouchen. Immer bleibt dieses Bild durch die erstaunliche Bravour in allen Theilen bewunderungswürdig, zumal, wenn man bedenkt, dafs Parmegiano, als er es malte, nicht mehr als 24 Jahre alt war. (Auf Holz. Geschenk der British-Institution.)

Von der venezianischen Schule, die in der portraitartigen Auffassung und Naturwahrheit der Färbung es allen anderen in Italien zuvorgethan, sind ebenfalls vortreffliche Werke vorhanden.

Vor allen nenne ich hier Bacchus und Ariadne von Tizian, als eins der drei schon von Vasari hochgepriesenen Bilder, die er um das Jahr 1514 für den Herzog Alphons von Ferrara ausführte. Wie ungleich poetischer in der Auffassung, edeler in den Characteren, feiner in den Formen erscheint Tizian in diesem in seinem 37sten Jahre, also in der Fülle seiner Kraft, gemalten Bilde, als in so vielen seiner späteren Werke! Das Motiv des Schreitens, der Ausdruck des Befremdens, womit sich die am Meeresufer hineilende Ariadne nach dem Bacchus umsieht, ist äufserst graziös und lebendig und contrastirt trefflich mit dem Götterjüngling, der in herrlicher Jugendfülle prangend, liebeberauschten Blicks in einem kühnen Sprunge sich von seinem Wagen herabschwingt, um sie zu ereilen. Unter dem Gefolge des Bacchus ziehen eine Bacchantin mit der Handtrommel durch Grazie, ein kleiner Satyr, der den Kopf eines Rehes hinter sich her schleppt, durch den Ausdruck kindischer Lust besonders an. Die Landschaft mit der kühlen Frische des Meeres, worauf man noch das Schiff sieht, dem Ariadne nachgespäht, mit dem heiteren Himmel, den blauen Bergen, dem saftigen Dunkelgrün der Bäume ist von dem wunderbarsten

Reiz. Die Ausführung ist durchgängig sehr streng. Alle Theile sind sorgfältig abgerundet und verschmolzen. Die Ariadne ist im hellsten, klarsten Goldton, Bacchus im gesättigten, sonnegebräunten Ton colorirt. Auf einem Gefäfs liest man: TICIANUS. F. Dieses 5 F. 8 Z. hohe, 6 F. 2 Z. breite Bild ist auf Leinwand gemalt. Es wurde zur Zeit der französischen Invasion von dem Hrn. Day aus der Villa Aldobrandini gekauft und durch Hrn. Buchanan nach England gebracht. Die beiden anderen Bilder, die Ankunft des Bacchus auf Naxos, und ein Opfer, welches der Göttin der Fruchtbarkeit gebracht wird, schmücken jetzt das Museum zu Madrid. Ein viertes, zu derselben Reihe gehöriges, eine Götterversammlung, von welchem aber nur die herrliche Landschaft von Tizian, die Figuren von Gian Bellini sind, befindet sich zu Rom in der Sammlung des Malers Camuccini.

Eine Anbetung der Hirten von Tizian aus dem Pallast Borghese ist in dem klaren Goldton des Fleisches gemalt, der Tizian in seinen früheren Bildern eigen war. Das Bild möchte nur um wenig später fallen als die „Vierge au lapin“ im Louvre. In den Characteren und im Ausdruck ist es von derselben Naivetät, doch sind hier beide edler und entsprechen mehr dem Gegenstande. Es ist in allen Haupttheilen vortrefflich erhalten. (3 F. 5½ Z. hoch, 4 F. 8 Z. breit. Carr.)

Ein ausgezeichnetes Werk des Tizian aus seiner mittleren Zeit ist der Raub des Ganymed aus dem Pallast Colonna, ein Achteck von 5 F. 8 Z. im Durchmesser, auf Leinwand und ursprünglich gewifs für eine Decke gemalt. Tizian hat in diesem Bilde bewiesen, dafs er nicht allein, wenn die Aufgabe es

9**

erheischte, eine Figur sehr gut in starker Verkürzung zeichnen konnte, sondern auch das Seltnere verstanden, darüber nicht in ungefällige Verschiebungen zu verfallen. Trefflich ist die Wirkung des im sattesten Goldton colorirten, schönen Jünglings, dessen einzelne Theile sehr fleifsig abgerundet sind, gegen den mächtigen, schwarzen Adler, welcher ihn im Fluge emporträgt. (Angerstein.)

Ein durch Naivetät der Charactere und frappante Beleuchtung höchst anziehendes Bild eines Musikmeisters, der einen Knaben singen lehrt, und aufserdem zweier anderer Personen, ist hier ebenfalls Tizian genannt. Obgleich sich dieses Bild unter diesem Namen schon in der Sammlung Carl's I. befunden, stimmt doch die ganze Art der Auffassung, die ganze Gefühlsweise so mit dem berühmten Bilde des Giorgione im Pallast Pitti, welches Luther und Calvin genannt wird, überein, dafs ich es mit Bestimmtheit für eine Arbeit dieses Meisters halte. Leider gewährt das Colorit keinen Anhaltspunkt mehr, indem durch Verwaschen weder von Giorgione's tiefer, bräunlicher Gluth, noch von Tizian's klarem Goldton eine Spur zu entdecken ist. (Auf Leinw., 3 F. 2 Z. hoch, 4 F. 1 Z. breit. Angerstein.)

Für ein Original von Tizian gilt hier endlich auch eine sehr gute Schulcopie der so oft vorkommenden, berühmten Composition der Venus, welche den Adonis zurückzuhalten sucht, aus dem Pallast Colonna. Schon der schwere Ton der sehr nachgedunkelten Landschaft, welche gar nicht auseinander geht, würde beweisen, dafs wir es hier mit einer Copie zu thun haben; nun ist es aber bekannt, dafs das im Jahre 1548 für den Ottavio Farnese von Tizian angeführte Bild später an die Könige von Spanien kam, und jetzt eine der Zierden des königlichen Museums in Madrid ausmacht. (Angerstein.)

Von dem Sebastian del Piombo, der, wo er nicht den Einfluſs des Michelangelo erfuhr, seinen ursprünglichen Schulcharacter als Venezianer nicht verleugnete, sind hier zwei Portraitbilder.

Das eine (4 F. 6 Z. hoch, 3 F. 8 Z. breit, auf Holz) soll ihn und seinen Gönner, den Cardinal Hippolito von Medici, vorstellen. Es ist sehr ungleich. Sein Kopf von würdigem Character und glühendem Ton ist eben so vortrefflich, wie der des Cardinals schwach, was mir das ganze Bild sehr zweifelhaft macht. (Carr.)

Um vieles vorzüglicher ist ein weibliches Bildniſs als Heilige vorgestellt. Die Färbung hat wenig Wahrheit, ist aber ungemein harmonisch durchgeführt. Ungeachtet der edlen Züge dieses etwas colossalen Bildnisses, glaube ich nicht, daſs dieses das berühmte Portrait der Giulia Gonzaga ist, von dem Vasari sagt, es sei bei der himmlischen Schönheit dieser Frau ein göttliches Bild und das beste Portrait des Sebastian gewesen, und später dem König Franz I. nach Fontainebleau geschickt worden. Dieses so wie das vorige Bild stammt dagegen aus dem Pallast Borghese. (Carr.)

Von Tintoretto, diesem so ungleichen Meister, dessen beste Werke an Kunstwerth dem Tizian nahe kommen, während er in seinen flüchtigen, schwarz gewordenen Gemälden den Verfall der venezianischen Schule herbeiführen half, ist hier ein sehr geistreiches und eigenthümliches Bild vorhanden. In dem Mittelgrunde einer Landschaft von sonniger Beleuchtung, wo schön geformte Berge sich am Meere hinziehen, kämpft der heilige Georg mit dem Drachen. In der Prinzeſs, die hier im Vorgrunde die Hauptfigur bildet, ist die Angst in Bewegung und Kopf vortrefflich ausgedrückt. Im Gegensatz des Goldtons, der gewöhnlich in den Landschaften des Tizian vorwaltet, ist dieses Bild in einem kühlen, gegen das Grünliche ziehenden Silberton gehalten. (5 F. 2 Z. hoch, 3 F. 3 Z. breit. Carr.)

Von Paolo Veronese ist kein Bild vorhanden, welches ihn in seiner glänzendsten und eigenthümlichsten Sphäre, der Entfaltung von Pomp und frohem Lebensgenuſs, in jenen groſsartigen Portraitbildern zeigt, deren Gegenstände nur dem Namen nach aus dem Gebiete der Historienmalerei entlehnt sind, wie z. B. die Hochzeit zu Cana im Louvre. Wohl aber ist die Einsegnung des heiligen Nicolaus zum Bischof von Myra aus der Kirche St. Niccolo de' Frari in Venedig geeignet, zu zeigen, wie vortrefflich er das Helldunkel verstand, worin hier der Heilige mit den zwei Priestern, welche die Handlung verrichten, gehalten ist. Der übrigens im Motiv geistreiche Engel, welcher mit Mitra und Stab vom Himmel herabschwebt, stört durch die zu brillante Kleidung etwas die Harmonie des Ganzen. Auf Leinwand, ungefähr 9 F. hoch, 5 F. 6 Z. breit. (British-Institution.)

Europa, ein kleines Bild aus der Gallerie Orleans, und einfacher als die bekannte Composition dieses Gegenstandes, der man so häufig in Copien nach diesem Meister begegnet, zeigt ihn auch vortheilhaft von Seiten der klaren, hellblühenden Farbe, und einer gewissen Zierlichkeit der Formen. 2 F. 3 Z. hoch, 1 F. 1 Z. breit. (Carr.)

Der Tod des Petrus Martyr, vordem in der Gallerie Orleans als Giorgione vorhanden, und auch hier unter diesem Namen aufgestellt, erscheint mir für diesen großen Meister als ein zu schwaches Machwerk.

Aus der Schule der Carracci, denen es gelang, die bis gegen Ende des 16ten Jahrhunderts in Italien tief gesunkene Malerei noch einmal zu einer sehr achtbaren Höhe zu erheben, ohne daß sie jedoch die großen Meister aus der Epoche Raphael's an Schönheit, Gediegenheit und Naivetät erreicht hätten, sind hier meist kleinere Cabinetbilder, darunter aber sehr vorzügliche vorhanden.

Annibale Carracci. 1) Johannes der Täufer in der Wüste füllt in gebückter Stellung seine Schaale aus einem Quell, welcher von einem Felsen herabsprudelt. Außer der trefflichen Zeichnung, dem soliden Impasto, dem warmen bräunlichen Fleischton, hat dieses Bild edlere Formen des Körpers und mehr Begeistertes im Ausdruck, als viele andere dieses Meisters. Den Hintergrund bildet eine poetische Landschaft im Geschmack des Tizian. 5 F. 5 Z. hoch, 4 F. 1. Z. breit. Angerstein. 2) Petrus, der aus Furcht vor dem Tode als Märtyrer aus Rom entflieht, begegnet auf der appischen Straße Christus, welchen er frägt: „Herr, wo gehst Du hin?“ und erhält darauf zur Antwort: „nach Rom, um gekreuzigt zu werden.“ Diese Antwort hat Carracci sehr deutlich durch das Vorwärtszeigen Christi ausgedrückt, auch dem Petrus sieht man an, daß er darüber sehr betroffen ist. Dieses kleine Bild (2 F. 6 Z. hoch, 1 F. 10 Z. breit) ist bewunderungswürdig durchgebildet, und sehr merkwürdig als Beispiel der eklektischen Studienart der Carracci. In der meisterhaften Zeichnung, besonders dem vorgestreckten Arm Christi, erkennt man das Studium des Michelangelo; im Impasto, dem fein gebrochenen, harmonischen Ton des Fleisches, in den Reflexen und der zarten Beobachtung der Luftperspective das glückliche Studium des Correggio. Obgleich nun auf solche Weise die hervorstechenden Eigenschaften zwei der gröfsten Meister hier in einem hohen Grade vereinigt sind, ist doch jeder dieser beiden in seiner naiven Einseitigkeit ungleich gröfser und besonders in den Köpfen lebendiger. Diese sind hier nach einem allgemeinen Schönheitsprincip sehr wohl gebildet, aber leer und kalt im Ausdruck. Aus der Wohnung des Fürsten Aldobrandini, im Pallast Borghese.

3 und 4) Zwei längliche Bildchen, welche einst ein Clavier verziert haben sollen, geben Proben von der geistreichen und launigen Weise, wie Annibale Gegenstände aus der Mythologie behandelte, wofür er im Pallast Borghese ein so reiches Feld gefunden hat. Auf dem einen kauert Pan, eine ungeheuer feiste Gestalt, in göttlicher Faulheit, und macht eine sehr gravitätische Schulmeistermiene zu dem Spiel seines Zöglings, des jungen Apoll, der sich so eben auf der Rohrpfeife versucht hat. Die schlanke jugendliche Gestalt desselben, das halb Schüchterne, halb Schalkische des Ausdrucks macht zum Pan einen ergötzlichen Gegensatz. (Auf Holz, 1 F. 2 Z. hoch, 2 F. 8 Z. breit. Angerstein.) Auf dem andern machen sich zwei Satyrn den Scherz, den ungeschlachten Silen in einem Fell emporzuheben, damit er ein Bündel Trauben erreichen kann. Zwei Kinder sind die Weinstöcke hinangeklettert und haben sich der geliebten Früchte bemächtigt. (Auf Holz, 1 F. 9½ Z.

hoch, 2 F. 11 Z. breit. Carr.). Beide Bilder stammen aus dem Pallast Lanzellotti; sie sind meisterlich gezeichnet und in einem Ton gemalt, dafs sie den Eindruck von Frescobildern machen.

5 und 6) Zwei sehr vortreffliche Landschaften, eine Jagd aus der Gallerie Giustiniani (auf Leinw., 4 F. 5 Z. h., 3 F. 5 Z. br.), und eine Wasserparthie (auf Leinw., 4 F. 4½ Z. hoch, 3 F. 3½ Z. breit), welche letztere viel Verwandtschaft zu der poetischen Landschaft des Annibale im Museum zu Berlin hat, geben eine sehr würdige Vorstellung von der Gröfse dieses Meisters in diesem Fache. Unter dem Einflufs der Landschaften des Tizian und des von ihm mit Recht so hochgeachteten Paul Bril, erreichte Annibale jene Grofsartigkeit der Anordnung, jene Schönheit der Linien, welche auf Claude und Gaspard Poussin eine so grofse Einwirkung ausübten. Die reiche, vortrefflich gezeichnete Staffage giebt seinen Landschaften noch einen ganz besonderen Reiz.

Eine Susanne mit den Alten, aus der Gallerie Orleans, angeblich von Lodovico Carracci, scheint mir für diesen Meister zu schwer, in der Farbe, zu schwach im Ausdruck. (Angerstein.)

D o m e n i c h i n o, in poetischer Erfindung, Wahrheit des Naturgefühls, Wärme und Klarheit der Färbung, Gründlichkeit der Ausführung, der gröfste Schüler der Carracci, ist hier nicht unwürdig repräsentirt.

Erminia bei den Hirten, ein Bild von 4 F. 10 Z. Höhe und 7 F. Breite, ist mehr im Geist des Tasso aufgefafst, als ich diesen Gegenstand bisher gesehen habe. Der Ausdruck der Güte und der jungfräulichen Schüchternheit in dem schönen Gesicht der Erminia, die Aufmerksamkeit des alten, schlichten Hirten, die freundliche Verwunderung der drei lieblichen Kinder sind sehr anziehend und stimmen wohl zu der blühenden Färbung und der heitern Landschaft. Dieses Bild kam unter dem Namen des Annibale Carracci aus Italien nach England, ist aber mit Recht dem Domenichino zugesprochen worden. (Angerstein.)

Dieser Meister liebte es sehr, in seinen, mit dem besten Erfolg im Geist seines Lehrers Annib. Carracci aufgefaßten, Landschaften historische Gegenstände anzubringen, welche darin eine bald mehr, bald minder bedeutende Rolle spielen. Solcher sind hier drei vorhanden.

Eine Morgenlandschaft mit einer schönen Gruppe von Tobias, dem der Engel sagt, was er mit dem gefangenen Fisch anfangen soll, ist sehr geistreich und von großem poetischen Reiz. Aus dem Pallast Colonna. (Auf Kupfer 1 F. 5¼ Z. hoch, 1 F. 1 Z. breit. Carr.)

Eine sehr reiche Landschaft mit Georg, der den Drachen bekämpft, zieht durch die schöne Beleuchtung, die Klarheit und Helle des Tons und die große Ausführung an. Das Streitroß des Heiligen ist aber sehr lahm ausgefallen. (Auf Holz, 1 F. 8¼ Z. hoch, 2 F. 1 Z. breit. Carr.)

Die Steinigung des heiligen Stephanus ist in der Composition zufällig, zerstreut und arm. Doch ist der Kopf des Heiligen von edlem Ausdruck, die Wirkung des Ganzen kräftig-harmonisch. (Auf Leinw., 2 F. 1 Z. hoch, 1 F. 7 Z. breit.)

Ein Hieronymus mit einem Engel, aus der Sammlung Aldobrandini, ist für Domenichino zu hart in den Umrissen, zu schwer und dunkel in der Farbe.

Aus der Schule der Carracci verdient sonst nur

ein Christus, von zwei Engeln beweint, von Guercino, aus dem Pallast Borghese, eine nähere Erwähnung. Dieses Bildchen empfiehlt sich gleich sehr durch das bei diesem Meister nicht häufige lebhafte Gefühl, die Schönheit der Composition, die Klarheit und Tiefe der kräftigen Färbung und die grofse Ausführung. Es ist das wahre Original so mancher Wiederholungen. (Auf Kupfer, 1 F. 2¼ Z. hoch, 1 F. 5½ Z. breit. Carr.)

Von Claude Lorrain, diesem Lieblingsmaler der Engländer, den man in Rücksicht des edlen und reinen Geschmacks der Compositionen den Raphael, in Rücksicht seiner Kunst in der Beleuchtung, seiner feinen Beobachtung der Luftperspective in der Abtönung den Correggio der Landschaft nennen könnte, enthält die Sammlung treffliche Werke aus verschiedenen Epochen, und von verschiedener Gattung der Composition.

Von den Seehäfen, worauf aufser dem Meere fast nur prächtige Gebäude, Schiffe und meist eine gröfsere Anzahl von Menschen enthalten sind, befinden sich hier drei. Da die Architectur der Gebäude oft keineswegs glücklich, auch die Linienperspective darin nicht immer richtig beobachtet ist, die Figuren theils schlecht gezeichnet, theils öfter nicht im richtigen Verhältnifs der Gröfse zum Uebrigen stehen, gehören solche Bilder nicht zu denen, worin Claude in allen Stücken am vortheilhaftesten erscheint. Der Hauptreiz besteht bei ihnen in der Beleuchtung, dieser ist aber auch grade darin öfter in dem höchsten Zauber vorhanden, denn die Sonne, welche meist bald nach ihrem Aufgange aus dem Meere, oder kurz vor ihrem Niedergange in dasselbe genommen ist, gewährt mit dem Gegensatz glänzender Lichter und dunkler Schlagschatten zugleich den Vortheil der allmäligen Abtönung vom kräftigen Vorgrunde bis zur weiten, verschwindenden Ferne.

Auf dem einen dieser Bilder sind im Vorgrunde Fischer beschäftigt, ihre Netze ans Land zu ziehen, andere, ihre Boote zu befestigen, denn schon ist das Meer bewegt und die nachmittägliche Sonne, welche die Spitzen der Wellen vergoldet, ist von duftig-glühenden Wolken umgeben, die auf ein abendliches Unwetter deuten. Ein in die See hineinragender, hoher Leuchtthurm ist unter den vielen Gebäuden von besonders schlagender Wirkung. Bezeichnet „Claudio inv., Roma 1644. Die Ausführung ist sehr fleifsig, alle Formen sehr bestimmt. (Auf Leinw., 3 F. 3 Z. hoch, 4 F. 3 Z. breit. Angerstein.)

Das Zweite zeigt uns Ursula mit ihren Jungfrauen auf den Treppen eines prachtvollen Tempels, im Begriff sich einzuschiffen; viele andere Gebäude und Bäume ziehen sich an dem Hafen hin. Ein frischer Morgenwind kräuselt die Wellen und bewegt die Bäume. Die Wirkung des hellen, heiteren Morgenlichts auf alle Gegenstände ist mit der gröfsten Feinheit durch alle Pläne abgestuft und von der erquicklichsten Wirkung. Der Vortrag ist indefs minder geistreich und frei, als auf anderen Bildern des Meisters, die Figuren meist selbst für ihn sehr schwach. Aus dem Pallast Barberini, mit Claude's Namen und einer nicht mehr ganz deutlichen Jahreszahl, die 1646 gelesen wird. (Auf Leinw., 3 F. 8 Z. hoch, 4 F. 11 Z. breit.)

Ungleich vorzüglicher als beide, ja das schönste Gemälde dieser Art, was ich kenne, ist das Dritte, für seinen Gönner, den Herzog von Bouillon, ausgeführte Bild, worauf die Einschiffung der Königin von Saba vorgestellt ist. Erhaben poetisch ist die Wirkung der Morgensonne auf das größere Wogen währende Meer, auf die Massen der Gebäude, welche das Ufer schmücken und die schlagendsten Gegensätze von Licht und Schatten hervorrufen. Das Wasser ist von wunderbarer Tiefe, Sättigung und Feuchte, der Vortrag sehr pastos, die Ausführung höchst sorgfältig und dabei frei, so daſs sie Bestimmtheit der Formen im Vorgrunde mit der zartesten Abtönung der anderen Pläne und der feinsten Harmonie des Ganzen verbindet. Hier befindet sich der Meister auf seiner Höhe! Es ist bezeichnet CLAVDE. GE. I. V. FAICT. POVR. SON. ALTESSE LE DVC DE BOVILLON ANNO 1648. (Auf Leinw., 4 F. 11 Z. hoch, 6 F. 7 Z. breit. Angerstein. Dieser kaufte das Bild von dem Kunsthändler Erard in Paris.)

Von eigentlichen Landschaften, worin das Wasser nur eine untergeordnete Rolle spielt, sind hier vier vorhanden. Diese Art Bilder haben bald einen hochpoetischen, bald einen mehr idyllischen Reiz.

Das gröſste derselben ist mit Sinon staffirt, wie er vor Priamus gebracht wird. Es ist in einigen Beziehungen von ungewöhnlicher Form für Claude. Der Hauptton der reichen Landschaft, worin Berge mit Ebnen und Wasser wechseln, ist ungewöhnlich kühl und drückt unvergleichlich die Frische des Morgens aus. Der Himmel ist bewölkt und wirft daher Schlagschatten auf die Erde, wodurch die mannigfaltigen, abwechselnden Lichtwirkungen hervorgebracht werden. Das Bild ist in den ersten Plänen besonders kräftig, in den entfernteren von gröſster Zartheit. Die Figuren sind indeſs sehr steif. Aus dem

Pallast Ghigi. (3 F. 9 Z. hoch, 6 F. 2½ Z. breit.) Im Liber veritatis findet es sich unter No. 145; es ist 1658 gemalt. (Carr.)

Am anziehendsten ist ein anderes Bild, wo in einem stillen Wasser, dessen Ufer von Felsen und hohen Bäumen eingefafst ist, Narcissus in heimlichster Einsamkeit seiner unglücklichen Liebe nachhängt, nur von der trostlosen Echo und einer anderen Nymphe belauscht. Mit dieser Kühle und Abgeschlossenheit bildet die andere Seite des Bildes, wo in weiter Aussicht die schwüle Nachmittagssonne hell leuchtend in die Fenster einer alten Burgruine einfällt, und in der Ferne eine Hafenstadt an einer Seebucht sich ausbreitet, einen poetischen Gegensatz. Sehr selten findet man bei Claude, dafs Figuren aus der Mythologie so gut mit der Landschaft in Harmonie stehen, als hier. Die Ausführung ist sehr fleifsig, die Färbung aber durch die Schmutzlage, welche das Bild überzieht, sehr geschwächt. Im Liber veritatis findet es sich unter No. 77. Es stammt aus der Sammlung Delmè. (Auf Leinw., 3 F. 1 Z. hoch, 3 F. 11 Z. breit. Beaumont.)

Zwei kleine Bilder, auf dem einen Hagar mit dem Ismael und der Engel, auf dem anderen ein Ziegenhirt mit seiner Heerde, sind vom sanftesten, idyllischen Naturreiz. Herrliche Bäume im Vorgrunde bilden hier die Hauptsache, und haben auf dem zweiten ganz das Ansehen von Naturstudien. Sowohl in der sehr ins Einzelne gehenden Ausführung, als in dem Gesammtton sind diese Bilder von sehr abweichender Art. Die Figuren sind von anderer Hand und ungleich besser, als Claude sie machen konnte. (Jedes 1 F. 8 Z. hoch, 1 F. 4½ Z. breit. Beaumont.)

Endlich erwähne ich einen kleinen Sonnenuntergang mit dem Tode der Procris als sehr ansprechend, aber ebenfalls von ungewöhnlicher Form. Eine Reinigung wäre hier sehr nöthig. (Auf Leinw., 1 F. 7 Z. hoch, 1 F. 3 Z. breit. Beaumont.)

Es nahm mich Wunder, hier, wo so echte und schöne Werke des Claude vorhanden sind, eine Copie nach der berühmten Mühle im Pallast Doria (No. 81) und eine andere nach einer herrlichen Composition, worauf drei Jägerinnen mit einem Jüngling sprechen (No. 104), für Originale ausgegeben zu sehen.

Von der Vorliebe der Engländer für Claude's Zeitgenossen, den grofsen Landschafter Gaspard Poussin, giebt diese Sammlung ebenfalls rühmliches Zeugnifs. Seine Auffassungsart der Natur ist der des Claude gerade entgegengesetzt. Waltet in den schönsten Bildern des Claude die Natur in so lichtvoller Heiterkeit und Klarheit, dafs mir dabei jederzeit die Stelle des Homer einfällt, wo er von den Inseln der Seeligen sagt:

„Dort lebt arbeitslos und behaglich der Mensch sein Leben;
Nie ist da Schnee, nie rauscht Platzregen da, nimmer auch Sturmwind,
Selbst Okeanos sendet des Westa hellwehende Hauche
Immer dahin, die Bewohner mit Frühlingsluft sanft kühlend"

so erscheint Poussin grade da am gröfsten, wo er uns die Elemente im gewaltigsten Aufruhr zeigt, wie der Sturm über das Land einherführt, aus dunklen Wolken Blitze die Lüfte durchzucken und Mensch und Thier ängstlich einen Schlupfwinkel suchen. In solchen Bildern erzeugt er in seiner südlichen Natur in dem Beschauer ganz das Gefühl, was Göthe für die nordische so ergreifend schildert:

....wenn der Sturm im Walde braust und knarrt,
Die Riesenfichte stürzend Nachbaräste
Und Nachbarstämme quetschend niederstreift
Und ihrem Fall dumpf hohl der Hügel donnert.

Aber auch wenn Poussin die Natur in Ruhe darstellt, so erzeugt der bewölkte Himmel mit einzelnen einfallenden Lichtern, die dunklen Massen der Wälder eine melancholische Stimmung, welche indeſs immer schön und wohlthätig, öfter bei der Groſsartigkeit der Linien von der erhabensten Art ist. Kein Meister hat es namentlich verstanden, die Mittelgründe auf eine so bedeutende Weise zu behandeln, und besonders die Linien seiner Fernen damit so malerisch zu durchschneiden, wie Poussin. Auch in der Wahl seiner Staffage ist er immer glücklich, in der Ausführung geistreich und correct.

Von beiden Gattungen sind hier Meisterwerke vorhanden.

In dem berühmten, durch einen Kupferstich bekannten Landsturm aus der Gallerie Landsdown läſst uns das helle Licht des Horizonts nur die Sturmesnacht, welche alles Andere verschlingt, in ihren Wirkungen deutlicher erkennen. Man glaubt das Sausen in den Bäumen zu hören, deren einer schon gebrochen hingestreckt daliegt. Ein einzelner Lichtstrahl erleuchtet ein Gebäude, welches eine Anhöhe im Mittelgrunde krönt, und trifft zugleich einen Schäfer, der sich mit der Heerde eilig zu bergen sucht. (Auf Leinw., 4 F. 11 Z. hoch, 6 F. breit. Angerstein.)

Noch geistreicher und kühner in der Composition scheint ein Sturm gewesen zu sein, welcher mit der Geschichte von Dido und Aeneas staffirt ist. Leider ist das Bild aber so schwarz geworden, daſs man über das Einzelne nicht mehr urtheilen kann. In minderem Grade hat dieses Schicksal die meisten Bilder des G. Poussin getroffen, da er auf dunkelrothem Bolusgrunde malte und die Farben nicht stark genug impastirte, so dafs jener sich wieder durchgearbeitet hat. Pallast Falconieri. (4 F. 10 Zoll hoch, 7 F. 4 Z. breit. Carr.)

Das schönste Bild von Poussin, welches sich hier befindet, gehört indefs der zweiten Gattung an. Selten möchte wohl der Reiz der Ebne gegen ein Gebirg vom reichsten Bewuchs und den schönsten Formen so tief empfunden, so glücklich zusammengestellt worden sein, als in dieser Ferne und in diesem Mittelgrunde, deren Wirkung noch durch eine warme, von Wolkenschatten unterbrochene Beleuchtung erhöht wird. Im Vorgrunde sieht man Abraham, der seinen Sohn Isaac zum Opfer führt. Die Natur erscheint hier in ihrer edelsten, grofsartigsten Gestalt. Dieses aus dem Pallast Colonna stammende Bild rechtfertigt den grofsen Ruf, den es schon dort genossen. (Auf Leinw., 5 F. 3 Z. hoch, 6 F. 6 Z. breit. Angerstein.)

Ansichten aus der Umgegend von Rom hat kein anderer Maler mit einem so edlen Geschmack, mit so feinem Gefühl für das Malerische in der Wahl der Standpunkte dargestellt, als G. Poussin. Dieses beweisen hier zwei Gegenstücke aus dem Pallast Corsini. Eine Ansicht von Aricia gewährt in einem hohen Grade den Reiz der Vereinigung einer schönen Natur mit den Wohnungen der Menschen, in den einfachen, dem Auge wohlthätigen Linien, wie die italienischen Flecken sie darbieten. Ein Ausblick in die Ferne ist von geheimnifsvollem, sanft melanchalischem Zauber. Der Weg mit immergrünen Eichen am See von Albano erzeugt dagegen die Stimmung der Waldeinsamkeit, welche durch den friedlichen Schäfer mit seiner Heerde noch erhöht wird. Beide Bilder sind sehr fleifsig und auch von ungewöhnlicher Frische der Farbe. (Auf Leinw., jedes 1 F. 1 Z. hoch, 2 F. 2 Z. breit. Carr.)

Ich habe hier Claude und G. Poussin als zur italienischen Schule gehörig aufgeführt, weil beide obschon in Frankreich geboren, in Rom ihre Bildung als Künstler empfangen und dort auch als solche gelebt und gewirkt haben.

Aus der französischen Schule sind hier nur von Nicolas Poussin Gemälde vorhanden, unter diesen aber eins der schönsten, welche von ihm existiren. Der fröhliche Tanz von Faunen und Bacchantinnen wird von einem Satyr unterbrochen, der aus dem Walde hervorgebrochen, sich eines der Mädchen zu bemächtigen sucht. Die Composition ist von grofser Einheit, Deutlichkeit und voll der geistreichsten und glücklichsten Motive. Besonders reizend sind zwei Kinder, welche sich um die Wette nach einer Traube abmühen, die eine der Bacchantinnen, von der sveltesten, feinsten Gestalt und der graziösesten Bewegung, emporhält. Was aber dieses Bild vor vielen in der Composition und Zeichnung ebenfalls trefflichen Bildern des Poussin besonders auszeichnet, ist die grofse Mannigfaltigkeit und Naturwahrheit der Köpfe, die so häufig bei ihm nach dem antiken Schema gemacht, durch ihre Kälte und Einförmigkeit das Interesse schwächen. Dabei ist das Impasto sehr solide, die Ausführung höchst fleifsig, die Färbung von seltenster Frische, Helle und Klarheit

heit in allen Theilen, die Erhaltung vollkommen. Aus der Sammlung Colonna. (Auf Leinw., 3 F. 3 Z. hoch, 4 F. 7½ Z. breit. Von Hrn. Hamlet für 2000 Pfd. Sterl. gekauft.)

Ungeachtet der meisterlichen Zeichnung, einzelner glücklicher Motive und der schönen Landschaft, ist doch die Composition eines Bacchanals aus dem Pallaste Barberini zu zerstreut, durchkreuzen sich manche Linien zu unangenehm, als daſs es mit dem vorigen einen Vergleich aushalten könnte. (Auf Leinw., 4 F. 8 Z. hoch, 3 F. 1 Z. breit.)

Eine schlafende Nymphe von Satyrn überrascht, ist von sehr eleganter Zeichnung und sehr fleiſsig in einem klaren Ton ausgeführt, doch zu lüstern. Cephalus und Aurora gehört zu den gewöhnlicheren Arbeiten Poussin's. Eine Landschaft von ihm war leider nicht aufgestellt.

Ein sogenannter Velasquez aus der Gallerie Angerstein und ein sogenannter Murillo verdienen keine nähere Erwähnung.

Ich gehe jetzt zur Betrachtung der Bilder aus der flamändischen und holländischen Schule über.

Das universelle Kunstgenie von Rubens lernt man hier im Gebiete der Allegorie, des geistreichen Skizzirens und der Landschaft auf die würdigste Weise kennen.

Für die Allegorie ist hier das berühmte Bild, welches Rubens, da er als Vermittler des Friedens zwischen Spanien und England im Jahre 1630 sich am Hofe Carl's I. aufhielt, diesem Monarchen verehrte. Er suchte darin, in Beziehung auf sein diplomatisches Geschäft, die Segnungen des Friedens, welchen Weisheit und Tapferkeit schützen, darzustellen.

Du erinnerst Dich aus meinem Aufsatz über Rubens in von Raumer's historischem Taschenbuch, daſs ich kein groſser Verehrer seiner meist etwas plumpen und derben Allegorie bin. So sind auch hier jene Segnungen durch eine schöne Frau, welche aus ihrer Brust einem Kinde Milch in den Mund spritzt, und einem Satyr, der eine Fülle von Früchten aus einem Füllhorn schüttet, auf eine grobsinnliche Weise ausgedrückt. Wohl gehören aber diese Figuren, mit noch zwei Frauen und Kindern, in Schönheit der Köpfe, Naturgefühl in der fleiſsigen Ausführung, Sättigung und Klarheit des hellgoldnen Fleischtons zu dem Schönsten, was Rubens je gemalt hat. Minerva, welche den Mars und Harpyen abwehrt, ist mehr untergeordnet. Nach der Zerstreuung von Carl's I. Sammlung, wo es auf 100 Pfd. Sterl. geschätzt worden war, gelangte es nach Genua in die Sammlung Doria, aus welcher Hr. Irvin es im Jahre 1802 für 1100 Pfd. Sterl. kaufte. Noch in demselben Jahre erwarb es der Marquis von Stafford für 3000 Pfd. Sterl. von Hrn. Buchanan und schenkte es im Jahre 1827 der Nationalgallerie. (Auf Leinw., 6 F. 5 Z. hoch., 9 F. 8 Z. breit.)

Ein sehr interessantes Beispiel, welchen Eindruck Kunst und Menschen in Italien auf Rubens gemacht haben, gewährt ein dort ausgeführtes, fleiſsiges Studium einer sehr reichen Composition aus der Legende des heiligen Bavo, der sich der Armen annimmt. Die Charactere der Köpfe sind feiner, edler und mannigfaltiger als sonst, der Ton der Farbe ist zwar warm, aber minder durchsichtig als gewöhnlich. Aus dem Pallast Carega zu Genua. (Auf Holz, 5 F. 2¼ Z. hoch, 6 F. 6 Z. breit. Carr.)

Der Raub der Sabinerinnen, ein von den Kennern sehr bewundertes Bild, hat mich weniger befriedigt. Unerachtet des grofsen Getümmels und Gezerres, vermisse ich hier das Feuer des Meisters, die Kühnheit, die Energie, das Augenblickliche der Motive, die in der Amazonenschlacht, dem kleinen jüngsten Gericht in München, wie die andern Darstellungen eines so gewaltig bewegten Lebens von ihm so sehr ergreifen. Auch die Touche ist minder geistreich, die Uebergänge mehr vertrieben, als in jenen Bildern, der Localton des Fleisches bräunlicher. Es war früher im Besitz der Madam Boschaerts in Antwerpen. (Auf Leinw., 5 F. 6 Z. hoch, 7 F. 9 Z. breit. Angerstein.)

Eine grofse Landschaft im Character des „Going to Market" in Windsor, nur noch reicher, zeigt uns wie in einem Zauberspiegel das herrliche, gesegnete Brabant in seiner grünen Frische von der Morgensonne beschienen. Was die Kunst vermag, um durch einzelne Bäume, durch Wolkenschatten Mannigfaltigkeit in einer grofsen Pläne hervorzubringen, ist hier geschehen, und die Ausführung so grofs, dafs die Bäume sogar mit Singvögeln bevölkert sind; aber auch sonst ist die Landschaft mehrfach durch Menschen und Thiere belebt. Aus dem Pallast Balbi in Genua. (Auf Leinw., 4 F. 6½ Z. hoch, 7 F. 9 Z. breit. Beaumont.)

Eine heilige Familie, welche nach Rubens Tode im Besitz der Wittwe geblieben sein soll, mag zwar von ihm componirt sein, ist aber in der Ausführung viel zu roh, in der Färbung viel zu schwer, um von seiner Hand ausgeführt zu sein.

Unter drei vorhandenen Bildern des van Dyck

ist das sogenannte Portrait des Gevartius bei weitem das vorzüglichste und tritt ganz aus den gewöhnlichen Bildnissen dieses Meisters heraus. Im vortrefflichsten Impasto sind die etwas vereinfachten, aber sehr bestimmt aufgefaſsten Formen mit der seltensten Meisterschaft hingeschrieben und so wenig vermalt, daſs man die geistreichen Züge des modellirenden Pinsels noch verfolgen kann. Dabei sind alle Abtönungen unvergleichlich in dem satten, röthlich-gelblichen Localton durchgeführt, der dem Rubens sehr verwandt ist. Wunderbar ist das Schwimmende, Feuchte des Auges wiedergegeben. Durch die Schärfe in Angabe des Knochenbaues und der Flächen macht das Bild einen sehr energischen, der Sculptur verwandten Eindruck. (Auf Holz, 2 F. 7 Z. hoch, 2 F. 2 Z. breit. Angerstein.) Die Benennung Gevartius ist zuverlässig irrig, denn von den zwei bekannten Männern dieses Namens starb der Canonicus Johann Gevartius im Jahre 1623, als van Dyck sich in Italien befand. Vor der Reise kann er ihn aber nicht gemalt haben, denn dieses ist kein Machwerk eines Jünglings von 20 Jahren. Der berühmte Caspar Gevartius, Rubens inniger Freund, kann es aber eben so wenig sein, denn dieser wurde erst 1593 geboren, war also in den Jahren 1626 — 1631, in welche Zeit dieses Bild sicher fällt, denn später malte van Dyck in einer anderen Weise, erst 33 bis 38 Jahre alt, während das Bildniſs uns einen Mann zwischen 50 und 60 Jahren mit weiſsem Haar zeigt.

Drei Personen, halbe Figuren, von denen eine für Rubens gehalten wird, in der That aber wenig Aehnlichkeit mit ihm hat, haben mich wenig angesprochen. Vielleicht ist der sehr unscheinbare Zustand des Bildes zum Theil schuld daran, denn der einstmalige Besitzer, Sir Josua Reinolds, soll es sehr werth gehalten haben. (Leinw., 3 F. 4 Z. hoch, 3 F. 4 Z. breit. Angerstein.)

Ambrosius, der dem Kaiser Theodosius den Eintritt in die Kirche zu Mayland verweigert, ist eine freie Copie im Kleinen nach dem grofsen Bilde des Rubens in der kaiserlichen Gallerie zu Wien. Dieses treffliche Bild ist aus van Dyck's früherer Zeit. Es vereinigt die grofse Klarheit und Helligkeit der Farbe, die ihm noch aus der Schule des Rubens eigen war, mit der zarteren Harmonie, dem feineren Naturgefühl seines eigenen Naturells. Aus der Sammlung des Lord Scarborough. (Leinw., 4 F. 10 Z. hoch, 3 F. 9 Z. breit. Angerstein.)

Obgleich hier von Rembrandt keins jener gröfseren Werke ist, welche durch die schlagende Wirkung die Aufmerksamkeit schon aus der Entfernung an sich ziehen, sind doch die 6 von ihm vorhandenen Bilder vortrefflich geeignet, die wundersame Originalität dieses Meisters in verschiedenen Beziehungen kennen zu lernen.

Bei weitem das vorzüglichste ist die Ehebrecherin vor Christus, ja unter den Cabinetbildern Rembrandt's möchte es vielleicht überhaupt den ersten Rang einnehmen. Man bewundert in der Regel an den Bildern dieses Meisters vorzüglich die zauberischen Wirkungen des tiefen Helldunkels, die energische Auffassung, die Bravour der Behandlung. Hier aber ist es nicht allein der helle, satte Goldton, wodurch die Hauptfiguren aus dem Dunkel heraustreten, was uns anzieht, sondern die Schönheit und Deutlichkeit der Composition, der mannigfaltige und angemessene Ausdruck der Köpfe, das feinste Gefühl der zartesten Ausführung, verbunden mit dem solidesten Impasto. Wie viel lebendiger spricht dieser Ausdruck des innigsten Erbarmens im Christus, der bittersten Reue in der Sünderin, ungeachtet der gewöhnlichen, ja eher häſslichen, Formen der Gesichter an, als die schönsten aus den Antiken nach allgemeinen Schönheitsprincipien genommenen Formen eines Mengs und so vieler gepriesenen Maler, welche von einer Schönheitstheorie ausgegangen sind, deren Gebilden aber jene innere Beseelung und Lebenswärme fehlt, welche ihnen allein das naive, ganz in den Sinn seiner Aufgabe hingegebene Gefühl des Künstlers einhauchen kann! Merkwürdig hat Rembrandt hier seine Kunst als Colorist zur Verdeutlichung des Gegenstandes angewendet. Das Auge fällt sogleich auf die in Weiſs gekleidete Ehebrecherin, gleitet zunächst auf die nachdem am meisten erhellte Figur des Christus, und wird so fort auf Petrus, auf die Pharisäer, den Kriegsknecht geleitet, bis es endlich in dem geheimniſsvollen Dunkel des Tempels den Hochaltar mit den Anbetenden auf den Stufen gewahr wird. Dieses Meisterstück ist mit Rembrandt's Namen und dem Jahre 1644 bezeichnet. Er führte es für Joan Six Heer van Vromade aus. Später kam es in den Besitz des bekannten Bürgermeisters Six. (Auf Holz, 2 F. 9 Z. hoch, 2 F. 3 Z. breit. Angerstein.)

Eine Anbetung der Hirten, wobei das Licht vom Kinde ausgeht, ist von der seltensten Magie und Gluth der Beleuchtung, deren Wirkung durch die dunkle Gestalt eines im Vorgrunde knieenden Hirten, welcher sich unmittelbar gegen den hellsten Glanz absetzt, besonders schlagend wird. Gegen dieses göttliche Licht spielt das irdische in der Laterne eines der Hirten eine sehr kleine Rolle. Die Anordnung der eilf Figuren, welche diese Composition bilden, zeugt vom gröfsten künstlerischen Verstande. Das Hauptgewicht ist hier aber auch auf die Motive und die Wirkung gelegt, die Behandlung ist daher breit und skizzenhaft und die Gesichter nicht im Einzelnen ausgebildet. Mit dem Namen Rembrandt's und dem Jahr 1646 bezeichnet. (Auf Leinw., 2 F. 1 Z. hoch, 1 F. 10 Z. breit. Angerstein.)

Wenige Bilder des Rembrandt beweisen aber sein Talent für die Composition der erhabensten Gegenstände der Bibel in dem Grade, wie eine grau in Grau gemalte Skizze einer Kreuzabnahme. Das Motiv der über den Anblick des auf ihrem Schoofs ausgestreckten todten Christus ohnmächtig gewordenen Maria ist an Innigkeit und Adel eines Raphaels würdig. Der Gedanke, dafs der bufsfertige Schächer von seinem Kreuz noch voll Dank und Verehrung auf Christus herabblickt, ist ebenfalls ganz originell und rührend. An edle Formen der Gesichter mufs man dagegen auch hier die bescheidensten Ansprüche aufgeben. Die Lichter sind in einem warm gelben, die Schatten in einem klaren braunen Ton gehalten. (Auf Holz, 1 F. 1 Z. hoch, 10½ Z. breit. Beaumont.)

Eine keineswegs schöne Frau, welche, durch ein Wasser watend, die Kleider etwas aufnimmt, damit sie nicht nafs werden sollen, ist, als Malerei betrachtet, vielleicht das vorzüglichste von allen sechs Bildern. Dieses Impasto, diese zart verschmolzenen Mitteltöne, worin die Fleischtheile modellirt sind, erinnern an die wunderbare Technik des Correggio, und beweisen die große Verwandtschaft beider großen Coloristen in diesem Punkt, wie weit auch übrigens ihre Wege auseinander gehen. Mit dem Namen des Meisters und 1654 bezeichnet. (Auf Holz, 2 F. hoch, 1 F. 6¼ Z. breit. Carr.)

Das Bildniß eines Juden ist ein treffliches Beispiel jener tüchtigen Auffassung, jener breiten meisterhaften Malweise, jener glühenden, satten Fleischtöne, die im Gegensatz zu dunklen Schattenmassen eine so überraschende Wirkung machen. (Leinw., 4 F. 6 Z. hoch, 3 F. 4 Z. breit. Beaumont.)

Eine Landschaft mit Tobias und dem Engel zeigt, wie er seine Neigung zu den stärksten Gegensätzen von Licht und Schatten auch in dieser Kunstgattung befriedigte. Ein Abendhimmel von seltner Gluth und Klarheit setzt sich gegen schattige Bäume ab, die aber so nachgedunkelt haben, daß sie als formlose Massen erscheinen. Der Vortrag ist sehr breit. (Auf Holz. Carr.)

Auch von Albert Cuyp, den man in Deutschland so wenig kennt, befindet sich hier ein sehr gutes Bild. Die Gemälde dieses Meisters, wie so mancher der großen holländischen Landschaftsmaler, beweisen auf das Glänzendste, wie der Reiz eines Kunstwerks ungleich mehr in einem tiefen und reinen Naturgefühl, in der Kenntniß und meisterlichen Handhabung der künstlerischen Darstellungsmittel liegt, als in dem Gegenstande. Denn wie wäre es sonst wohl möglich, aus einer so einförmigen Natur, wie Holland sie darbietet, wo die großen grünen Flächen nur von einzelnen Bäumen und gewöhnlichen Häusern durchbrochen, von Canälen durchschnitten werden, eine solche Mannigfaltigkeit der anziehendsten

Reize hervorzulocken, als ihre Bilder sie darbieten? Wie ginge es zu, dafs so viele Bilder, selbst ausgezeichneter Meister, als eines B. Both, Pynaker, welche uns die reiche und mannigfaltige Natur Italiens vorführen, worin die schönsten Bergformen und Wasserfälle mit den herrlich bewachsenen Ebenen im angenehmsten Wechsel das Auge bezaubern, unser Gefühl minder lebhaft ansprechen, als die Bilder eines Cuyp, Ruysdael oder Hobbema? In der Grofsartigkeit der Auffassung, der Kenntnifs der Luftperspective, verbunden mit der gröfsten Gluth und Wärme der bald duftigen, bald klaren Beleuchtung steht aber Cuyp ganz einzig da, und nimmt für die holländische Natur die Stelle ein, wie Claude Lorrain für die italienische, so dafs man ihn sehr wohl den holländischen Claude nennen könnte. In der Art des Impasto, der Breite und Freiheit des Vortrags hat er dagegen viel Verwandtschaft mit Rembrandt. In dem hier vorhandenen Bilde spiegelt sich das Morgenlicht im hellgoldenen Ton in dem klaren Flusse, welcher sich durch das nur leicht bewegte Erdreich hinzieht. Im Vorgrunde ruhen zwei Kühe, eine Hirtin ist im Gespräch mit einem Reiter, umher eine Heerde Schaafe und drei Hunde. Das Ganze athmet Frische, Heiterkeit und ländlichen Frieden. (Auf Leinw., 4 F. 4 Z. hoch, 6 F. 6 Z. breit. Angerst.)

Eine schöne Landschaft, welche hier den Namen Both trägt, hängt zu hoch und ungünstig, um über den Meister etwas zu entscheiden. Aber auch so scheinen mir Auffassung und Ton von Both verschieden. Die schöne Luft erinnert an Johann Gottlieb Glauber. (Leinw., 3 F. $9\frac{1}{2}$ Z. hoch, 5 F. 3 Z. breit. Beaumont.)

10**

Ich komme endlich auf die englische Schule. Von den gepriesensten Namen derselben hat die Gallerie zum Theil mehrere der berühmtesten Werke aufzuweisen. Da ich diese Meister bisher fast nur aus Kupferstichen kannte, war mir die Betrachtung ihrer Gemälde besonders interessant. Ich wurde dadurch veranlafst, mir eine Vorstellung von der Eigenthümlichkeit der englischen Malerschule und ihrem Verhältniß zu den übrigen zu bilden, wovon ich Dir hier Einiges mittheile. Der Ursprung einer originellen Malerei in England fällt in's 18te Jahrhundert, also in eine Zeit, worin sowohl die Grund- und Mutterschulen der ganzen neueren Zeit in Italien, den Niederlanden und Deutschland, als ihre Töchterschulen in Frankreich und Spanien längst ihr eigenthümliches Leben eingebüſst hatten und an deren Stelle im Bereich von ganz Europa die Anfertigung kalter einförmiger, geistloser Bilder getreten war, welchen die allgemeinen Regeln und Kunstrecepte zum Grunde lagen, so in den verschiedenen berühmten Kunstakademien ertheilt wurden. Das kirchliche Bedürfniſs, dieser breite Boden, auf welchem die Historienmalerei in den anderen Schulen von dem ersten Lallen bis zum kräftigen Mannesalter allmählig herangewachsen war, existirte nicht mehr. Diese höchste Gattung der Kunst wurde nur noch bisweilen für die Decoration von Schlössern und anderen öffentlichen Bauten begehrt, alle anderen Anforderungen an lebende Künstler beschränkten sich auf das Portrait. Auch die Tradition der malerischen Technik, welche man sich in den alten Schulen lebendiger Kunst als die unerläſslichste Grundbedingung aller, auch der höchsten Leistungen gewissenhaft überliefert hatte, war über alle jene todten Regeln vom reinen Geschmack und der idealen Schönheit der Formen als minder wesentlich gänzlich in Vergessenheit gerathen. Als daher in England Männer von entschiedenem Genie für die Malerei, wie früher Hogarth, später Reinolds auftraten, fanden sie weder ein technisches Fundament, noch eine höhere und lebendige, geistige Richtung in der Kunst vor. An diesem doppelten Mangel scheint mir nun die englische Malerei, wenn schon in abnehmendem Grade, bis auf unsere Tage zu kranken. Jener hohle und leere, mit aller Natur im Widerspruch stehende Idealismus, welcher damals für die Historienmalerei als einziger Heilsweg gepredigt wurde, mufste jedes echte Kunsttalent, dessen erste Bedingung ein lebhafter Natursinn ist, abstofsen und, wie es dann immer zu gehen pflegt, in eine einseitige Opposition treiben. Dieses war der Fall mit Hogarth. Er hatte ein eminentes Talent für Auffassung des Characteristischen in der Natur und für Verwendung desselben zu dramatischen Vorstellungen. Wäre ein Naturell wie Hogarth im 15ten Jahrhundert in Florenz zum Vorschein gekommen, so hätte er aus dem Kreise der religiösen Vorstellungen jener Zeit ohne Zweifel so viele höchstdramatische Scenen aus dem Mönchsleben mit grofsem Beifall behandelt, wobei auch seine humoristische Ader in so manchen burlesken Zügen des Klosterlebens, welche sich mehrere Maler jener Zeit nicht haben entgehen lassen, seine Rechnung gefunden haben würde. Da ihm aber seine Zeit keine allgemeine Form bot, worin er sein Talent hätte geltend machen können, erfand er, um sich in seiner Weise auszusprechen, eine neue Gattung der Malerei, nämlich die moralisch-humoristische, welche in dem allgemeinen Gebiete der Malerei ungefähr die Stelle einnimmt, wie das bürgerliche Drama in der Poesie, so dafs Hogarth sich etwa zu Raphael verhält, wie Moliere zu Sophocles. Die einen zeigen uns den Menschen in der Abhängigkeit von seiner thierischen Natur und von seinen Leidenschaften, und erzeugen nach der Art und dem Grade, mit welchem diese mit der höheren geistigen Natur in Widerspruch treten, Lachen, Mitleid, Verachtung, Abscheu, Ekel. Die anderen zeigen uns das Uebergewicht der göttlichen Natur im Menschen, sei es nun im Ringen mit jener thierischen Natur und den Leidenschaften, im würdigen Unterliegen, oder im ruhigen Walten nach dem Siege darüber, und erfüllen uns mit Bewunderung, Staunen, Verehrung und Erhebung. Diese moralisch-humoristische Gattung ist das Einzige, worin die Engländer das Gebiet der Malerei im Allgemeinen erweitert haben, denn mit Ausnahme einzelner Bilder des Jan Steen ist mir aus früherer Zeit nichts Aehnliches bekannt. In allen anderen Gattungen werden sie mehr oder minder von den anderen Schulen übertroffen. Von diesen haben sie die Portraitmalerei mit dem meisten Erfolg angebauet, und die besten Portraite des Sir Josua Reinolds nehmen, auch mit den Leistungen anderer Schulen verglichen, eine hohe Stelle ein. Nächstdem kommen ihre Genre-, besonders ihre Thier-Maler in Betrachtung. Ungleich tiefer stehen bei solchem Vergleich ihre Landschaften. Bei weitem am schwächsten sieht es aber mit der Historienmalerei aus, wo die eigentlich erfindende und frei schaffende Phantasie am meisten in Anspruch genommen wird.

Haben wir so das geistige Gebiet der Kunst übersehen, so lafs uns jetzt die Durchbildung der wissenschaftlichen Theile kurz betrachten. Mit der Zeichnung ist es im Ganzen schlecht bestellt, die Formen leiden häufig an Incorrectheit, noch mehr an Unbestimmtheit; dagegen ist den meisten englischen Malern eine sehr glänzende, saftige, tiefe Farbe gemein, die viel Parade macht und das Auge sehr besticht, freilich aber oft auf Kosten der Naturwahrheit und einer feiner abgewogenen Harmonie. Für die Art des Vortrags ist es ein Unglück für die englische Schule, dafs sie gleich da angefangen hat, wo andere Schulen beinahe aufhören. Von der gewissenhaftesten Ausführung des Einzelnen, welche jeden Gegenstand, auch für nahe Betrachtung, der Wirklichkeit möglichst nahe zu bringen sucht, kam man in den älteren Schulen nur sehr allmählig zu der Ueberzeugung, dafs dieselbe Wirkung für eine mäfsige Entfernung auch mit wenigeren Pinselstrichen zu erreichen sei, und gelangte so zu einer breiteren Behandlung. Die englische Schule fing aber gleich mit einer sehr breiten und freien Behandlung an, in der bei den Werken des Hogarth und Reinolds zwar jeder Zug noch in der Natur geschauet ist und etwas Bestimmtes ausdrückt, die aber bei den meisten späteren Malern in eine Flüchtigkeit und Nachlässigkeit ausartete, dafs von allen Gegenständen nur ein sehr oberflächlicher und allgemeiner Schein wiedergegeben wird und manche Bilder den grellen Effect von Theaterdecorationen machen, andere wieder in nebulistischer Unbestimmtheit verschwimmen. Da es an der Ueberlieferung einer guten Technik fehlte, suchten die englischen Maler sich selbst eine zu begründen, waren darin aber so wenig glücklich, dafs viele Bilder sich sehr stark verändert haben. Manche sind so verblichen, dafs sie ein förmlich leichenhaftes Ansehen haben, andere sind schwarz geworden, die Farbe hat sehr breite Risse bekommen, ja sie ist in einigen Fällen flüssig geworden und dann bei übermäfsig starkem Impasto in einzelnen Tropfen herabgelaufen.

Von Hogarth befinden sich hier die 6 Bilder seiner „Mariage à la Mode", von seinen Folgen meiner Meinung nach die geistreichste und gelungenste. Diese Vorstellungen sind durch die Kupferstiche und die witzigen Beschreibungen von Lichtenberg so bekannt, dafs es überflüssig wäre, mich auf eine nähere Schilderung derselben einzulassen. Gewifs ist die alte und neue Geschichte der Vermählung des hohen aber hohlen Stammbaums mit der schmutzigen aber vollen Geldkatze, wobei die Personen nur als zufälliges Anhängsel betrachtet werden, hier sammt ihren Folgen mit dem seltensten Aufwande von Erfindung, Beobachtung, Humor und dramatischer Energie dargestellt. Was mich aber überraschte, ist der ausgezeichnete malerische Werth dieser Bilder, da Hogarth's eigner Landsmann, Horace Walpoole, sagt, derselbe habe als Maler nur ein geringes Verdienst besessen. Mit seltner Meisterschaft und Leichtigkeit sind hier die feinsten Nüancen seines Humors in den Köpfen hingeschrieben, auch alles Andere mit derselben Sicherheit und meist fleifsig ausgeführt. Obgleich die Färbung im Ganzen unscheinbar ist und die Bilder, da sie fast ohne Lasuren, nur in Deckfarben gemalt sind, mehr den Eindruck von Guasch, als von Oelgemälden machen, ist doch das Fleisch öfter von kräftiger Färbung, sind die übrigen sehr gebrochenen Farben mit so viel feinem Sinn für eine harmonische Wirkung zusammengestellt, dafs sie für Colorit auf einer ungleich höheren Stufe stehen, als so viele Erzeugnisse der neuesten englischen Schule mit ihren schreienden, grellbunten Farben. Nur das 5te Bild, der Tod des Ehemanns, hat durch Nachdunkeln an Haltung verloren. Für diese 6 Bilder erhielt Hogarth armselige 110 Pfund Sterling. Angerstein bezahlte dagegen im Jahre 1797 dafür 1381 Pfd. Sterl. (Auf Leinw., 2 F. 3 Z. hoch, 2 F. 11 Z. breit.)

Auch sein von ihm gemaltes Bildnifs ist hier. Festigkeit und eine gewisse Derbheit des Characters, grofse Klarheit des Sinns sind die hervorstechendsten Züge des Kopfs, der lebendig aufgefafst, fein gezeichnet und in einem warmen Ton fleifsig ausgeführt ist. Der Schalk steckt in ihm zu tief, als dafs er sich etwa in einem leichten Zuge auf der Oberfläche des Gesichts zeigen sollte. Vor dem Oval, worin er sich gemalt hat, befindet sich eine merkwürdige Zusammenstellung der Gegenstände, die ihm besonders werth gewesen. In der Mitte die Werke von Shakspeare, Milton und Swift, rechts seine Palette mit einer gewundenen Linie, womit nach der Beischrift seine berühmte Schönheitslinie gemeint ist, links sein Hund, der sich durch Gröfse und Naturtreue unter diesen Dingen am meisten hervorhebt. Kann man nun den letztern jener Linie, als dem Symbol der Schönheit und Idealität gegenüber, gar füglich als Symbol der Naturwahrheit in ihren gemeineren und niedrigeren Beziehungen nehmen, so befindet sich Hogarth hier recht eigentlich zwischen Theorie und Praxis, und spielt letztere für ihn wie für jeden bildenden Künstler mit Recht eine ungleich bedeutendere Rolle. (Auf Leinw., 2 F. 11 Z. hoch, 2 F. 3 Z. breit. Angerst.)

Unter den 4 Bildern des Sir Josua Reinolds, eines Mannes, der durch seine feine gesellige Bildung, seine geistreichen Vorträge, die Stellung der Künstler und der Kunst in England ungemein gehoben hat, ist das Bildnifs des Lord Heathfield, bei uns als der ruhmwürdige Vertheidiger von Gibraltar unter dem Namen Elliot bekannt, das bedeutendste. Das Ehrenfeste, Tüchtige des Characters ist darin trefflich aufgefafst, die Zeichnung fein, die Ausführung breit aber fleifsig, die Färbung warm und kräftig, wenn schon minder durchsichtig, als in manchen anderen Bildern dieses Meisters. Der Hintergrund, worin dunkle Rauchwolken die Wirkung der Artillerie andeuten, bildet mit der unerschütterlichen Ruhe, womit der Held die Schlüssel von Gibraltar hält, einen passenden Gegensatz, und bringt zugleich die Figur sehr gut vom Grunde los. (4 F. 8 Z. hoch, 3 F. 8 Z. breit. Angerst.)

Ein Kopf, „der verbannte Lord" genannt, zeigt, wie sehr Reinolds öfter in der Färbung dem Rembrandt nachstrebte. Die Farbe ist wirklich sehr glühend, doch minder gesättigt, als bei Rembrandt. Die Formen sind etwas leer. (Leinw., 2 F. 5 Z. hoch, 2 F. breit. Geschenk des Geistlichen W. Long.)

Eine heilige Familie beweist, dafs Sir Josua nicht zum Historienmaler berufen war. Charactere und Ausdruck sind unbedeutend und lahm, die Formen flach, die Ausführung flüchtig, die Färbung zwar warm aber unwahr, und noch dazu stellenweise verblichen und verwaschen. (Auf Leinw., 6 F. 5 Z.

hoch, 5 F. 9¼ Z. breit. Geschenk der British-Institution.)

Noch weniger kann ich mich aber an den vier hier vorhandenen historischen Bildern des berühmten West erwärmen. Zum Theil auf seinen Betrieb wurde die noch so junge Pflanze der englischen Malerschule im Jahre 1768 in das Treibhaus einer Kunstakademie eingepfercht, und seine Werke hier beweisen, daſs er ein wahres Prachtexemplar eines Präsidenten einer solchen Anstalt gewesen, welcher durch Beispiel und Lehre den wilden, phantastischen Naturwuchs der jungen Kunstpflanzen bei Zeiten mit der akademischen Scheere nach den vorgeschriebenen Regeln zugestutzt hat. Die Wahrheit der Worte: „Der Geist belebt, der Buchstabe tödtet" wird einem durch diese Bilder recht zur Anschauung gebracht. Obgleich darin alle akademischen Regeln über Composition, Zeichnung, Schönheit, Draperie, Beleuchtung — und theilweise mit groſsem Geschick — beobachtet worden sind, fühlt man doch, daſs ein aus einer kalten Reflexion hervorgegangenes Aggregat aller dieser Eigenschaften von einem Kunstwerke nur das Caput mortuum hervorbringt, daſs die eigentlichste Seele eines Kunstwerks aber ein von dem Gegenstande begeistertes, von Naturanschauungen genährtes Gefühl des Künstlers ist, durch welche erst alle jene Eigenschaften belebt werden müssen, damit das Ganze erwärmend und erquickend auf den Beschauer einwirken kann.

Unter diesen Bildern von West findet aber wieder ein groſser Unterschied statt. Orest und Pylades, welche als Opfer vor Iphigenia gebracht werden, ein früheres Werk des Künstlers, hat nicht allein in der

Composition und in den Formen etwas Edles und Einfaches, sondern ist auch in einem klaren, mäßig warmen, harmonischen Ton gemalt. (Leinw., 3 F. 4 Z. hoch, 4 F. 2 Z. breit. Beaumont.)

Obgleich der Ton kühler, die Composition undeutlicher ist, gilt dasselbe auch von dem Cleombrotus, der von Leonidas verbannt wird. (Leinw., 4 F. 6 Z. hoch, 6 F. breit.) Was soll man aber zu diesem Abendmahl sagen, zu diesem Christus, der die Lahmen heilt? Je gröfser die Anforderungen, welche man an die Darstellung solcher erhabenen Gegenstände zu machen gewohnt ist, desto unbefriedigender, ja verletzender ist der Eindruck dieser Bilder. Die allgemeinen und unbedeutenden Charactere der Köpfe zeugen von einer beklagenswerthen Armuth an Naturanschauungen, der Ausdruck ist geziert oder lahm, die Bewegungen theatralisch oder nichts sagend, der Ton des Fleisches ziegelartig und kalt, die Farben schwer und undurchsichtig, der Gesammteindruck bunt und zerstreut. Und doch werden diese Bilder von vielen Engländern als wahre Muster biblischer Vorstellungen betrachtet, und fand ich häufig vor denselben eine grofse Anzahl bewundernder Beschauer. Bei der in England so sehr verbreiteten biblischen Religiosität, glaubte ich anfangs, Letzteres gelte mehr den Gegenständen, als deren Behandlung, seitdem ich aber gesehen, dafs Leute von derselben Gattung in dem Saal zu Hamptoncourt, wo Raphael's sieben Cartons, welche doch ebenfalls Gegenstände der Schrift und zwar auf die würdigste und ergreifendste Weise darstellen, nicht länger verweilen, als um gemächlich durchzuschreiten, habe ich mich überzeugt, dafs es mit dem Sinn für Historienmalerei auch bei der grofsen Masse der sogenannten gebildeten Stände in England noch nicht besonders bestellt ist.

Von den beiden ersten englischen Landschaftsmalern, die sich auszeichneten, nahm Wilson in vielen Bildern eine mehr idealische Richtung; seine Gemälde führen uns häufig die edlen Formen der italienischen Natur vor, seine Staffage versteigt sich sogar bis zu Vorstellungen aus der Mythologie. Gainsborough beschäftigte sich dagegen, gleich den Holländern, mehr mit der Darstellung der vaterländischen Natur in eng abgeschlossener Heimlichkeit. Die Staffage seiner Landleute spielt meist in seinen Bildern eine bedeutende Rolle. Beide stimmen darin überein, dafs ihr Hauptbestreben zu einseitig auf den Totaleffect ausgeht, das Einzelne darüber meist nachlässig und decorationsmäfsig behandelt ist.

Von Wilson sind hier zwei berühmte Bilder. Die für den Grafen Tharet gemalte Ansicht der Villa des Maecenas in Tivoli ist mit feinem Geschmack gewählt, doch der Ton ist nordisch kalt, die nachgedunkelten Schattenmassen machen das Bild ungeniefsbar. (Leinw., 3 F. 10 Z. hoch, 5 F. 6 Z. breit. Beaumont.)

Sinn für eine edle, poetische Auffassung ist der berühmten Landschaft, wo in einem furchtbaren Sturm Apoll und Diana von einer Wolke herab die Kinder der Niobe tödten, ebenfalls nicht abzusprechen, doch leidet sie an den Gebrechen der vorigen und ist die Ausführung des Einzelnen manierirt. (Leinw., 4 F. hoch, 5. F. 6 Z. breit. Beaumont.) Wilson hat diese Landschaft mit einigen Veränderungen öfter wiederholt.

Von Gainsborough befinden sich hier ebenso

zwei bekannte Bilder. Das eine, „die Tränke“ genannt, stellt im Vorgrunde ein stilles Wasser vor, woraus einige Kühe trinken, und Bauernkinder an dem felsigen, von Bäumen überschatteten Ufer verweilen. Die Stimmung des ländlichen Friedens ist gut in dem Bilde ausgedrückt, die Wirkung durch den Gegensatz heller Lichter und tiefer Schatten groſs, das Impasto stark, doch der Ton der Farbe schwer, das Verständniſs der Einzelheiten oberflächlich. (Leinw., 4 F. 10 Z. hoch, 5 F. 11 Z. breit. Lord Farnborough.)

Das andere Bild, „der Marktkarren“, worauf zwei Mädchen eine Ladung Gemüse führen, besticht durch eine saftige Gluth der Färbung, die dem Gainsborough besonders eigen ist, doch erscheint der Ton der Figuren sehr unwahr und speckig, die Behandlung manierirt und flüchtig, die Farbe vielfach zerrissen. Welch ein Unterschied zwischen solchem Bilde und einem alten Holländer, z. B. einem Isaac Ostade, der ähnliche Gegenstände behandelt! Wie markig und gediegen bei ihm der Vortrag, wie abgerundet und genau characterisirt jeder einzelne Gegenstand, ohne doch darüber die Harmonie des Ganzen zu vernachlässigen! (Leinw., 6 F. hoch, $1\frac{1}{2}$ F. breit. Geschenk der British-Institution.)

Es freut mich, meine Betrachtungen über die hier aufgestellten Bilder aus der englischen Schule eben so würdig beschlieſsen zu können, wie ich sie mit Hogarth eröffnet habe; denn Wilkie ist in seinem Fache nicht allein der erste Maler unserer Zeit, sondern mit Hogarth der geistreichste und eigenthümlichste Meister der ganzen englischen Schule. Wilkie schlieſst sich in den wesentlichsten Stücken der Kunstweise des Hogarth an. Er hat mit ihm die grofse Mannigfaltigkeit, Feinheit und Schärfe der Beobachtung des Characteristischen in der Natur gemein, in vielen seiner Bilder auch das vorwaltend Dramatische des Inhalts. Doch ist er auch wieder in vielen Beziehungen von jenem verschieden. Er führt uns nicht in ganzen Folgen von Bildern moralische Dramen auf, wie Hogarth, sondern begnügt sich mehr novellenartig mit der Vorstellung einer besonders ansprechenden Scene. Auch weicht seine Geistesart von jenem sehr ab. Möchte ich Hogarth in seiner schneidenden Satire, worin er die Menschen nur von der Schattenseite auffafst, und sich besonders darin gefällt, sie im Zustande der tiefsten Verworfenheit, des gräfslichsten Elends darzustellen, mit dem Swift vergleichen, so finde ich in Wilkie eine nahe Geistesverwandtschaft zu seinem berühmten Landsmann Walter Scott. Beide haben jene wahre, feine, bis in's Einzelnste gehende Zeichnung der Charactere gemein. In den Seelen Beider wohnt mehr die Liebe als die Verachtung der Menschen, beide lassen uns die wohlthuendsten Blicke in das stille, gemüthvolle Glück thun, was oft ein enges häusliches Leben einschliefst, und verstehen es meisterlich, durch die Beimischung feiner Züge eines gutmüthigen Humors, den Reiz solcher Scenen nur noch zu erhöhen, und wenn sie uns auch, wie es Dichter mit Worten und Farben verstehen müssen, den Menschen in seinen mannigfaltigen Schwächen, Verirrungen, Schmerzen und Nöthen zeigen, so ist doch auch hier ihr Humor von der Art, dafs er unser Gefühl nicht empört. Besonders ist es Wilkie sehr hoch anzurechnen, dafs er selbst in solchen Darstellungen, wie in seiner Auspfändung für schuldige Pacht, nicht in die Caricatur verfällt, wie dieses dem Hogarth öfter begegnet ist, sondern sich bei aller Energie des Ausdrucks in den Schranken der Wahrheit hält. Das Erschütternde und Rührende dieses Bildes soll bei dessen Erscheinen hier in England einen sehr großen Eindruck gemacht haben. Eine Seite seiner Bilder lernt man aber erst hier recht schätzen, nämlich das echt Nationelle. Es sind in allen Theilen die geistreichsten, lebendigsten, treusten Darstellungen der Eigenthümlichkeiten und des Lebens der Engländer. In manchen anderen Rücksichten erinnert Wilkie wieder an die großen holländischen Genremaler des 17ten Jahrhunderts, so in der Wahl mancher Gegenstände, z. B. des Blindekuhspiels, besonders aber in der feinen und gründlichen Durchbildung des Einzelnen, worin er unter seinen Landsleuten zu den seltnen Ausnahmen gehört. Geht er auch hierin nicht so weit als ein Dou oder Franz Mieris, so steht er doch mit den fleißigeren Bildern des Teniers und Jan Steen ungefähr auf einer Stufe. Auch kommt seine Touche jenen öfter an Geist und Freiheit nahe, besonders in seinen früheren Bildern.

Eins derselben, „der blinde Fiedler,“ befindet sich hier. Die treffliche Composition kennst Du durch den meisterlichen Stich von Burnet. Die Farbenwirkung ist keineswegs brillant, doch das Fleisch von warmem und klarem Ton. Die wie bei Hogarth sehr gebrochenen Farben machen in einer sanften, mit großer Feinheit durchgeführten Beleuchtung einen sehr harmonischen Eindruck, welcher bei vorwaltendem Gebrauch der Deckfarben viel von einem Guaschgemälde hat. Sowohl in diesen Stücken, als in der

Naivetät und Feinheit der Naturbeobachtung und dem gemüthlich-humoristischen Inhalt, ist dieses ein wahres Meisterstück, welches um so mehr Bewunderung verdient, als es, wie aus der darauf befindlichen Jahrszahl 1806 erhellt, gemalt worden, da der den 18ten November 1785 zu Cuts in Fifeshire geborene Wilkie nicht mehr als 21 Jahre alt war. (Leinw., 1 F. 10 Z. hoch, 2 F. 7 Z. breit. Beaumont.)

Ein anderes Bild, wo ein Bauer, der des Guten zu viel gethan, von seiner Familie zu Hause gebracht wird, ist zwar im Ausdruck der Köpfe höchst launig, in der Haltung und im Helldunkel meisterlich; doch erscheinen die Figuren für den Raum des Bildes zu klein und zu zerstreut, und ist das Haus und andere Beiwerke zu flüchtig behandelt, um für diesen Mangel zu entschädigen; auch halten die Gesichter in den etwas unbestimmten Formen und dem kaltröthlichen Fleischton keinen Vergleich mit dem anderen Bilde aus. Mit der Jahrszahl 1811 bezeichnet. (Auf Holz, 3 F. 1 Z. hoch, 4 F. 2 Z. breit. Angerstein.)

Doch ich muſs fast befürchten, Deine Geduld durch diesen langen Bericht erschöpft zu haben, und schlieſse um so lieber, als ich mich jetzt zu einem schweren Feldzug für diesen Abend rüsten muſs. Dem Diner wird sich eine Gesellschaft bei der Madam Solly, einer Nichte meines Freundes, anschlieſsen, und den Beschluſs ein Ball bei dem Herzog von Devonshire machen.

Zehnter Brief.

London, den 16. Juni.

Meinen Feldzug von neulich habe ich denn glücklich bestanden. Bei der Madam Solly machte ich durch Raumer die Bekanntschaft des belgischen Gesandten van de Weyer, der bei vieler Lebhaftigkeit des Geistes ein warmes Interesse für die Geschichte der Malerei in seinem Vaterlande zeigte, welche mich in meinem Leben so viel beschäftigt hat. Durch ihn wurde ich der Lady Morgan vorgestellt. Sie ist von kleiner Statur, für ihre Jahre etwas jugendlich in der Toilette, was hier indeſs nicht zu den Seltenheiten gehört, von keinesweges schönem, aber sehr klugem Ansehen und in ihrem Gespräch eben so geistreich und lebendig, als in ihren Schriften, aber auch nicht weniger beiſsend. Von den Aeuſserungen einfältiger Leute pflegt man zu sagen, sie sind weder gehauen noch gestochen, von den ihrigen könnte man umgekehrt wohl behaupten, sie seien Beides. Die Gesellschaft war zahlreich, die Räume eng, die Hitze groſs, so daſs ich die Herren und Damen nicht beneidete, welche in dieser Atmosphäre die Gesellschaft durch die modischen Töne eines Rossini und Bellini bezauberten. Da die Einladungskarte zum Ball bei dem Herzog von Devonshire auf 11 lautete, brach ich, um nicht zu den Ersten zu gehören, um halb zwölf auf. Die Reihe der Wagen, welche nach Devonshirehouse strebten, war indeſs so lang, daſs eine volle Stunde verging, ehe ich dort anlangte. Eine rauschende Musik

sik tönte mir aus dem glänzend erleuchteten Hause entgegen. Gleich im ersten Zimmer fand ich die elegante Welt so im Gedränge, dafs ich viel Noth hatte, mich allmählig durch zu manövriren. Der Herzog unterhielt sich nach der freundlichsten Begrüfsung einige Minuten mit mir und lud mich auf den 13ten zu einem Frühstück nach Chiswick ein, einer Villa, welche er in der Nähe von London besitzt. Der festliche Schmuck des Locals, die dem Tageslicht nahe kommende Beleuchtung entsprach der glänzenden Gesellschaft, welche sich darin bewegte. Ein Cabinet, dessen Wände mit Spiegeln und rosafarbner Draperie decorirt waren, in dessen Mitte eine Fülle der schönsten Blumen, in den buntesten Farben prangend, die Luft mit süfsen Düften erfüllte, nahm sich besonders zierlich aus. Um indefs den Eindruck einer feenhaften Welt zu vollenden und ihm den höchsten Reiz zu geben, wechselten darin die schlanken, sylphenartigen Gestalten der jungen Engländerinnen aus den höchsten Classen der Gesellschaft ab, welche dieser im höchsten Grade fashionable Ball hier in seltner Anzahl versammelt hatte. Obgleich nicht selbst bildender Künstler, hat mich doch mein so langjähriger vertrauter Umgang mit Kunstwerken aller Art daran gewöhnt, die Natur mit Künstleraugen zu betrachten, mich an der unendlichen Mannigfaltigkeit ihrer Formen und deren geistiger Bedeutung zu erfreuen und darin die Vorbilder so mancher Meister wieder zu erkennen. Für solche Beobachtungen bot dieser Ball ein reiches und ein schönes Feld dar, und ich konnte mich ihnen um so unbefangener überlassen, als ich von den Hunderten dieser colossalen Gesellschaft nur sehr Wenigen persönlich bekannt war. Von beiden Geschlechtern waren hier ausgezeichnet schöne Leute. Wie manchem lebenden van Dyck begegnete ich hier, mit jenen feinen, regelmäfsigen Zügen, jenem klaren durchsichtigen, warmen Teint und blonden Haar, welches er so unvergleichlich wieder zu geben verstanden! Auffallender waren mir viele Gesichter von ganz südlichem Ansehen mit schwarzem Haar, scharfen Stirnknochen mit schmalen, sammetartigen Augenbrauen, die dem Gesicht etwas so Pikantes geben. Diese mögen noch von den Ureinwohnern, den alten Briten, stammen, wenigstens sind die eingewanderten Sachsen und Normannen blonde Völkerstämme. Das Köpfchen eines Mädchens von den lieblichsten Formen und dem graziösesten Ausdruck würde Guido mit Entzücken betrachtet haben; ein junger Mann aber war von einer Reinheit der Bildung, wie sie mir bisher nur sehr selten vorgekommen ist. Das dunkle, tiefliegende, träumerische Auge, der schöngeschnittene Mund, in dessen Ausdruck sich eine feine Sinnlichkeit mit einer leisen Melancholie mischte, hätten einem griechischen Künstler in ihm das schönste Modell eines jugendlichen Bacchus erkennen lassen. Bei grofser Jugend schien er in diesen Kreisen noch ein Neuling zu sein, denn es war in ihm noch keine Spur jenes selbstgefälligen Bewufstseins seiner Schönheit wahrzunehmen, welches deren Eindruck immer so sehr schwächt. Einen ganz eigenen Zauber erhielt der Ausdruck seines Gesichts, als seine Blicke mit dem lebhaftesten Wohlgefallen eine Zeit lang auf einer Blondine ruhten, aus deren Augen der heiterste Vollgenufs von erster Jugendfrische und blendender Schönheit strahlte. Du möchtest vielleicht die Namen mancher dieser Schönheiten wissen, doch fiel es mir eben so wenig ein, mich danach zu erkundigen, als nach den lateinischen Namen der Blumen, wenn ich mich in einem Garten befinde; ich war glücklich im Anschauen dieser menschlichen Blumen, als der schönsten Art, welche Gottes Erde hervorbringt. England ist, wenigstens was diese höchsten Classen der Gesellschaft anlangt, ein besonders glücklicher Garten für solche Blumen. Auch ist dieses sehr erklärlich. Die physische Erziehung der Kinder von der Geburt an ist in keinem Lande so verständig und heilsam geordnet als in England, so daſs ich auch nirgend solche Anzahl in der Fülle der Gesundheit prangender Kinder gesehen habe als hier. Die gröſste Regelmäſsigkeit des Lebens, eine einfache, aber kräftige Nahrung, sehr vieler Aufenthalt im Freien sind Hauptpunkte dieser Erziehung, welche streng fortgesetzt wird, bis die Kinder ganz erwachsen sind. Ein sehr groſser Vortheil gegen alle nordischen Länder aber ist es, daſs die Kinder nicht die Hälfte des Jahres in häufig überheizten Zimmern zubringen müssen, denn das Caminfeuer der Engländer kommt dagegen nicht in Betrachtung. Hierdurch werden die häutigen Theile des Gesichts nicht so aufgeschwemmt und gedunsen, sondern man findet hier, wie in Italien, jenes Durchblicken der Knochenbildung, welches den Formen mehr Bestimmtheit und zugleich feinere Nüancen giebt. Dieses fiel mir als ein besonderer Vorzug der englischen Schönheiten vor denen mancher anderen Länder auf. Zu allem kommt aber bei den höheren Ständen, daſs körperlich nie eine anstrengende Arbeit, geistig nur selten eine Sorge die ruhige Entwickelung der Schön-

11*

heit und deren längere Erhaltung stört. Wie aber dieselben Pflanzen unter der Pflege des Gärtners im besten Boden bei den wohlüberlegten, abwechselnd wohlthätigen Einflüssen von Sonne und Regen besser gedeihen, als wenn sie, im dürren Boden kümmerlich wurzelnd, dem zufälligsten Wechsel des Sturms und Sonnenbrandes ausgesetzt sind, so ist es auch mit der menschlichen Schönheit, dieser in ihrer gröfsten Feinheit so zarten, so leicht zu störenden Blüthe. Endlich ist es auffallend, wie in manchen dieser grofsen Familien sich der sehr alte Typus einer bestimmten Art von Schönheit erhalten hat, wie man sich aus vielen Sammlungen von Familienportraiten überzeugen kann. Durch die gröfsere Freiheit des englischen Adels in der Wahl ihrer Frauen ist zugleich jene Ausartung in Caricatur und Verkümmerung der Gestalten vermieden worden, welche hier und da in anderen Ländern eingetreten ist. — Du kannst leicht denken, dafs hier die reichsten und glänzendsten Toiletten in Ueberflufs vorhanden waren, und ich bedauerte nur, sie nicht mit Deinen weiblichen Kennerblicken in allen Theilen würdigen zu können. Der Reichthum von zwei grofsen Buffets, an deren einem die mannigfaltigsten Erfrischungen, an dem anderen ein warmes Souper von der zahlreichen und glänzenden Dienerschaft servirt wurde, blieb nicht hinter dem Uebrigen zurück. Das ganze Fest bewies mir, dafs der Herzog von Devonshire nicht umsonst unter dem hohen Adel von England für den Fashionabelsten und Gastfreisten gehalten wird.

Doch ich will Dir auch heute von dem Schmuck der Zimmer in Devonshirehouse schreiben, der nachhaltiger und dauernder ist, als ein solcher Ball mit allen seinen rasch vorüber rauschenden Herrlichkeiten, von den Gemälden. Unter diesen sind im Ganzen die Italiener überwiegend, und von ihnen wieder die venezianische Schule des 16ten, die anderen des 17ten Jahrhunderts. Aus dem 15ten Jahrhundert ist nur ein Christuskopf von Antonello da Messina vorhanden, welcher die bei Jan van Eyck in den Niederlanden erlernte Oelmalerei zuerst nach Italien brachte, und dadurch in der Kunstgeschichte von großer Bedeutung geworden ist. Der altchristliche Typus der Mosaiken ist darin ganz ähnlich aufgefaßt, wie in dem Bilde des Jan van Eyck in dem Museum zu Berlin, und dabei fleißig in seinem bräunlichen Ton ausgeführt. Die bedeutendsten Bilder aus der venezianischen Schule sind:

Tizian. 1) Das Portrait des Königs Philipp II. von Spanien in jüngeren Jahren, ganze Figur in Lebensgröße. Er steht in prächtiger Rüstung da. Auf einem Tische Helm und Handschuh. Sehr fleißig ausgeführt, besonders der Kopf in einem klaren, hellen Goldton. Leider haben die Hände sehr gelitten.

2) Das Bildniß eines jungen Mannes. Der Kopf ist von dem zartesten Naturgefühl, die Ausführung in der früheren Weise Tizian's sorgfältig im leichten Goldton. Alles Uebrige hat stark gelitten.

3) Eine reiche, poetische Landschaft. Die mächtigen Bergformen erinnern an Tizian's Vaterland, das Friaul. Die Figuren, eine Predigt Johannis, sind nur skizzenhaft behandelt. Durch eine Reinigung würde dieses Bild ungemein gewinnen.

Giorgione. Ein männliches Bildniß von kräftigem, edlem Ausdruck. Im Kopf nur einige Retouchen, sonst hart mitgenommen.

Paolo Veronese. Die Anbetung der Könige, lebensgroſse Figuren. Dieses Bild gehört zu den ausgezeichnetsten des Meisters. Die Köpfe sind edler und feiner als meist, die Ausführung, in einem klaren, warmen, dem Tizian verwandten Ton, ist besonders fleiſsig, die Wirkung des Ganzen schlagend.

Eine Darstellung aus der Legende des heiligen Mauritius, welche ebenfalls für Paolo Veronese gilt, halte ich nur aus seiner Schule.

Tintoretto. 1) Das Bildniſs eines alten Mannes in einem Sessel, Kniestück. Höchst edel und groſsartig aufgefaſst und mit dem feinsten Gefühl für Harmonie in allen Theilen durchgeführt. Eins der schönsten Bilder dieses so ungleichen Meisters. 2) Bildniſs des Nicolaus Capello, ganze Figur, lebensgroſs. Der Kopf ist glühend gemalt, die Schwärze der Schatten deutet auf die spätere Zeit des Meisters. 3) Männliches Bildniſs, Kniestück. Der Kopf ist von groſser Feinheit in der früheren Zeit im klaren, warmen Ton gemalt. Die Hände sind verdorben.

Giacomo Bassano. 1) Moses vor dem feurigen Busch. Poetisch in der Composition, von sehr klarer Färbung und fleiſsiger Ausführung. 2) Maria erscheint einem Hirten. Von seltner Kraft und Klarheit.

Gregorio Schiavone. Hieronymus in der Wüste hat in einem hohen Grade die diesem Meister eigenthümliche Energie der Wirkung. Hier für Tizian ausgegeben.

Alessandro Tuschi. Amor von Psyche mit der Lampe besucht. Diese etwas freie Composition besitzt in einem ausgezeichneten Maaſse die dem Meister eigenthümlichen Verdienste, eine gute Zeichnung; edle Formen, sehr fleifsige Ausführung und ist dabei für ihn besonders glühend colorirt.

Unter den sonstigen Italienern des 16ten Jahrhunderts zeichnen sich noch aus:

Boltraffio. Das Bildnifs eines jungen Mädchens. Ein fleifsiges und schönes Bild dieses trefflichen und seltnen Schülers des Lionardo da Vinci, welches hier den Namen des Meisters trägt.

Christus und die Samariterin am Brunnen nach der bekannten Composition des Michelangelo Buonaroti, mit einer reichen Landschaft, ist ein kleines Bild von sehr guter Ausführung und des Sebastian del Piombo nicht unwürdig.

Parmegiano. Magdalena in der Wüste. Sehr vollendet und glühend colorirt.

Die nach dem Begräbnifs Christi ohnmächtig gewordene Maria von drei Frauen und Johannes beweint, ein Bildchen von etwa 1 F. 2 Z. hoch, 1 F. breit, ist höchst edel in der Composition, den Characteren und Gewändern, rührend im Ausdruck. Unter den Zeichnungen Raphael's in Florenz befindet sich die Composition mit der Feder gezeichnet und in Aquarell colorirt. Die warme Färbung, der Character der Landschaft sprechen für einen der Schüler Raphael's aus Bologna oder Ferrara, ohne dafs ich indefs einen bestimmten Namen nennen möchte.

Baroccio. Die heilige Familie, ein kleines Gemälde von der zartesten Vollendung in dem warmen, röthlichen Ton, worin das Streben, den Correggio nachzuahmen, besonders deutlich hervortritt.

Aus den italienischen Schulen vom Ende des 16ten Jahrhunderts ab bemerke ich:

Lodovico Carracci. Die Kreuztragung Christi,

von reicher, sehr edler Composition und jener feinen Empfindung in den Köpfen, welche so manches seiner kleineren Bilder auszeichnet. In der Färbung minder lebhaft, in der Ausführung minder fein als häufig. Von seinen vier Hauptschülern befinden sich hier folgende Bilder:

Domenichino. 1) Die keusche Susanna. Sehr fleifsig in einem warmen, tiefen Ton gemalt. Obwohl in der Hauptsache mit dem grofsen Bilde in der Gallerie zu München übereinstimmend, weicht es doch in manchen einzelnen Theilen ab. 2) Eine jugendliche weibliche Figur von graziöser Bewegung und vielem Ausdruck auf Wolken schwebend. Farbe und Vollendung zart.

Guido Reni. Perseus und Andromeda, lebensgrofs. Der weite Raum ist etwas leer, doch sind die Figuren gut bewegt, der Ton hell, klar und doch dabei warm. Im Ganzen gehört es nicht zu den besten Werken dieses Meisters, der im Reichthum edler Erfindungen, Zierlichkeit der Formen, Grazie der Bewegungen, trefflicher Haltung, Eleganz und Leichtigkeit des Vortrags die erste Stelle in der Schule der Carracci einnimmt.

Albano. Venus, Ceres, Bacchus, ein junger Satyr und viele Liebesgötter, welche ernten und Wein lesen, in einer schönen Landschaft. Mannigfaltig und graziös in den Motiven, warm im Ton, zart in der Ausführung. In Bildern dieser Art, dem eigenthümlichen Gebiet des Albano, ist er höchst anziehend und es lebt in ihnen ein dem Tasso und Guarini verwandtes Gefühl.

Guercino. Die keusche Susanna, lebensgrofse Figuren. Ein fleifsiges Bild des Meisters und besonders warm in den Lichtern, doch sehr dunkel in den Schatten und, wie bei ihm so häufig, zwar von schlagender Wirkung, doch im geistigen Gehalt nicht bedeutend.

Michael Angelo da Caravaggio. Guitarren- und Flötenspieler und ein Sänger, der einen vollen Becher hält. Hier ist dieser Meister, der durch die Gemeinheit seines Sinns in Aufgaben höherer Art so selten befriedigt, recht in seiner eigenthümlichen Sphäre. Man sieht, die Leute lassen es sich wohl sein. Diese lebendige Darstellung ist mit aller seiner Meisterschaft gemalt und von sehr kräftiger Wirkung.

Matia Preti. Ein Alter, der die Laute, ein Jüngerer, der die Geige spielt, gehört durch die Bestimmtheit der Formen, die bei ihm seltne Gluth der Färbung und Fleiſs der Ausführung zu seinen besten Bildern. Die Schatten sind wie immer schwarz.

Salvator Rosa. Eine Landschaft mit dem schlafenden Jacob und der Himmelsleiter. Höchst poetisch in der Composition und der Beleuchtung und dabei in allen Theilen fleiſsiger und klarer als so häufig. Man muſs diesen Meister hier in England gesehen haben, wo vielleicht drei Viertel seiner Bilder, und darunter die besten, vorhanden sind, um sich zu überzeugen, daſs er keineswegs die niedrige Stelle eines wüsten und wilden Skizzisten einnimmt, welche man ihm in Deutschland, wo man meist nur rohe Nachahmungen nach ihm zu sehen bekommt, anzuweisen pflegt. Ein Meister, der neben einem Claude Lorrain und einem Gaspard Poussin zu seiner Zeit in Rom ein solches Ansehen genoſs, muſste wohl etwas mehr sein. Gewiſs findet sich in seinen besseren Werken neben einem tiefen Gefühl für die Ein-

11**

samkeit einer grofsartig-wilden, phantastischen Natur eine klare, oft selbst frische Farbe und eine eben so sorgfältige, als geistreiche Ausführung. Unter den übrigen sieben Bildern, welche sich in dieser Sammlung noch aufserdem von ihm befinden, sind mir eine Landschaft mit einem Baumstamm, an dessen Fufse zwei Krieger weilen, und ein verhüllt dasitzender Krieger, den er auch radirt hat, mit einer Frau, welche sich mit einem Kinde entfernt, am liebsten. Einige andere leiden allerdings an Frechheit der Behandlung und an Schwärze der Schatten.

Gaspard Poussin. Aussicht auf schön bewachsene Berge, welche sich am Meere hinziehen, im Mittelgrunde Gebäude von edlen Linien, sich gegen das Meer absetzend. Im Vorgrunde eine Jagd. Dieses Bild von sehr langer und schmaler Form gehört durch das Hochpoetische des Naturgefühls, die Schönheit der Linien, die Wärme der Beleuchtung am Horizont, die fleifsige Ausführung und die grofse Klarheit in allen Theilen nicht allein zu den schönsten Werken dieses Meisters, sondern zu den schönsten Landschaften, welche es überhaupt giebt. Vier kleine runde Bilder von ihm sind ebenfalls trefflich, vor allem eine Ansicht von Tivoli, worauf die Sonne grade auf den ganz von vorn gesehenen Wasserfall scheint. Man begegnet dieser Ansicht öfter von seiner Hand.

Pietro da Cortona. Unter den Bildern, die von diesem fruchtbaren Meister hier sind, erwähne ich nur wegen der Seltenheit und Merkwürdigkeit eine grofse Landschaft, in welcher ein Strom sich zwischen Bergen einherzieht. Sie ist durch ein edles Naturgefühl und eine fleifsige Ausführung sehr ausgezeichnet. Nur der allgemeine Ton ist etwas kalt und einförmig.

Sassoferrato. Ein wahres Original der so oft wiederholten Madonna von seltener Kraft der Färbung und großer Vollendung.

Carlo Dolce. Von diesem beliebten Meister ist hier ebenso ein Original des Christuskopfs mit Blumen, der so oft vorkommt. Es ist vom feinsten Schmelz der Ausführung.

Unter den Bildern des Andrea Sacchi, Carlo Maratti, Carlo Cignani, Francesco Romanelli, Pietro Francesco Mola, Filippo Lauri, Luca Giordano, Marco und Sebastian Ricci, Biscaino u. a. befindet sich für diese Meister zum Theil sehr Ausgezeichnetes, doch würde es mich zu weit führen, hier auf das Einzelne einzugehen.

Von der französischen Schule fehlen hier die beiden Lieblingsmeister nicht.

Nicolas Poussin. 1) Jehovah erscheint in einer Glorie von Engeln einer ihn verehrenden Familie. Die Gruppe des Jehovah ist sehr edel, die schöne Landschaft mit Ruinen von warmem Ton. 2) Eine frühere Composition des poetischen Gedankens „Et in Arcadia ego", den Poussin in seinem berühmten Bilde im Louvre so vortrefflich ausgeführt hat. Drei Figuren, welche neben einander ungefähr dieselben Linien beschreiben, machen sich in diesem Bilde nicht glücklich, dennoch hat es etwas sehr Edles im Gefühl und ist die Landschaft vortrefflich, die Ausführung sehr fleißig. 3) Eine heilige Familie mit vielen Engeln, deren einer Blumen bringt. Eins der Bilder dieses Meisters, worin die leeren Gesichter mit den weit aufgesperrten Augen eben so wenig befriedigen, wie die grellen Farben in den blauen und ziegelrothen Gewändern der Maria. Nur die schöne Landschaft kann hier fesseln. 4 und 5) Zwei Ansichten von Gebäuden des Forums aus der früheren Zeit Poussin's sind sehr merkwürdig wegen der Sorgfalt in der Ausführung und der trefflichen Beleuchtung.

Bourguignon. Unter den fünf Bildern dieses großen Schlachtenmalers ist ein Reiterscharmützel besonders geistreich und klar in der Farbe. Letzteres gilt noch mehr von zwei Seestücken, einer seltneren Form dieses Meisters, worin er viel Verdienst zeigt.

Le Sueur. Die Königin von Saba vor Salomo. Eine reiche Composition dieses außer Paris seltnen Meisters, die aber in den Köpfen leerer ist, als man bei ihm, der sich durch sein reines und wahres Gefühl vor seinen meisten Landsleuten so vortheilhaft auszeichnet, es sonst zu finden gewohnt ist.

Auch von Watteau und Lancret sind hier einige sehr artige Bilder.

Ich gehe jetzt zu den Bildern aus der deutschen, flamändischen und holländischen Schule über. Von der ersten bemerke ich:

Hans Holbein. Bildniß eines Mannes in mittleren Jahren, fast von vorn, in einem Pelz. Der Grund grün. Von großer Feinheit des Gefühls und besonders schöner Färbung, indem darin die röthliche Wärme des Tons aus der zweiten Epoche des Meisters mit der durchsichtigeren Malerei der dritten Epoche vereinigt ist. Das Bild möchte um 1530 fallen. Zwei andere für Holbein gegebene Bilder kann ich nicht dafür halten. Das eine kleinere trägt die Aufschrift THO. CROMVEL Aet. 14. An. D. 1515. Damals war Holbein 17 Jahre alt und noch nicht in England; das andere ist ein alter Kopf, fleifsig, wahr und warm gemalt, aber aus einer etwas späteren Zeit. Sehr geistreich und echt ist dagegen eine in Guasch ausgeführte Zeichnung der in jener Zeit so beliebten Vorstellung des Glücksrades. Die vier Figuren, steigend, obenauf, fallend und am Boden, sind höchst ausdrucksvoll und mit deutschen Inschriften versehen. Aufser Holbein's Monogramm, dem doppelten H, ist es mit 1533 bezeichnet, in welchem Jahr Holbein sich in Basel aufhielt.

Adam Elsheimer. Eine abendliche Ruhe auf der Flucht nach Aegypten. In diesem Bildchen ist das Gemüthliche des Meisters in einem seltnen Grade mit seiner vollendeten Ausführung und einer warmen Beleuchtung verbunden.

Auch von Rothenhammer sind einige sehr gute Arbeiten hier.

Unter den Flamändern sind am beachtungswerthesten:

Bernard van Orley. Neptun und Amphitrite, welche sich küssen, dabei Amor mit dem Dreizack. Dieses sehr fleifsig ausgeführte Bildchen hat hier den Namen Luca Penni, ist aber ohne allen Zweifel ein Werk jenes in seiner Zeit sehr berühmten niederländischen Schülers von Raphael, dessen Vorstellungen aus dem Kreise der Mythologie bis zur neuesten Zeit, in welcher man wieder auf ihn aufmerksam geworden ist, italienischen Meistern beigemessen worden sind.

Jacob Jordaens. Der Prinz Frederik Henrick von Oranien und seine Gemalin, ganze Figuren, lebensgrofs. Von viel mehr Naturgefühl als meist. Die

Fleisch hat hier nicht das zu durchsichtig Gläserne, was ihm so häufig eigen, sondern ist von solidem Impasto und sattem, dem Rubens nahe kommenden Goldton. Ein Hauptbild des Meisters.

A. van Dyck. 1) Margaretha, Gräfin von Carlisle, in einem Lehnstuhl, eine schöne, reich geschmückte Frau. Ihre vor ihr stehende kleine Tochter ist vom naivsten Reiz. Ein Bild der elegantesten Zeit und sehr fleifsig in einem warmen, satten Ton gemalt. 2) Die Bildnisse von Rubens und van Dyck, klein in zwei Runden für den bekannten, trefflichen Stich des Pontius, grau in Grau sehr trefflich ausgeführt. 3 und 4) Zwei andere Portraite, von denen besonders das eine von grofser Feinheit und Klarheit.

Das Kind Moses, in einer Schachtel am Ufer des Nils liegend, wird von zwei Frauen zwischen den Binsen erblikt. So ansprechend die Composition dieses Bildes ist, scheint es mir doch als van Dyck zweifelhaft. Besonders fällt der schwere und dunkle Ton der Landschaft unangenehm auf.

Lucas van Uden. Eine vortreffliche Landschaft, welche im Character denen seines Lehrers Rubens noch näher verwandt ist als meist.

Die Anzahl der Bilder aus der holländischen Schule ist nicht grofs, doch befindet sich darunter Einiges von Bedeutung.

Lucas van Leyden. Ein Arzt zieht einem Landmann einen Zahn aus. Ganz wie der bekannte Stich dieses Meisters und in derselben Gröfse, doch zu den wenigen echten Bildern desselben gehörig.

Frans Hals. Ein männliches Bildnifs. So lebendig und geistreich wie fast immer, aber viel fleifsiger.

Rembrandt. Das Bildnifs eines Rabbiners in einem Sessel, von der lebendigsten Auffassung, auf das fleifsigste in allen Theilen durchgebildet, und von seltner Wirkung des meisterlichen Helldunkels. Ohngeachtet aller jener Vorzüge kann ich indefs darin nicht Rembrandt's Touche und Durchsichtigkeit der Töne, welche ihm in allen Epochen eigen ist, erkennen. Ich möchte es daher eher für ein Hauptwerk des Salomon Koning halten. Der Meister hat dieses Bild mit geringen Veränderungen öfter wiederholt. Ein Exemplar ist in Genua, ein anderes im Besitz des Herrn von Sewa im Haag, ein drittes im Museum zu Berlin.

Willem van de Velde. Zu beweisen, dafs dieser Lieblingsmeister der Engländer in Darstellung des Meers im ruhigen Zustande der erste aller Maler ist, genügt dieses Bild. Mit grofser Kunst sind die Schiffe angeordnet, um durch Gegensätze die Pläne auseinander zu treiben und die einfache Linie verschiedentlich zu unterbrechen. Die Klarheit der ruhigen, warmbeleuchteten Fläche bringt in dem Beschauer das Gefühl von Stille und Ruhe hervor.

Nicolaus Berchem. 1) An Bergen von schönen Formen zieht sich ein Flufs hin. Unter der reichen Staffage von Menschen und Vieh, welche das Bild beleben, zeichnen sich zwei Herren zu Pferde und ein Mädchen auf einem Esel aus. Die sinkende Sonne bildet sehr entschiedene Lichter und Schatten. In der Erfindung besonders reich und poetisch, trefflich impastirt, die Schatten haben gedunkelt. 2 F. hoch, 3 F. 7 Z. breit. 2) Ein Seehafen. Im Vorgrunde Herr und Dame zu Pferde mit Falken, die sich in der Eleganz der Form dem Wouverman nähern. Das Ganze trefflich touchirt und von glänzender Wirkung. 1 F. 6 Z. hoch, 1 F. 11 Z. breit. Dasselbe Bild befindet sich in der Sammlung des Herrn Steengracht im Haag.

Ich bemerke hier nur noch im Allgemeinen, daſs sich aus den letzten beiden Schulen auſserdem noch sehr gute Bilder von Savary, de Momper, van der Meulen, van Goyen, J. B. Weenix, Ruysbraek, Horizonte, D. Mytens, Steenwyck, Poelenburg, Brouwer und anderen Meistern hier befinden, welche zum Theil in England viel zu gering geachtet werden, indem mehrere derselben in ihren besten Productionen manchen schwächeren Bildern der Meister, welche in der ersten Linie stehen, offenbar vorzuziehen sind.

Ich beschlieſse meinen Bericht mit einigen Bildern aus der englischen Schule.

William Dobson. Ein Familienbild von Vater, Mutter und vier Kindern. Es war mir sehr interessant, dieses Bild des namhaftesten englischen Bildniſsmalers aus der Zeit Carl's I. zu sehen. Man erkennt sogleich als Vorbild den van Dyck. Auch war es ein Mann von Talent, die Köpfe, zumal die der Eltern, sind wahr, lebendig und die ganze Ausführung fleiſsig. In vielen Theilen muſs es indeſs freilich seinem Muster nachstehen. Die Zeichnung ist schwächer, die Stellungen der Hände weniger geschmackvoll, das Fleisch minder klar und zu bestimmt roth auf den Wangen, das Roth und Blau der Kleider zu lebhaft, daher die Harmonie des Ganzen ungleich geringer.

Sir Josua Reynolds. 1) Lord Richard Cavendish, halbe Figur. Sehr lebendig aufgefaſst und in einem warmen, klaren Ton mit gröſster Meisterschaft und Feinheit beendigt. 2) Das Bildnifs der verstorbenen, durch ihren Geist und ihre Kunstliebe so berühmten Herzogin von Devonshire. Ein sehr anziehendes und kluges Gesicht von äufserst zarter, blühender, durchsichtiger Farbe. Solche Werke beweisen, wie hoch dieser Meister als Portraitmaler steht.

Viele Bilder dieser reichen Sammlung sehen jetzt durch Schmutz und Trockenheit sehr unscheinbar aus. Der Herzog hat indefs eine solche Abneigung gegen das Restauriren, dafs er sich nicht leicht entschliefsen wird, diesem Uebelstande abzuhelfen, auch kann man ihm dieses bei der unbarmherzigen Weise, womit manche Gemälde früher verwaschen worden sind, nicht wohl verdenken; und doch ist wieder bei immer zunehmender Trockenheit das Abfallen der Farbe und somit der gänzliche Untergang von mehreren zu befürchten. Leider befinden sich die meisten Bilder in der Welt in ähnlicher Weise zwischen Scylla und Charybdis.

Du kannst Dir leicht denken, wie begierig ich war, das neue für die Aufnahme der Nationalgallerie bestimmte Gebäude im Einzelnen zu sehen, und es war mir daher sehr lieb, durch die gütige Vermittelung des Herzogs von Southerland die Bekanntschaft des Baumeisters desselben, Herrn Wilkins, zu machen. Ich fand an ihm einen sehr stattlichen Mann, der sich vor den meisten Architecten durch seine gründliche wissenschaftliche Bildung auszeichnet. Eine Frucht derselben ist seine Uebersetzung des Vitruv, auch kommen unter seiner Leitung und Redaction die musterhaften Werke über Denkmale griechischer Architectur heraus, womit die berühmte, nun bereits über

100 Jahre bestehende Gesellschaft der Dilettanten so erstaunlich viel zur genauen Kenntnifs echtgriechischer Baukunst und zur höchsten Ausbildung aller Architecten in Europa gewirkt hat. Mit dem gröfsten Interesse sah ich bei ihm die Probeblätter zu zwei neuen Theilen dieses Werks, welche sich über die Denkmale zu Knidus, Magnesia und anderer griechischen Städte Kleinasiens verbreiten, und viel Neues von Wichtigkeit enthalten. In einer Broschüre, welche Wilkins im Jahr 1832 in Form eines Briefes an den damaligen Minister Lord Goderich drucken lassen, und worin er sich mit grofser Freimüthigkeit über die Lauheit ausspricht, womit das Gedeihen von Architectur, Bildhauerei und Malerei bisher von der englischen Regierung unterstützt worden ist, dringt er mit vielem Nachdruck auf den Bau einer Nationalgallerie.. Dieser kam denn auch durch einen Parliamentsbeschlufs im folgenden Jahre zu Stande, und zwar an einer Stelle, deren Lage nicht glücklicher gewählt werden konnte. Die Façade des Gebäudes erstreckt sich längs der am höchsten gelegenen Seite des recht im Mittelpunkte Londons befindlichen, grofsen Platzes an Charing Crofs, so dafs sie diesen ganzen Platz beherrscht. Nur ist freilich mit diesem Bauplatz ein anderer sehr grofser Uebelstand verbunden — seine sehr geringe Tiefe. Durch diesen Umstand ist der Architect verhindert worden, dem Gebäude die Höhe zu geben, welche nothwendig war, um im Verhältnisse zu seiner Länge und zu dem grofsen Platz als Masse eine bedeutende Wirkung hervorzubringen; denn abgesehen davon, dafs dadurch die Seitenansicht ein unangenehmes, thurmartiges Verhältnifs bekommen hätte, würden sich daraus die

größten Schwierigkeiten für eine gefällige Eintheilung der inneren Räume ergeben haben. In den Profilen, in der Wahl der Verzierungen erkennt man den mit den Feinheiten der griechischen Kunst vertrauten Mann, nur würden an dieser Stelle eine stärkere Ausladung der Gesimse, größere Verhältnisse der einzelnen Theile, z. B. der Fenster, eine ungleich bessere Wirkung gethan haben. Am wenigsten kann ich mich mit dem öfteren Unterbrechen der Hauptlinie durch verschobene Theile und mit den kleinen, thurmartigen Aufsätzen einverstanden erklären, welche sich auf der Höhe des Gebäudes erheben. Die größeren und kleineren Räume von sehr mäßiger Höhe, worin die Gemälde aufgestellt werden sollen, empfangen nach der hier für Bildergallerien allgemein beliebten Sitte ihr Licht von oben. Ich kann es nicht für ganz zufällig halten, daß die Werkstätten der Maler niemals durch ein Licht von oben, sondern immer durch ein etwas hoch einfallendes Seitenlicht beleuchtet sind, und glaube daher, daß die Art der Beleuchtung, welche die Künstler selbst für die günstigste halten, ihre Werke hervorzubringen, für das nachherige Beschauen derselben ebenfalls am vortheilhaftesten sein möchte. Jedenfalls werden dabei die Reflexe, worein hochhängende, und wiederum das stumpfe, kellerartige Licht vermieden, worein niedrig hängende Bilder in den von oben beleuchteten Räumen so leicht gerathen. Hr. Wilkins hat sich indeß nicht begnügt, diese Beleuchtung durch das Aufsetzen von Laternen zu bewirken, die nur an den Seiten Fenster haben, mithin immer nur einen kleinen Lichtkegel einfallen lassen, sondern auch die Decke derselben mit Fenstern versehen, wodurch das Licht ungleich voller und heller wird. Der Hauptzweck des Gebäudes, die Meisterwerke der Nationalgallerie gut zu sehen, wird mithin bei einer verständigen Aufstellung immer erreicht werden. Eine andere Frage ist, ob es nicht mit der Zeit an Raum gebrechen wird, da ungefähr die Hälfte der Zimmer für die königl. Akademie der Künste und deren Ausstellungen bestimmt ist. Denn es ist vorauszusehen, dafs, je mehr die Nation zu dem allgemeinen Gefühl von der Wichtigkeit einer solchen Anstalt für die Bildung eines edlen Geschmacks gelangt, sie auch desto mehr dahin trachten wird, durch Ankäufe und Vermächtnisse die Sammlung an Gehalt und Umfang den ersten Gallerien in Europa anzunähern. Hr. Wilkins ist selbst ein eifriger Freund und Sammler von Gemälden, und unter denen, welche seine Zimmer schmücken, befinden sich einige, die selbst in den gröfsten Gallerien eine ehrenvolle Stelle einnehmen würden. Dahin gehört vor allen eine Ruhe der heiligen Familie in einer schönen Landschaft von Tizian aus der Gallerie Orleans. Das auf dem Schoofs der Maria stehende Jesuskind wendet sich gegen den kleinen Johannes, der ein Lamm herbeibringt. Joseph schauet dem Vorgange zu. Dieses fleifsig im klarsten, sattesten Goldton gemalte Bild ist hierin der Madonna del Coniglio im Louvre nahe verwandt, und gehört also, obgleich es etwas später fällt, der füheren Zeit des Meisters an. Es mufs schon bald nach seiner Entstehung sehr beliebt gewesen sein, indem man öfter sehr gute Copien aus der Schule davon antrifft, von denen eine sich im Louvre, eine andere etwas geringere im Museum zu Berlin befindet. (Abth. 1. No. 95.) Nächstdem ist ein durch den Stich von Bolswerth bekanntes Bild von Rubens am bedeutendsten. In einem Stall mit Pferden und Kühen sieht man den verlorenen Sohn vor einer Viehmagd auf den Knieen, welche beschäftigt ist, sehr freſsbegierige Ferkel zu füttern. Auſserdem drei Männer und die Mutter der Ferkel. Der Ausdruck der groſsen Hülfsbedürftigkeit im verlorenen Sohn, die erstaunliche Lebendigkeit der Thiere, die warme Morgenbeleuchtung und sehr geistreiche und dabei fleiſsige Ausführung verleihen diesem Bilde ein groſses Interesse. Es befand sich sehr lange bei den Nachkommen von Rubens und wurde erst im Jahre 1823 nach England gebracht. Von den anderen Bildern erwähne ich nur noch von Annibale Carracci eine heilige Familie in einer Landschaft, welche durch den klaren, zarten Ton, worin, wie in der ganzen Composition, ihm Correggio vorgeschwebt hat, zu den anziehendsten Cabinetsbildern dieses Meisters gehört. Es befand sich früher in der vortrefflichen Sammlung des Admirals Radner. Von N. Poussin Petrus und Johannes, welche Lahme heilen, ein bekanntes Bild seiner späteren Zeit von bedeutender Gröſse, von Gaspard Poussin eine groſse und vorzüglich schöne Ansicht von Tivoli.

Als ich vorgestern um 4 Uhr Nachmittags zum Frühstück bei dem Herzog von Devonshire in der, in der Mitte eines reizenden Parks gelegenen Villa zu Chiswick eintraf, fand ich die Gesellschaft, welche aus etwa 50 Personen des hohen Adels und des diplomatischen Corps bestand, schon meist im Garten versammelt. Unter dem üppigsten Grün der Bäume gewährten die Damen auf dem feinen Rasen, dessen Grün durch den Sonnenschein noch frischer leuchtete, in ihren weiſsen oder zartfarbigen Toiletten einen sehr heiteren und höchst anziehenden Anblick. Es war, wie auf manchen Bildern des Paolo Veronese, alles Licht in Licht gemalt. Der Herzog ist einer der gröfsten Freunde der Botanik in England, und da es ihm nicht an den Mitteln fehlt, seine Liebhaberei im grofsartigsten Style zu befriedigen, kannst Du Dir die Schönheit und Seltenheit der Blumen und Pflanzen vorstellen, welche hier vor und in den Treibhäusern in reichster Fülle das Auge ergötzten. Als nach dem Frühstück, welches von einem stattlichen Diner nur dem Namen nach verschieden war, die Gesellschaft wieder in's Freie ging, verweilte ich noch eine Zeitlang bei den Bildern, womit auch hier wieder alle Zimmer verziert sind.

Haus und Sammlung sind ursprünglich von dem Lord Burlington im vorigen Jahrhundert angelegt worden und durch Erbschaft an die Herzöge von Devonshire gekommen. Der jetzige Herzog hat indefs den Bau erweitert, so wie Aufstellung und Bestand der Gemälde verändert. Unter der ansehnlichen Zahl befindet sich viel Schätzbares, manches Vorzügliche, leider aber durch Verwaschen oder zu grofse Trokkenheit zum Theil in einem unerwünschten Zustande; auch sind verschiedene Bilder zu ungünstig placirt, um ein bestimmtes Urtheil zuzulassen. Als besonders bemerkenswerth fielen mir folgende auf. Das Bildnifs der Maria Stuart von Federigo Zucchero, ganze, lebensgrofse Figur in prächtiger Kleidung. Ein sehr ansprechendes, wenn gleich nicht eigentlich schönes Gesicht von sehr fleifsiger Malerei.

Die Procession der Dogaresse von Paolo Veronese, eine sehr reiche und mit grofser Meisterschaft behandelte Skizze von bedeutendem Umfange, wahrscheinlich zu einem Bilde mit lebensgrofsen Figuren.

Baroccio. Der Cardinal Baronius, halbe Figur. Ein sehr stattliches Portrait, was indefs besonders ungünstig hängt.

Giacomo Bassano. Die Marien am Kreuzesstamme trauernd. Die Köpfe sind ungleich edler als meist, die Färbung klar und warm, ohne, wie so häufig, übertrieben zu sein.

Guido Reni. Die Malerei und die Zeichnung als zwei Frauen in halber Figur vorgestellt, gewifs eine sehr wunderliche Art von Allegorie! Die Köpfe sind von grofser Feinheit, die helle Färbung sehr klar. Es möchte dem Exemplar derselben Composition im Louvre wenig nachgeben.

Albano. Mars und Venus mit Liebesgöttern in einer schönen Landschaft. Dieses Bild ist den bekannten grofsen Bildern im Louvre an Umfang und Kunstwerth gleich, und durch Wärme der Färbung, liebliche Gestalten, Schönheit der Landschaft sehr anziehend.

Guercino. Christus am Oelberge, lebensgrofse Figuren. Ein Bild von grofser Wirkung und durch eine gewisse Kühle in der Harmonie der Gewänder sehr eigenthümlich.

Salvator Rosa. Gewaltige Felsen am Meeresufer, welches von Fischern belebt ist. Ein grofses Bild, poetisch in der Erfindung, warm und klar in der Färbung, geistreich in der fleifsigen Ausführung.

Gaspard Poussin. Zwei Landschaften von mäfsiger Gröfse, doch in allen Beziehungen trefflich.

Grimani. Eine grofse Landschaft, sehr im Geist des Annibale Carracci.

C. Maratti. Papst Clemens XI. im Lehnstuhl sitzend, Kniestück. Ein vorzügliches Bild dieses in dieser Gattung seltnen Meisters, von guter Anordnung, lebendigen Zügen und sehr fleifsiger Ausführung. In dem Hauptton nach seiner Weise etwas schwach.

Von Italienern sind aufserdem Bilder der Bassano, des Schiavone, der Procaccini, des Luca Giordano vorhanden.

Von Nicolas Poussin ist hier in einem Rund eine sehr poetische Landschaft mit Ruinen im Vorgrunde, auch an einem sehr klaren und fleifsigen Bilde des Bourguignon, einem Marsch von Cavallerie, fehlt es nicht.

Ich komme jetzt auf die Bilder aus der deutschen und niederländischen Schule.

Hier befindet sich das Bild, welches Horace Walpole in seinem Buche über die Malerei in England als eines Jan van Eyck erwähnt. Es ist ein Altarbild mit Flügeln, dessen Mitte ungefähr 2 F. hoch, 2¼ F. breit ist. In der Mitte desselben sitzt Maria, das Kind auf dem Schoofse, welches nach einem Apfel langt, den ein Engel ihm darreicht; auf der anderen Seite ein musicirender Engel. Rechts ein knieender Mann, von Catharina, links dessen Frau, mit der spitzen, zuckerhutartigen Mütze, und Tochter von einer anderen Heiligen empfohlen. Nach Walpole's Angabe sollen diese Personen die Familie des Lord Clifford vorstellen. Auf dem rechten Flügel ist Johannes der Täufer mit dem Lamm, auf dem linken Johannes der Evangelist mit dem Kelch, woraus sich die Schlange erhebt, dargestellt. Den Hintergrund bildet eine Landschaft. An Jan van Eyck ist hier gar nicht zu denken, wohl aber gehört dieses Bild

zu

zu den feinsten aus seiner Schule, welches in der Maria und den Engeln lebhaft an das grofse, nach der Unterschrift dem Memmling gegebene Bild im Johannes-Hospital zu Brügge, in den Flügeln an das Altärchen mit dem heiligen Christoph desselben Meisters in der vormals Boisseréeschen Sammlung erinnert. Leider ist dieses Kleinod viel zu hoch angebracht, um die Ausführung des Einzelnen, welche einen Hauptreiz bei Bildern dieser Schule macht, gehörig würdigen zu können, und obgleich bis jetzt noch gut erhalten, droht die Sonne, welche darauf brennt, doch seinen Untergang herbeizuführen. Es ist merkwürdig, dafs den Engländern, welche doch mit Miniaturen geschmückte Manuscripte aus dieser Schule so sehr lieben, dafs sie solche um hohe Preise sich aneignen, mit sehr seltenen Ausnahmen, der Sinn für die Oelbilder aus derselben so ganz fehlt, indem letztere doch jenen Miniaturen zum Vorbild gedient haben und alle an denselben geschätzten Eigenschaften, Naivetät und Innigkeit des Gefühls, Naturwahrheit und treffliche Ausführung des Einzelnen, die gröfste Frische und Schönheit der Farben, in einem noch höheren Grade besitzen, und überhaupt das Vorzüglichste sind, was die Malerei in der originell-germanischen Richtung hervorgebracht hat, welche der von den Engländern so leidenschaftlich geliebten gothischen Architectur am meisten entspricht. Der Hauptgrund hierfür möchte wohl darin zu suchen sein, dafs die meisten Engländer sich zu sehr daran gewöhnt haben, Bilder nur als gefällige Zimmerdecorationen zu betrachten. Hierbei wird zuerst darauf gesehen, ob ein Bild in Haltung, Perspective, Bewegungen der Figuren der völlig ausgebildeten Kunst angehört, und Seelenlosigkeit, geistige Leere, Flüchtigkeit, die gemeinsame Eigenschaft so vieler späteren Italiener, ungleich eher verzeihen, als eine gewisse Magerkeit der Formen, Unbequemlichkeit der Bewegungen, oder Verstöfse gegen die Perspective, wie sie bei jenen alten Niederländern vorkommen.

Holbein. Die Bildnisse von zwei Kriegern, halbe Figuren im Kleinen. Aus der späteren Zeit des Meisters, und daher bei der ihm immer inwohnenden Lebendigkeit besonders geistreich in einer gewissen Breite behandelt.

B. van Orley. 1) Ein weibliches Bildnifs von grofser Feinheit unter Glas gehalten und ohne allen Grund für die Laura des Petrarca ausgegeben. 2) Eine Frau im Profil, wegen einer Schlange an der Brust Cleopatra genannt, wozu aber der gleichgültige Ausdruck des feinen, schönen Gesichts nicht pafst.

Van Dyck. Das Bildnifs des Dichters Thomas Killigrew in jungen Jahren, halbe Figur. Er hält die Hand auf den Kopf eines Hundes. Geistreich und lebendig und von feiner Farbe. Für van Dyck wird hier auch noch der blinde Belisar ausgegeben, welcher von einer mitleidigen Frau einen Obolus empfängt. Dieses Bild, welches nach Walpole von dem Lord Burlington zusammen mit einem des Luca Giordano für 1000 Guineen in Paris gekauft worden, ist nach meiner Ueberzeugung bestimmt nicht von diesem Meister. Ungeachtet eines erheblichen Verdienstes wüfste ich indefs den Urheber nicht anzugeben.

Rembrandt. 1) Männliches Bildnifs, halbe Figur im klarsten, dunkelsten Goldton von gewaltiger Wirkung. 2) Ein alter Mann, glühend und sehr lebendig.

J. Jordaens. Das Fest des Bohnenkönigs. Dieser von ihm so oft behandelte Gegenstand ist hier minder übertrieben und gemein in den Gesichtern als meist und dabei von sehr glänzender und kräftiger Wirkung.

Cornelius Jansens. König Carl I. in seinen jüngeren Jahren, ganze Figur. Neben ihm ein Spaniel, Hintergrund Landschaft. Sehr lebendig und dabei fleifsig in einem warmen, klaren Ton gemalt.

N. Berchem. 1) Eine Fähre mit Vieh im Begriff einen Flufs zu passiren, der sich durch eine Landschaft windet, worin man eine Ruine sieht, gehört zu seinen trefflichsten Bildern, ist aber leider hart mitgenommen. 2) Grofse Landschaft mit vielem Vieh am Wasser in der Abendbeleuchtung. Sehr fleifsiges Bild in dem bläulichen, dunklen Ton.

W. van de Velde. Bewegte See mit Schiffen in warmer Beleuchtung von grofser Feinheit und schlagender Wirkung. Dieses treffliche Bild fängt wegen der grofsen Trockenheit an abzublättern, indefs hat mir der Herzog zu meiner Freude versprochen, für dessen Herstellung Sorge tragen zu wollen.

Auch von Steinwyck, dem Sohn, von Schonjans, Mytens, Jan Breughel und anderen Meistern secundärer Art befinden sich hier sehr gute Bilder. Ein Schaukasten enthält endlich eine sehr interessante Sammlung der feinsten Miniaturgemälde. In dieser Gattung haben die Engländer nach dem Vorgange Holbein's ausgezeichnete Meister besessen. Nach ihm bildete sich Nicolaus Hilliard, der zur Zeit der Elisabeth und Jacob's I. blühte und von Beiden viel beschäftigt wurde. Der beste Maler, den England in dieser Art besessen, war indefs Isaac Oliver, welcher viel für Carl I. gearbeitet hat. Auch sein Sohn, Peter Oliver, war indefs sehr geschickt. Von ihm ist hier ein Bildnifs Eduard's VI. als Kind nach Holbein von grofser Feinheit; im Localton des Fleisches etwas blafs, doch von warmen, bräunlichen Schatten. Es ist mit P. O. bezeichnet.

Zu einem Diner bei dem preufsischen Generalconsul, Hrn. Hebeler, welcher sich bei jeder Gelegenheit auf das Freundlichste gegen mich erweist, war es, als ich in London anlangte, zu spät geworden, ich ging daher nur zum Dessert hin. Unter den Gästen befanden sich mehrere mir werthe und interessante Personen, von denen ich Dir nur Sir Henry Ellis und den durch seine Herausgabe der Reports des Parliaments in ganz Europa bekannten Herrn Cooper nenne.

Am 15ten hatte ich den grofsen Genufs, die Malibran im Theater von Coventgarden als Fidelio zu hören. Mein schon früher ausgesprochenes Urtheil über die seltene Genialität dieser Künstlerin fand hier nur eine neue Bestätigung. Ihre ganze Erscheinung war so entfernt von aller Coquetterie, so ganz bei der Sache, wie ich dieses sonst nur noch von der Schechner gesehen habe. Höchst rührend war aber der Ausdruck eines tiefen Grams, durch welchen bei den Anlässen zur Freude ein Lächeln nur wie einzelne Sonnenblicke aus einem bewölkten Himmel hindurchspielte. Der Gegensatz des Uebermaafses der jubelndsten Freude am Ende wurde dadurch um so ergreifender. Eben so hoch ist es ihr anzurechnen, dafs sie sich mit wenigen Ausnahmen aller Verzierungen enthielt, und die Musik ganz im Geiste des Componisten vortrug. Alles Andere war nicht vorzüglich, aber auch nicht störend, nur verletzte es mich, dafs die Arie des Don Pizarro mit der Begleitung des Chors wegfiel. Wenn doch die Leute fühlen möchten, dafs durch dergleichen Auslassungen die künstlerische Einheit eines solchen Werks aufgehoben wird! Im Ganzen that mir dieses vom Geist der deutschen Musik so tief durchdrungene Werk hier in der Fremde unendlich wohl. Die Engländer haben vor den Meisterwerken der deutschen Musik und dem musikalischen Sinn der Nation eine ungemeine Hochachtung, und in den verschiedensten Kreisen der Gesellschaft sind mir darüber viele Complimente gemacht worden, welche ich denn auch immer mit dem besten Gewissen und um so mehr vaterländischem Selbstgefühl angenommen habe, als dieses in so vielen anderen Beziehungen, den Engländern gegenüber, keine sonderliche Befriedigung findet. Denn meines Erachtens haben es die Deutschen in der Musik allen Nationen zuvorgethan. Welche andere Nation kann aus der Zeit der höheren Ausbildung dieser Kunst eine Reihe von Componisten aufstellen, die sich an Genialität und Reichthum der Erfindungen, an Gründlichkeit des Studiums mit Händel, Sebastian Bach, Gluck, Haydn, Mozart und Beethoven messen könnte? Und wie so durchaus eigenthümlich steht wieder jedes dieser musikalischen Genies von erstem Range da! Händel erscheint mir immer in seinen geistlichen Oratorien als ein musikalischer Luther; denn wie Luther durch Lehre und Uebersetzung die Bibel Jedermann zugänglich gemacht, so fand Händel dafür zuerst den deutlichsten und würdigsten musikalischen Ausdruck. Auch in der urkräftigen, kerngesunden Natur, in der aus der festen Zuversicht des evangelischen Glaubens hervorgehenden echten und erhabnen Begeisterung und der Popularität des Ausdrucks derselben sind sich diese beiden Geister nahe verwandt.

Sebastian Bach möchte ich dagegen mit dem Freunde von Raumer am liebsten mit dem Michelangelo Buonarotti vergleichen. Beide vereinigen die gröfste Tiefe des Studiums mit den grofsartigsten Erfindungen von seltsam-überraschender Genialität. Die Beiden gemeinsame wissenschaftliche Strenge giebt ihren Werken etwas Herbes, wodurch sie nur Wenigeren ganz geniefsbar und verständlich werden. Nächstdem sind sich aber Beide darin eng verwandt, daſs jeder in seiner Kunst sich mit der gröſsten Lust und Begeisterung den wunderbarsten und freisten Eingebungen der Phantasie überläſst, ohne dabei einen bestimmten, aus der Bibel oder sonst woher genommenen Gegenstand zum Grunde zu legen. So offenbart sich in den in so verschiedenen musikalischen Formen ausgeprägten Phantasien von Bach ein ähnlicher Geist, als in den zahlreichen Figuren, welche in bestimmten, gegebenen Räumen in der sixtinischen Capelle die Propheten und Sibyllen des Michelangelo begleiten. Letztere erscheinen mir als ein meisterliches Durchspielen der verschiedensten Kunstmotive des menschlichen Körpers, von den schönsten bis zu den seltsamsten, von den ruhigsten bis zu den bewegtesten. Die Kunst spricht hier in ihrer Sprache ihre eigensten Gedanken aus, welche zu verstehen freilich ein Eindringen in den Geist jeder Kunst erfordert. Die meisten Menschen sehen aber die Kunstwerke nicht auf die Kunst, sondern auf den allgemeinen, ihnen meist schon bekannten Gedanken an, welcher dem Kunstwerk in der Regel zum Träger dient.

Gluck steht in manchen Beziehungen zu Bach in einem Gegensatz. Sein musikalisches Genie entfaltet sich nur, indem er von der Begeisterung für dramatische Gegenstände von hochpoetischem Gehalt durchdrungen, dafür den musikalischen Ausdruck sucht, dagegen alles, was diesem nicht dienen kann, mit Bewufstsein verschmäht. Wie in der antiken Tragödie treten daher seine musikalischen Gestalten, mit den edelsten und zugleich wahrsten Zügen gezeichnet, auf das Bestimmteste in einfacher Gröfse hervor, und eine durchwaltende Milde des Gefühls, eine Würde und Ruhe, welche selbst in der Leidenschaft nie ganz vermifst wird, erzeugt jene erhebende und feierliche Rührung, welche uns in den Dramen des Sophocles so mächtig anwandelt, so dafs man Gluck sehr wohl den musikalischen Sophocles nennen könnte. Die wenigen Hauptgestalten gewähren die gehörige Breite und Deutlichkeit in Entwickelung der Motive. Mit seinem ganzen Bestreben hängt es zusammen, dafs der melodische und rhythmische Theil in seiner Musik sehr vorwaltet, wie er denn in der Ausbildung des harmonischen Theils gegen den darin riesenhaften Bach als ein wahrer Zwerg erscheint.

Haydn ist ein Genie, welches in naivster Anmuth und Süfsigkeit wieder ganz einzig dasteht. Wie ein Silberquell fliefsen seine Melodien in wunderbarer Klarheit und Durchsichtigkeit einher, und athmen harmlose Heiterkeit und Unschuld, die lieblichste, erquicklichste Lebensfrische. Er hat in diesen Eigenschaften eine grofse Verwandtschaft zum Correggio, aus dessen Werken in den weichen Linien, in dem süſsen Lächeln seeliger Lust, in den hellblühenden harmonischen Farben uns ein ähnliches Gefühl anweht. In der Behandlung kirchlicher Gegenstände weichen daher auch Beide oft von der hergebrachten Weise ab und ziehen sie in den Kreis ihres Naturells. Beiden ist es indeſs bei der vorwaltenden Heiterkeit nicht versagt, zu Zeiten erhabenen Ernst, tiefe Rührung auf das Würdigste auszudrücken.

Mozart ist ein Genie, welches in der wunderbaren Harmonie seiner vielseitigen Anlagen nur mit Raphael verglichen werden kann. Beiden ist jene unerschöpfliche Mannigfaltigkeit von Erfindungen gemein, welche von den erhabensten Gedanken bis zu den leichtesten Spielen immer auf eine überraschende Weise das Rechte und Wahre treffen; Beiden wohnt im höchsten Maaſse ein Gefühl für Schönheit und Grazie inne, welches sie selbst im Ausdruck der heftigsten Leidenschaft nie verläſst, und welches, als der eigentliche Stempel ihres Genies, auch dem kleinsten ihrer Werke aufgedrückt ist. Durch diese Vereinigung von Wahrheit und Schönheit erreichen sie die Deutlichkeit und den Reiz, wodurch ihre Werke in den weitesten Kreisen eine so erstaunliche Wirkung ausüben. Wie bei Raphael Ausdruck und kunstreiche Anordnung, so halten sich bei Mozart Melodie und Harmonie in der glücklichsten Schwebe. Dem Geist der Zeit, worin jeder lebte, gemäſs, wandte sich das Genie von Raphael mehr den kirchlichen, das des Mozart mehr den weltlich-dramatischen Aufgaben zu; dennoch war weder dem Raphael die weltliche, noch dem Mozart die religiöse Kunst fremd. Auch in den äuſseren Lebensschicksalen Beider finden sich merkwürdige Aehnlichkeiten. In dem Bewuſstsein, dafs diese seltnen Genien der Erde nicht lange gegönnt sein sollten, entfaltete der schaffende Geist schon in früher Jugend die in sie gelegten, wunderbaren Keime; überschwenglich ist daher der Reichthum der ewigen Kunstgedanken, welche sie ausgeströmt hatten, als der Tod sie mitten aus der Fülle und der Lust des Schaffens hinwegnahm. Das letzte Werk Raphael's, als er 37 Jahre alt hinstarb, war die Verklärung, das letzte Werk des 36jährigen Mozart das Requiem. Beide Werke wurden nicht vollendet, so dafs Schüler die letzte Hand daran legen mufsten.

Beethoven verhält sich nach meinem Gefühl ungefähr zu seinem Vorgänger Mozart, wie Giulio Romano zu seinem Lehrer Raphael. Die erfinderische Kraft wohnt Beiden im höchsten Maafs inne, ja an Kühnheit der Composition übertreffen sie noch ihre Meister. Ist aber die Gefühlswelt, worin sich diese bewegen, ungeachtet des hinreifsendsten Ausdrucks der Leidenschaft, der schöngeordneten Welt des ruhig waltenden Zeus zu vergleichen, worin alle Disharmonien doch zur Ausgleichung streben, so ist bei Beethoven und Giulio Romano die tiefste Aufregung des Gemüths, die bewegteste Leidenschaft ihr eigentliches Lebenselement. Sie sind dem Geschlechte der himmelstürmenden Titanen zu vergleichen. Giulio Romano hat bekanntlich diesen Gegenstand in einem seiner berühmtesten Werke behandelt, aber auch in verschiedenen der herrlichsten Symphonien von Beethoven lebt ein ähnliches Gefühl. Alle Kräfte ringen in höchster Anstrengung, in dem gewaltigen Kampf scheint der feste Bau der Erde zu wanken. Der gröfste Schmerz und die äufserste Verzweiflung wech-

12**

seln mit dem jauchzendsten Siegesjubel, düstere Melancholie und tiefe Wehmuth mit wild-bacchischer Lust. Dabei ist der Strom der Töne, worin das Ohr alle diese Wunder trinkt, so mächtig, daſs mir oft dabei die Stelle aus dem Shakspeare eingefallen ist: „Hätt' ich drei Ohren, du erfülltest sie.“ Bei solcher Sinnesart ist es leicht begreiflich, daſs Maaſs und Klarheit nicht immer beobachtet werden, daſs Uebertreibungen, Dunkelheit und Abenteuerlichkeiten vorkommen müssen. Natürlich steht bei alledem Genien von einer solchen Breite der Anlage zu Zeiten auch der Ausdruck des Zarten, Heitern, Idyllischen zu Gebote.

Ich will indeſs nicht leugnen, daſs, wenn in der Sphäre, worin Raphael und Mozart sich bewegen, der Erste mir als die gewaltigere Monade erscheint, ich in dem Gebiet, worin Giulio Romano und Beethoven walten, die Waagschale sich mir auf die Seite des Letzteren zu neigen scheint.

Ich liebe solche Vergleichungen verwandter Geister, weil dadurch das eigenthümliche Wesen eines jeden zu deutlicherem Bewuſstsein gebracht wird. Durch diese hohe Ausbildung der Musik stehen aber die Deutschen in Beziehung auf schöne Künste als die originellste unter den neueren Nationen da, und als die einzige, welche der Sculptur der Alten in ihrer wundervollen Vollendung eine andere Kunst, welche jene aufwiegt, gegenüber stellen kann. Alle gründlichen Forschungen über die Musik der Alten führen nämlich zu dem Resultat, daſs dieselbe in der Ausbildung des harmonischen Theils so wie der Instrumentalmusik sehr weit unter der jetzigen gestanden hat, und die Musik bei ihnen überhaupt eine ungleich untergeordnetere Rolle spielte. Die so oft wiederholte Behauptung, daſs die Neueren den Alten auch in der Malerei weit überlegen seien, dürfte sich bei näherer Betrachtung schwerlich halten lassen. Aus einer Vergleichung der besten in einer so kleinen Provinzialstadt wie Pompeji vorgefundenen Gemälde mit den günstigen Urtheilen der gebildetsten Alten über ihre Malereien, deren Anforderungen an Kunstwerke durch ihre Sculpturen sehr hoch gestimmt sein muſsten, scheint mir vielmehr hervorzugehen, daſs die Malerei bei ihnen einen sehr hohen Grad der Ausbildung erreicht haben muſs. Allem Ansehen nach war dieselbe der Malerei der Neueren in manchen Theilen, z. B. Feinheit der Zeichnung und der Charakteristik, eben so überlegen, als sie in anderen Stücken z. B. im Helldunkel, in der Anordnung sehr groſser Compositionen nach der Tiefe derselben nachstehen mag.

Eilfter Brief.

London, den 21. Juni.

Wie reich und interessant ist doch hier mein Leben! Es vergeht kein Tag, an welchem ich nicht durch treffliche Kunstgegenstände oder ausgezeichnete Menschen auf eine bedeutende Weise angeregt würde. Am 17ten frühstückte ich bei meinem Freunde Eastlake. Ich fand im Gespräch mit ihm über den verschiedenen Character der italienischen Schulen, welches sich an einige sehr geistreiche, kleine Copien nach berühmten Bildern venezianischer Meister z. B. des Todes vom Petrus Martyr anknüpfte, viel Genuſs und manche Belehrung. Von welchem Interesse ist es, jede der vier Hauptschulen Italiens, die florentinische, umbrisch-römische, venezianische und lombardische, in der naiven Entwickelung ihrer Eigenthümlichkeit zu verfolgen! Aber auch nur, wenn man jede derselben rein und unbefangen auffaſst, hat man den wahren Genuſs davon. Wer, wie es so oft geschehen, vom Tizian die strengere Form und die schärfere Characteristik des Raphael, von Raphael dagegen die groſsen harmonischen Massen des Helldunkels von Tizian fordert, fühlt nicht, daſs solches mit der ganzen Kunstweise eines jeden der beiden schlechthin unverträglich ist, und sie gegenseitig grade in ihrer innersten Eigenthümlichkeit, wodurch sie so groſs sind, aufheben würde. Auch an einem anderen Maler, Hrn. Uwins, den ich hier antraf, fand ich einen sehr gebildeten und mit Italien genau vertrauten Künstler. Einige Portraite von Eastlake zogen mich durch die edle, feine Auffassung, durch die liebevolle Ausführung sehr an. Solche Eigenschaften wissen hier aber nur Wenige zu schätzen, dem groſsen Haufen der Kunstliebhaber gilt eine fleiſsigen Ausbildung für kleinlich und steif, die frechste, gekleckste Decorationsmalerei für geistreich, eine harmonische Färbung für matt und kalt, recht grelle, bunte, schreiende Farben aber für ein schönes Colorit. Zu denen, welche das Talent von Eastlake zu würdigen wissen, gehört der Marquis von Landsdowne, für den er jetzt zwei Bilder ausführt.

Von Eastlake fuhr ich zu Sir Robert Peel nach Whitehall-gardens. Seine Wohnung ist sehr glücklich gewählt; denn in der fashionablesten Gegend der Stadt und ganz nahe bei dem Versammlungshause der Gemeinen, dem Schauplatz seiner Wirksamkeit gelegen, hat sie die Vortheile einer fast ländlichen Zurückgezogenheit und Stille und einer herrlichen Aussicht über die Themse. Um zur Thüre zu gelangen, geht man durch eine Art Garten mit hübschen Bäumen. Durch ein Billet des Lord Howe eingeführt, war mir schon früher einmal die seltne Gunst geworden, die vortreffliche Gemäldesammlung dieses berühmten Staatsmanns und ihn selbst zu sehen. Sir Robert ist ein stattlicher Mann von einnehmendem Wesen und den feinsten und gebildetsten Formen. Von der Vielseitigkeit seiner geistigen Bildung erhielt ich aber einen überraschenden Beweis durch die geschmackvolle Auswahl seiner aus einer Reihe fehlerloser Perlen bestehenden Sammlung von Bildern der flamändischen und holländischen Schule, an deren jedem er mit dem Auge eines erprobten Kenners dasjenige hervorzuheben wufste, wodurch es einer Stelle in dieser Sammlung vorzüglich werth war. Bilder solcher Qualität suche ich wo möglich immer zweimal zu sehen, denn Ueberraschung und Bewunderung lassen mich das erste Mal nicht zu jenem ruhigen und behaglichen Genufs kommen, der erforderlich ist, um tiefer in das Wesen und Grundgewebe von bedeutenden Kunstwerken einzudringen. Ich verdanke diese zweite Vergünstigung, die Bilder zu betrachten, dem gnädigen Fürwort S. k. H. des Herzogs von Cambrigde, und will nun versuchen, Dir eine Vorstellung von dieser Sammlung zu geben. Sie besteht aus etwas über 60 Bildern, deren ganze Aufstellung verräth, dafs der Besitzer sie nicht blofs als eine sehr kostbare Zimmerdecoration betrachtet, wie dieses hier sonst öfter vorkommt, sondern jedes einzelne als sinniger Kunstfreund geniefsen will. In einem Saal von länglicher Form, welcher an den beiden schmalen Seiten Fenster hat, sind sie an den langen Seiten so aufgehängt, dafs alle ein helles Seitenlicht geniefsen, die meisten die nächste Betrachtung gestatten, keins aber so hoch placirt ist, dafs man es nicht gut sehen könnte. Die Tapete ist, wie in unserem Museum, von rother Farbe. Ich komme jetzt auf die einzelnen Bilder.

Rubens. 1) Der „Chapeau de paille." Dieses weltberühmte Bild stellt ein Mädchen aus der antwerpischen Familie Lunden in halber Figur vor. Ein schwarzer, mit weifsen und schwarzen Federn geschmückter, spanischer Castorhut, wirft mit seiner breiten Krämpe einen Schatten über das Gesicht, der indefs bei der vollen Sonnenbeleuchtung, worin das Bild genommen, sehr hell ist und Rubens Gelegenheit gegeben hat, seine Meisterschaft im Helldunkel im höchsten Grade zu zeigen. Nach diesem Hut war das Bild früher in Belgien unter dem Namen „Het Spaansch Hoedje" bekannt, woraus die eigentlich ganz unrechte Benennung „chapeau de paille" erst in neuerer Zeit entstanden ist. Wie in dem Schlagschatten und bei der Helligkeit des Localtons, mit der feinsten Kenntnifs und Benutzung der sonnigen Reflexe, alle Theile des schönen, in heiterster Jugend blickenden Gesichtes in der seltensten Klarheit und Wahrheit abgerundet sind, davon kann man sich ohne das Bild gesehen zu haben, keine Vorstellung machen. Hier mufs man gestehen, dafs man Rubens „par excellence" den Maler des Lichts nennen mufs.

Der Kopf ist so „con amore" gemalt, der Ausdruck so lebendig und von solchem Liebreiz, dafs ich gern der Tradition glauben will, welche sagt, Rubens sei, während er das Bild gemalt, in dieses Mädchen verliebt gewesen. Die Wirkung wird durch den blauen, nur theilweise leicht bedeckten Himmel, aus welchem sich der Kopf abhebt, noch erhöht. Das schwarzsammtne Mieder, mit den scharlachnen Aermeln und den bequem über einander gelegten Händen, ist mit grofser Meisterschaft etwas breiter behandelt, so auch die Brust, welche jedoch, wie meist bei Rubens, am wenigsten gelungen ist. Das Bild ist auf Holz gemalt, 2 F. 7 Z. hoch, 1 F. 10 Z. breit. Rubens soll es so werth gehalten haben, dafs er sich nie davon trennen wollen. So finden wir es denn unter No. 122 im Catalog der von ihm hinterlassenen Gemälde verzeichnet. Nach dem Tode der Wittwe des Rubens kam es in die Familie Lunden, bei deren Erben es auch blieb, bis einer derselben, der schon erwähnte van Haveren, sich im Jahre 1817 entschlofs, es für 60000 Francs zu verkaufen. Um es dem Lande zu erhalten, übernahm es für diesen Preis einer der Erben Stiers d'Artselaer, doch nach dessen im Jahre 1822 erfolgten Tode wurde es den 29. Juli öffentlich in Antwerpen versteigert. Der Andrang zu dieser Auction, der Enthusiasmus, welchen das Bild, als es aufgestellt wurde, erregte, war aufserordentlich. Es wurde endlich dem Herrn Nieuwenhuys, Vater, für 35970 holländische Gulden zugeschlagen, welches mit den Auctionsgebühren ungefähr 21000 Rthlr. macht. Hr. Nieuwenhuys hatte es zu gleichen Theilen mit den englischen Kunsthändlern R. Foster und I. Smith gekauft. Durch den Letzten wurde es umsonst dem

König Georg IV. angeboten und im März des Jahres 1823 darauf im Local des Herrn Stanley in Old-Bondstreet ausgestellt, wo es nahe an 20000 Menschen mit Bewunderung betrachteten. Noch in demselben Jahre kaufte es endlich Sir Robert Peel. Er soll 3500 Pfd. Sterling oder 24500 Rthlr. dafür gegeben haben, wohl die höchste Summe, welche jemals für ein Portrait in halber Figur bezahlt worden ist, und auf jeden Fall kann wohl diese Angabe nicht weit von der Wahrheit entfernt sein, da die Kunsthändler doch einigen Vortheil haben mufsten.

2) Ein Bacchanal, Kniestück von 8 Figuren, unter denen der trunkene Silen die Hauptrolle spielt. 4 F. 7 Z. hoch, 6 F. 6 Z. breit, auf Leinwand. Im kräftigsten Ausdruck sinnlicher Gluth, im Impasto und der Tiefe und Klarheit der Färbung steht es keinem Bilde dieser Art von Rubens nach, übertrifft aber alle mir bekannten im Geschmack und in der Decenz, zumal aber in der grofsen Schönheit einer Nymphe von zauberhafter Frische und Sattigkeit des hellen Goldtons. Bei alledem macht mir dieses Bild hier in der Umgebung der zierlichen Genrebilder eine etwas zu massige Wirkung. Dieses, im Catalog von Rubens Nachlafs unter No. 170 verzeichnete Bild, wurde im Jahre 1642 einzeln an den Cardinal Richelieu verkauft. Da es immer wichtig ist, die Geschichte sehr ausgezeichneter Bilder zu verfolgen, werde ich bisweilen die verschiedenen Besitzer nach der Zeitfolge hersetzen, und zugleich, wo es bekannt ist, das Jahr hinzufügen, in welchem es aus der vorstehenden Sammlung in anderen Besitz übergegangen ist. De Tartre, Lucian Buonaparte 1816, Bonnemaison 1827. Von John Smith an Sir Robert Peel für 1100 Pfd. Sterl. verkauft.

3) Eine sehr flüchtige aber geistreiche Skizze zu der berühmten Löwenjagd in der Dresdner Gallerie. Auf Holz 2 F. 5 Z. hoch, 3 F. 5½ Z. breit. Grau in Grau. In der Ausstellung der British-Institution.

Rembrandt. 1) Ein männliches Bildniſs in einem Oval mit herabfallendem Kragen gehört zu den seltnen Bildern des Meisters, worin sich eine sehr wahre Auffassung und ein feines Naturgefühl mit ungemein fleiſsiger Ausführung in einem hellen, trefflich impastirten Goldton vereinigen. 2) Eine Landschaft. An einem Wasser, welches sich an Bergen hinzieht, stehen drei Stück Vieh. Der tiefe, dunkle Ton des Vor- und Mittelgrundes bildet einen schlagenden Gegensatz mit dem sehr zarten Ton der Ferne.

Ich komme jetzt zu den holländischen Meistern, deren Sinn durch das Sichgehaben und den geselligen Zustand der gebildeteren Stände, welcher im 17ten Jahrhundert in ihrem Vaterlande zu ungemeiner Eleganz, Feinheit und Behaglichkeit ausgebildet worden war, so angesprochen wurde, daſs sie daraus die Gegenstände ihrer Bilder nahmen. Da nun eine Vereinigung ähnlicher Eigenschaften in England mehr herrschend und beliebt ist, als irgendwo, so ist es nicht zu verwundern, daſs die Engländer die Bilder dieser Meister besonders hochschätzen. Manche derselben steigen auch etwas tiefer herab und schildern uns Schulstuben, Marktscenen u. dgl. Von keinem der Berühmtesten fehlt hier ein vorzügliches Werk.

Gerard Terburg. Ein Mädchen in einer Jacke von gelbem Sammet mit Hermelin verbrämt und weiſsem Atlaskleide spielt, an einem Tische sitzend, die Theorbe, der Lehrer auf der andern Seite des Tisches singt dazu, indem er den Tact angiebt. Ein anderer Mann hört zu. Auſserdem ein Spaniel und prächtiges Hausgeräth. 2 F. hoch, 1 F. 8½ Z. breit, Leinw. Terburg ist als der eigentliche Schöpfer der Conversationsmalerei anzusehen und zugleich der vorzüglichste Meister der Gattung. An Delicatesse der Ausführung steht er keinem nach, ja in einem gewissen zarten Schmelz übertrifft er alle. Keiner ist ihm aber in dem Zauber der Harmonie im Silberton, in der Beobachtung der Luftperspective durch die feinste Abtönung zu vergleichen. Seine wohlgezeichneten Personen haben dabei etwas ungemein Anständiges, und sind oft selbst sehr graziös in ihren Bewegungen. Alle diese Eigenschaften besitzt dieses Hauptbild in einem seltnen Grade. Ich füge hier den Namen der verschiedenen Besitzer die Preise bei, womit das Bild zu verschiedenen Zeiten bezahlt worden, als ein merkwürdiges Beispiel, wie sehr Bilder diesen Rangs allmählig im Werth gestiegen sind. Von Julienne 1767, 2800 Francs; Herzog von Choiseul 1772, 3600 Frc.; Prinz von Conti 1777, 4800 Frc.; Marquis von Pange 1781, 5855 Frc.; Herzog von Praslin 1808, 13001 Frc.; von Sereville 1812, 15000 Frc.; Fürst Galitzin 1825, 24300 Frc. Dem jetzigen Besitzer kostet es gewiſs nicht viel weniger, mithin über 6000 Rthlr.

Gerard Dou. An einer Fensterbrüstung ist eine alte Frau mit einem Mädchen in lebhafter Unterhandlung wegen eines Hasenkaufs. Auſserdem noch zwei Personen und ein Reichthum von Beiwerk. 1 F. 10 Z. hoch, 1 F. 5½ Z. breit, auf Holz. Eins der ansprechendsten Werke des Meisters; denn auſser der unsäglichen Ausführung, worin er als der Erste dasteht, hat es vor vielen anderen Bildern von ihm eine ungemeine Klarheit und gefällige und lebendige Köpfe voraus. Schon Descamps erwähnt dieses Bildes als in der Sammlung des Marquis de Vayer. Von längerer Zeit her war Dou der theuerste von allen den holländischen Feinmalern, wie auch folgende Preise dieses Kleinods beweisen. Herzog von Choiseul 1772, 17300 Francs; Prinz von Conti 1777, 20000 Frc.; Herzog von Chabot 1787, 20800 Frc.; Coupry Dupré 1821, für 26000 Frc. nicht gelassen. Hr. Beckfort 1823, 1270 Guineen. Für gewiß nicht weniger, also ungefähr 9000 Rthlr., ging es in die Hände des jetzigen Besitzers über.

Gabriel Metsu. 1) Eine Frau im Begriff zu singen, gegenüber ein die Violine stimmender Mann. Dabei ein Spaniel. 1 F. 5 Z. hoch, 1 F. 3 Z. breit, Leinw. Dieses Bild hat alle Vorzüge dieses Meisters, der sich durch die geistreichere, freiere Behandlung, größere Naturwahrheit und bessere Zeichnung vor allen dieser Classe auszeichnet. Es ist zugleich in dem warmen, gesättigten Ton ausgeführt, der besonders an ihm geschätzt wird. Choiseul, Praslin, Solirene, Talleyrand. 2) Eine Frau am Klavier, daneben ein Mann mit einem Champagnerglas. Von vortrefflichem Helldunkel und Impasto. Der Kopf der Frau mehr im Silberton. 1 F. 3 Z. hoch, 1 F. $\frac{1}{2}$ Z. breit; Holz.

Frans Mieris. Eine an einem Fenster sitzende Frau füttert einen grauen Papagey. Ein schönes, höchst zart gemaltes Exemplar dieses öfter von Mieris wiederholten Bildes, unter denen sich das in der Gallerie zu München besonders auszeichnet. Dieser größte Schüler des Gerard Dou übertraf ihn in der Eleganz des Vortrags, in der Brillanz der Farbe, in der Kunst Sammet, Atlas und andere Stoffe zu malen, und kam ihm in der Vollendung sehr nahe. Er ist von allen Malern dieser Gattung der seltenste.

Caspar Netscher. Jeder aufmerksame Beobachter der holländischen Malerschule des 17ten Jahrhunderts muß wahrnehmen, daß in der zweiten Hälfte desselben eine Abnahme der Kunst eintritt. Dieses ist so sehr der Fall, daß sogar die in diese Zeit einfallenden Werke eines Dou, Metsu, Frans Mieris kälter in Ton und Empfindung, die des ersten und letzten zugleich kleinlicher in der Ausführung werden. Bei den späteren Meistern, einem Slingelandt, Schalken, Eglon van der Neer, Jan Verkolie wird nach und nach das Hauptgewicht auf die Technik gelegt, und doch ist diese keineswegs mehr von der Gediegenheit der obigen Meister, und dabei tritt immer mehr eine gewisse Kälte des Tons ein. Caspar Netscher steht zwischen diesen beiden Gruppen mitten inne. Seine früheren Bilder kommen bisweilen an Gründlichkeit der Ausbildung und an Wärme des Tons einem schönen Frans Mieris nahe, während seine späteren von einer gewissen kalten Eleganz sind. Die drei hier vorhandenen Bilder sind alle von der ersten Art, und führen uns in das Leben der Kinder ein, welches er mit besonderem Glück darzustellen wußte. 1) Ein Mädchen lernt bei der Mutter lesen, während ein anderes kleineres mit einem Hunde spielt. Der naive Ausdruck der Kinder, die Delicatesse der Behandlung, die schlagende Beleuchtung und die warme, tiefe Harmonie machen dieses Bild zu einem der anziehendsten Werke des Netscher. 2) Zwei Knaben machen Seifenblasen. Bez. 1670. Reizend im Ausdruck, fleifsig aber frei behandelt und von sattem, harmonischem Ton. Dieses erst neuerdings aus der berühmten Sammlung holländischer Gemälde der Herzogin von Berry gekaufte Bild sah ich in der British-Exibition. 3) Ein hübsches Mädchen in einer Pelzjacke von bräunlichem Sammet und weifs-atlasnem Kleide sitzt nachdenklich neben ihrem Spinnrade. Bez. 1665. Kniestück. Im hellen Goldton mit der höchsten Delicatesse beendigt.

Slingelandt. Eine Familie. Ein Kind betet mit verdriefslichem Gesicht, während der Vater dazu gähnt. Durch diesen humoristischen Inhalt, sehr frappante Beleuchtung, grofse Kraft und Wärme, eine freiere Behandlung und bestimmtere Formen vor vielen Bildern dieses Meisters ausgezeichnet.

Willem van Mieris. In diesem Meister zeigte sich die Ausartung der holländischen Malerei in einen geistlosen Fleifs in ihrer ganzen Langenweile, und ich würde daher auch diesen mir in den meisten Bildern höchst widerlichen Maler nicht erwähnen, wenn das hier vorhandene Bild, eine Federviehhändlerin im Gespräch mit einem Fischhändler, nicht aufser der höchsten Ausführung der vielen Gegenstände, ein besseres Impasto und einen wärmeren Ton hätte, als seine meisten Arbeiten. Bilder solcher Qualität von ihm werden hier immer gut bezahlt, wie denn dieses im Jahre 1827 in einer Auction mit 370 Guineen, also gegen 3000 Rthlr. bezahlt wurde.

Zwei andere Maler, Jan Steen und Pieter de Hooge, weichen durch die breitere Behandlung, so wie dadurch, dafs sie ihre Gegenstände meist in den mittleren oder unteren Classen der Gesellschaft wählen, von allen Obigen ab.

Jan Steen. Ein junges Mädchen im gelben Mieder und blauen Kleide sitzt am Clavier und scheint mit ganzer Seele bei ihrem Spiel, wozu der Lehrer einige Bemerkungen macht. Hinten ein Knabe mit einer Laute. Bez. „Johannes Steen 1671." An Geist, Humor und Erfindungsgabe übertrifft Steen alle anderen holländischen Genremaler; hierzu kommt in diesem Bildchen noch eine sehr delicate Ausführung, eine grofse Frische und Klarheit der Färbung und ein meisterliches Helldunkel. Nur selten hat Steen solche Bilder gemalt, die vom gröfsten Reiz sind und daher auch hoch bezahlt werden. So wurden für dieses nur 1 F. 4 Z. hohe und 1 F. breite Gemälde im Jahr 1818 in einer Versteigerung in Paris 7740 Frc., also etwa 2000 Rthlr. bezahlt.

Pieter de Hooge. Die Bilder dieses Meisters sind ein schlagender Beweis, wie ein Künstler selbst nur in einer unteren Beziehung der Kunst das Vortreffliche zu leisten braucht, um seine Werke in einem hohen Grade anziehend zu machen; denn die Handlung in seinen Personen ist meist sehr gleichgültig, die Gesichter einförmig und leer, die Ausführung gering, dagegen versteht er die Wirkungen des Sonnenlichts in der wunderbarsten Kraft, Helligkeit und Frische darzustellen, und alle Vortheile seiner Kunst durch zarte Abtönungen und schlagende Gegensätze mit dem feinsten Tact geltend zu machen. Ja er weifs mit dieser seiner Meisterschaft, das Licht zu handhaben, sogar geistige Stimmungen hervorzubringen. So erzeugt die lesende Frau in der Gallerie zu München, wo in einem Zimmer nur ein kleiner einfallender Sonnenstrahl ein allgemeines, ruhiges Helldunkel verbreitet, in einem seltenen Grade das Gefühl stiller, gemüthlicher Häuslichkeit und Abgezogenheit; so ein Bild in dieser Sammlung, wo eine Frau mit ihrem Kinde in einer von Mauern umschlossenen Weinlaube weilt, worein die Sonne spielt, ein heiteres, fröhliches Sommergefühl. Eine andere Frau sieht man in einem Thorwege nur vom Rücken. Dieses, mit P. D. H. 1658 bezeichnete Gemälde gehört aber auch sonst durch die erstaunlichste Sättigung und Tiefe des Tons, die für ihn höchst fleifsige Ausführung zu den Hauptbildern des Meisters, und wurde daher auch im Jahre 1825 mit 945 Pfund Sterling, oder 6430 Rthlr. bezahlt. Es ist auf Leinwand gemalt, 2 F. 5 Z. hoch, 1 F. 11 Z. breit. Ein anderes Bild aus der Sammlung des Grafen Pourtales in Paris, wo zwei Herren und eine Frau an einem sonnigen Fenster um einen Tisch versammelt sind, zeigt uns die breite volle Wirkung des Sonnenlichts im ganzen Zimmer, und ist ebenfalls durch das treffliche Impasto, die grofse Kraft und Klarheit, die sorgfältige Beendigung bewunderungswürdig.

Gonsalez Coques. Von diesem so seltenen Meister der flamändischen Schule ist hier ein Hauptwerk. Das Familienportrait von Vater, Mutter und 6 Kindern in einem Garten. Dieses Bild rechtfertigt den Beinamen des kleinen van Dyck, welches man dem Coques gegeben hat, denn es ist diesem grofsen Künstler in der eleganten und bequemen Auffassung, der feinen Zeichnung und dem warmen Ton wirklich nahe verwandt. Nur sind die Schatten hier etwas grauer, der Ton in Gewändern und Landschaft etwas schwer.

Von den Malern, welche das Leben der Landleute in seinen verschiedenen Zuständen vorzugsweise zum Gegenstand ihrer Bilder gemacht haben, sind Teniers der jüngere und Adrian van Ostade, als die berühmtesten, hier sehr gut vertreten.

Teniers. 1) Während ein alter Bauer ein Mädchen, welches eine irdene Schüssel scheuert, liebkoset, tritt unerwartet seine bejahrte Hälfte zur Thür herein. Aus der besten Zeit des Meisters, zwischen den Jahren 1640 und 1650. In dem trefflichsten Impasto sehr fleifsig und geistreich hingeschrieben, die Wirkung des einfallenden Lichts wunderbar hell und doch warm, der Hintergrund von seltener Klarheit des Helldunkels. Auf Holz. 1 F. 4½ Z. hoch, 1 F. breit. 2) Ein Zauberer, der vor den höllischen Geistern, die er herauf beschworen, selbst erschrickt. In solchen Vorstellungen setzte Teniers die Höllen- und Gespensterdarstellungen fort, welche er bei dem Oheim seiner Frau, dem Höllenbreughel, viel gesehen haben mufste. Reich an abenteuerlichen Gestalten von grofser Wirkung, in einem kräftigen Goldton meisterlich impastirt. Ein Hauptbild dieser Art Auf Holz, 1 F. 5½ Z. hoch, 2 F. 1½ Z. breit.

Adrian van Ostade. Ein Alchymist, umgeben von vielfachem Geräth, bläst das Feuer unter einem Schmelztiegel an; den Seinen scheint es dabei nicht besonders zu gehen, ein Knabe an der Erde ifst ein Stück Brod, ein kleines Mädchen sucht nach etwas zu essen, die Mutter, welche in ursprünglichem Zustande des Bildes ein Kind reinigte, sieht jetzt in einen Korb hinein. Bez. 1661. Auf Holz, 1 F. ¼ Z. hoch, 1 F. 4½ Z. breit. Ist Teniers der gröfste Maler im Silberton und der kalten Farben, so ist

A.

A. von Ostade der gröfste im Goldton und der warmen Farbenleiter. Als solcher bewährt er sich auch in diesem Bilde, welches zu den vollendetsten Werken gehört, die er je gemacht hat. Der Vorgrund ist schlagend in der Beleuchtung, der darin herrschende Goldton von der seltensten Helligkeit und Klarheit, die Ausführung eben so fleifsig als geistreich, der Contrast des tiefen, kühlen Helldunkels im Hintergrunde übt einen eigenen Zauber aus. Dieses Bild kostet dem Besitzer mindestens 800 Guineen, da ein Kunsthändler Emmerson, von dem er es wahrscheinlich gekauft, diese Summe dafür gegeben hat.

Dem Bruder des Adrian, Isaac van Ostade, geschieht durch die schwachen Bauernstücke, welche ihm häufig in den Gallerien in Deutschland beigemessen werden, schweres Unrecht. In Holland, in Paris, vor allem aber in England, überzeugt man sich, dafs er in seinen Dorfansichten, seinen Winterstücken ein ganz origineller Meister ist, der seinem Bruder keineswegs nachsteht. Das vollendetste Bild dieser Art, was mir von ihm vorgekommen, befindet sich indefs hier. Vor einem Hause reitet ein Mann auf einem Schimmel vorüber, von zwei ihm folgenden Hunden wird einer von einem Knaben geliebkost, auf der anderen Seite des Bildes zwei Schweine; im Mittelgrunde, sehr malerisch angeordnet, Landleute und Vieh. Dieses fein gezeichnete Bild ist von einer Solidität der geistreichsten Ausführung, von einer Verbindung des trefflichsten Impasto mit der gröfsten Gluth und Tiefe des Tons, wie dieses überhaupt selten vorkommt. Der Fleischton ist in den Lichtern gelblicher, in den Schatten brauner, als bei seinem Bruder, der beiden röthlichere Töne beimischt. Den

Schimmel könnte Potter nicht besser gemalt haben. Ich finde den Preis von 4000 Guineen, welche Sir Robert für dies Bild bezahlt hat, im Verhältniſs zu anderen billig. Auf Holz, 1 F. 9 Z. hoch, 1 F. 6 Z. breit. Isaac Ostade macht einen schicklichen Uebergang zu den Malern von Viehstücken. Erst wenn man in Holland gewesen, und die schönen Kühe auf den üppigen, von der Sonne beglänzten Wiesen gesehen hat, begreift man, wie im 17ten Jahrhundert verschiedene der gröſsten Talente sich dieser Gattung zuwenden konnten.

Paul Potter. Unter einer Gruppe von Bäumen sieht man einerseits vier Kühe, ein Schaaf und ein Pferd mit einem Bauer, auf der anderen zwei andere, die einen Karren abladen, und eilf Schaafe. Anderes Vieh ist im Hintergrunde auf einer Wiese verbreitet. Die Abendsonne, welche glühende Lichter mit tiefen Schatten paart, erhöht die Wirkung des höchst malerisch angeordneten Bildes, welches Potter's plastische Bestimmtheit der Formen mit Weiche, solides Impasto mit groſser Wärme und Klarheit der Färbung vereinigt und daher zu den gewähltesten Bildern dieses groſsen Meisters gehört. Es ist mit dem Namen und dem Jahre 1651 bezeichnet. Auf Holz, 1 F. 11 Z. hoch, 1 F. 9 Z. breit. Es wurde in der Auction des Lord Gwydyr im Jahre 1829 mit 1205 Guineen bezahlt.

Adrian van de Velde. 1) Bei einem Bauernhause steht ein Hirt im Gespräch mit einem Milchmädchen. Fünf Kühe, zwei Schweine und Federvieh beleben den Vorgrund. Ein warmes Nachmittagslicht taucht alles in einen milden Glanz. Bez. 1658. Ein schönes Bild aus der besten Zeit des Meisters, denn außer der Feinheit der Zeichnung, worin er alle anderen dieser Gattung übertrifft, artet hier die fleißige Ausführung nicht, wie in manchen späteren Bildern, in Verblasenheit aus, ist die Composition sehr angenehm, die Harmonie von besonderer Helle und Klarheit. Das feinere Gefühl ländlichen Friedens, welches solchen Bildern des A. van de Velde eigenthümlich ist, findet sich hier in einem ganz besonderen Grade. Auf Holz, 1 F. 8 Z. hoch, 11 Z. breit. Dieses vielseitige Talent versuchte sich auch öfter mit Glück in anderen Gattungen, in Jagden, Seeständen, Winterlandschaften. Von der letzteren Art ist hier ein Hauptbild vorhanden. Auf einem gefrornen Canal unterhalten sich viele Leute mit Schlittschuhlaufen, Schlittenfahren u. s. w. Auf Holz, 1 F. hoch, 1 F. 2 Z. breit. Bez. 1668. Meisterlich gezeichnet, höchst geistreich touchirt, und von sehr wohlthätiger, wenn gleich für den Gegenstand vielleicht etwas zu warmer Harmonie.

Karel Dujardin. 1) Eine Hirtin mit der Spindel, neben ihr ein Hund, im Vorgrunde zwei Kühe, drei Schaafe und eine Ziege, alles in warmer, goldner Abendbeleuchtung, in trefflichem Impasto auf das Zarteste beendigt und von dem reizenden Naturgefühl, dem gewählten Geschmack, der diesem Meister eigen ist. 2) Eine Landschaft, worin Hirten und Vieh eine Furth passiren, mit 1657 bezeichnet, muß noch ein ungleich bedeutenderes Werk in seinem silbernen Ton sein. Ich fand es nicht aufgestellt.

Von dem berühmtesten aller holländischen Maler, welche das edelste und schönste aller Thiere, das Pferd, zum Hauptgegenstand ihrer Kunst machten, von Philipp Wouverman, sah ich hier nicht weniger als 6 Bilder, deren keins zu den gewöhnlichen, etwas einförmigen Bildern des Meisters gehört. 1) Ein auf einem Hügel stehender Esel setzt sich schlagend gegen den landschaftlichen Hintergrund ab, im Mittelgrunde ein liegender Schimmel und vier Figuren. Der braune Ton des Esels, das darin sichtbare fleifsige Naturstudium deuten auf die frühere Zeit Wouverman's. Dieses trefflich impastirte Bild ist schon in der Gallerie Choiseul gestochen worden. Auf Holz, 10 Z. hoch, 13 Z. breit. 2) „La belle laitière." Vor einem Marketenderzelt liebkoset ein von seinem Pferde gestiegener Offizier ein Mädchen, neben ihm ein anderer zu Pferde, aufserdem ein Trompeter und andere Figuren und Pferde. Dieses Bild vereinigt den zarten Schmelz seiner zweiten Epoche mit der grofsen Kraft des Tons, den er besonders gegen das Ende derselben annahm. Die Wirkung der sich dunkel gegen die Landschaft abhebenden Figuren ist aufserordentlich. Auf Holz, 1 F. 8 Z. hoch, 1 F. 3¼ Z. breit. Schon von Le Bas unter dem Namen „Halte d'Officiers" gestochen. 3) Ein Pferdestall. In der Composition dem bekannten Bilde in der Dresdner Gallerie sehr ähnlich, nur reicher. In Erfindung und Feinheit der Durchbildung eins der schönsten Bilder des Meisters. Leinw., 1 F. 6½ Z. hoch, 2 F. 2½ Z. breit. 4) Heuernte. Sehr fleifsiges und bedeutendes Bild aus der dritten Epoche, welche wegen des zarten Silbertons mit Recht besonders beliebt ist. Ungefähr 2 F. 6 Z. hoch, 3 F. 6 Z. breit. 5) Ein Schimmel hebt sich in heller Beleuchtung gegen den grauen Grund ab; dabei ein Mann mit Reisbündel und Frau mit Kind von der höchsten Delicatesse der Behandlung im feinsten Silberton.

Holz, 1 F. hoch, 9 Z. breit. 6) Eine kleine Landschaft mit sandigen Hügeln, im Geschmack seines Lehrers, des Wynants, componirt und von reicher Staffage belebt, ebenfalls im Silberton, ist ein kleines Wunderwerk von Präcision und Eleganz. Auf Holz, 9¼ Z. hoch, 1 F. breit. Ein Seestrand, welcher für das letzte Bild Wouverman's gilt und sehr gerühmt wird, war nicht in dem Zimmer vorhanden.

Albert Cuyp macht den schicklichsten Uebergang zu den Landschaftsmalern, da selbst in seinen meisten Viehstücken die Landschaft eine grofse Rolle spielt, und er auch ausschliefslich Landschaften gemalt hat. Von beider Art sind hier vortreffliche Bilder vorhanden. 1) Eine Gruppe von Kühen hebt sich sehr dunkel und schlagend gegen einen klaren Flufs und den herrlich bewölkten, warmen Abendhimmel ab. Der Hirtenjunge pflückt sich Blumen. Von erstaunlicher Kraft und Tiefe des Impasto's im Vieh, gröfster Sattigkeit und Durchsichtigkeit in Himmel und Wasser. Holz, 1 F. 6 Z. hoch, 1 F. 4 Z. breit. 2) Reiter und Vieh auf einer Wiese von der zartesten Harmonie in einer für ihn seltnen, hellen und kühlen Beleuchtung. 3) Ein altes Schlofs mit Thürmen, von der glühendsten Abendsonne vergoldet, spiegelt sich in dem klaren Wasser, von welchem es umgeben ist, im Hintergrunde duftige Berge, im Vorgrunde im glücklichsten Gegensatz ein Reiter auf einem schwarzen Pferde und ein Hirt mit einigen Schaafen. Wenige Bilder gewähren in so vollem Maafse das poetische Gefühl der Stille eines schönen Sommerabends mit dem wehmüthigen Anklang einer längst vergangenen Zeit. Dabei ist es für Cuyp besonders fleifsig ausgeführt und vom trefflichsten Impasto. Auf Holz, 1 F. hoch, 1 F. 8 Z. breit. Wie glücklich in sich mufs dieser treffliche Meister im Schaffen solcher Werke gewesen sein! Demohngeachtet scheinen dieselben bis vor etwa 50 Jahren wenig geachtet worden zu sein; denn von seinem Leben weifs man gar nichts, und seine Bilder waren so gering im Preise, dafs diese herrliche Landschaft ursprünglich in der Stadt Hoorn in Holland für etwa 6 Groschen gekauft wurde. Allmählig stiegen aber seine Bilder, besonders durch den Beifall, den sie in England fanden, so sehr im Werth, dafs Sir Robert Peel ungefähr 350 Guineen für unser Bild bezahlt hat.

Auch von den gröfsten der eigentlichen holländischen Landschaftsmaler sind hier Werke der besten Art vorhanden.

Jan Wynants. 1) Ein Lehmhügel, woran sich eine Strafse hinwindet, und ein Baumstamm bilden im Vorgrunde mit leicht gehobenen Bergen des Hintergrundes einen angenehmen Gegensatz, der noch durch eine Frau zu Pferde und einen Hirten, welche vorn mit Kühen und Schaafen ein Wasser passiren, erhöht wird. Die Staffage ist von der geistreichen Hand des Adrian van de Velde. Die Landschaft hat im seltensten Grade jene heitere, kühle Frische des Tons, welche das Wesen der nördlichen Natur so vortrefflich ausdrückt, und worin Wynants ganz einzig ist. Wenige Bilder von ihm vereinigen überdem diese Delicatesse der Behandlung mit solchem pikanten Effect. Auf Holz, 11½ Z. hoch, 1 F. 3 Z. breit. Dieses Bildchen wurde im Jahre 1826 mit 255 Guineen bezahlt. 2) Aus sehr anspruchlosen Bestandtheilen, einem Hügel mit einem Hause und Bäumen, worüber eine Strafse führt, einigen Baumstämmen im Vordergrunde, zwei Teichen im Mittelgrunde und einigen Sandhügeln in der Ferne, ist hier durch die sehr kunstreiche und malerische Zusammenstellung und Abtönung ein sehr anziehendes Ganze entstanden, woraus einem eine frische Morgenluft entgegenweht. Die Figuren von Lingelbach sind ebenfalls glücklich. Leinw., 2 F. 8 Z. hoch, 3 F. 3 Z. breit.

Jacob Ruysdael. 1) Ein mächtiger Wasserfall von einer Wahrheit, dafs man sich wundert, das Rauschen nicht zu vernehmen, von einer Kraft und Frische des Tons und einer Sorgfalt in der Ausführung, wie er bei solchen Gegenständen dieses Meisters selten vorkommt. Sein Vorbild für dergleichen war offenbar der etwas ältere Everdingen, welcher bei einem Aufenthalt in Norwegen an der Quelle der Natur geschöpft hatte. Leinw., 2 F. 8 Z. hoch, 3 F. ½ Z. breit. Dieses aus der berühmten Brentano'schen Sammlung in Amsterdam stammende Bild ist erst kürzlich von dem Besitzer aus der Sammlung des Lords Charles Townshend gekauft worden. 2) Eine Winterlandschaft mit der Ansicht eines Canals, längs welchem eine Strafse hingeht. Wahrer, als ich es bisher gesehen, ist hier das winterliche Gefühl ausgesprochen, dabei sind Zeichnung, Beleuchtung und Abtönung höchst meisterlich, die Touche von wunderbarer Leichtigkeit und Freiheit. Leinw., 1 F. 8 Z. hoch, 2 F. 1 Z. breit.

Minderhout Hobbema. Keine Sammlung in der Welt möchte sich an Meisterwerken dieses eben so seltnen als grofsen Landschafters, des einzigen, der unter den Holländern einen Vergleich mit Ruysdael aushält, mit der des Sir Robert Peel messen können.

1) Eine mit Bäumen bedeckte Gegend, im Vorgrunde ein Wasser, zeigt jene einfallenden Lichter, wodurch alle Gegenstände so vortrefflich auseinander treten, jene genaue Durchbildung der Bäume in allen Theilen, vom Stamm bis zu dem kleinsten Gezweig, worin dieser Meister alle Maler übertrifft. Hierin, wie in der Frische des Tons, ist dieses Bildchen der trefflichen Landschaft von Hobbema in der Gallerie unseres Museums sehr nahe verwandt und gewiſs aus derselben Zeit. Holz, 1 F. ½ Z. hoch, 1 F. 4 Z. breit. 2) Eine Wassermühle an einem breiten Bach, der mit allerlei Wasserpflanzen bewachsen ist und von drei Enten belebt wird. Verschiedene Bauernhäuser, von Bäumen umgeben, werden theilweise von einem durch die leichten Wolken brechenden Sonnenstrahl beschienen, und gewähren bei dem saftigen und kräftigen Ton, der fleiſsigen Ausführung einen ungemeinen Reiz. Holz, 2 F. hoch, 2 F. 9 Z. breit. 3) Die Ruinen von dem Schlosse der groſsen alten Familie Brederode spiegeln sich, von einem Sonnenstrahl hell beschienen, in dem dunklen, doch klaren Wasser, welches sie umgiebt und worauf Enten und Gänse einherschwimmen. Umher Wiesen und Bäume. In solchen Bildern kommt Hobbema an Tiefe, Klarheit, Sättigung der Farbe, an Gewalt der Wirkung den Landschaften des Rembrandt gleich, hat aber auſserdem den Vorzug der gröſsten Naturwahrheit, der fleiſsigsten Ausführung. Leinw., 2 F. 8½ Z. hoch, 3 F. 4½ Z. breit. Der Kunsthändler Nieuwenhuys, von dem Sir Robert es gekauft, hatte es mit 860 Pfd. Sterl. bezahlt, woraus sich ungefähr auf den Preis schlieſsen läſst, wofür es sich in dieser Sammlung befindet. 4) Eine Ansicht des Dorfs Middelharnis

in Gelderland, des muthmaafslichen Geburtsorts von Hobbema. Ein verkürzter Landweg, an beiden Seiten von einer Reihe hoher Bäume umgeben, die indefs, bis auf ein Büschel an der Spitze, aller Zweige beraubt sind, führt vom Vorgrunde zu dem im Hintergrunde gelegenen Dorf, dessen Kirche sich stattlich erhebt. Zu beiden Seiten der Strafse zunächst Baumschulen, in deren einer ein Gärtner mit der Pflege beschäftigt ist, dann Wald und auch an einer Seite Gebäude. Aus so einfachen und dabei keineswegs schönen Bestandtheilen ist hier ein Bild geworden, welches durch die Reinheit des Naturgefühls und durch die Gewalt der Kunst auf jeden gebildeten Beschauer einen wunderbaren Zauber ausübt. Eine solche allgemeine Helligkeit, ein solches Tageslicht habe ich bisher auf keinem Bilde gesehen. Zu einer feinen Beobachtung der Linearperspectiva gesellt sich hier von dem sattesten Saftgrün im Vorgrunde eine so wahre, zarte und klare Abtönung, dafs es in dieser Beziehung als ein „non plus ultra" zu betrachten ist, und überhaupt zu den originellsten mir bekannten Kunstwerken gehört. Leinw., 3 F. 5 Z. hoch, 4 F. 8 Z. breit. Dieses merkwürdige Bild wurde noch im Jahre 1815 in Dort mit nur 1000 holländ. Gulden bezahlt, jetzt hat es 800 Pfd. Sterl. gegolten und war eine der Hauptzierden der Ausstellung in der British-Institution.

Frederik Moucheron. In Composition, Haltung und Ausführung eins seiner besten Bilder von ansehnlicher Gröfse.

Den Landschaftsmalern schliefsen sich zunächst die Seemaler und Architecturmaler an. Auf den so empfänglichen Sinn der Holländer mufste der male-

13**

risch-poetische Reiz des Meers in dessen verschiedenen Zuständen, welche sie täglich vor Augen hatten, einen grofsen Eindruck machen. Zu der meisterhaften Ausbildung dieser Gattung dürfte indefs auch das Nationalgefühl, welches den Kriegsthaten und dem Verkehr auf diesem Elemente vorzüglich seine Gröfse verdankte, beträchtlich gewirkt haben. Dieselben Gründe erklären auch die leidenschaftliche Liebe der Engländer zu Seestücken. Die beiden berühmtesten Seemaler sind hier trefflich besetzt.

Willem van de Velde, der jüngere. Von diesem bezaubernden Meister sind hier nicht weniger als acht Bilder vorhanden, so dafs man ihn von seinen verschiedensten Seiten studiren kann. 1) Ein Küstenfahrer im Vorgrunde, mehrere Kriegsschiffe und Barken in den entfernteren Plänen beleben die spiegelglatte Silberfläche. Selbst die weichen, nebelhaften Wolken werden nicht von einem Lufthauch bewegt. Mit dem Namen und 1657 bezeichnet. Diese Jahreszahl beweist, dafs van de Velde schon mit 24 Jahren zu der gröfsten Meisterschaft in allen Theilen der Kunst, Zeichnung, Abtönung der Luftperspective und Feinheit der Touche, gelangt war. Leinwand, 1 F. 9 Z. hoch, 2 F. ½ Z. breit. 2) Durch den zart-warmen Ton sieht eine andere Seestille an, in deren Vorgrunde ein Lichterschiff, in der Ferne zwei Fregatten liegen. Die Klarheit des Wassers, die tiefe Ruhe, welche den Beschauer aus dem Ganzen anspricht, sind nicht zu beschreiben. Holz, 9¼ Z. hoch, 11 Z. breit. Diese kleine, fleckenlose Perle ist mit 300 Pfd. Sterl. bezahlt worden. 3) Fast noch in höherem Grade athmet ein ähnliches Gefühl eine Küste, mit mehreren Schiffen und Figuren belebt, von denen vier junge Leute in der See, welche ohne Regung im warmen Abendscheine ruht, baden. Mit dem Namen und der Jahreszahl 1661 bezeichnet. Leinw., 2 F. 1 Z. hoch, 2 F. 4 Z. breit. Mit 500 Pfd. Sterl. bezahlt. 4) Die Küste von Scheveningen mit ganz leicht bewegter See im Abendlicht; die zahlreichen Figuren sind von Adrian van de Velde. Die glückliche Vereinigung dieser beiden grofsen Meister macht dieses Bild zu einem der reizendsten der ganzen holländischen Schule. Leinw., 1 F. 6 Z. hoch, 1 F. 11 Z. breit. Mit 800 Pfd. Sterl. bezahlt. 5) Eine holländische Küste, welcher sich ein Fischerboot nähert, mit leicht bewegtem Wasser, ist in Rücksicht des Silbertons und der Beleuchtung eins der feinsten Bilder dieses Meisters, welche mir vorgekommen. Holz, 10½ Z. hoch, 1 F. breit. 6) Eine Ansicht vom Texel bei Regen und Wind mit mehreren Schiffen ist durch schlagende Gegensätze der Beleuchtung von grofser Wirkung; die freiere und breitere Behandlung entspricht sehr wohl den lebendig bewegten Wellen. Leinw., 1 F. 9½ Z. hoch, 2 F. 3½ Z. breit. 7) Eine heftig bewegte See. Das Spritzen der Wellen an ein Lichterschiff, die Bewegung des Wassers, die vom Winde zerrissenen Wolken bringen einen eben so wahren als poetischen Eindruck hervor. Holz, 1 F. 1 Z. hoch, 1 F. 3½ Z. breit. 8) Noch ergreifender ist die Wirkung einer Küste mit einer hochgehenden See, über welche eine dunkle Wolke tief herabhängend ihren schwarzen Schatten wirft. Noch nie fiel mir bei einem Bilde so lebhaft das Homerische „und vom Himmel herab sank Nacht“ ein. Man kann sich des Gefühls der Angst für die Fischerboote nicht erwehren, welche unter dieser Wolke auf den empörten Wogen ihr Wesen treiben, so wahr und meisterlich ist alles gemacht. Holz, 1 F. 4½ Z. hoch, 1 F. 10½ Z. breit.

Ludolph Backhuysen. 1) Die Mündung der Themse bei heftig bewegter See und starkem Winde. Ein holländisches Paketboot sucht einzulaufen. Geistreich und poetisch in der Composition und von einer Wahrheit in der Nässe und der Bewegung der empörten Wogen, daſs man dem Bilde ansieht, wie Backhuysen in der Begeisterung für seine Kunst sich bei solchem Wetter auf die hohe See fahren lieſs, und, die Lebensgefahr nicht achtend, ruhig sich seinen Beobachtungen überlieſs. Auch die schweren, sturmbewegten Wolken sind von ergreifender Wahrheit. Die Harmonie des Ganzen, die fleiſsige Ausführung sprechen für die beste Zeit des Meisters. Leinw., 3 F. 2 Z. hoch, 4 F. 4 Z. breit. 2) Die Ansicht einer Küste bei bewölktem Himmel und frischem Winde, am Ufer verschiedene Figuren und ein Schiff von dem feinen grauen Ton und der höchst delicaten, verschmolzenen Ausführung, die an Backhuysen so sehr geschätzt wird. Bei alledem verlieren seine Bilder in der Nachbarschaft des Willem van de Velde und haben besonders im Gesammtton dagegen etwas Conventionelles. Holz, 1 F. 2 Z. hoch, 1 F. 7 Z. breit.

Jan van der Heyden. Von diesem trefflichsten Maler äuſserer Ansichten von Architectur ist hier die Darstellung einer Straſse in Cöln, mit Figuren des Adrian van de Velde, welches mit seiner miniaturartigen Vollendung jedes Mauersteins in einem hohen Grade eine schlagende Gesammtwirkung verbindet. Holz, 1 F. 1 Z. hoch, 1 F. 5 Z. breit. Dieses schöne Bildchen ist mit 415 Guineen bezahlt wordet. Die Ansicht eines holländischen Canals mit Figuren von Eglon van der Neer, welche ebenfalls schön sein soll, war nicht aufgestellt.

Ich erwähne schliefslich zweier Bilder des Sir Josua Reinolds, der einzigen aus der englischen Schule, welche hier vorhanden sind. Der Werth derselben ist sehr verschieden. Das Bildnifs der berühmten Schauspielerin Siddons im Profil, ein Kind auf der Schulter in halber Figur, ist edel und fein aufgefafst, sehr zart im klaren, hellen Goldton modellirt und von anziehender Harmonie der Wirkung; eine Venus mit dem Amor ist dagegen ungraziös im Motiv, schwach in der Zeichnung und in dem übertrieben warmen Ton so brandig, unwahr und schwer, dafs ich einige Zweifel gegen die Originalität nicht unterdrücken kann.

Das Zimmer, welches alle diese Schätze beherbergt, gehört zu den Wohnzimmern des Sir Robert Peel, so dafs er und seine Familie sich förmlich mit diesen Meisterwerken einleben und gelegentlich ihren Blick nach der jedesmaligen Stimmung bequem auf diesem oder jenem ruhen lassen können. In dem Zimmer vorher machte mich der liebenswürdige Besitzer auf verschiedene lebensgrofse Portraite von Sir Thomas Lawrence aufmerksam, zu dessen Hauptgönnern er gehört hat. Der Herzog von Wellington, Canning, Huskisson sind die bedeutensten der Männer, an deren Bildnisse sich das des Sir Robert selbst würdig anschliefst. Ueberall erkennt man hier den trefflichen Portraitmaler in den Köpfen. Die Auffassung hat bisweilen etwas Gezwungenes, so besonders bei Canning, der, wie in heftiger Rede, seine geballte Hand ausstreckt.

Von dort fuhr ich nach der City, wo ich mir

zum ersten Mal die Paulskirche näher ansah. Das Verhältnifs der Kuppel dieses riesenhaften Gebäudes ist sehr schön, und macht daher, auch in der Ferne gesehen, immer einen sehr wohlthätigen Eindruck. Die Wirkung der anderen Theile wird in der Nähe durch die bizarren Formen so vieler Einzelheiten, durch die vielen Verknöpfungen sehr beeinträchtigt. Merkwürdig ist, dafs der Kohlendampf das weifse Gestein, woraus der Bau besteht, theilweise ganz geschwärzt, theilweise ganz weifs gelassen hat, wodurch der Eindruck entsteht, als ob die weifsen Theile mit Schnee bedeckt wären. Das Innere spricht noch ungleich weniger an, die Kuppel läfst ein nur spärliches Licht ein, die ungeheuren Flächen der Wände machen durch die Leerheit eine kalte, nüchterne Wirkung. Die vielen, prächtigen, in Marmor ausgeführten Monumente berühmter Engländer sind nicht geeignet, diese Wirkung aufzuheben, denn die meisten sind wunderliche Verirrungen der Sculptur. Ich nahm indefs die Ueberzeugung mit, dafs kein Volk auf eine so grofssinnige Weise das Andenken ihrer ausgezeichneten Männer durch Denkmale hat ehren wollen, als die Engländer. Auch hierin spricht sich wieder das lebendige Nationalgefühl aus, worin sie es allen anderen Völkern zuvorthun. — Bei dem ungeheuren Gedränge in der City, als ich noch weiter vordrang, freute ich mich über den praktischen Gemeinsinn der Leute. Mit der gröfsten Sicherheit bewegten sich die Wagenreihen dicht neben einander, jeder einzelne strebte nur vor, insofern es das allgemeine Fortkommen nicht hinderte, und fügte sich mit einer grofsartigen Ruhe in die gebieterische Nothwendigkeit eines langen Stillhaltens. Von dem furchtbaren

Geschrei, was ich in anderen Orten bei solchen Gelegenheiten vernommen, fand ich hier keine Spur. Merkwürdig war mir der Anblick eines Menschen, welcher, sehr ökonomisch bekleidet, in diesem Getümmel und in dem glühendsten Sonnenbrande schlafend von einem vor mir her fahrenden Karren herabhing. Welche Anstrengung mufste solcher Ruhe vorausgehen! Welch ein Gegensatz zu den kühlen Räumen höchster Eleganz und Gemächlichkeit, die ich erst vor Kurzem verlassen! Jeden Augenblick fürchtete ich, er möchte herabgleiten und übergefahren werden, doch ist es, als ob in solchen Fällen eine specielle Vorsehung über den Menschen wachte. Endlich war ich an meinem heutigen Ziel in der City bei Herrn Isaac Solly, dem Bruder meines Freundes, angelangt, der mich zu einem Diner, welches die Directoren einer der angesehensten Assecuranzcompagnien alljährlich geben, eingeladen hatte. Um dieses einzunehmen, bestiegen wir den „Diamand," ein zierliches Dampfschiff, und fuhren nach Blackwall, einem einige Meilen unterhalb London an der Themse gelegenen Ort. Hr. Solly, ein schon bejahrter Mann, aber von jugendlicher Frische des Geistes und einem sehr aufgeweckten und liebenswürdigen Humor, machte mich mit verschiedenen der Herren bekannt, deren einige recht gut deutsch sprachen, und mich, als wir so bei dem schönsten Wetter durch den Hafen einherflogen, auf das Freundlichste auf alle Gegenstände an den Ufern aufmerksam machten. Aus dem, was ich von dem Vermögen von manchem dieser Herren hörte, konnte ich schliefsen, dafs das Capital, was auf unserem Schiffe repräsentirt war, sich auf eine hübsche Summe belaufen mochte. Bevor wir ausstiegen, wurde noch ein grosses neues Dampfboot von 100 Pferden Kraft, welches für die Fahrten nach Edinburg bestimmt ist, angesehen. Ich hatte über diese Verbindung von Zweckmäfsigkeit in allen Dingen mit ungemeiner Zierlichkeit und Eleganz meine grofse Freude. Ein solches Schiff soll aber auch 40 bis 50000 Pfd. Sterl. kosten. Das Diner hub mit der gepriesenen Schildkrötensuppe an und zeichnete sich besonders durch die reichste Auswahl der feinsten Seefische aus. Ich bemerkte, dafs meine Commensalen in besonderer Menge und mit vorzüglichem Behagen eine Art kleiner Fische zu sich nahmen. Erst den anderen Tag vernahm ich, dafs diese Thierchen zu den gesuchtesten Leckerbissen in England gehören, und mit solcher Leidenschaft genossen werden, dafs eine vornehme Dame sich durch deren Uebermaafs sogar die Cholera angezogen hat. In meiner Unschuld hatte ich sie zwar recht gut gefunden, aber diese besondere Delicatesse gar nicht bemerkt. Wie bei vielen Dingen, gehört zu dieser angemessenen Würdigung wohl das volle historische Bewufstsein und die traditionelle Andacht. Im Ganzen war die Masse der aufgetragenen Schüsseln so grofs, dafs nicht der zehnte Theil davon genossen werden konnte. — Ich habe nun Erfahrung genug gemacht, um Dir Einiges über die englische Küche mittheilen zu können. Auch in diesem Punkt bewährt sich die höchst praktische Seite der Nation. Alles, was jedermann täglich geniefst, Brod, Fleisch, Fisch, ist von der gröfsten Vortrefflichkeit des Stoffs und einer einfachen, naturgemäfsen Bereitung, welche den eigenthümlichen Geschmack eines jeden zur vollständigen Entwickelung gelangen läfst. Wahrhaft grofsartig ragt das englische Rostbeaf wie ein Urfels in unsere moderne Zeit hinein. Es schlummern in dem Innern dieser Fleischberge Anklänge der Geschmacksnerven, durch welche ich mein Verständnifs Homerischer Zustände bedeutend gefördert fühlte. So wurde mir jetzt erst die Gröfse des Genusses von Telamon's herrlichem Sohn deutlich, als ihn Agamemnon nach seinem rühmlichen Kampfe mit Hector mit dem mächtigen Rinderrücken ehrt. Auch das berühmte und in der That vortreffliche Nationalgericht, der Plumppudding, hat etwas sehr Ehrwürdiges. Er erinnert lebhaft an den erstarrten Urbrei, jene mächtigen Conglomerate der Gebirge; zugleich ist er ein Symbol der englischen Sprache, worin das Mehl sehr treffend dem germanischen, die Rosinen dem französischen Bestandtheil entsprechen. Solche „pièces de resistance" sind aber, wie das Characteristische, so auch das Beste der englische Küche. In den raffinirteren Aufgaben ist die Erfindung ihrer culinarischen Phantasie weder reich noch glücklich, und auf keine Weise mit den Franzosen zu vergleichen, welche in diesem leichteren, arabeskenartigen Styl offenbar die höchste Staffel des Ruhmes erstiegen haben. Nirgend ist aber derjenige, welcher sich zum Bewufstsein im Essen erhoben hat, besser aufgehoben, als an der Tafel der englischen Grofsen, indem dort die naive Urkraft der englischen Küche mit den feinen, graziösen Coquetterien der französischen auf das glücklichste gepaart ist und sich auch hier Schiller's unsterbliche Worte bewähren:

. . . „wo das Strenge mit dem Zarten,
Wo Starkes sich und Mildes paarten,
Da giebt es einen guten Klang."

Gewiſs giebt es kein Volk, welches so allgemein eine so nahrhafte, kräftige und schmackhafte Kost genieſst wie die Engländer. Den Vorwurf der Unmäſsigkeit in Essen und Trinken, welchen man den Engländern macht, habe ich in den sehr verschiedenartigen Kreisen, welche ich berührt, durchgängig als sehr ungerecht gefunden. Während des Essens trinkt Jeder nur, wenn er von einem der Commensalen dazu aufgefordert wird, oder selbst einen auffordert, und auch das eigentliche Trinken, wenn die Damen sich nach dem Dessert entfernt haben, will nicht viel heiſsen. Bei jedem Diner in Deutschland wird ungleich mehr getrunken. Engländer, welchen ich diese Bemerkung mittheilte, sagten mir, daſs indeſs die niedrigsten Volksclassen auf eine bestialische Weise dem Branntweinsaufen ergeben wären. Leider konnte ich vom Vaterlande nichts Besseres melden. Das Diner wurde abwechselnd durch Lieder, welche mehrstimmig und zum Theil recht gut ausgeführt wurden, durch Gesundheiten und Reden mannigfaltig belebt. Bei der vom Gouverneur der Gesellschaft ausgebrachten Gesundheit des Königs ertönte in gewissen Absätzen in gröſster Lebhaftigkeit ein neunmaliges Hurrah. Nach besonders beifälligen Reden erhob sich ein erstaunliches Geklapper mit Messern und Gabeln. So war 10 Uhr herangekommen, als wir von neuem das Dampfboot bestiegen. Es hatte unterdeſs gewittert, und bisweilen eintretende Strichregen trieben mich einige Mal in die Cajüte, doch war ich immer bald wieder auf dem Verdeck, um nach den Ufern zu schauen, von welchen die groſsen schwarzen Massen, in welche alle die mächtigen Gebäude zusammenflossen, einen seltsam-groſsartigen Eindruck machten. Da das Dampfboot bei Hungerfortmarket, einem neuen, sehr weitläufigen Gebäude, welches zu einem der Hauptmärkte Londons dient, anlegen sollte, mußsten wir vier Brücken passiren. Ich war neugierig, wie es hierbei mit dem hohen Schornstein des Dampfbootes gehen sollte. So wie wir uns indeß einer Brücke näherten, wurde der Schlot um so viel geneigt, als die Höhe der Bogen es erforderte, ohne das Schiff darum nur einen Augenblick in seinem Lauf aufzuhalten. In den Brükken erscheint die Architectur in London von ihrer günstigsten Seite, und kein Ort in der Welt kann fünf Brücken aufweisen, die sich an Grofsartigkeit der Anlage oder Schönheit der Formen mit Westminster-, Waterloo-, Blackfriars-, Southwark- und New-London-Bridge messen könnten. Die letzte, von dem Architecten Rennie erst in den letzten Jahren beendigte ist durch das Verhältnifs der Bogen und Pfeiler, durch charactervolle Profile und schöne Details wohl eins der gelungensten Werke, welche dieser Art in der Welt existiren.

Mein erhabner Gönner, der Herzog von Cambrigde, hat mir eröffnet, dafs der Herzog von Sussex erlaubt habe, ihm meine Aufwartung zu machen, und so fuhr ich denn am nächsten Tage um 12 Uhr nach Kensington hinaus. Ich hatte schon vernommen, dafs der Herzog am grauen Staar leide und glaubte daher den Herrn in trauriger, niedergeschlagener Stimmung zu finden, war mithin auf das Angenehmste überrascht, ihn in der heitersten Laune und von einer wahrhaft jugendlichen Aufgewecktheit des Geistes zu sehen. Dabei gewahrte ich gar bald eine Vielseitigkeit des Wissens, ein so lebhaftes Interesse für Wissenschaft und Kunst, wie es bei Personen höchsten Ranges gewiſs nur höchst selten anzutreffen ist. Besonders aber that mir die Weise wohl, wie der Herzog für meine speciellen Zwecke sogleich die aufrichtigste Theilnahme zeigte und mir auf das Freundlichste versprach, dieselben seinerseits fördern zu helfen. Da ich ihm den Wunsch zu erkennen gab, einige Manuscripte mit Miniaturen in seiner Bibliothek genauer zu untersuchen, ertheilte er darüber dem herbeigerufenen Bibliothecar sogleich seine Befehle und entlieſs mich auf das Gnädigste. Hr. Pettigrew, dessen Name mir durch den Catalogue raisonné, welchen sein Bruder über die Mss. der Bibliothek des Herzogs verfaſst hat, nicht unbekannt war, führte mich sogleich in die gröſseren und kleineren Räume ein, worin diese literarischen Schätze hier aufbewahrt werden. So gern ich manche der seltensten Ausgaben von der hier befindlichen, vollständigsten Bibelsammlung in der Welt angesehen, eilte ich doch bei der Kostbarkeit der Zeit sogleich zu den Manuscripten mit Miniaturen. Auch in diesem Fache ist die Zahl des Interessanten so beträchtlich, daſs ich mich auf eine kurze Anführung einiger besonders wichtigen Denkmäler beschränken muſs.

1) Ein Psalterium, groſs Quart, nach der Schrift aus dem 10. Jahrhundert. (No. 25 der lateinischen Handschriften.) In Mainz gekauft und auch nach dem Character der Malerei von deutschem Ursprung. Merkwürdig, daſs der nach dem Ritus der römischen Kirche segnende Christus, welcher das Titelblatt bildet, noch in dieser Zeit nach dem ganz jugendlichen, unbärtigen Typus der frühsten christlichen Denkmäler auf den Wandgemälden und Sarkophagen der rö-

mischen Katakomben genommen ist, während derselbe im Allgemeinen schon früher von dem späteren, zuerst in den Mosaiken ausgebildeten, bärtigen Typus, dem wir noch in den Christusköpfen des van Eyck und Memling begegnen, verdrängt worden war. Wie bei den meisten Miniaturen deutscher Kunst aus diesem Jahrhundert sind die Guaschfarben von hellem Ansehen, und ist in Gründen, wie in Gewändern ein schönes Grün besonders fleifsig zur Anwendung gekommen. Das Gold findet sich dagegen nur spärlich. Der Rand ist mit einem à la grecque verziert, welches auch in der glücklichen Wahl der Farben noch auf antike Vorbilder deutet. Wie gewöhnlich ist Christus von der mandelförmigen Einfassung umgeben, und befinden sich in den Ecken die Zeichen der vier Evangelisten. Pettigrew giebt von diesem Blatt eine Durchzeichnung. (S. B. 1. S. CI.)

2) Eine Chronik in französischer Sprache, ein Band grofs Folio, der bis auf den Tod des Mithridates geht und mitten in der Zeile abbricht, aus der Mitte des 13ten Jahrhunderts. Die Miniaturen deuten auf französischen Ursprung, und sind sehr wichtig, weil sie deutlich den Einflufs zeigen, welcher in der Technik und theilweise auch in der Auffassung im 13ten Jahrhundert von Constantinopel aus über alle Länder des Abendlandes verbreitet war. Gott Vater ist, wie meist in der früheren Zeit, im Mosaikentypus des Christus gebildet, und erscheint in der Schöpfungsgeschichte, welche das Titelblatt ziert, sehr würdig im Ausdruck und von grofser Feinheit in den Gebärden. Hier findet sich überall der glänzende Goldgrund und eine stark impastirte Guaschbehandlung. Sehr naiv sind die Vorstellungen aus

der griechischen Mythologie; so tritt Hercules als ein ungeschlachter Kerl in einem rothen Rock, Oedipus als Ritter auf, welcher auf die Sphinx, ein gräfsliches Unthier, mit eingelegter Lanze losrennt. In den späteren Bildern findet sich schon der Uebergang zu der mageren Behandlung, die in der 2ten Hälfte des 13ten Jahrhunderts aufkam, worin die Bilder das Ansehen von illuminirten Federzeichnungen erhalten.

3) La Bible moralisé, 1 Band in Folio (No. 1 der französischen Handschriften). Das Titelblatt enthält in acht Abtheilungen die sieben Schöpfungstage und den Sündenfall. Die Malerei ist in der weichen, zarten, fein getüpfelten Guaschbehandlung, welche in den französischen Miniaturen der zweiten Hälfte des 14ten Jahrhunderts besonders durch die Liebhaberei König Carl's II. und seines Bruders, des Herzogs Jean de Berry, erreicht worden ist. In den zierlichen Vignetten sind nach damaliger Sitte die Figuren grau in Grau, die Landschaften farbig gehalten. Diese Handschrift möchte indefs bald nach dem Anfang des 15ten Jahrhunderts zu setzen sein.

4) Horae beatae virginis etc. (No. 129 der lat. Handschr.), ein Band in Quarto. Voran der Calender mit den Himmelszeichen und bezüglichen Vorstellungen. Die zahlreichen Bilder deuten auf niederländischen Ursprung unter Einflufs der Schule der van Eyck. In Köpfen und Bewegungen findet sich die gröfsere Mannigfaltigkeit der Naturbeobachtung, in der Färbung die Frische und Klarheit, in der Behandlung die Weiche, ohne dabei in das Kleinliche, Getüpfelte auszuarten, Eigenschaften, welche die niederländischen von allen anderen Miniaturen jener Zeit

unterscheidet. Die besten Bilder zeigen Verwandtschaft zu den Miniaturen in dem Brevier des Herzogs von Bedford in der königlichen Bibliothek zu Paris, dem Vorzüglichsten, was mir je von niederländischen Miniaturen vorgekommen ist. Hiernach möchte die Handschrift spätestens gegen 1450 fallen. Pettigrew giebt eine Abbildung. (S. B. 1. S. CLXXXV.)

5) Historia del vecchio testamento, 1 Band in Fol. (No. 1 der italienischen Handschriften.) Die 519 Miniaturen sind roh in der Ausführung, doch interessant für die Motive. Im Typus, wie im ganzen Zuschnitt zeigt sich ein starker Einfluſs der Schule des Giotto, doch in der Weise, wie sich dieselbe gegen das Jahr 1400 gestaltet hatte. Man sieht aus dieser Handschrift, daſs die in Frankreich und den Niederlanden vom 13ten bis 15ten Jahrhundert so verbreitete Sitte, durch bildliche Darstellungen den Inhalt der Bibel allgemeiner zugänglich zu machen, ebenfalls in Italien üblich war. Der Inhalt der Bilder ist in italienischer Sprache beigeschrieben. Pettigrew giebt 4 Abbildungen. (S. Band 1. S. CCXXXII.)

6) Breviarium Romanum, Fol. (No. 122 der lat. Handschr.) Die Malereien gewähren ein Beispiel der feinen Ausbildung der Miniaturmalerei in Italien gegen Ende des 15ten Jahrhunderts. Die besseren Malereien, wie das Titelblatt und das vor den Psalmen, zeigen Einfluſs des Andrea Mantegna. Besonders vortrefflich ist auf dem letzten Blatt die halbe Figur der Catharina in einem Rund. Ich habe leider das Buch mit Miniaturen des Girolamo und Francesco da Libri, welches Dibdin im Jahre 1816 als im Besitz von Astle anführt, nicht zu sehen bekommen; doch denke ich mir die Arbeiten dieser berühmten Minia-

turmaler von Verona, namentlich die des Girolamo in dieser Art.

Unter der Benennung „Ancient drawings“ ist hier ein interessantes Manuscript einer Armenbibel vorhanden. So nannte man eine Folge von Vorstellungen aus dem neuen Testament von der Verkündigung Mariä bis zum jüngsten Gericht, welche nach der Bemerkung des in diesen Dingen so erfahrenen Freundes in Berlin, des geheimen Oberfinanzrath Sotzmann, bei minder bemittelten Personen aus dem geistlichen Stande die Stelle der Bibel vertreten und ihnen beim Predigen zum Leitfaden dienen mufste. Im Mittelalter war nämlich bei der Kostbarkeit der geschriebenen Bücher, bei der spärlich verbreiteten Kunde vom Lesen und Schreiben die bildende Kunst ein Hauptmittel, wodurch Belehrung und Bildung verbreitet wurden. Kurze erklärende Inschriften, welche solche Bilder begleiteten, waren nur Nebensache. Zu den Seiten jeder Vorstellung in der Armenbibel sind die vier Propheten abgebildet, welche vorzugsweise von derselben gezeugt haben; unter der Vorstellung befinden sich zwei Vorgänge aus dem alten Testament, welche emblematisch auf dieselbe bezogen werden. Wenn z. B. in der Mitte sich die Anbetung der Könige befindet, sind an den Seiten die Propheten Isaias, Micha, Daniel, Abakuk; unten die Juden, wie sie dem Könige David huldigen, und die Königin von Saba, den Salomo verehrend. Die sieben Abtheilungen, worin auf solche Weise jedes Blatt zerfällt, werden von eben so viel Ranken einer Art von Baum in Runden eingefafst und zugleich dadurch von einander abgesondert. Diese ziemlich roh mit der Feder gezeichneten

neten und in Aquarellfarben anschattirten Bilder rühren nach dem Costum aus der ersten Hälfte des 15ten Jahrhunderts her und sind wohl gewiſs niederländischen Ursprungs. Von Holland aus wurden diese Armenbibeln und andere solche populäre Bilderfolgen in der zweiten Hälfte dieses Jahrhunderts durch den Holzschnitt unendlich vervielfältigt. Solche Holzschnittwerke sind in England unter dem Namen Block-books bekannt und deshalb von groſser Wichtigkeit, weil man aus ihnen am vollständigsten den Kreis der gangbarsten religiösen Darstellungen des Mittelalters kennen lernt.

Je länger ich hier bin, desto mehr Erfahrungen mache ich von der zuvorkommenden Freundlichkeit der Engländer. So sagte mir vor einiger Zeit Hr. Murray, einer der angesehensten hiesigen Buchhändler, mit dem ich durch Raumer bekannt geworden, ich möchte mich in allen Dingen, die ich etwa zu sehen, oder worüber ich nähere Auskunft zu haben wünschte, nur an ihn wenden, da er hoffe, mir in den meisten Fällen nützlich sein zu können, und ich habe mich bereits überzeugt, daſs solches hier keine leeren Phrasen sind, sondern die Leute wirkliche Opfer bringen, namentlich an Zeit, die hier ungleich kostbarer ist, als an anderen Orten. Bei einem Diner, welches ich den 19. mit Raumer bei ihm einnahm, fand ich unter den Gästen die Madam Austin, welche sich durch ihre geistreichen Uebersetzungen aus dem Deutschen einen so rühmlichen Namen in England erworben hat, die Miſs Kemble, Tochter des berühmten Schauspielers Charles Kemble, eine viel versprechende junge Sängerin, von der ich Gesangstücke von Händel in dem einfachen, würdigen Geist der Musik, und selbst deutsche Lieder in guter Aussprache hatte vortragen hören. Auch eine Tochter Walter Scott's, Madam Lockart, war zugegen. Das Bildniss ihres Vaters, so wie anderer berühmter englischen Schriftsteller, mit denen Herr Murray in Beziehung gestanden, zierte die Wände des Esszimmers. Madam Austin, eine sehr liebenswürdige und geistreiche Frau, freute sich zu hören, dass ich den Verfasser der Briefe eines Verstorbenen, welche sie übersetzt, persönlich kenne, und nahm vielen Antheil an manchen Details, welche ich ihr über ihn mittheilen konnte. Am meisten unterhielt ich mich mit dem Sohn des Hrn. Murray, der das Deutsche sehr gut versteht und an Wissenschaft und Kunst ein vielseitiges und sinniges Interesse zeigte. Als ich nach Mitternacht fortging, wurde ich von ihm und einem Freunde noch bis nach Hause begleitet.

Gestern wartete ich mit einem Empfehlungsbriefe des Herzogs von Cambridge dem Lord Farnborough auf, der bei der Bildung der berühmten Privatsammlung des Königs Georg IV. besonders thätig gewesen, und auch noch gegenwärtig in allen Kunstangelegenheiten eine bedeutende Stellung einnimmt. Er wohnt neben Sir Robert Peel. Ich fand bei ihm eine grosse Landschaft von länglicher Form von Gaspard Poussin, welche zu den Hauptbildern des Meisters gehört. Sie stellt eine weite Aussicht auf ein reich bewachsenes Gebirge von den edelsten Formen vor, worin das erhaben poetische Gefühl des Poussin sich mit einer seltnen Klarheit und Frische der Farbe und einer sehr fleissigen Ausführung vereinigt. Ein grosses Bild des Canaletto, worauf sich die Gebäude in dem klaren, stillen Wasser eines Canals spiegeln, geht durch Impasto, Ausführung, Energie der Tons und Klarheit der Harmonie so weit über alles hinaus, was man sonst von diesem Meister zu sehen gewohnt ist, dafs ich es nicht mit Stillschweigen übergehen darf. Zu meinem grofsen Leidwesen befanden sich die anderen Bilder des Lords, darunter das Meisterstück des Artus van der Neer, ein Sonnenuntergang aus der Sammlung Erard in Paris, welcher mich besonders zu diesem Besuche veranlafst, auf seinem Landsitze.

Zwölfter Brief.

London, den 24. Juni.

Nach wiederholten Besuchen bin ich endlich so weit gekommen, Dir von der berühmten Bridgewater-Gallerie eine nähere Auskunft geben zu können. Diesen Namen trägt sie von ihrem Stifter, dem Herzog von Bridgewater, welcher sie seinem Bruder, dem Marquis von Stafford, unter der Bedingung vermachte, dafs sie an seinen zweiten Sohn, den Lord Francis Egerton, ihren jetzigen Besitzer, übergehen sollte. In der Zeit, wo dieselbe im Besitz des Marquis von Stafford befindlich war, wurde sie Stafford-Gallerie genannt, und auch unter diesem Titel von W. Young Ottley in einem Kupferwerk von vier Bänden herausgegeben. Durch die Mannigfaltigkeit ihrer Anlage behauptet sie unter allen Gemäldesammlungen in England den ersten Rang, denn sie enthält Meisterwerke aus der italienischen, hol-

14*

ländischen und französischen Schule, und auch die flamändische, spanische und englische gehen nicht leer aus. Von den Zimmern, worin sie in Bridgewaterhouse aufgestellt ist, werden zwei von oben durch Laternen beleuchtet. Von den mehr als 300 Bildern, welche hier, die neueren Ankäufe des jetzigen Besitzers eingerechnet, vorhanden sind, kann ich hier indeſs nur die vorzüglicheren erwähnen. Zu gröſserer Deutlichkeit füge ich jedesmal die No. des gedruckten Catalogs bei.

Römische Schule.

Raphael. 1) Die Madonna mit der Fächerpalme, ein rundes Bild von ungefähr 3 F. 9 Z. im Durchmesser, von höchst origineller Composition. Das blonde Kind, von der rechts sitzenden Maria an ihrem Schleier, von welchem sie ein Stück um den Leib desselben gewunden, auf ihrem Schoos gehalten, nimmt mit dem innigsten Ausdruck kindlicher Freude einige Blumen, welche der heilige Joseph ihm knieend darreicht. Sehr schön ist der Körper des Kindes in den Linien, und in dem Contour findet sich jene Feinheit in der Angabe der Flächen, welche nur dem Raphael eigenthümlich ist; die Lichter gehen gegen das Weiſse, die Schatten ins Graue mit bräunlichem Anstrich. Das Untergewand der Maria ist von tiefem Purpur, der Mantel dunkelblau mit grünem Futter, die Aermel der Unterarme sind hellgelb in den Lichtern, violett in den Schatten. Das Untergewand des Joseph ist dunkelviolett, der Mantel gelbbraun. Die Säume sind noch mit Gold gemacht. Der Umstand, daſs Maria und Joseph ganz, das Kind beinahe im Profil gesehen sind, gieb dem Bilde etwas sehr Bestimmtes und Deutliches, welches noch dadurch erhöht wird, dafs sich die Gestalten aus einer herrlichen Landschaft mit blauen Bergen und hell leuchtendem Horizont sehr entschieden abheben. Unter allen von Vasari beschriebenen Bildern Raphael's steht dieses keinem näher, als der heiligen Familie in der Gallerie zu München, welche ursprünglich für den Domenico Canigioni ausgeführt worden ist. Dem feinen Gesicht der Madonna, so wie der ganzen Gestalt liegt dasselbe Modell zum Grunde. In beiden Bildern paart sich die Innigkeit des religiösen Gefühls, welche dem Raphael noch aus der Schule des Pietro Perugino inne wohnte, mit den gründlicheren Naturstudien, welche er erst in Florenz zu machen Gelegenheit fand. Wegen der etwas gröfseren Weiche in einigen Theilen, besonders in der Landschaft, glaube ich indefs, dafs dieses Bild etwas später als das in München gemalt, und zwischen letzterem und der Madonna del Cardellino in der Tribune zu Florenz fallen, mithin im Jahre 1506 entstanden sein möchte. Leider hat dieses herrliche Werk, gewifs eins der trefflichsten aus des Meisters florentinischer Epoche, sehr gelitten. An dem Joseph sind manche Theile, besonders die Hände, schlecht übermalt. Kopf und Hals der Maria haben durch Verwaschen sehr verloren, Hände und Füfse derselben sind dadurch ganz flach und blafs geworden. Es war früher aus der Sammlung Tambonceau in die Gallerie Orleans übergegangen. Es ist von Holz auf Leinwand übertragen. No. 12.

2) Maria betrachtet mit Liebe das auf ihrem Schoos ausgestreckte Kind, welches mit Innigkeit zu ihr emporschaut. Aus der Gallerie Orleans, wo

es schon durch Hacquin von Holz auf Leinwand gebracht worden ist. Von dieser immer sehr mifslichen Operation schreibt sich wahrscheinlich, wenigstens theilweise, der üble Zustand her, worin sich das Bild jetzt befindet. Manche Haupttheile, z. B. der Kopf des Kindes, das Haar der Maria, haben durch Verwaschen das ursprüngliche Modell verloren. Die meisten Schatten, die linke Seite des Haars der Maria sind übermalt, auch an ihrer linken Wange sind Retouchen. Am besten sind noch die Zehen am linken Fuſse des Kindes erhalten. Obgleich ein solcher Zustand das Urtheil über dieſs Bild sehr erschwert, vermisse ich doch hier den lebendigen Lebenshauch, den selbst verdorbene Bilder von Raphael nicht verleugnen, und die Feinheit seiner Zeichnung, wie mir denn besonders die rechte Hand des Kindes für ihn bei der hohen Stufe der Kunstausbildung, worauf das Bild im Ganzen steht, zu schwach erscheint. Diese schöne Composition existirt bekanntlich in vielen alten Exemplaren, unter denen eins der bekanntesten im Museo Barbonico in Neapel. No. 11.

3) Die in einer Landschaft stehende Maria legt eine Hand auf den Kopf des kleinen Johannes, welcher sich voll Verehrung dem vor ihr stehenden Christuskinde nähert. Mehr zurück sieht man den einher wandelnden Joseph. Diese schöne Composition muſs schon sehr früh eines groſsen Beifalls genossen haben, denn von wenigen Bildern Raphael's möchte eine so groſse Anzahl von alten Exemplaren vorhanden sein, welche in der Regel für Originale ausgegeben werden. Obwohl nun dieses eins der schönsten mir bekannten ist, auch schon früher in der Sammlung der Königin Christine, später in der

Gallerie Orleans für Raphael gegolten, kann ich mich doch nicht zu dieser Meinung bekennen. Wie schön und fein die Züge der Maria sind, so fehlt ihnen doch das wunderbar Geistige und Beseelte, was dem Raphael so ganz eigenthümlich ist. Character und Ausdruck des Kindes sind von der trefflichsten Intention, haben aber noch ungleich mehr etwas Stumpfes, Unlebendiges. Der Formengebung fehlt das feine Gefühl, das richtige Verständniſs, was Raphael in der späteren Zeit, welcher diese Composition angehört, nie verleugnet. Besonders ist dieses im Johannes und dem linken Arm des Christus, so wie in allen Extremitäten bemerkbar. Die Farben sind in Gewändern und Landschaft von einer Ganzheit und einer Brillanz, wie sie bei Raphael nicht vorkommen. Neben dem reinsten Lapislazuli des Mantels der Maria steht das tiefste sehr gesättigte Roth, der Mittelgrund der Landschaft ist vom kräftigsten Saftgrün, die fernen Berge stark blau. Die fast nur mit Deckfarbe gemalten Fleischtheile sind in dem Christus zu einseitig weiſs, in dem Johannes zu einförmig braun gehalten. Die Ausführung ist endlich zwar höchst fleiſsig, doch nicht wie Raphael geistreich die Formen modellirend, sondern mit sehr fein geriebener Farbe alles zur glattesten Oberfläche verschmolzen. Die Erhaltung ist, bis auf einige zugemalte, unbedeutende Risse im Holz, vortrefflich.

4) Maria hebt den Schleier von dem schlafenden Jesuskinde, welches von dem kleinen Johannes verehrt wird. Eine alte, recht gute Wiederholung der Composition, von welcher das bekannteste Exemplar unter dem Namen „la vierge au linge“ sich in der Sammlung des Louvre in Paris befindet. No. 13.

Giulio Romano. Die erwachte Juno reifst den saugenden Hercules von ihrer Brust. Ansprechender als die in der Bewegung nicht glückliche Hauptgruppe, sind mehr im Hintergrunde zwei graziöse Knaben, die auf einen Baum klettern, so wie ein dritter mit zwei Satyrn und die Landschaft. Das Bild von mäfsiger Gröfse ist für ihn besonders warm und klar in der Färbung. Aus der Gallerie Orleans. No. 18.

Polidoro da Caravaggio. Während die Aegyptier ertrinken, danken die Juden dem Moses, der nach dem Paulus in dessen Predigt zu Athen auf Raphael's Carton genommen ist. Die Motive sind grandios, die Köpfe übertrieben. Indem er auf einen braunen Anstrich die Umrisse und Lichter der Figuren mit hellerer Farbe aufgetragen, macht das skizzenhafte Bild ein dem Sgraffito ähnlichen Eindruck. In dieser seiner gewöhnlichen Weise hatte nämlich Polidor viele Façaden der Häuser zu Rom mit den geistreichsten Compositionen ausgeschmückt. Hierzu wurde die Mauer mit einer dunklen Farbe angestrichen, und wenn letztere getrocknet, darüber eine hellere Farbe gezogen. Wie man nun auf gefärbtem Papier mit Kreide zeichnet, so nahm der Künstler hier ein spitzes Eisen und kratzte damit seine Figuren so ein, dafs die obere Schicht, wo er einen Strich machte, weggenommen wurde und die untere, dunkele in seinen Umrissen und Schraffirungen zum Vorschein kam und dieselben sehr deutlich erscheinen liefs. No. 84.

Balthasar Peruzzi. Die Anbetung der Könige. Im Schulgeschmacke Raphael's mit seinen bekannten bizarren Zusätzen von Turbahen und andern wunderlichen Trachten, seinem übertrieben glühenden Farbenton und etwas gleichgültigen Köpfen. Die Staffeleibilder dieses vielseitigen und geistreichen Künstlers gehören zu den Seltenheiten. Aus der Gallerie Orleans.

Lombardische Schule.

B. Luini. Ein schöner weiblicher Kopf von warmer Färbung von dem bekannten Typus des Lionardo da Vinci, und daher auch noch von der Gallerie Orleans her so genannt. No. 49.

Correggio. Alte und verdienstliche Copie der „vierge au panier" in der Nationalgallerie. Dieselbe galt in der Gallerie Orleans für das Original, sie hat vor demselben eine bessere Erhaltung voraus. No. 58.

Parmegiano. 1) Ein mäfsiges, aus der Sammlung der Königin Christine und der Gallerie Orleans stammendes Exemplar des so oft vorkommenden Amor, welcher sich den Bogen schnitzt, von dem das leider sehr verdorbene Original sich in der kaiserlichen Gallerie in Wien befindet. 2) Maria mit dem Kinde, Johannes und Magdalena, weicht in Characteren und Färbung sehr von diesem Meister ab und möchte von einem anderen der geschickten Nachahmer des Correggio herrühren. No. 31.

Schidone. Maria lehrt das Christuskind lesen. Der geistige Gehalt ist, wie meist bei diesem späten Nachahmer des Correggio, gering, das warme, bräunliche Helldunkel aber von grofser Kraft und Tiefe. Aus der Gallerie Orleans. No. 68.

Venezianische Schule.

Tizian. 1) Die drei Lebensalter. In einer schönen Landschaft weilt in süfser Eintracht ein rei-

14**

sendes, blondes Mädchen mit ihrem Geliebten. In beiden, besonders in dem Profil des Mädchens, ist das heilige Gefühl jugendlicher Unschuld und Liebe auf das Erquicklichste ausgesprochen, und dieses wohl eine der schönsten idyllischen Gruppen, welche die neuere Kunst hervorgebracht. Durch die geistreiche und doch dabei sehr fleifsige Ausführung, durch den hellen, wunderbar klaren Goldton wird der Reiz noch ungemein erhöht. Auf der anderen Seite des Bildes sind einige kleine schlafende Kinder, auf welchen Amor herumsteigt, ohne dafs sie noch dadurch in ihrer Ruhe gestört würden. In der Ferne sieht man einen Greis, der nicht mehr des Amor gedenkt, sondern durch die Betrachtung von zwei Schädeln, die am Boden liegen, an den Wechsel des menschlichen Looses gemahnt wird. Mit Feinheit läfst der Künstler dieses Gefühl nur im Hintergrunde anklingen. Die Landschaft mit ihrem satten Grün, ihrer hellblauen Ferne, ihrer hellleuchtenden Luft athmet, wie die Hauptgruppe, die heiterste Lebensfrische. Dieses herrliche Bild malte Tizian für den Giovanni di Castelli in der früheren Epoche seines Lebens, in welcher er in allen Theilen seiner Kunst sehr stark und sehr wohlthätig von dem grofsen Giorgione influirt wurde. Giorgione war der eigentliche Erfinder solcher Allegorien und freien Vorstellungen der Phantasie, so dafs auch ein anderes Exemplar unseres Bildes, welches letztere durch die Sammlungen der Königin Christine und Orleans gegangen ist, in der alten Sammlung der Könige von Frankreich ihm beigemessen wurde. No. 30.

2) „La Venus à la coquille." Unter diesem Namen war dieses aus der Sammlung der Königin

Christine stammende Bild in der Gallerie Orleans bekannt. Die bis zu den Knieen aus dem Meere ragende Venus preſst ihr feuchtes braunes Haar aus. Neben ihr auf dem Wasser eine Muschel. An die erhabene Schönheit der Venus anadyomene der Alten ist hier nicht zu denken, doch ist diese sich badende Frau von groſsem Liebreiz und für Tizian von seltner Grazie der Bewegung. Es ist etwas später als das vorige Bild gemalt, nähert sich daher in den Lichtern mehr dem Weiſs, in den Schatten einem fahleren Braun. Alle Theile erscheinen runder, aber minder hell und klar. No. 76.

3) Diana und Actaeon. Composition von acht ¾ lebensgroſsen Figuren. Auf Leinwand. An einem Pfeiler in goldnen Buchstaben: TITIANVS. F. In den Linien ist dieses Bild, wie so oft bei Tizian, nicht besonders glücklich, zumal bei dem Actaeon; auch die meist im Profil gesehenen Köpfe sind nicht bedeutend, die Zeichnung nicht fein, bezaubernd aber ist das Bild durch die groſsen Massen des warmen, klaren Helldunkels, durch die erstaunliche Meisterschaft und Breite der Behandlung, durch die poetische Landschaft mit blauen Bergen. Tizian hat dieses Bild im hohen Alter gemalt und sich in dem schlankeren Verhältniſs der Figuren, im Gebrauch von gestreiften Zeugen offenbar in etwas von dem Paolo Veronese influiren lassen. Leider ist das Bild durch Verwaschen im Fleischton um etwas heller geworden, als es ursprünglich war, auch sind die Fäden der dunkelfarbigen Leinwand besonders in den Schatten, welche minder impastirt sind, häufig zum Vorschein gekommen. No. 90.

4) Der Fehltritt der Callisto wird entdeckt. Ge-

genstück des vorigen, eine Composition von 11 Figuren. Auf einem Postament ebenso in goldnen Lettern: TITIANVS. F. Dieses Bild hat im Ganzen die Eigenschaften des letzteren. Diana ist hier von besonders schlanker, edler Gestalt. Ein glühendes Abendroth macht den Gegensatz mit den dunkelblauen Bergen der Landschaft noch schlagender, die Reflexe mancher Theile, z. B. an einer Nymphe, welche der Callisto zu Häupten ist, noch tiefer und wirksamer. Leider hat dieses Meisterwerk noch ungleich mehr gelitten. In allen Schatten liegen hier die schwarzen Fäden zu Tage. Im Körper der Diana und der vorderen Nymphe ist aller Zusammenhang so sehr unterbrochen, daſs die Originalfarbe nur wie Inseln darauf stehen geblieben ist. Nur wenige Theile, z. B. ein Stück des Nackens der Nymphe ganz links, geben noch eine Vorstellung von dem röthlichen, tiefen Goldton, welchen das Ganze dereinst gehabt hat. Der Schatten der Wade an derselben Nymphe ist dagegen roh übertüncht. No. 91. Diese beiden Bilder waren in der Gallerie Orleans und sollen diejenigen sein, welche Tizian, nach dem Bericht des Vasari, für den König Philipp II. von Spanien gemacht hat. Obgleich ich nicht an der Originalität derselben zweifle, muſs ich doch bemerken, daſs in Madrid noch ein Exemplar vorhanden ist, welches, früher im Schlosse Buenretiro, jetzt die Gallerie des königlichen Museums ziert.

4) Bildniſs vom Papst Clemens VII. Es erscheint mir für Tizian zu schwach. No. 44.

Sebastian del Piombo. Die Grablegung nach einer Composition des Michelangelo aus der Gallerie Orleans. Ist durch Uebermalen so zugerichtet, daſs es kein Urtheil mehr zuläſst. No. 98.

Paris Bordone. Ruhe der heiligen Familie in einer reichen, poetischen Gebirgslandschaft. Besonders fleifsiges und glühend colorirtes Bild dieses so ungleichen Nachfolgers von Tizian. No. 281.

Palma Vecchio. Bildnifs eines Dogen, auf einem rothen Sessel. Kniestück. Der Kopf sehr lebendig und fein aufgefafst, die Hände schwach, die Ausführung fleifsig, die Färbung für ihn unscheinbarer als meist. Aus der Gallerie Orleans. No. 57.

Zwei heilige Familien in Landschaften, welche dem Palma Vecchio beigemessen werden, No. 94 und 97, sind hübsche Bilder von anderen mir nicht bekannten venezianischen Meistern. Besonders ist No. 94 von grofser Lebhaftigkeit des Colorits.

Tintoretto. 1) Die Grablegung aus der Gallerie Orleans; ¾ lebensgrofse Figuren. Ungleich edler und wahrer in den Motiven als meist; besonders die Gruppe der ohnmächtigen Maria mit zwei Frauen von würdigem Pathos; auch fleifsig in der Ausführung, doch in den Tinten minder warm und klar als häufig. No. 93. 2) Bildnifs eines venezianischen Edelmanns aus der Gallerie Orleans. Edel und kräftig aufgefafst, trefflich modellirt, von röthlich warmem Fleischton; die Hände verwaschen. Im Jahre 1588 gemalt. No. 47. 3) Bildnifs eines Manns mit einem grofsen aufgeschlagenen Buch. Bis auf das äufserst kräftig im rothbräunlichen Ton colorirte Gesicht schwarz. No. 52.

Lorenzo Lotto. Maria mit dem Christuskinde und vier Heilige. Das Kind ist unangenehm bewegt, sonst findet sich hier die diesem Meister eigenthümliche Feinheit der Köpfe und des Tons. No. 24.

Andrea Schiavone. 1) Christus vor Pilatus. Kniestück nach der Breite, stammt aus der Sammlung der Königin Christine, später in der Gallerie Orleans. Obgleich dieser Maler vor den meisten Venezianern ein gewisses Gefühl für Schönheit der Linien voraus hat, auch seine Bilder durch die Gegensätze warmer Lichter und dunkler Schatten eine große Wirkung machen, können diese Eigenschaften doch nicht für die Leerheit der Köpfe, die Rohheit der Ausführung und die Schwere seiner Färbung entschädigen. Diese Bemerkung fand ich von neuem in diesem Bilde bestätigt. No. 92. 2) Die Vermählung der heil. Catharina, hat dieselben Fehler und Vorzüge. No. 99.

Alessandro Turchi, genannt Alessandro Veronese. Joseph und Potiphar's Weib auf grauem Marmor. Ein besonders brillantes Bild von sehr fleifsiger Abrundung aller Theile, doch wie immer bunt und manierirt. Aus der Gallerie Orleans. No. 34.

Bolognesische Schule.

Lodovico Carracci. 1) Die Abnahme vom Kreuz, lebensgroße Figuren. Aus der Sammlung des Herzogs von Modena. Ungeachtet dieses Bild vortrefflich gezeichnet, wie z. B. der verkürzte Christus, und sehr klar und warm colorirt ist, wie besonders der Johannes, ist es doch in der Composition so theatralisch, und in einigen Bewegungen, z. B. der ohnmächtig werdenden Maria, so wenig glücklich, dafs es einen unangenehmen Eindruck hinterläfst. No. 9. 2) Der heiligen Catharina erscheint im Traum die Maria mit dem Kinde. Aus der Gallerie Orleans. Figuren fast lebensgrofs. In der Heiligen erkennt man in der klaren Färbung, wie im Character die Nachahmung des Correggio. Sonst ist die Composition nicht glücklich, die Gewänder zu massig, die Schatten zu dunkel. No. 29. 3) Eine sogenannte Pietà, oder Christus von Maria beweint, Studium zu einem Altarbilde, vereinigt mit einer schönen Composition, einer edlen Zeichnung und schlagenden Wirkung jene feinere Empfindung, welche diesem Meister öfter eigen ist. No. 22.

Annibale Carracci. 1) Der heilige Gregor im Gebet, von acht Engeln umgeben. Lebensgroſse Figuren. Dieses in Auftrag des Cardinals A. M. Salviati für eine Capelle der Kirche des heiligen Gregor in Rom noch nach der älteren Weise auf Holz ausgeführte Bild beweist, mit welchem Erfolg A. Carracci sich einem so begeisterten Studium des Correggio ergeben hatte. Nicht allein zeigen die Engel eine diesem verwandte Grazie der Bewegungen, sondern auch in der zarten Abtönung, in den Reflexen, in der allgemeinen Klarheit der blühenden Farben, in der fleiſsigen Verschmelzung hat er ihm glücklich nachgestrebt. No. 14. 2) Der heilige Franciscus in der Anbetung des Christuskindes. Aus der Gallerie Orleans. Auch hier zeigt sich eine fleiſsige Nachahmung des Correggio in dessen dunkleren Effectbildern. No. 62. 3) Danaë empfängt den goldenen Regen. Aus der Gallerie Orleans; stark lebensgroſs. Ein Vergleich mit den vorigen Bildern läſst uns recht deutlich den eklektischen Character Annibale's erkennen. Hier findet sich vom Einfluſs Correggio's keine Spur, sondern es schwebten ihm in der ganzen Auffassung die groſsen Venezianer, ein Tizian, ein Paul Veronese vor. In den starken, derben Formen, der fleiſsigen Ausführung ist, wie bei jenen, ein Streben nach Naturwahrheit sichtbar. Die schöne poetische

Landschaft des Hintergrundes ist ganz im Geschmack des Tizian. No. 10. 4) Johannes der Täufer deutet auf Christus, der sich aus der Ferne nähert. Aus der Gallerie Orleans. In diesem Bilde kommt wieder eine andere Seite des eklektischen Studiums zum Vorschein. Wir sehen hier einen akademischen Act. Die Figur ist in dem röthlichen Ton colorirt, wie der Genius des Ruhms in der Gallerie zu Dresden, die Landschaft von edlem, heitrem Character. No. 69. 5) Johannes der Täufer als Kind in einer Landschaft, ebenfalls aus der Gallerie Orleans, gehört in dieselbe Kategorie, nur ist die Stellung der Beine geschmacklos, die Landschaft zu dunkel. No. 70.

Domenichino. 1) Die Kreuztragung. Aus der Galleric Orleans. Wie bisweilen bei diesem Meister, fehlt der Composition das Gefühl für Massen und Linien, sie hat etwas Zufälliges. Der Character des zu Boden gesunkenen Christus ist zwar edel, doch etwas zu schwächlich. In der Klarheit und Frische der Färbung, in der liebevollen Ausführung gehört dieses Bild indeſs zu seinen vorzüglichsten Werken. No. 89. 2) Die Entzückung des heiligen Franciscus. Aus der Gallerie Orleans. Der schwärmerische Ausdruck ist sehr gut gelungen, die Farbe wieder sehr hell und klar, dic Ausführung etwas minder fleiſsig. No. 36. 3) Der Kopf einer weiblichen Heiligen vereinigt das Edle in Character und Ausdruck, welches er solchen Köpfen zu geben wuſste, mit seiner blühendsten Färbung. No. 35. 4) Eine Landschaft, als Staffage die Entdeckung des Fehltritts der Callisto. Dieses Bild trägt noch von der Gallerie Orleans her den Namen Annibale Carracci, stimmt aber in allen Theilen so sehr mit Domenichino's berühmtem Bilde,

Diana mit ihren Nymphen im Pallast Borghese, überein, dafs ich es mit Bestimmtheit diesem Meister beimessen mufs. Einige Motive und Köpfe, welche ihm allein eigenthümlich, finden sich aus jenem Bilde ganz wieder, auch hat A. Carracci nicht diesen röthlichen, blühenden Fleischton, dies frische, saftige Grün der Bäume. Dieses ungefähr 2 F. 8 Z. hohe, 3 F. 6 Z. breite Bild gehört unter den kleineren in jeder Beziehung zu den schönsten Werken des Domenichino. No. 27. 5) Eine ungefähr 7 F. breite, 4 F. hohe Landschaft aus der Gallerie Orleans. In den schönen Linien der Berge, welche im Mittelgrunde von einer edlen Architectur unterbrochen werden, spricht sich das liebenswürdige, poetische Gefühl des Domenichino eben so deutlich aus, als in der Staffage, einem liebenden Paar, welches von einer Alten belauscht, einer Schaafheerde, welche in einem Wasser getränkt wird, und Fischern, die es in ihrem Kahn befahren. Die Behandlung ist breit und meisterlich, der Gesammtton von seltner Frische und Klarheit. Ein solches Bild ist lehrreich, um sich zu überzeugen, welche Vorbilder ein Gaspard Poussin schon fand. No. 79. 6) Eine andere Landschaft mit Fischenden und Weibern, die in einem Wasser waschen, ist zwar ebenfalls edel gedacht, fleifsig in sehr gutem Impasto ausgeführt, doch schwerer und härter in der Farbe, und durch Nachdunkeln mancher Theile von fleckiger, unharmonischer Wirkung.

Albano. Salmacis und Hermaphrodit, aus der Gallerie Orleans. Von besonders solider und fleifsiger Ausführung, doch der Hermaphrodit nicht glücklich in den Linien, die Landschaft etwas dunkel. No. 75.

Guercino. 1) David und Abigail, eine reiche Composition mit lebensgroßen Figuren, früher in der Sammlung des Cardinal Mazarin, später in der Gallerie Orleans. Ungeachtet der wohlgelungenen Composition ist das Bild in den Köpfen einförmig und leer, in den Formen hart, durch die gedunkelten Schatten bunt und unharmonisch in der Wirkung. Die stellenweisen Retouchen tragen dazu bei, das Bild noch minder günstig erscheinen zu lassen. No 28.

Lanfranco. Die Entzückung des heiligen Franciscus. Obgleich, wie meist bei ihm, in den Köpfen wenig Empfindung ist, und die Schatten sehr dunkel sind, zeichnet sich doch dieses Bild durch die im meisterlichen Impasto sehr fleißig verschmolzene Ausführung und durch eine sehr schlagende Wirkung vor vielen anderen von ihm vortheilhaft aus. No. 21.

Die naturalistische Richtung des Michelangelo da Caravaggio ist hier nur durch ein einziges, aber sehr vorzügliches Bild des Ribera, genannt Spagnoletto, repräsentirt. Es stellt Christus vor, wie er, 12 Jahre alt, im Tempel lehrt. Die ganze Composition, ungefähr 4 F. hoch und 6 F. breit, in halben Figuren, ist sehr originell, die Charactere ungleich edler als meist. Besonders glücklich ist der Ausdruck des begeisterten Sprechens im Profil des Christus gelungen, welcher mit der Hand nach oben deutet. Die Ausführung ist sehr gediegen, die Färbung im Christus von hellem, in den 7 Schriftgelehrten von bräunlich kräftigem Ton. No. 279.

Von dem Triumvirat der gleichzeitigen, berühmten Landschaftsmaler Claude Lorrain, Gaspard Poussin und Salvator Rosa hat die Sammlung besonders gewählte Werke aufzuweisen.

Claude Lorrain. 1) Ein Morgen, ungefähr 1 F. 3 Z. hoch, 1 F. 6 Z. breit, ist ein wahres Wunderbildchen aus der besten Zeit des Meisters. Die liebevollste Ausführung, eine gewisse Bestimmtheit der Formen und ein grösseres Festhalten der Localfarben, z. B. eines saftigen, warmen Grüns der Bäume, eines entschiedenen Blaues der Ferne, ist hier mit der grossen Zartheit der Abtönung verbunden, welche in seinen späteren Bildern vorwaltet. Wie schlecht auch nach seiner bekannten Weise eine Heerde Kühe gezeichnet ist, so gehört sie doch wesentlich dazu, das idyllische Gefühl der frischen Kühle eines schönen Morgens in der herrlichsten Natur hervorzurufen. Im „Liber veritatis" ist dieses Bild mit No. 101 bezeichnet. No. 43. 2) Eine Morgenlandschaft in dem heiteren und edlen Character einer antiken Idylle, den auch die Staffage der tanzenden Mädchen und des Schäfers, der in einen Baum verwandelt wird, noch näher bezeichnen. Etwas später als das Vorige gemalt, und daher schon ein etwas allgemeinerer Ton vorwaltend, so das Grün der Bäume kühler, die Ausführung des Einzelnen minder gross, dagegen in der Harmonie des Ganzen, in der Abstufung des Silbertons morgendlicher Frische vom wunderbarsten Reiz. Im Liber veritatis mit No. 142 bezeichnet und im Jahre 1657 für Hrn. de la Garde ausgeführt. No. 64. 3) Grosse Landschaft, worin als Staffage Moses, welchem Jehovah in dem brennenden Busch erscheint. Die grossen und erhabenen Formen der Natur entsprechen gar wohl solchem Vorgange. In diesem um sieben Jahre später, als das vorige, gemalten Bilde findet sich die breite Behandlung seiner späteren Epoche schon ganz ausgebildet. Das Hauptgewicht ist auf die geistige Stimmung und die Farbenharmonie des Ganzen gelegt, und es herrscht, wie meist in den Bildern dieser Zeit, mit einem fahlen Grün der Bäume eine kühle, silberne Farbenleiter vor. Im Liber veritatis mit 161 bezeichnet und im Jahre 1664 für einen Hrn. de Bourlemont gemalt. Später im Besitz von Hrn. Clarke, darauf von Hrn. Edward Bouverie, von welchem es der Herzog von Bridgewater erworben hat. No. 54. 4) Die Strahlen der Morgensonne beglänzen die unermeſsliche, nur von fernen Inseln unterbrochene Fläche des dunkelblauen Meeres, welches die Zephyre nur leise bewegen. Das erhabene Gefühl dieses Schauspiels wird noch durch das der Einsamkeit erhöht, welches ein einziger alter Mann hervorbringt, welcher am Ufer einherwandelt; die Ruinen einer prächtigen Säulenhalle gemahnen endlich an die Vergänglichkeit alles Menschenwerks, während die Natur ewig in ursprünglicher Frische waltet. Sowohl für den poetischen Gehalt, als für die Tiefe und Sättigung der Farben und die Weisheit im Gebrauch aller künstlerischen Mittel diese zauberhafte Wirkung hervorzubringen, ist dieses ein Hauptbild des Meisters. Es ist das Gegenstück des vorigen, mit welchem es dieselben Schicksale gehabt hat. No. 60.

Gaspard Poussin. 1) In einer poetischen Landschaft mit herrlichen Waldgebirgen wüthet ein gewaltiger Sturm. Dieses meisterliche Bild aus dem Pallast Colonna hat vor so vielen Poussins eine groſse Klarheit in allen Theilen voraus. No. 63. 2) Die Ansicht einer gebirgichten Gegend in der Nähe von Tivoli, in einem sehr hohen Augenpunkt genommen, läſst durch Nachdunkeln nicht mehr viel von den

Einzelnheiten erkennen. No. 280. 3) Eine kleinere Landschaft von einem Flusse durchschnitten, von seltner Delicatesse der Ausführung, sanfter, kühler Beleuchtung und grofser Klarheit in allen Theilen. No. 59. 4) Das würdige Gegenstück des vorigen, ein reich bewachsenes Thal von reizenden Hügeln umschlossen, nur minder gut erhalten. No. 56.

Salvator Rosa. 1) Eine wilde und felsichte Gegend an den Küsten von Calabrien. Mit dem Namen des Meisters bezeichnet und in der Sammlung des Duc de Praslin, wo es sich früher befand, nach der Staffage unter dem Namen „Les Augures" bekannt. Dieses Bild geht durch die sehr grofse Helle und Klarheit, durch die zarte Beendigung aller Theile ganz aus der gewohnten Weise des Meisters heraus. Es ist von der angenehmsten Wirkung. No. 38. 2) Eine grofse Landschaft, als Staffage Jacob mit seinen Heerden, gehört dagegen zu den braunen und breit behandelten Bildern, welche durch Nachdunkeln ungeniefsbar geworden sind. No. 15.

Ich bemerke noch im Allgemeinen, dafs auch von manchen secundären Meistern der italienischen Schule, als von Pietro da Cortona, Mola, Lauri, Cignani, Gessi, Elisabeth Lirani, Luca Giordano, recht schätzbare Bilder vorhanden sind.

Französische Schule.

Nicolas Poussin. 1—7) Die berühmten sieben Sacramente, von Poussin in Rom für Hrn. Chantelou ausgeführt, später vom Herzog Philipp von Orleans, dem Regenten, für 120000 Livres erworben, und aus dessen Gallerie vom Herzog von Bridgewater jedes für 700 Pfund Sterling, also zusammen für

4000 Pfd. Sterl. gekauft. Bei Poussin's Begeisterung für die antike Kunst und seinem tiefen und edlen Sinn für die Geistesstimmungen, welche uns aus der Natur ansprechen, gewähren von seiner Hand Vorgänge aus der alten Welt in landschaftlicher Umgebung in allen Theilen am meisten Befriedigung. Dagegen stört bei biblischen Gegenständen häufig die Anwendung seiner Studien nach der Antike, zumal in den Köpfen, welche nun einmal mit dem Geiste derselben nicht verträglich sind. Auch ist er bei solchen öfter in den Erbfehler der französischen Künstler, das Theatralische, verfallen. An diesen Gebrechen leiden auch mehr oder minder diese Sacramente, welche leider überdem, wie so viele seiner Bilder auf rothem Grunde gemalt, und durch Auswaschen derselben theilweise dunkel geworden sind. Ueberdem wird die Harmonie öfter durch die grell blauen und rothen Gewänder, welche Poussin in seiner späteren Zeit angewendet hat, gestört. In den Compositionen, der Durchbildung der Zeichnung und Gewänder, der fleifsigen Ausführung, den landschaftlichen Hintergründen gehören sie indefs zu seinen vortrefflichsten Werken. No. 101—107. In der Composition zeichnen sich vor allen die Firmelung, die Ehe und die Taufe aus. Unter den vortrefflichen Motiven auf der letzteren ist eins aus dem berühmten Carton der badenden Soldaten des Michelangelo genommen. Durch die herrlichen Landschaften ziehen besonders die Taufe und die Priesterweihe an. Das Abendmahl und die letzte Oelung beweisen, dafs Poussin's Technik sich nicht zur Behandlung von Nachtstücken eignete, die Schatten sind schwarz, die Wirkungen des Kerzenlichts übertrieben roth und hart.

Sehr interessant müfs es sein, dieselbe Reihefolge und ebenfalls Originale, welche sich im Besitz des Herzogs von Rutland in Belvoircastle befinden, mit diesen zu vergleichen. 8) Moses schlägt Wasser aus dem Felsen, für denselben Hrn. Chantelou gemalt und ebenfalls aus der Gallerie Orleans. Eine reiche, meisterhafte Composition, voll der lebendigsten und glücklichsten Motive der Durstigen, welche sich dem ersehnten Genusse hingeben. Eine poetische Landschaft mit warmem Abendroth erhöht noch den Reiz des Bildes. No. 25.

Von den französischen Malern, welche nach dem Vorbilde des Michelangelo da Caravaggio den naturalistischen Weg einschlugen, während N. Poussin sich den Bestrebungen der Carracci anschlofs, ist hier eine Gesellschaft Musisirender von Valentin von geistreicher Lebendigkeit und Wahrheit der Köpfe, von seltner Klarheit und Ausführung.

Von Bourguignon befindet sich eine Seltenheit, nämlich eine grofse Landschaft von edler Composition hier; doch sind die Lichter kalt, die Schatten schwer und dunkel.

Die spanische Schule wird durch das Bildnifs eines natürlichen Sohnes des Herzogs von Olivarez von Velasques würdig repräsentirt. Die Stellung der ganzen, lebensgrofsen Figur ist bequem, der im vollen Licht genommene jugendliche Kopf in einem wunderbar klaren, warm-bräunlichen Ton meisterhaft und sehr fleifsig impastirt. Dieses Bild hat der Lord Francis Egerton selbst in der Versteigerung der Sammlung des Grafen Altamira gekauft. No. 221.

Flamändische Schule.

Van Dyck. 1) Maria mit dem Christuskinde. In den Characteren etwas edler als meist und dabei von sehr fleifsiger Ausführung und einer Brillanz in der Färbung, welche dem Rubens nahe kommt. Dieses Bild gehört wahrscheinlich zu den neueren Erwerbungen, denn es befindet sich nicht in dem 1830 gedruckten Catalog. 2) Ein männliches Bildnifs. In der edlen vereinfachten Auffassung der Formen, in dem tiefen Goldton erkennt man in diesem trefflich impastirten Bildnifs deutlich den Einflufs eines Tizian, eines Tintorett. Ebenfalls ein neuer Ankauf, der sich in der Austellung der British-Institution befand.

Gonzales Coques. Männliches Portrait in schwarzem Anzuge, klein in ganzer Figur. Der Kopf in einem satten Ton fein modellirt. Die Touche hat einige Verwandtschaft zu Teniers, den diese Figur auch vorstellen soll. No. 283.

David Teniers. Diesen trefflichen Meister sieht man hier in verschiedenen Manieren. 1) Kegelspiel in einem Hofe, neun Figuren. Voll Leben, aus der früheren Zeit, wie der sehr braune Ton der Gesichter beweist. No. 246. 2) Der Alchymist bläst das Feuer unter einem Schmelztiegel an, neben ihm ein Jüngling, mehr rückwärts zwei Arbeiter, hin und wieder Geräth. Bezeichnet 1649. Aus der Gallerie Orleans. Höchst geistreich und meisterlich hingeschrieben, von eignem harmonischen Reiz in der Zusammenstellung der Töne aus der kalten Farbenleiter und seltner Klarheit und Feinheit der Abtönung. Dieses ist Teniers beste Art und Zeit. 1 F. 4 Z. hoch, 1 F. 8½ Z. breit. Auf Holz. No. 167. 3) Spielende Bauern. Flüchtiger behandelt, doch aus

aus der Epoche des vorigen. No. 208. 4) Vorn zwei Raucher, im Hintergrunde vier Bauern beim Kartenspiel. Dieses nur 6½ Z. hohe, 8 Z. breite Bildchen aus derselben Zeit ist von der seltensten Feinheit des Tons in der kühlen Harmonie. No. 226. 5) Ein Bauer mit einem Korbe nähert sich einer Frau, welche vor einer Hausthür steht. Dieses flüchtigere Bild zieht ungemein durch eine schlagende Beleuchtung an. No. 197. Es wird im Catalog irrig dem alten Teniers beigemessen. 6) Eine Dorfkirmeſs. Essen, Trinken und Tanz unterhalten die zahlreiche Gesellschaft auf's Beste. In der Ferne sieht man das Landhaus von Teniers und eine Gesellschaft von Herren und Damen. Der lebendige und mannigfache Ausdruck ländlicher Fröhlichkeit, die bequeme Anordnung, die feine Touche, die helle, heitere Harmonie des Ganzen, der vortreffliche Luftton in der landschaftlichen Ferne machen dieses Hauptbild sehr anziehend. 2 F. 1 Z. hoch, 2 F. 4½ Z. breit. Auf Leinw. No. 218. 7) Eine Bauernhochzeit, welche von ungefähr 34 Personen in einem Hofe gefeiert wird. Die Braut sitzt zwischen zwei älteren Frauen mit anderen Gästen ehrsam zu Tische, während andere tanzen und rauchen. Vortrefflich in den Motiven und sehr fleiſsig ausgeführt, doch glatter und minder geistreich in der Touche, und etwas schwer in der Farbe, besonders in dem fahlen Himmel und der Landschaft. No. 242.

Von zwei Meistern, die in der Weise des Teniers gearbeitet haben, Gillis van Tilburgh und van Harp, sind hier von jedem zwei Bilder vorhanden, unter denen eine groſse Bauernhochzeit von dem Ersteren zu seinen Hauptbildern gehört. Auch von anderen Meistern zweiten Ranges, als von Craesbecke, Jan Breughel, Paul Brie, Wildens, Artois, Huysman, Jan Fyt, Stenwyck, enthält die Sammlung zum Theil höchst vortreffliche Bilder.

Holländische Schule.

Rembrandt. 1) Sein eignes Bildnifs in einem Alter von 50 Jahren. Trefflich in einem besonders wahren Localton des Fleisches impastirt, doch wie bisweilen in seinen Bildern dieser Zeit minder warm und klar im Ton, zumal in den graulichen Schatten. No. 153. 2) Ein weibliches Bildnifs im reichen Schmuck gehört zu seinen ungewöhnlich hellen und im vollen Licht genommenen Bildern von fleifsiger Beendigung. No. 165. 3) Ein Studium. Der Kopf eines Mannes im schönsten Goldton meisterlich impastirt. Das Uebrige nur angelegt. No. 244. 4) Eine alte Frau in einem rothen Gewande von grofser Gluth, neben welcher ein Knabe kniet, gilt für die Prophetin Hannah mit ihrem Sohne Samuel. Die Figuren heben sich mit seltner Kraft aus dem dunklen Hintergrunde hervor.

Salomon Kooninck. In einem hohen Zimmer ist ein junger Mann eifrig mit dem Lesen eines Buchs beschäftigt. Die Wirkung des einfallenden Lichts ist mit grofser Kenntnifs und viel Zartheit durchgeführt, doch fehlt diesem Nachfolger Rembrandt's dessen Kraft. Indefs malte er auch das Bild, welches mit dem Namen und 1630 bezeichnet ist, in einem Alter von nur 21 Jahren.

Jan Victor. Der alte Tobias ertheilt seinem Sohn vor seiner Abreise Lehren; dabei die Mutter am Spinnrade. Ein Bild dieses Schülers oder Nachfolgers von Rembrandt, welches durch die naive Wahrheit der Motive, die zarte Harmonie der klaren, sehr gebrochenen Farben, die fleifsige Ausführung sehr anspricht.

Nicolaus Maes. Ein in einem Zimmer sitzendes Mädchen ist beschäftigt, eine Nadel einzufädeln. Von schlagendem Lichteffect und in einer gewissen Breite fleifsig behandelt. Auf das Verdienst von Bildern solcher Art dieses Schülers von Rembrandt ist man erst neuerdings mehr aufmerksam geworden, so dafs sie jetzt in England sehr beliebt sind. Es wohnt ihnen meist die Stimmung des Häuslich-Gemüthlichen inne, womit sich eine grofse Klarheit und Wärme der immer entschieden gewählten Beleuchtung vereinigt.

Gerard Dow. 1) Sein eigenes Bildnifs in einem Alter von ungefähr 22 Jahren. Die vollkommenste Uebersetzung der Weise seines Meisters Rembrandt in's Kleine. Eine Mütze wirft einen Schlagschatten über den oberen Theil des feinen, mit Schnur- und Kinnbärtchen gezierten Gesichts, welches in einem sehr klaren und hellen Goldton gemalt ist. Bei der grofsen Ausführung ist die Leichtigkeit und Freiheit der Touche, z. B. in den Haaren, höchst bewunderungswürdig. 6½ Z. hoch, 5 Z. breit. Holz. No. 232. In einem Zimmer, worin das Licht durch ein grofses Bogenfenster hineinfällt, sitzt ein junger Mann mit einer Violine an einem Tisch, worauf ein Globus, ein Leuchter und das Notenbuch. Er hat eine Mütze mit einer Feder auf. Bücher und andere Geräthe tragen dazu bei, das Gefühl des Behaglichen und Heimlichen eines stillen häuslichen Daseins zu vollenden, welches Dow in diesem Bilde im selten-

15*

sten Maafse ausgesprochen hat. Dabei ist die meisterlichste Ausführung so grofs, die Lichtwirkung in allen Theilen so fein durchgeführt, die Harmonie so zart, dafs man nicht müde wird, dieses kleine Wunderwerk zu betrachten, welches mit der berühmten Abendschule im Museum zu Amsterdam mir zu den liebsten Bildern dieses grofsen Meisters gehört. 12¾ Z. hoch, 9⅝ Z. hoch, oben halbrund, auf Holz. No. 232.

Gabriel Metsu. 1) Eine Heringshändlerin in ihrem Laden; ein treffliches Bild aus der Zeit der fleifsigen Ausführung im soliden Impasto und des warmen, satten Tons. 7¼ Z. hoch, 6½ Z. breit. No. 209. 2) Eine Dame im eleganten Negligé liebkoset einen Spaniel. Geleckter in der Behandlung, schwerer im Ton, als man es von Metsu gewohnt ist, übrigens sehr elegant. No. 120. 3) Ein vor einem Hause haltender Reiter läfst sich von einer Dame ein Glas Wein einschenken. Sehr breit und leicht in einem kühlen, silbernen Ton gemalt, den der Meister in der letzten Zeit angenommen hatte. Zur Zeit von Descamps in der berühmten Sammlung Lubbeling in Amsterdam. 1 F. 8 Z. hoch, 2 F. 2 Z. breit. Leinwand auf Holz geklebt. No. 235.

Frans Mieris. Eine junge Dame in rothem, mit Hermelin verbrämten Leibchen und blauseidnem Atlaskleide, bindet sich die Haube unter dem Kinn fest. Die Bestimmtheit aller im vollen Licht genommenen Theile, und doch dabei die Weiche und Zartheit der Touche gewähren diesem Bilde einen grofsen Reiz. 11 Z. hoch, 9 Z. breit. Holz. No. 176.

Caspar Netscher. Vertumnus und Pomona unter den Bildnissen der Herzogin von Mazarin und Herrn von St. Evremont. Ein sehr elegantes Bild in der späteren kalten und etwas geleckten Weise des Meisters. No. 239.

Eglon van der Neer. Ein hübscher Knabe in blauweifse Seide gekleidet, an der orangefarbnen Mütze den Schweif eines Paradiesvogels, schlägt die Trommel. Diefs Bildchen hat im vollen Maafse den zarten Schmelz, die grofse Eleganz, worin sich dieser seltne Meister dem C. Netscher so sehr annähert. No. 247.

Pieter van Slingelandt. Einer Köchin, welche Orangen abschält, werden von einem Mann Rebhühner angeboten, daneben der Koch mit dem Bratspiefs, mit der Jahreszahl 1685. Von der unsäglichen Ausführung dieses Bildes kann man sich keine Vorstellung machen; so erkennt man unter dem reichen Beiwerk an einem angeschnittenen Brodte jedes der kleinen Bläschen in der Krume. Uebertrifft es in dieser Beziehung selbst noch den Gerard Dow, so steht es ihm dagegen durch den kalten Gesammtton, durch das Schwere und Undurchsichtige der Farben, das Geistlose der Gesichter weit nach. 1 F. 6 Z. hoch, 1 F. 3 Z. breit. Holz.

Willem van Mieris. Ein Violinspieler an einem Tische mit grünem Teppich läfst sich von einer Frau mit Getränk bedienen. Ein treffliches Bildchen aus der früheren Zeit, worin er seinem Vater Frans noch näher stand in der Malerei, daher besser impastirt, wärmer im Ton, minder geleckt behandelt. No. 175.

Ary de Voys. Das Bildnifs eines Knaben mit einem Buch. Ein treffliches mit dem Namen bezeichnetes Bild dieses seltnen Meisters von zarter Ausführung und klarem, warmem, harmonischem Ton. No. 230.

Jan Steen. Ein alter Fischhändler bietet einem Mädchen einen Schellfisch an; dabei noch vier andere Personen. Halbe Figuren. Voll Leben nach seiner Art, doch von dem stark braunen Ton in den männlichen Köpfen, der minder beliebt ist, und einer gewissen Härte in den Umrissen. No. 228.

Adriaen Brouwer. Von diesem ausgelassensten aller Maler gemeiner Schenkenscenen, der aber auch alle an Schmelz der Touche übertrifft, ist hier eine hügelichte Landschaft mit einem Bauernhaus und einigen gekröpften Bäumen, höchst geistreich in Auffassung und Machwerk, und von schlagendem, dem Rembrandt verwandten Lichteffect. Die alte Einfassung ist von D. Seghers mit Blumen geschmückt. Dieses Bild hat der Lord Egerton in Rufsland gekauft. No. 161.

Adrian van Ostade. 1) Zwei Handwerker spielen Tric-Trac, ein dritter sieht zu. Sehr hell im Fleischton, meisterlich breit touchirt. Bez. 1644. Kniestück. 1 F. 1 Z. hoch, 1 F. 3 Z. breit. Holz. Früher in den berühmten Sammlungen Blondel de Gagny und Graf de Merle. No. 212. Dieses Bild wird durch einen schlecht bemalten Ansatz an der Seite des Fensters entstellt. 2) Eine Frau in der Thür in eifrigem Gespräch mit einem Mann aufserhalb; am Hause rankt Weinlaub. Bez. 1667. Diese halben Figuren sind von ungewöhnlicher Gröfse für Ostade, doch trefflich impastirt und sehr fleifsig, obschon minder durchsichtig und warm im Ton als meist. 1 F. 4½ Z. hoch, 1 F. 2¼ Z. breit. Die linke Hand der Frau, die rechte des Mannes ist retouchirt. No. 214. 3) Ein Advocat liest, behaglich in seinem Zimmer sitzend, ein Actenstück; ein Mann mit erwartungsvoller Miene steht neben ihm mit einem Geschenk von Wildpret. Außer dem feinen dramatischen Interesse, worin sich dieses Bild der Auffassungsart des Wilkie nähert, gehört der Kopf des Advocaten zu dem Geistreichsten und Lebendigsten, was Ostade je gemalt hat. Der Fleischton ist hell und zugleich warm und durchsichtig, die Beleuchtung sehr entschieden. Dieses kleine Juwel stammt aus der Sammlung des Greffier Fagel. Bez. 1671. 1 F. hoch, 10½ Z. breit. Holz. 4) Landleute vor einer Dorfschenke, die zum Theil Kegel spielen. Bez. 1676. Ein reiches, fleißiges Bild, doch die Landschaft etwas kalt im Ton für Ostade, das Fleisch etwas zu roth. 1 F. 5 Z. hoch, 1 F. 8 Z. breit. Leinw. No. 207. Aus der Sammlung Geldermeester. 5) Ein fröhlicher Bauer trinkt eine Gesundheit. Bez. 1677. Besonders lebendig und herzlich im Ausdruck, frei in der Behandlung, wahr im Fleischton, obgleich minder glühend und transparent. 6¼ Z. hoch, 5¼ Z. breit. Holz. No. 210. 6) Bauern in einer Schenke. No. 204. Hier vermisse ich die geistreiche Touche und die klare Färbung des Meisters.

Isaac Ostade. 1) Halt von Reisenden zu Pferde an einer Dorfschenke. Ein reiches Bild, kräftig und warm im Ton und fleißig ausgeführt. 1 F. 11 Z. hoch, 2 F. 9 Z. breit. Holz. No. 127. 2) Vor einer Dorfschenke ist eine große Anzahl von Bauern versammelt. Ein Wagen hält an; unter Bäumen spielt ein Fiedler auf. Durch einen satten, glühenden Ton von großer Wirkung. 1 F. 9 Z. hoch, 2 F. 5¼ Z. breit. Holz. No. 128.

Paul Potter. Drei Ochsen auf einer Wiese. Von großer Wahrheit, besonders der eine neben einem alten Weidenbaum liegende. Die Behandlung ist etwas trocken und kleinlich, auch stört die zu rothe Farbe des einen Ochsen die Harmonie. 10¼ Z. hoch, 11¼ Z. breit. Holz. No. 140.

Adriaen van de Velde. Eine rothe Kuh wird gemolken, eine gelbe und ein Schaaf ruhen sich. Ein höchst zart und warm touchirtes Bildchen von schlagender Beleuchtung. 5½ Z. hoch, 6¼ Z. breit. No. 215.

Im Gegensatz zu den beiden vorigen Meistern führen uns die beiden folgenden ihre Thiere häufig in der reicheren landschaftlichen Umgebung der südlichen Natur vor.

Nicolas Berchem. 1) Ueber ein Wasser, welches eine flache Gegend mit weiter Ferne durchschneidet, führt eine lange Brücke. Eine Falkenjagd und Landleute beleben die Landschaft, die bei tiefer Stille der Natur im warmen Glanz der Abendröthe schwimmt. Die Klarheit und Kraft dieser Wirkung, die Delicatesse der trefflich impastirten Touche, der feine Geschmack in der Anordnung, die genaue Zeichnung zeigen hier den Meister in der höchsten Ausbildung der Eigenschaften, weshalb er so hoch geschätzt wird. Dieses Kleinod zierte früher die Sammlungen Slingelandt und Calonne. 1 F. 2⅝ Z. hoch, 1 F. 9¼ Z. breit. Holz. No. 117. 2) In kahler Landschaft, worin sich eine Felsenmasse erhebt, befindet sich vorn eine Frau auf einem Esel nebst Füllen und ein Hirt mit drei Kühen. Wunderbar klar und brillant in glühender Abendbeleuchtung. 9½ Z. hoch, 1 F. breit. Holz. 3) An einem kühlen Wasser, welches sich an bewachsenen Felsen hinzieht, ein Satyr und zwei Nymphen, neben ihnen zwei Kühe und Ziegen, welche mehr Naturwahrheit als häufig haben. Sehr delicat von Vortrag, besonders die Ferne sanft abgetönt. 1 F. 7½ Z. hoch, 1 F. 11½ Z. breit. No. 126. 4) In einer Landschaft mit schön begrüntem Felsengebirge ziehen auf der Strafse Hirten mit ihrem Vieh zu Hause, unter denen eine eselberittene Frau am meisten auffällt. Trefflich impastirtes Bild in warmer Abendbeleuchtung, deren Wirkung die zu dunkle Masse im Vorgrunde indefs etwas stört. 2 F. ½ Z. hoch, 2 F. 7 Z. breit. Leinw. No. 158. 5) Ein Flufs zieht sich an einer Reihe hoher Felsgebirge hin. Unter der reichen Staffage ist wieder seine beliebte Frau auf dem Maulesel. Hier herrscht der nicht beliebte, kalt blaue und schwere Ton und die bunte Wirkung vor. 3 F. 9 Z. hoch, 5 F. 3½ Z. breit. Leinw. No. 151.

Karel du Jardin. Landleute mit Maulthieren und anderem Vieh, welche in bergiger Gegend eine Furth passiren. Eben so malerisch angeordnet, als mit grofser Naturwahrheit sehr delicat ausgeführt. Ein sanftes Abendlicht stimmt trefflich zu dem kühlen, silbernen Ton des Ganzen. 1 F. 11½ Z. hoch, 2 F. 5½ Z. breit. Leinw. No. 241.

Philip Wouverman. 1) Landschaft mit einem Wasser, worin badende Knaben; auf einem Hügel ein beladener Heuwagen, im Vorgrunde zwei Pferde und andere Motive. In Composition und Ausführung vorzügliches Bild aus seiner dritten Manier, von klarer, feiner, silberner Harmonie. 1 F. 2 Z. hoch, 1 F. 4 Z. breit. Holz. No. 143. 2) Das Gegenstück, wo Pferde am Fufs einer Brücke getränkt werden, worüber ein Heuwagen fährt, ist durch den etwas dunklen Himmel und Erdboden minder harmonisch. No. 142.

15**

Albert Cuyp. 1) Ansicht der Maafs in der Nähe von Dort während eines heiteren Sommermorgens, mit einer grofsen Anzahl von Schiffen. In einem Boot mit drei Trompetern befindet sich eine angesehene Gesellschaft, nach einer Vermuthung der Prinz Moritz von Oranien mit seinem Gefolge, im Begriff die holländische Flotte zu mustern. 3 F. 9¼ Z. hoch, 5 F. 6¼ Z. breit. Leinw. Dieses ist eins der berühmtesten Werke von Cuyp und unter den Niederländern das Hauptbild der Sammlung. Es ist, als ob der Maler seinen Pinsel in Licht getaucht hätte, um dieses Spiel der Sonne, deren Strahlen die Morgennebel auf dem Wasser zertheilt haben, auf Wasser und Schiffen auszudrücken. Hatte ich die Klarheit des Wasserspiegels, der Reflexe an den dunklen Rändern der Schiffe aus der Ferne bewundert, so gerieth ich vollends in Erstaunen, als ich nun näher hinzutrat und sah, in welcher freien und meisterlichen Behandlung alles dieses mit der gröfsten Sicherheit erreicht ist. Es ist nicht möglich, ein schöneres, lebendigeres Bild von dem Wasser- und Schiffsleben der Holländer zu erhalten, als durch dieses Werk, und man kann dem Künstler recht die schaffende Lust nachfühlen, welche ihn bei dem Malen durchdrungen haben mufs. Dieses Bild stammt aus der berühmten Sammlung Slingelandt in Dort. No. 48. 2) Unter einer Baumgruppe ist eine Frau beschäftigt, eine Kuh zu melken, daneben eine andere, liegende Kuh und ein Pferd; in der Ferne eine Wiese. Auf der anderen Seite ein klares, stilles Wasser, worin vier Kühe, zwei Pferde und zwei Enten. Die Nachmittagssonne breitet über alle Gegenstände einen hellen Schein aus. Ein treues, anziehendes Bild helländischer Ländlichkeit. 4 F. 6 Z. hoch, 5 F. 9 Z. breit. Leinw. No. 193. 3) Ein Bild, eben so grofs und von ähnlichem Inhalt, worauf ein Hirt die Flöte bläst, beweist durch einen klumpigen Felsen, welcher Linien und Harmonie stört, dafs Cuyp hier das Element, welches er lebendig geschaut, nicht glücklich mit einem ihm fremdartigen gepaart hat. No. 220. 4) Die Ruinen des Schlosses Koningsvelt; vor einer Schenke Reisende mit Pferden. In warmer Abendbeleuchtung und sehr fleifsig beendigt. 1 F. 6 Z. hoch, 2 F. 6 Z. breit. Holz. No. 182. 5) Auf einer Landstrafse, welche bei einer Baumgruppe vorbeiführt, unterhalten sich ein Herr und eine Dame zu Pferde mit Landleuten. Obgleich, als aus der früheren Zeit des Meisters, etwas schwerer im Ton, minder frei in der Touche, doch durch den idyllischen Character, den kräftigen, warmen Lichteffect von grofsem Reiz. 1 F. 5 Z. hoch, 1 F. 9½ Z. breit. Holz. No. 189.

Jan Wynants. Von ihm sind hier 5 Bilder, deren 3 von A. van de Velde, 2 von Lingelbach staffirt sind. Unter ihnen zeichnen sich besonders 3 (No. 131, 132, 133) durch fleifsige Ausführung und gute Haltung aus.

Jacob Ruysdael. Der Lord sagte mir, dafs dieser Meister zu seinen besonderen Lieblingen gehörte. Die vorhandenen Bilder zeigen sein grofses Talent von verschiedenen Seiten. 1) Auf die mit Bäumen bedeckte Ebene bei Harlem fällt zwischen den dunklen Wolkenschatten ein Lichtstrahl. Von tiefem melancholischen Naturgefühl und sehr zarter Ausführung. 1 F. 4¼ Z. hoch, 1 F. 6 Z. breit. Leinw. No. 134. 2) Ein Gehölz, durch welches ein Weg zu einem Dorf führt, dessen Kirche man sieht. Die reiche Staffage von Reitern, einem Karren und anderen Figuren ist von Philip Wouverman. Dieses treffliche Bild, worin sich höchst lebendig das Gefühl des Ländlichen ausspricht, ist merkwürdig, weil es den Einfluſs beweist, den Hobbema bisweilen auf Ruysdael ausgeübt hat. Es erinnert im Gedanken und Behandlung so sehr an denselben, daſs es ihm im Catalog beigemessen wird. 2 F. hoch, 2 F. 8 Z. breit. Leinw. No. 154. 3) Dasselbe gilt für die Composition von einer Schleuse mit einer Brücke, einer Windmühle und anderen Gebäuden; ein Bild, welches durch die brillante Sonnenbeleuchtung, durch den klaren Wasserspiegel, die kräftige Färbung von besonderem Reiz ist. 2 F. 1¼ Z. hoch, 2 F. 6¾ Z. Leinw. No. 138. 4) Neben einem waldbewachsenen Hügel flieſst ein Strom, in welchem zwei Fischer ihre Netze ziehen. Das Gefühl der Waldes- und Wasserfrische zieht in diesem Bilde von dunklem Ton besonders an. 1 F. 6¼ Z. hoch, 2 F. ⅜ Z. breit. Leinw. No. 193. 5) In einem dicken Walde rauscht ein reiſsender Strom daher. Einige Köhler und Holzhauer erhöhen noch das Gefühl der Wildheit und Einsamkeit, welches in diesem Bilde von düsterem Ton waltet. Früher eine Zierde der Sammlung Lapérière. 2 F. hoch, 2 F. 4 Z. breit. Leinw. No. 164.

Hobbema. 1) Die zerstreuten Häuser eines reich bewachsenen Dorfs, von denen eins von einem Sonnenstrahl hell beschienen wird. Im Vorgrunde ein binsichtes Wasser und drei Figuren. Durch die einfallenden Lichter, die feine Abtönung sehr anziehend; nur haben einige Partieen etwas nachgedunkelt. 2 F. 2 Z. hoch, 2 F. 8 Z. breit. Leinw. No. 166. 2) Eine Wassermühle und andere Gebäude. Besonders klar, fleifsig und saftig und für Hobbema durch die grofsen ruhigen Massen von Schatten und hellem Licht ausgezeichnet. Mit dem Namen und 1657 bezeichnet. 1 F. 2 Z. hoch, 1 F. 8½ Z. breit. No. 163.

Jan Both. 1) Eine Felsengrotte im Vorgrunde ist einer bläulichen Ferne ungemein reizend entgegengesetzt. Drei Reisende und einige Thiere beleben dieses schöne Cabinetbild vom warmen, saftigen Ton eines südlichen Sommerabends. 11½ Z. hoch, 1 F. 2½ Z. breit. No. 118. 2) In bergiger Gegend baden 4 Jünglinge in einem klaren Wasser, worin sich der heitere, warme Abendhimmel spiegelt. Ein Bild von höchstem idyllischen Reiz, satter, harmonischer Färbung, zartem Schmelz der Vollendung. 2 F. 1 Z. hoch, 1 F. 7 Z. breit. Holz. No. 129.

Simon de Vlieger. Von diesem trefflichen Seemaler ist hier eine Ansicht der Küste von Scheveningen, welches sich durch die brillante sonnige Beleuchtung, die grofse Wahrheit in dem leichtbewegten Wasser, die sehr fleifsige Ausführung und seltne Klarheit ungemein auszeichnet. No. 150.

Willem van de Velde. Für diesen grofsen Meister ist diese Sammlung, so wie die des Sir Robert Peel, eine der ersten in der Welt. Ist letztere an stillen Seen überlegen, so thut diese es wieder ihr an bewegten und an Seeschlachten zuvor. 1) Ansicht der Einfahrt zum Texel bei stürmischem Wetter und stark bewölktem, regnichtem Himmel. Unter den grofsen und kleinen Schiffen, welche die bewegte Fläche beleben, fällt das Auge vor allen auf ein von einem Sonnenblick beleuchtetes Paketboot, an welchem die Wellen schäumend emporspritzen. Von wunderbarem Reiz ist der zart-graue Ton der flachen

Küste, welche durch einen anderen Sonnenstrahl erhellt wird. Das Wasser ist von einer Nässe, Klarheit und Wahrheit der Bewegung, der Himmel von einer Mannigfaltigkeit der Abstufungen in den Wolken, dafs man immer mit neuem Entzücken zu diesem poetischen und naturwahren Meisterstück zurückkehrt. 4 F. 4 Z. hoch, 6 F. 3 Z. breit. Leinw. No. 152. 2) Ein Kriegsschiff kämpft mit den bewegten Wellen, neben einer Klippe treibt ein Wrack, der dunkle Himmel droht noch heftigeres Unwetter. Geistreich componirt, in der Behandlung breiter, in den Schatten dunkler als meist. 1 F. hoch, 1 F. 3½ Z. breit. No. 108. 3) Die holländische Küste bei stark bewegter See; im Vorgrunde ein Fischerboot, in der Ferne zwei Kriegsschiffe vor Anker. Von seltner Kraft und vortrefflichem Luftton. Bez. 1656. 1 F. 5 Z. hoch, 1 F. 11 Z. breit. No. 114. 4) Die Mündung des Flusses Bril bei leicht bewegter See; vorn zwei kleinere Schiffe, in der Ferne zwei Kauffahrer. Von grofser Feinheit in der Abstufung der breiter behandelten Nähe, bis zur zart verschmolzenen Ferne, und höchst klarer und brillanter Beleuchtung. Eine kleine Perle! 1 F. ¾ Z. hoch, 1 F. 2 Z. breit. Leinw. auf Holz. No. 115. 5) Küstenansicht bei völlig stiller See und heiterem Morgen, der Kanonenschufs eines Kriegsschiffes läfst den weifslichen Pulverdampf über die glatte Fläche gleiten. An der Küste einige Krabbenfischer. 8 Z. hoch, 10 Z. breit. Holz. No. 243. 6) Vorgang aus der Seeschlacht, welche im Jahre 1666 zwischen der englischen und holländischen Flotte geliefert wurde. Der Royal Prince, ein englisches Linienschiff von 92 Kanonen, sieht sich, auf eine Untiefe gerathen, genöthigt, vor dem holländischen Linienschiff Gouda die Segel zu streichen; in der Ferne die Flotten sich zum Angriff rüstend. Dieses Bild vereinigt eine grofse Kraft und schlagende Wirkung mit der meisterlichsten Vollendung. 1 F. 1½ Z. hoch, 1 F. 5 Z. breit. Holz. No. 113. 7) Dieselbe Schlacht und derselbe Vorgang in gröfserem Maafsstabe, und mit ausführlicherer Darstellung der Besitznahme von dem Royal Prince. Ungleich fleifsiger im Einzelnen ausgeführt, und in seinem feinen graulichen Ton ungleich harmonischer, als die meisten gröfseren Schlachten, welche ich sonst von diesem Meister gesehen habe. 2 F. 5½ Z. hoch, 3 F. 5¼ Z. breit. Leinw. No. 196.

Ludolph Backhuysen. 1) Ansicht des Texels. Das starkbewegte Meer wird von sieben gröfseren und kleineren Schiffen belebt. Zu den eleganten Bildern von der feinen Touche des Meisters gehörig, und wie die Jahreszahl 1670, womit es bezeichnet ist, beweist, aus seiner besten Zeit. 2 F. 2 Z. hoch, 2 F. 7½ Z. breit. Leinw. 2) Ansicht des Y's bei Amsterdam mit vielen Schiffen. Dieses übrigens schätzbare Bild gehört zu denen des Meisters, welchen man zu sehr die Palette ansieht; die Färbung hat, besonders im Wasser, etwas zu Schweres und Unwahres. 4 F. hoch, 5 F. 1 Z. breit. Holz. No. 168.

Jan van der Heyden. Eine holländische Stadt mit einem Canal, worüber eine Brücke führt, mit Figuren des Adrian van de Velde. Dieses Bild vereinigt in einem seltnen Grade die unsäglich fleifsige Ausführung dieses Meisters mit einer kräftigen Wirkung der Massen. Der bräunliche, warme Hauptton stimmt vortrefflich zu dem ähnlichen der geistreichen Staffage. Ein Hauptbild des Meisters. 1 F. 6½ Z. 2 F. breit. Holz. No. 190.

Die grofse Freude der Holländer an Blumen und

schönen Früchten, welche die Cultur bei ihnen zu einer so außerordentlichen Höhe gebracht hat, führte sie auch darauf, diese durch die Kunst zu verewigen, und ließ aus ihnen die größten Blumen- und Früchte-Maler der Welt hervorgehen. Auch von dieser Gattung fehlen hier einige gewählte Bilder nicht. Von Cornelius de Heem (nach meinem Gefühl mit seinem Vater, Jan David de Heem, dem größten in diesem Fach, indem beide mit der höchsten Wahrheit und meisterlicher Ausführung eine geschmackvollere Anordnung und allgemeinere Harmonie als die übrigen verbinden) ist hier eine Gruppe von Trauben und Aprikosen von seltenster Gluth und Meisterschaft (No. 200), und auch ein anderes reiches, aber in der Durchbildung minder feines Bild (No. 271) von Jan van Huysum, welcher in der Delicatesse der Ausführung und der Helligkeit des Tons unter allen der erste ist, befindet sich hier ein kleiner Blumenstrauß, der diese Eigenschaften im seltensten Maaße besitzt, auf einem Hintergrunde von heller Farbe, welche Art von den Kennern am meisten geschätzt wird. Das Bild ist mit Namen und dem Datum 1723 en 1724 bezeichnet. 1 F. 3¼ Z. hoch, 1 F. ½ Z. breit. Holz. No. 198.

Ich bemerke hier noch, daß es der Sammlung auch nicht an mehr oder minder guten Bildern secundärer Holländer fehlt, als: Mirevelt, van Tol, Molenaer, Bega, Dusart, Frans Mieris der jüngere, van Hoogstraeten, Breklenkamp, Asselyn, Stoop, van Streg, Huchtenburgh, Decker van de Capella, van Os.

Von englischen Meistern hat die Sammlung nur wenig aufzuweisen.

Dobson. Ein Bildniß des Poeten Cleveland

gehört zu dessen feinen Bildern, worin er sich in Auffassung und Zeichnung dem van Dyck sehr annähert und ihm fast nur in der schwächeren Färbung nachsteht. (No. 41.)

Wilson. Von ihm ist hier ein anderes, etwas minder verblichenes Exemplar seiner Landschaft mit dem Tode der Familie der Niobe, welche Composition ich bei der Nationalgallerie näher beschrieben habe (No. 45), und eine andere Landschaft, in der Composition unbedeutender, aber wahrer und klarer im Ton. (No. 273.)

Gainsborough. Kühe auf einer Wiese. Von besonderer Helligkeit und malerischem Reiz. In den Profilen der Kühe erkennt man Cuyp als sein Vorbild.

Turner. Dieser geistreiche, bei den Engländern so beliebte Maler hat hier ein Gegenstück zu dem großen Seesturm des W. van de Velde geliefert, welches durch die schrofferen Gegensätze von hellleuchtendem Horizont und schwarzen Wolken, es jenem an Knalleffect weit zuvor thut, aber dafür auch in allen anderen Stücken, Wahrheit und Klarheit von Wolken und Wellen, Empfindung und Ausführlichkeit des Vortrags, noch weiter hinter demselben zurückbleibt, und dagegen als eine gelungene Decorationsmalerei erscheint. (No. 169.) Der große Haufe der Liebhaber, welcher von der Kunst nichts anderes begehrt, wird dem Bilde von Turner immer weit den Vorzug geben.

Ich bemerke schließlich, daß ich hier noch von zwei berühmten Bildern alte Copieen gefunden habe. Die eine, in kleinem Maßstabe nach der Kreuzabnahme des Rogier van der Weyde, vormals in der Bettendorfschen Sammlung in Aachen, jetzt in unserem

Museum, ist treu und fleifsig, und rührt nach der Technik ungefähr aus der Zeit des Michael Coxie. also aus der Mitte des 16ten Jahrhunderts her; die andere, in der Gröfse des Originals nach dem Johannes in der Wüste, vormals in der Gallerie zu Düsseldorf als Raphael sehr gepriesen, jetzt in der Gallerie zu München als Giulio Romano aufgestellt, stammt unter dem Namen des spanischen Malers Vargas aus der Gallerie Orleans.

Du siehst wohl, dafs dieses eine Sammlung ist, wie sie nur wenige Fürsten aufweisen können, und bei der Kunstliebe und den Mitteln des Besitzers wird sie von Zeit zu Zeit noch immer vermehrt.

Gestern besah ich mir die von dem im Jahre 1827 verstorbenen englischen Consul in Aegypten, Salt, hinterlassene Sammlung ägyptischer Alterthümer, welche hier nächstens zur Versteigerung kommen soll. Unter den Kennern und Freunden von Alterthum und Kunst, welche hier dasselbe Interesse zusammenführte, lernte ich den ausgezeichnetsten Gelehrten, welchen England jetzt für Sprache und Alterthum von Aegypten besitzt, Herrn Wilkinson, und den in derselben Beziehung rühmlich bekannten Professor Reubens aus Leyden kennen. Von den 1283 Nummern, welche der Catalog dieser Sammlung enthält, sind die meisten kleinere Gegenstände, unter denen viele für Kunst, Culturzustand, Geschichte der alten Aegyptier vom gröfsten Interesse. Wie weit diese Meister der alten Welt in aller Kunsttechnik es auch in der Behandlung der Sculptur in Bronze gebracht, bewiesen hier einige trefflich erhaltene Statuetten von der zierlichsten Vollendung in streng ägyptischer Kunstweise (No. 813 — 815 des Catalogs). Dennoch scheint ihnen die Kunst, auf Metall zu vergolden, fremd gewesen zu sein; denn bei zwei vergoldeten Bronzestatuen ist hier das Gold auf einen Ueberzug von Kreide aufgetragen (No. 270 und 821). Dafs ihnen eigenthümliche und dabei sehr gefällige Formen nicht fremd gewesen, beweisen hier verschiedene Gefäfse (No. 84 und 403). Durch Geschmack und Eleganz der Verzierungen zeichnet sich vor allen eine Vase von Steingut aus (No. 86). Nie habe ich aber bis jetzt einen solchen Reichthum der schönsten ägyptischen Schmucksachen von Gold und geschnittenen Steinen gesehen, wie hier. Am zierlichsten war eine Schnur von Amethysten, Carneolen und Agathen, welche bisweilen mit kleinen, auf das Sauberste und Schönste gearbeiteten Enten abwechselte, wobei die Lagen des Agaths sehr sinnreich zum Wiedergeben der Farbe gewisser Theile, z. B. der Flügel, benutzt waren. Bei einem anderen Halsschmuck bewunderte ich die eigenthümliche und hübsche Erfindung des goldenen Schlosses, welches noch vollkommen im Stande war. In ethnographischer Beziehung gehörten hier zwei Modelle von Schiffen, wie sie bei den Leichenbestattungen gebraucht wurden, zu den gröfsten Seltenheiten (No. 513 und 514); doch erscheinen beide gegen die, welche mit der Sammlung Passalacqua in unser ägyptisches Museum zu Berlin übergegangen sind, klein und unbedeutend. Ganz neu war mir das hölzerne Modell einer altägyptischen Wohnung für den einfachsten Bedarf (No. 515), welches mit jenen Schiffen in einer Gruft gefunden worden ist. Vier Bretter fassen einen quadratischen Raum ein, der eine Art von sehr engem Hof bildet. Nur ein schmaler Theil desselben ist bedeckt und in zwei Stockwerke getheilt. Das untere enthält drei Vorrathskammern mit Schiebethüren; das obere, dessen Seite nach dem Hofe zu offen ist, und wozu eine sehr steile und schmale Treppe führt, ist das eigentliche Wohnzimmer, worin der Bewohner sitzend vorgestellt ist, während seine Frau im Hofe mit der Bereitung von Getraide beschäftigt ist. Beide sind, wie immer die Aegyptier auf den alten Monumenten, von rother Farbe. Nur das heifse und regenlose Clima Aegyptens liefs eine solche Einrichtung zu. Merkwürdig war mir auch eine Malerpalette von Alabaster mit sieben Vertiefungen für Farben, von denen noch Roth und ein sehr brillantes Blau vorhanden sind, (No. 789), und eine Art Zeichentafel, worauf in sehr sauberen schwarzen Umrissen eine sitzende Figur aufgetragen ist (No. 243). Einen der wichtigsten Theile der Sammlung bilden endlich die Mumien mit ihren Sarkophagen. Du weifst, dafs ich einst über einige dergleichen in der Sammlung zu München eine in den Verhandlungen der bairischen Akademie der Wissenschaften abgedruckte Abhandlung geschrieben, und seit der Zeit eine grofse Anzahl solcher Denkmale verglichen habe; doch fand ich hier einige, welche an Pracht und Reichthum des Schmucks alles übertreffen, was mir noch bis jetzt vorgekommen ist. Die Kostbarste derselben hat über der sorgfältigsten Umwicklung mit Leinwand von röthlicher Farbe zunächst eine Maske von geleimtem Byssus, deren Gesicht, Bruststreifen und zahlreiche Figuren vergoldet sind. Auch das Gesicht des Sarkophags von Sycomorus, der sie darauf umschliefst, ist, so wie einzelne Figuren und Ränder, stark vergoldet, und selbst das Innere des Deckels wieder reich mit Figuren und

Hieroglyphen versehen. Endlich ist auch der grofse Sarkophag von Sycomorus, der jenen ersten aufnahm, wieder mit Hieroglyphen bedeckt (No. 852). Bei einer anderen Maske (No. 986) sind die Hauptfiguren in einer Masse aufgetragen, so dafs sie etwas erhaben sind; von der Brust abwärts ist die Masse durchbrochen. Endlich zeichnet sich eine Maske (No. 1126) durch die seltne Feinheit und Schönheit des vergoldeten Gesichts und eingesetzte Augen von der bekannten ägyptischen Fayence aus, welche wirkliche Augen nachahmen. *)

Einer Einladung des Herzogs von Sussex zum Diner zu Folge fuhr ich gegen sieben Uhr nach Kensington. Ich fand dort eine sehr ausgezeichnete Vereinigung von Künstlern und Gelehrten. Young Ottley konnte ich schon als einen guten Bekannten begrüfsen, eben so Hrn. König, einen der Directoren des britischen Museums, an den mich mein berühmter Gönner Alexander von Humboldt empfohlen hatte; auch Sir Martin Shee, der Präsident der Akademie der schönen Künste, ein Mann von sehr feinen Formen und einer gewählten Bildung, war mir nicht fremd. Herrn Wilkinson fand ich hier ebenfalls wieder. Sehr grofs aber war meine Freude, als der Herzog mich mit dem berühmten Maler Wilkie bekannt machte, indem er sehr gnädig äufserte, er habe gern einen neulich von mir ausgesprochenen Wunsch erfüllen wollen. Als ich ihm darauf auf das Wärmste meinen Dank aussprach, nahm er Gelegenheit, sich sehr günstig über Preufsen zu äufsern; besonders pries

*) Fast alle obige und viele andere interessante Gegenstände sind in der Versteigerung für das britische Museum angekauft worden.

er unseren geliebten König, und sagte: wie unter allen lebenden Monarchen er ihm die gröfste Verehrung widme. Zwischen S. k. H. dem Herzog und Wilkie placirt, brachte ich einen sehr interessanten Mittag zu, indem der Herzog ein freies Gespräch über verschiedene Gegenstände der Wissenschaft und Kunst anregte, und ich auch Mufse fand, meine neue, mir so wichtige und liebe Bekanntschaft mit Wilkie zu cultiviren. Wilkie ist ein Mann von stattlicher Figur und einem so treuherzigen Ausdruck, einem so geraden, einfachen Wesen, dafs ich auf den ersten Blick gleich ganz für ihn eingenommen war. Von dem feinen Humor, der uns in den meisten seiner Werke so sehr erfreut, ist in seinen Zügen nichts zu lesen; doch diefs ist häufig der Fall mit solchen humoristischen Naturen ersten Ranges, bei welchen der Grundton ihres Wesens reines Wohlwollen und wahre Liebe zu den Menschen ist. Nur dieser Grundton spricht sich in ihrem Aeufseren aus, während der inwohnende Schalk sich tief im Busen bewegt. Mit Walter Scott war es nach den Portraiten grade so, desgleichen mit unserem Jean Paul. Man braucht nicht lange mit Wilkie zu sprechen, um zu merken, dafs er nicht zu der zahlreichen Classe von Künstlern gehört, welche ihre Kunst als ein fremdes Element nur auf gewisse Zeit wie ein Gewand anlegen, sondern sein ganzes Wesen ist immerdar von der Kunst erfüllt. Er spricht sich in schlichter Weise sehr treffend über alle wichtigen Probleme derselben aus, und sein künstlerisches Naturell kommt auch durch die Art zum Vorschein, mit welcher er an anderen Gegenständen Antheil nimmt; so sieht man ihm an, wie die Erzählung irgend eines merkwürdigen Factums in seiner Phantasie sogleich zur Gestaltung strebt.

Als ich mich gegen Ottley erfreut und verwundert über die vielseitige Bildung und die liebenswürdige Persönlichkeit des Herzogs aussprach, erzählte er mir, wie der Herzog, bevor ihn die Augenkrankheit befallen, regelmäſsig Soirees gegeben, woran er eben so wohl Personen aus den höchsten Classen der Gesellschaft als Künstler und Gelehrte habe Theil nehmen lassen. Ein solches Durchbrechen althergekommener, eine vielseitige Bildung hemmender Conventionen, welches mit Erfolg nur von so hochgestellten Personen ausgehen kann, zeugt jederzeit von einer groſsen Freiheit des Geistes und ist von auſserordentlich wohlthätigen Folgen. Das Bedürfniſs einer geistigen Bildung wird bei den höheren Ständen dadurch theils geweckt, theils auf eine lebendige Weise genährt und ergänzt, Künstler und Gelehrte gewinnen ihrerseits wieder an Leichtigkeit und Bequemlichkeit der geselligen Formen, und werden veranlaſst, sich über Gegenstände ihres Fachs in einer allgemein faſslichen und angenehmen Weise mitzutheilen, wodurch sie selbst zu einer gröſseren Deutlichkeit darüber gelangen müssen. So lange indeſs von den höchsten Ständen — wie dieses meist der Fall ist — Geburt und Rang als das einzige Verdienst angesehen wird, welches einen geselligen Verkehr möglich macht, bleiben freilich diese gegenseitigen Vortheile unerreichbar.

Dreizehnter Brief.

London, den 29. Juni.

So ist denn wieder ein so lange gehegter Wunsch in Erfüllung gegangen! Ich habe die weltberühmten Cartons von Raphael in Hamptoncourt gesehen. Diese allein sind eine Reise nach England werth. Am 25. fuhr ich mit einem Professor Höyen aus Copenhagen, welchen gleiche Studien hierher geführt haben, über Richmond nach Hamptoncourt. Wir hatten wieder unsere Freude über das fleifsig bebaute, reich bewachsene Land. Besonders angenehm ist der letzte Theil des Weges durch Bushy-Park, welcher von ganzen Rudeln so zahmer Hirsche belebt ist, dafs sie sich durch die menschliche Nähe gar nicht stören lassen. In einem Gasthause, in der Nähe des Schlosses, befindet man sich bei mäfsigen Ansprüchen ganz gut. Der Lord Howe hatte mir eine Erlaubnifs verschafft, wonach ich die Kunstsachen nach Behagen betrachten konnte. Ich pries mich dafür um so glücklicher, als ich sah, dafs die anderen Besucher in der Zeit einer Stunde durch alle Zimmer getrieben wurden. Das Schlofs liegt sehr angenehm in einem Park, und ist ein sehr weitläuftiges und stattliches Gebäude, welches seine erste Anlage dem Cardinal Wolsey verdankt. Die von ihm und Heinrich VIII., dem er es später schenkte, erbauten Theile sind in Backstein in der altenglischen Bauweise ausgeführt, welche aus der gothischen Architectur sich in diesem Lande für Burgen und Wohnhäuser ausgebildet hatte. Sie vereinigt mit guten Hauptverhältnissen den Character der Tüchtigkeit, und die Zinnen, welche den oberen

Rand

Rand aller Mauern krönen, gemahnen an die alte Ritterzeit. Am bedeutendsten ist die im Jahre 1537 erbaute große Festhalle, welche jetzt zur Kirche dient, durch das glückliche Verhältniß und die reiche, trefflich gearbeitete Holzdecke mit herabhängenden gothischen Verzierungen. Andere Theile, besonders eine große Façade, sind unter König Wilhelm III. von Sir Christopher Wren, in dessen bekannter, der italienischen nachgebildeten Bauweise ausgeführt, wodurch ein sehr verschiedenartiges Gemisch entstanden ist. Der Saal, worin die Cartons aufgestellt sind, rührt aus dieser späteren Epoche her. Wenn er eigends zu diesem Zweck erbauct worden, wie es doch der Fall sein soll, so hat der Architect hier ein merkwürdiges Ungeschick bewiesen. In dem langen, hohen, aber schmalen, mit braungebeiztem Eichenholz getäfelten Raum, welcher von zwölf schmalen und niedrigen Fenstern spärlich erleuchtet wird, sind die Cartons so angebracht, daſs der untere vom Fuſsboden etwa eilf Fuſs entfernte Rand derselben nur ungefähr um einen Fuſs niedriger ist, als der obere Rand der Fenster, wodurch sie denn nur von unten ein sehr gedämpftes Licht empfangen. Bei den fünf, welche an der langen Wand den Fenstern gegenüber hängen, verbreitet sich dieses Licht wenigstens ziemlich gleichmäſsig; über einen Theil der beiden anderen an den schmalen Seitenwänden fällt aber ein dunkler Schlagschatten und entzieht diesen für immer den Blicken der Kunstfreunde. Eine zweite Reihe von Fenstern in gröſserer Höhe, welche andere entsprechende Räume haben, ist hier geflissentlich zugemauert worden. Von der Wirkung, welche diese Wunderwerke der Kunst, bei einem vollen, hoch einfallenden Seitenlicht gewähren würden, kann man sich unter diesen Umständen gar keine Vorstellung machen.

Es wird gewöhnlich angenommen, dafs Raphael die Reihe von Cartons, zu welchen auch diese sieben gehören, erst in den letzten zwei Jahren seines Lebens, also in den Jahren 1518 und 1519 ausgeführt hat. Ich bin indefs, nachdem ich diese Originale gesehen, fest überzeugt, dafs der Papst Leo sie bald nach seiner Erhebung zum Papst bestellt hat und dafs ihre Ausführung schon in die Jahre 1513 und 1514 fällt. Die Formengebung, so manche Charactere, selbst die Zusammenstellung mancher Farben, erinnern an keins der vaticanischen Frescobilder so lebhaft, wie an den Attila; dieses ist aber, mit der Befreiung Petri, bekanntlich das erste Bild, welches Raphael unter der Regierung Leo's X. in den Jahren 1513 und 1514 ausgeführt hat. Besonders deutlich tritt diese Verwandtschaft in dem Paulus zu Lystra hervor. Auf keinen Fall ist aber die Ausführung der Cartons viel später anzusetzen; denn aus den Rechnungen über den Bau der Peters-Kirche erhellt, dafs Raphael die Bezahlung dafür, welche sich auf 434 Ducaten belaufen, schon in den Jahren 1515 und 1516 erhalten hat. Endlich sagt Sebastian del Piombo in dem, im Besitz des Herrn Woodborn befindlichen, schon erwähnten Briefe an Michelangelo vom 29sten December 1519, worin er demselben nach Florenz die Vollendung des Bildes von der Auferweckung des Lazarus meldet. „Ich glaube, dafs meine Tafel besser gezeichnet ist, als die Tapeten, welche aus Flandern gekommen sind.“ Nach dem Zusammenhange können hier nur die, nach den Raphaelischen Cartons ausgeführten Tapeten gemeint sein. Hieraus erhellt also, dafs diese eben damals schon beendigt sein mufsten. Für die Ausführung so colossaler Werke, deren die meisten ungefähr 12 F. hoch, 18 F. breit sind, wurde aber nothwendig ein beträchtlicher Zeitaufwand erfordert, so dafs der Zeitraum von fünf bis sechs Jahren, die damals langwierigen Transporte eingerechnet, noch gewifs als sehr mäfsig erscheint. Diese Tapeten sollen dem Papste 70000 Scudi d'oro gekostet haben.

Die eigenthümliche Gröfse Raphael's spricht sich nun in diesen Cartons in verschiedenen Beziehungen im seltensten Maafse aus. Seine erfinderische Kraft erscheint hier von der glänzendsten Seite. Bei den meisten kirchlichen Aufgaben, z. B. seinen Altarbildern, blieb ihm nur übrig, die herkömmliche Weise zur gröfsten Vollkommenheit auszubilden. Die Vorgänge aus den Evangelien und der Apostelgeschichte, welche hier sein Gegenstand sind, waren vor ihm theils gar nicht, theils nur selten behandelt worden; in den meisten derselben erscheint er daher durchhin als Schöpfer, und diese als höchst bedeutende Erweiterungen des christlichen Bilderkreises. Nirgend aber fühlt man so sehr, wie tief Raphael in den rein biblischen Geist eingedrungen, als in diesen Darstellungen, worin die wenigen und schlichten Worte der Schrift sich in seiner künstlerischen Phantasie zu den reichsten Bildern ausgestalten, die doch in allen Theilen dem Sinne jener Worte entsprechend sind. Wie es aber eine hervorstechende Eigenschaft Raphael's war, in seiner Kunst jeden Lebenskeim weiter zu entwickeln, der aus der Saat der früheren Zeiten ihm frisch entgegensprofste, so gedachte er

16*

auch hier der berühmten Malereien des Masaccio in der Kirche del Carmine zu Florenz, welcher für ähnliche Gegenstände zuerst den würdigen Ausdruck gefunden, und folgte ihm daher nicht allein in der ganzen Auffassungsweise, sondern entlehnte von ihm eine der schönsten Figuren in den Cartons, den predigenden Paulus.

Mit bewunderungswürdiger Feinheit ist bei diesen Cartons in allen Theilen auf ihre Bestimmung, als Tapeten gewirkt zu werden, Rücksicht genommen. In keinem anderen der ausgedehnten Werke Raphael's sind die Compositionen so vereinfacht, die Massen so grofs, die einzelnen Figuren so deutlich von einander abgesetzt. Durch die hierdurch erreichte Colossalität der Figuren wurde es möglich, auch in den Tapeten alle Theile, z. B. Character und Ausdruck, getreuer wieder zu geben, als dieses bei kleineren Verhältnissen der Fall gewesen wäre. Die Farben sind ausdrücklich so gewählt, dafs sich darin die Mannigfaltigkeit, Pracht und Tiefe geltend machen konnte, welche den verschiedenen Schattirungen gefärbter Wolle und Seide eigen sind. Endlich hat das Bewufstsein, dafs den rein mechanischen Wirkern ein Jegliches auf das Strengste vorgebildet sein müfste, die gröfste Bestimmtheit und Genauigkeit der Ausführung aller Theile veranlafst. Eine leichte Untertuschung in brauner Farbe, wobei ohne Zweifel das Papier als Lichtton benutzt worden, ist der eigentlichen Malerei vorangegangen. Darauf sind die Localfarben höchst meisterlich und breit aufgetragen, die Lichter und die Tiefen der Schatten sehr pastos behandelt, sonst in den Schatten viel schraffirt. Durch das Matte der Leimfarben, die starkgebrochenen Farben vieler Gewänder, die sehr tiefen Schatten und die hellen Lichter ist der Totaleffect den Frescogemälden verwandt und eben so kräftig als harmonisch.

Vasari sagt zwar im Leben des Raphael, dieser habe alle Cartons mit seiner Hand gemacht, doch gehört keine besondere Schärfe des Blicks dazu, die Arbeit verschiedener Hände darin zu erkennen, auch hebt Vasari selbst diesen Ausspruch auf, wenn er im Leben des Francesco Penni meldet, dieser sei dem Raphael im Malen eines großen Theils der Cartons von großer Hülfe gewesen. Bei alledem hat die Aeußerung des Vasari insofern ihren guten Grund, als diese Cartons immer ungleich eher Werke von Raphael's Hand genannt werden können, als die sämmtlichen, ebenfalls unter Papst Leo ausgeführten Frescobilder in dem Saal des Torre Borgia (der Brand in Borgo, der Sieg Leo's III. über die Saracenen, die Rechtfertigung desselben Papstes und die Krönung Carls des Großen); denn während man in diesen seine Hand fast durchgängig vermißt, ist sie in den Cartons in den meisten Hauptsachen unverkennbar, und waltet auch im Ganzen darin ungleich mehr die Einheit seines Geistes vor.

Leider haben diese herrlichen Werke zum Theil sehr stark gelitten. Bei den Schicksalen, welche sie seit ihrer Entstehung auszustehen gehabt, ist es indeß noch immer sehr zu verwundern, daß der Zustand nicht noch ungleich schlechter ist. Schon die Tapetenwirker in Arras begannen den Ruin des Cartons dadurch, daß sie jeden, um bequemer danach arbeiten zu können, der Höhe nach in Streifen schnitten, deren meist 6 oder 7 sind. Während aber die Tapeten in Rom prangten, geriethen die Cartons selbst auf ein ganzes Jahrhundert in völlige Vergessenheit. Als Rubens endlich den König Carl I. von England darauf aufmerksam machte, fanden sich nur noch sieben in solchen Streifen vor, die übrigen scheinen in demselben Zustande schon früher zerrissen worden zu sein, denn nur wenige kümmerliche Fragmente sind davon zeither zum Vorschein gekommen. König Carl kaufte jene sieben Cartons, zum Theil um ebenfalls Tapeten danach wirken zu lassen; denn im Cataloge des Vanderdoort wird ihrer folgendermaafsen gedacht: „In einer gerissenen Kiste von Tannenholz zwei Cartons von Raphael, um Tapeten danach zu machen, und die anderen fünf sind, nach des Königs Bestimmung, dem Hrn. Franciscus Cleane zu Mortlack übergeben, um Tapeten danach auszuführen." Ob solche Tapeten in dieser auf Veranlassung von König Carl's Bruder, dem Prinzen Heinrich, gegründeten Manufactur fertig geworden, ist nicht bekannt, gewifs aber mufsten die Cartons bei dieser Arbeit, wie durch das öftere Auf- und Zurollen der einzelnen Streifen bei dem Besehen, beträchtlich leiden. Bei der Taxe von König Carl's Verlassenschaft wurden sie nur auf 300 Pfd. Sterl. geschätzt und um diesen Preis auf Cromwell's Befehl für die Nation angekauft. Doch erst König Wilhelm III. sorgte dafür durch Aufziehen der zusammengefügten Streifen, sie ihrem allmäligen Untergange zu entreifsen, und durch Aufstellung an ihrem jetzigen Ort so lange Zeit nach ihrer Entstehung wieder geniefsbar zu machen. Leider sind sie im Jahre 1766 auf einige Zeit nach London in den Pallast der Königin, Buckinghamhouse und von da nach Windsorcastle gebracht worden, wobei sie gewifs neue Beschädigungen erfahren haben.

indem der Transport so colossaler, seit drei Jahrhunderten schon sehr verriebener Bilder in Wasserfarben schwerlich ganz ohnedem abgehen kann. Am meisten und fast durchgängig haben sie indefs sehr begreiflicherweise an den Begränzungen jener vormaligen Streifen gelitten. Seit dem Jahre 1804 befinden sie sich wieder in Hamptoncourt.

Bei den Bemerkungen, welche ich jetzt noch nach der Ordnung, wie sie jetzt hängen, über die einzelnen Cartons folgen lasse, bitte ich Dich, zu gröfserer Deutlichkeit die Kupferstiche von Dorigny, von Halloway, oder auch nur von Lepicié und Dubosc zu Rathe zu ziehen.

1) An einer der schmalen Wände. Der Tod des Ananias. (Apost.-Gesch. Cap. 5.) In dem meisterhaften Bau der Composition nimmt dieser Carton von allen den ersten Rang ein, und bei dem Vortheil, ihn von der ganzen Länge des Saals zu sehen, ist er von der erstaunlichsten Wirkung. Alle Mittel, wodurch Raphael seinen umfassenden Compositionen eine so grofse Schönheit und Deutlichkeit zu ertheilen weifs, die verhüllte Symmetrie, die Erhöhung des hinteren Plans, der hohe Augenpunkt, die entschiedene Seitenbeleuchtung, die feine Abwechselung der Localfarben, sind hier auf das Glücklichste in Anwendung gekommen. Zugleich bietet dieser Carton das vollkommenste Muster der kreisförmigen Composition, welche so viele Vortheile gewährt. So wurde es Raphael möglich, von allen Hauptfiguren hier den ganzen äufseren Contour zu zeigen, und auch in allen Nebenfiguren deutlich zu werden. Der Eindruck der Apostel Petrus und Jacobus, welche hier als Richter im Namen des heiligen Geistes in der

erhabensten Würde erscheinen, wird durch die erhöhte Stelle, die volle Façeansicht zu einer seltnen Energie gesteigert, und der Gegensatz zu dem verworfenen Ananias auf dem tiefer liegenden Plan gehört zu den ergreifendsten, welche die neuere Kunst hervorgebracht hat. Unvergleichlich ist in dem Zusammenbrechen aller Glieder des Ananias ausgedrückt, dafs er von Gott geschlagen worden, dafs er im nächsten Augenblick nicht mehr sein wird. Den Eindruck dieses Strafgerichts, dessen Furchtbarkeit Raphael in der Wirkung auf die Umgebenden so ergreifend schildert, weifs er mit dem feinsten Gefühl, und ganz im Geist der Bibel wieder zu mildern. Johannes, welcher immerdar als der sanfteste und liebevollste der Jünger Christi erscheint, ertheilt einem Gläubigen, aus dessen Zügen die reinste Verehrung, der innigste Dank spricht, mit einer milden Gabe zugleich den Seegen. Das weifse Gewand des Johannes mit violettlichen Schatten, ist im glücklichsten Einklange mit seinem Character und dieser Handlung. Leider wird grade dieser Theil des Bildes von dem schon erwähnten Schlagschatten verdunkelt. Nicht minder glücklich ist ein Zug auf der anderen Seite des Bildes. Unter denen, welche den Aposteln ihre Gaben bringen, befindet sich eine Frau, welche von dem Gelde in ihrer einen Hand mit der anderen einige Stücke zurücknimmt. Hiermit hat Raphael offenbar die Frau des Ananias gemeint, welche der Schrift zufolge bald nach ihm für dasselbe Vergehen dieselbe Strafe erlitten. Wir sehen hier also den folgenden Moment schon angedeutet. Doch es würde zu weit führen, die vielen Schönheiten dieser Composition noch weiter im Einzelnen zu verfolgen.

Das kurze Verhältniſs der Figuren, welches Raphael allmählig in Rom angenommen, tritt in den Gestalten der Apostel Petrus und Jacobus besonders stark und auffallend hervor. Längs einer Fuge, welche durch den Petrus geht, ist dessen Mantel stark beschädigt; in Folge schlechten Zusammensetzens einer anderen ist die Figur des Jacobus etwas zusammengeschoben, besonders ein Stück von der Breite der linken Schulter verloren gegangen und auch die rechte Hand des Ananias undeutlich geworden. Das linke Bein desselben erscheint jetzt durch Fehlen der Mitteltöne sehr hart; die Köpfe der hinteren Apostel sind mehr oder minder verschmiert. Ungeachtet dieser und anderer Beschädigungen und auch mancher Uebermalungen, ist die Gesammthaltung nicht wesentlich gestört. In der Ausführung herrscht eine groſse Verschiedenheit. Einige Köpfe verrathen durch die groſse Lebendigkeit und Energie Raphael's eigne Hand. In den meisten Theilen spricht eine gewisse Kühle und Mäſsigung der Töne, eine mehr fleiſsige, als geistreiche Behandlung für die Arbeit des Penni. Nur einige der vorderen Figuren haben die etwas derben Formen, den schweren, ziegelrothen Ton des Fleisches, welcher in den von Giulio Romano ausgeführten Frescogemälden, z. B. im Incendio del Borgo im Vatican, so unangenehm auffällt, und lassen daher auf seine Theilnahme schlieſsen. Dieses gilt z. B. von den Figuren des schreienden Mannes und der Frau neben ihm, deren Köpfe dagegen von Raphael sein möchten. Sehr interessant ist es, den groſsen Abstand dieser Theile in der Nähe zu betrachten, wie es mir durch eine Leiter vergönnt war.

2) Der Zauberer Elymas mit Blindheit geschla-

gen. (Apost.-Gesch. Cap. 13.) Dieser Carton, welcher mit den vier folgenden die lange Wand einnimmt, zeichnet sich vor den anderen durch die grofsartige Einfachheit des Gegensatzes des in erhabener Ruhe das strafende Wort aussprechenden Paulus, der colossalsten Figur auf allen Cartons, und des von der plötzlichen Blindheit getroffenen Elymas aus, der in gekrümmter, ängstlich tastender Stellung vor Schreck bis in die äufsersten Fingerspitzen wie erstarrt erscheint. Auf ihn, als den Brennpunct der Handlung, sind vom Proconsul Sergius an die Blicke aller Anwesenden gerichtet. Die Art, wie der Eindruck vom Entsetzen bis zu gleichgültiger Neugier abgestuft ist, und einer dem anderen den Vorgang durch Geberden deutlich macht, gehört zu dem Geistreichsten, was Raphael im Dramatischen hervorgebracht hat. Raphael's eigner Antheil an diesem Carton erscheint als sehr beträchtlich. Die Köpfe sind nicht allein meist besonders edel und lebendig, sondern auch sehr mannigfaltig im Fleischton. Durch Schönheit und Erhaltung zeichnen sich vor anderen der des Sergius, des hochstehenden Lictors, des Barnabas in der Ecke neben Paulus und eines weifsbärtigen Alten, des zweiten Kopfs von der anderen Seite, aus. Auch die Zeichnung der Hände ist hier besonders fleifsig und meisterhaft. Vieles, wie namentlich die Gewänder und die Architectur, rührt wohl gewifs von Penni her. Die Landschaft im Hintergrunde ist von hellem, klarem Ton. Leider ist dieser Carton hart mitgenommen, besonders sind die Beine des Sergius, die dunkle Gruppe zu seiner Linken, der verkürzte Arm der Figur zu seiner Rechten, die Schatten im grünen Gewande des Paulus verrieben und verwaschen. Die Haltung wird überdem noch dadurch gestört, daſs in den orangefarbnen, mit Auripigment gemalten Gewändern des Sergius und Elymas die Lichtmassen geschwunden sind. Nur eine Spur an der Kopfbedeckung des Elymas zeigt, wie sie einst gewesen.

3) Die Heilung des Lahmen an der Pforte des Tempels. (Apost.-Gesch. Cap. 3.) Raphael ist öfter getadelt worden, daſs er hier seine Composition durch die Säulenreihen in drei Theile zerfällt habe, und doch liegen die bestimmten künstlerischen Absichten, welche ihn zu dieser Anordnung vermocht, sehr nahe. Es heiſst in der Bibel, der Lahme habe an der Pforte des Tempels gesessen, welche die schöne genannt worden. Durch diese reiche Säulenhalle hat Raphael diese Eigenschaft vortreflich ausgedrückt, und zugleich in den weiſsen, auf das Zarteste in Braun schattirten und mit erhabenen Arbeiten verzierten Stämmen der Säulen Gelegenheit gegeben, eine sehr prächtige Wirkung in den Stoffen der Tapeten hervorzubringen. Nach dem Sinn der Schrift, an welchen er sich immer streng gehalten, konnte er hier nicht alle Figuren des groſsen Raumes auf die Heilung des Lahmen beziehen; durch die Säulen gewann er daher dafür einen schicklichen Rahmen. In den beiden anderen Abtheilungen aber vermochte er, ohne die Haupthandlung unruhig zu machen, dem biblischen Text zufolge anzudeuten, daſs das Volk um diese Stunde in den Tempel ging, um zu beten, welches ihm Veranlassung zu den anziehendsten Episoden bot; durch die Zwischenräume der Säulen hatte er endlich zugleich den Vortheil, eine leichte Verbindung mit der Haupthandlung bewirken zu können. Bei

alledem würden die Säulen eine unangenehme Wirkung hervorbringen, wenn sie von graden Stämmen wären. Durch die leichten Windungen nähern sie sich aber in etwas den mannigfaltigen und lebendigen Bewegungen der Figuren, so dafs diese abnorme Form an dieser Stelle nicht — wie es wohl geschehen — Tadel verdient, sondern von dem feinsten malerischen Sinn zeugt. Das kräftige Ergreifen des Lahmen bei der Hand von Seiten des Petrus, drückt unvergleichlich die Worte aus: „Stehe auf und wandle!" Der Zustand tiefsten Elends in dem Lahmen, das Verrenkte der Beine, der bis in die gröfsten Einzelheiten, z. B. die Knopflöcher der Jacke, sehr fleifsig ausgeführte, bettelhafte Anzug, die Häfslichkeit und Gemeinheit seines Gesichts, wie er zu seinem Helfer emporstiert, stehen in einem ergreifenden Gegensatz zu der herrlichen Gestalt des Petrus, in dessen edlem Antlitz sich tiefes Erbarmen und die begeisterte Zuversicht des Glaubens ausdrücken. Durch den Johannes, der voll sanften, innigen Mitleids auf den Elenden zu seinen Füfsen herabsieht, erhält dieser Gegensatz eine wohlthätige Vermittlung. Auch an diesem Carton ist Raphael's eigener Antheil augenscheinlich sehr grofs. Alle Hauptköpfe verrathen durch das geistig Belebte, durch die feine Abtönung seine Hand. Von besonderer Schönheit ist der des Lahmen, welcher sich auf die Krücke stützt, und der Kopf mit der Stirnbinde, beide zur Linken des Johannes. Anderes, wie der schöne Knabe, welcher jenen Lahmen an einer Binde hält, deutet durch das rothe Fleisch, die harten, schwarzen Schatten, wieder bestimmt auf die Mitwirkung des Giulio Romano. Manche Theile haben durch Verwaschen und Abreiben sehr gelitten; so die dunklen Gewandmassen hinter jenem Knaben, die forteilende Frau mit dem anderen Knaben, die blaue Jacke und die Schatten an den Beinen des von Petrus Geheilten, endlich die Schatten des hellen Gewandes der schönen, blonden Frau mit dem Kinde auf dem Arm, wodurch an dieser Stelle die braune Untertuschung zum Vorschein gekommen ist. Die Durchsicht auf eine helle Landschaft zwischen den Säulen ist von großem Reiz.

4) Der wundervolle Fischzug Petri. (Evang. Luca Cap. 5.) In diesem Carton steht die Ausführung mit der Schönheit der Erfindung auf gleicher Höhe, und der seltne Grad von Geist, Lebendigkeit, Feinheit, Klarheit und Harmonie, welchen ich bei den übrigen an einigen Theilen hervorgehoben, ist hier durchgängig vorhanden, so daß dieses Werk in allen wesentlichen Stücken gewiß von Raphael selbst herrührt und den Schülern bei der Ausführung der übrigen Cartons zum Vorbilde gedient haben mag. Um der Schrift treu zu bleiben, mußte Raphael diesen Gegenstand auf eine mehr landschaftliche Weise behandeln. Christus sagt nämlich zu Petrus: „Fahre auf die Höhe und werfet eure Netze aus"; die Schiffe erscheinen daher hier auf dem See. Um aber dennoch die Handlung möglichst deutlich und bedeutend zu machen und zugleich den nöthigen Vorgrund zu gewinnen, hat Raphael die Schiffe von einem vorn angenommenen Ufer in mäßiger Entfernung vorgestellt, welche durch die drei großen Kraniche an demselben für den Beschauer noch näher bestimmt wird. Es ist schwer, sich von der wunderbar herrlichen Wirkung dieses Bildes, meinem Gefühl nach eines der schönsten der ganzen neueren Kunst, eine

Vorstellung zu machen. Im heitersten Tageslicht heben sich die Gestalten aus der großen, hellen, die Schiffe leicht umspülenden Wasserfläche ab, in deren klarem Spiegel sie noch einmal erscheinen. Die Gestalt Christi im hellblauen Kleide und weißen, in den Schatten lichtbräunlichen Mantel, erscheint wahrhaft leuchtend und wie verklärt. In den milden, würdigen Zügen sind die beruhigenden Worte an Petrus: „Fürchte Dich nicht“ auf das Sprechendste ausgedrückt. In dem Gesicht des Petrus giebt sich dagegen in seltner Energie das Gefühl tiefster Demuth und unbegrenzter Verehrung kund, welches in den Worten liegt: „Herr, gehe von mir hinaus, ich bin ein sündiger Mensch“, und es widerlegt dieser Kopf vollständig alle solche, welche behaupten, Raphael habe in seinen späteren Bildern ein inniges, religiöses Gefühl nicht mehr auszudrücken vermocht. Des Raphael würdig ist es aber, wie man hier in dem Petrus noch durchaus nicht den Apostel, sondern nur den gläubigen Fischer erkennt. Sein blaues Kleid, so wie das schön-grüne des Andreas machen einen harmonisch-heiteren Eindruck. Vortrefflich ist es gedacht, wie die Masse der Fische, als die Bethätigung des Wunders, das enge Boot so anfüllt, daß Andreas keinen Raum hat, um zu knieen. Er neigt sich daher mit der Geberde der größten Hingebung und eine freudetrunkne Anbetung strahlt aus seinen Zügen. Der Localton der Fleischtheile ist in diesen Figuren angenehm röthlich, die Lichter weißlich, die Schatten grau, ja ganz in den Tiefen schwarz. Die Falten der Gewänder sind minder massig, als auf den übrigen Cartons, und vor allem ist das weiße Gewand Christi mit der größten Feinheit modellirt. Durch den Vorgang auf dem zweiten Schiffe wird der Eindruck von der Gröfse des Wunders noch verstärkt. Die von Petrus zur Bergung der Menge von Fischen zu Hülfe gerufenen Gefährten sind eifrig bemüht, das Netz emporzuziehen. Die in der meisterlichsten Zeichnung ausgedrückte Anstrengung erregt sehr lebendig die Vorstellung der Schwere desselben. Das Fleisch ist klein, als auf einem entfernteren Plan, in den Lichtern gelblich, in den Schatten bräunlich-grau gehalten und von großer Klarheit. Am fernen Ufer des Sees sieht man in der schönen Landschaft noch das Volk versammelt, welches Christus kurz vorher von dem Schiffe Petri aus gelehrt hatte. Mit niederländischer Naturtreue sind, in der Nähe betrachtet, die Fische und besonders die Kraniche ausgeführt, so dafs an den Köpfen die feinen weifslichen Federn einzeln angegeben sind. Wohl gewifs hat Raphael sich in diesen Theilen der Hand des Johann von Udine bedient. Dieser Carton ist mit besonderer Genauigkeit zusammengefügt und im Ganzen trefflich erhalten. Gröfsere Retouchen finden sich nur in der Landschaft gegen den Horizont hin. Leider ist er indefs auf den Seiten und unten beschnitten worden. Rechts ist dadurch ein Stück des Gewandes Christi, links ein Theil des Bootes und eines Arms, unten etwas vom Ufer und der Fufs eines Kranichs verloren gegangen.

4) Paulus und Barnabas zu Lystra. (Apost.-Geschichte, Cap. 14.) In Rücksicht der Feinheit, womit Raphael durch das Zusammenrücken verschiedener, sich in der Zeit nahe liegender Momente seinem Gegenstande die gröfste Deutlichkeit ertheilt und aufser der Darstellung des prägnantesten Moments die nächste Vergangenheit und Zukunft angedeutet hat,

verdient dieser Carton vor allen den Preis. Der durch das Wunder des Paulus aufrecht und sicher einher schreitende Lahme erhebt die Hände dankend gegen den Apostel, die Krücken, welche ihn bisher gestützt, liegen noch zu seinen Füfsen. Ein Alter hebt einen Theil seines Gewandes auf und überzeugt sich zu seiner Verwunderung, dafs die Beine wirklich gerade und heil sind. Die Folgen des Wunders stellen sich in dem Opfer dar, welches den Aposteln, als vermeintlichen Göttern, dargebracht werden soll. Schon brennt die Flamme auf dem Altar, schon ist das Beil über dem Opferthier geschwungen, da giebt Paulus durch das Zerreifsen seiner Kleider zu erkennen, dafs ihm dieses Opfer ein Greuel ist, und einer vom Volke streckt, diefs bemerkend, die Hand aus, um dem, welcher das Beil handhabt, Einhalt zu thun. Einige die Apostel voll Ingrimm betrachtende Köpfe deuten selbst schon auf deren bald darauf sich ereignende Verfolgung. So übersehen wir hier mit einem Mal den ganzen Verlauf. Den Stier, die Figur, welche dessen Kopf hält, so wie die mit dem Beil hat Raphael bekanntlich dem Motiv nach aus einem römischen Basrelief genommen, welches sich damals in der Villa Medici zu Rom befand. Sehr interessant ist es nun, den Carton mit dem Stich des Sante Bartoli nach jenem Relief (No. 10 in der Admiranda) zu vergleichen. Letzteres stellt nur ein Opfer vor, der Stier spielt darin die Hauptrolle, und das Motiv, wie der Kopf des widerstrebenden mit Gewalt vorwärts gekrümmt wird, ist daher dort absichtlich ungleich bedeutender genommen. Da Raphael in seiner Composition von dem Stier nur einen untergeordneten Gebrauch machen konnte, wollte er die Aufmerksamkeit in keinem besonderen Maafse auf ihn ziehen, er liefs ihn also ganz ruhig den Kopf senken, als ob er Futter am Boden suchte, wie diefs die schnaufenden, aufwärts gezogenen Nüstern ausdrücken, ein Motiv, was jeder aufmerksame Beobachter der Natur oft bemerkt haben mufs. Hierdurch fiel zugleich in der knieenden Figur die sehr gekauerte Stellung und die Kraftanstrengung gegen den Stier weg, und er konnte sie bequem den Blick auf die Hauptfigur, den Paulus, richten lassen. Raphael's Liebe zur Deutlichkeit aller Motive, zur Schönheit der Linien liefs ferner diese Figur auf dem linken Beine knieen und das rechte vorsetzen, wodurch er den linken Arm, welcher das Maul des Stiers hält, im Contour ganz frei bekam, während auf dem Relief, wo die Stellung der Beine umgekehrt genommen, jener linke Arm fast ganz hinter dem linken, sich mit ihm kreuzenden Bein verdeckt ist. Für diese Stellung diente ihm ebenfalls eine Figur auf einem anderen, auch von Santo Bartoli gestochenen und ein Opfer vorstellendes Relief zum Vorbilde. In der Figur mit dem Beil ist dagegen umgekehrt bei Raphael Ausdruck und Bewegung ungleich energischer und lebhafter als auf dem Relief, wo der Opferknecht in handwerksmäfsiger Ruhe sein Amt verrichtet, weil es ihm darauf ankam, die Begeisterung und die Eil auszudrücken, womit alles bemüht ist, den gegenwärtig geglaubten Göttern zu opfern. So gelang es Raphael, in der Darstellung des Opfers die gröfste Wahrheit zu erreichen, und doch jene antiken Motive frei nach seinen besonderen Zwecken zu modificiren und in seine Composition zu verschmelzen. Um das Letzte vollständig zu bewirken, wufste er auch verschiedenen anderen Figuren, wie z. B. den Opferpriestern, welche den zweiten Stier herbeiführen, einen antik römischen Character zu geben. Selbst auf die Formen des Nackten erstreckt sich dieses Bestreben, indem sie größer und mächtiger sind, als auf irgend einem der anderen Cartons. Die Köpfe sind besonders mannigfaltig in Character und Färbung, und mehrere, wie die Profile der drei Knieenden, so lebendig und geistreich, daſs die Hand Raphael's darin unverkennbar ist. Das Gemäſsigte, Harmonische in den Farben der Gewänder und der ganzen Haltung zeugt dafür, daſs auch hier nächstdem Penni besonders thätig gewesen. Von ungemeinem Reiz sind die Opferknaben. Bei dem vorderen macht das schwarze, üppige Haar, die brennenden Augen einen frappanten Contrast mit dem weiſsen Kleide. Der Eindruck des hinteren, blonden, im grünen Kleide ist dagegen ruhiger und sanfter. Meisterlich ist die Ausführung des Altars in einem feinen Grau; auch die Landschaft von hellem, zartem Blau im Ton macht eine sehr wohlthätige Wirkung. Längs zweier Fugen hat dieser Carton leider sehr stark gelitten; die eine geht durch den geheilten Lahmen, die andere durch den Barnabas. Auſser manchen Einzelheiten ist der Fuſsboden sehr verrieben, und einige Theile, wie das linke Bein des, den Geheilten betrachtenden, Alten sind roth und roh übermalt.

6) Paulus Predigt in Athen. (Apost.-Gesch. Cap. 17.) In dem Bau der Composition möchte diesem Carton, nächst dem vom Tode des Ananias, der Preis gebühren. Paulus erscheint hier nicht, wie auf den anderen Cartons, von Barnabas begleitet. Ganz allein steht er, erfüllt von göttlicher Begeisterung,

als Verkündiger des wahren Glaubens da, und wie er geistig über alle anderen erhaben ist, so erscheint er auch von allen abgesondert und über alle hervorragend gleich einer fest auf sich ruhenden Säule. Dieser Paulus ist die Figur, welche Raphael von Masaccio entlehnt hat; doch ein Vergleich mit dem Bilde des Masaccio fällt für Raphael nicht minder günstig aus, als jener mit dem antiken Relief. Bei Masaccio spricht Paulus in dieser Stellung dem gefangenen Petrus, den man hinter einem Gitterfenster sieht, Worte des Trostes zu. Aus diesen beiden Figuren besteht aber das ganze Bild, und bei aller Schönheit der Figur des Paulus ist doch ihre Wirkung ungleich minder erheblich, als auf unserem Carton. Erst Raphael hat mit seinem feinen Gefühl diese Figur dahin gestellt, wo die ganze Bedeutung dieses Motivs sich geltend macht, zugleich aber den Ausdruck und die Geberde der Arme zu größerer Lebhaftigkeit gesteigert. Ein solches Verfahren läßt sich mit dem eines eben so großen Genius, des Shakspeare, vergleichen, der den poetischen Gehalt so mancher früheren Novellen fühlend, denselben frei in seinen Dramen verwendete, ihm aber dadurch erst die höhere künstlerische Ausbildung, das schärfste und schönste Gepräge zu ertheilen verstand. Nicht geringere Bewunderung aber als diese Gestalt des Paulus verdient die Art, wie Raphael in den Zuhörern wieder alle Andeutungen in dem biblischen Text zu bestimmten Gestalten ausgebildet und alle Motive der Wirkung einer Rede erschöpft hat. Gleichgültiges Zuhören, gespannte Aufmerksamkeit, tiefes Nachsinnen, stiller Zweifel, lebhafter Streit, volle Ueberzeugung, gänzliche begeisterte Hingebung sind hier abwechselnd auf den Gesichtern zu lesen, so dafs man die Repräsentanten der verschiedenen philosophischen Secten zu erkennen glaubt, welche damals in Athen ihr Wesen trieben. Der Mann und die Frau ganz im Vorgrunde, in deren Gesichtern sich eine beseeligende Freude malt, sind ohne Zweifel Dionysius, einer aus dem Rath, und Damaris, von denen die Schrift sagt, dafs sie gläubig geworden. Mit dieser herrlichen Erfindung steht indefs die Ausführung keineswegs auf gleicher Höhe, und unter allen Cartons vermisse ich in diesem Raphael's eigne Hand fast am meisten. Manche Köpfe haben etwas Hartes, die Extremitäten, z. B. was von den Füfsen des Paulus zu sehen, sind minder verstanden, die Schatten, zumal die im Fleische, sind von dunkelgrauem, schwerem Ton, die Intentionen mancher Gewänder, z. B. der beiden lebhaft bewegten Figuren rechts vom Paulus, sind lange nicht so durchgebildet und in den einzelnen Falten so modellirt, wie fast durchgängig auf den Cartons, sondern die mageren Ränder der wunderlich gewundenen Höhen stehen unmittelbar neben den Tiefen. Diese ganze, sehr beriebene Gruppe ist zugleich besonders trüb und schwer im Ton. Vortrefflich ist dagegen die Haltung des Ganzen, die Deutlichkeit der einzelnen Figuren durch die Entschiedenheit der Licht- und Schattenmassen, wie durch die Vertheilung der Localfarben erreicht worden. Paulus hebt sich durch das satte Grün des Rocks, das Zinnoberroth des Mantels höchst besimmt ab. Die Gewänder der Figuren im Mittelgrunde, auf welche das Hauptlicht fällt, sind mit hellen, grünlichen, gelblichen, violettlichen Stoffen bekleidet, so dafs sie in einer hellen Hauptmasse feine harmonische Abwechselungen bilden. Die

Wirkung wird durch den kräftigen Ton der Architectur und Landschaft noch erhöht. In den meisten und wesentlichsten Theilen ist dieser Carton wohl gewiss von Penni ausgeführt; nur in den vorderen Figuren möchte Giulio Romano thätig gewesen sein, dessen überkräftige und überwarme Färbung Raphael eben so oft in den Vorgründen, als die kühlere, zartere des Penni in den anderen Plänen benutzt zu haben scheint. Nächst dem Fischzug ist dieser Carton am besten erhalten. Außer der obigen Gruppe hat besonders die Figur im Schatten links von Paulus gelitten.

7) Weide meine Schaafe. (Evang. Joh. Cap. 21.) Dieser, an der anderen schmalen Wand des Saals hängende Carton ist in Rücksicht des dramatischen Gehalts am mindesten reich. Die eigentliche Handlung geht nur zwischen Christus und Petrus vor, und für alle anderen Apostel blieb Raphael nichts übrig, als den Eindruck, welchen dieselbe auf sie hervorbringt, möglichst abzustufen. Die Auskunft Raphael's, zum deutlichen Ausdruck der Worte Christi an Petrus „Weide meine Schaafe" in der Landschaft eine Heerde Schaafe vorzustellen, worauf Christus hinweiset, hat immer den Uebelstand, dafs sie uns statt des bildlichen Ausdrucks, welcher von einem Gegenstande genommen ist, diesen Gegenstand selbst giebt und dadurch wieder in einem anderen Sinne undeutlich wird. Uebrigens gehört der Christus in Gestalt und Ausdruck gewifs zu den edelsten Vorstellungen des Heilands, deren Wirkung durch die schönen Massen des weifsen Gewandes noch erhöht wird. Mit der ruhigen Würde desselben bildet der Ausdruck feuriger, inbrünstiger Verehrung im knieen-

den Petrus, in dem warmen, orangefarbnen Gewande, dessen Schattentiefen feuerroth sind, einen schönen Gegensatz. Der Ausdruck der anderen Apostel ist sehr fein abgestuft. Johannes läfst sich durch jenen Ausspruch nicht irre machen, er erscheint wie immer in liebevoller, hingebender Verehrung des Herrn. In den übrigen spricht sich Verwunderung, Erstaunen, Befremden, selbst Unwille aus. Der Localton des Fleisches ist im Christus, dem vordersten Apostel, welcher die Hand erhebt, und dem dritten von der anderen Seite blafs, in dem übrigen mäfsig bräunlich, die Schatten durchgängig grau. Der ganze Carton ist von grofser Einheit des Gusses und in allen Theilen von einer satten, gemäfsigten Harmonie. Bis auf einzelne Züge von Raphael selbst, rührt er gewifs ausschliefslich von der Hand des Penni her. In den Kupferstichen erscheint er von allen am wenigsten zu seinem Vortheil, indem die Gruppe der Apostel darin sich zu schwer und klumpig ausnimmt. Theils sind die sehr glücklich gewählten Localfarben zur Auseinandersetzung der Figuren hier besonders wesentlich, theils ist die Feinheit in der Abtönung der Figuren nach den Plänen nicht gehörig wiedergegeben. Die Ausführung ist durchgängig, selbst in den Kräutern im Vorgrunde und in der schönen, reichen Landschaft mit hellblauer Ferne, von gröfster Sorgfalt. Im Ganzen gehört der Carton zu den erhaltensten. Am auffallendsten hat das Untergewand des Petrus, und das in Rosa und Blau schillernde Gewand, dessen Ende auf der Erde liegt, gelitten.

Nächst diesen Cartons sind die neun Bilder, worauf Andreas Mantegna den Triumph Julius Cäsar's vorgestellt hat, das berühmteste Werk, welches in

Hamptoncourt aufbewahrt wird. Diese Bilder, welche Mantegna in Auftrag des Marchese Lodovico Gonzaga, Herrn von Mantua, ausgeführt, zierten ursprünglich einen Fries in einem Saal des Pallastes St. Sebastian in Mantua. Zu König Carl's I. Zeiten mit dem ganzen Gemäldeschatz der Familie Gonzaga nach England verpflanzt, wurden sie unter dessen Verlassenschaft auf 1000 Pfd. Sterl. geschätzt und auch dafür verkauft, nach der Restauration von König Carl II. aber wieder erworben und hier in Hamptoncourt aufgestellt. Man hat diese Bilder bisweilen irrig Cartons genannt; denn sie sind weder Vorbilder zu anderen Gemälden noch zu Tapeten, sondern in Leimfarben unmittelbar auf eine gekööperte Leinwand ausgeführte Gemälde, eine Weise, welche im 15ten Jahrhundert in Italien wie in den Niederlanden sehr verbreitet war. Obschon diese Bilder einen fortlaufenden Zug bilden, so waren sie doch ursprünglich durch wenig ausgeladene Pilaster von einander getrennt. Ein jedes ist 9 Fufs hoch und auch eben so breit, so dafs der ganze Zug die beträchtliche Länge von 81 Fufs einnimmt. Sie sind jetzt in einem Zimmer so vertheilt, dafs je drei an einer Wand desselben hängen. Dieses gröfste und reichste Werk des Mantegna, welches unter den Kunstfreunden durch die im Jahr 1599 danach gemachten farbigen Holzschnitte *(clair-obscures)* des Andrea Andreani allgemein bekannt ist, war einst das bedeutendste Denkmal der Begeisterung für die Gröfse der alten Römerwelt, welche in Italien im 14ten und 15ten Jahrhundert herrschte, und in diesem Maler ihren würdigen künstlerischen Ausdruck fand. Ich sage, es war; denn bis auf Weniges ist alles auf eine rohe Weise in

Leimfarben, wie es heifst zur Zeit Wilhelms III. von Laguerre, übermalt, und dieses Wenige theils verwaschen, theils verblichen. Ja an vielen kleinen Stellen ist auch diese Uebermalung wieder abgefallen, an anderen im Abfallen begriffen. Demohngeachtet bietet die Betrachtung noch immer ein mehrfaches Interesse dar. Das Geistreiche und der überschwengliche Reichthum der Erfindung, welche Göthe schon in den Blättern des Andreani so mächtig ergriffen, dafs er seinen bekannten Aufsatz über dieses Werk geschrieben, tritt einem in diesem grofsen Maafsstabe noch ungleich bedeutender entgegen. Durch das begeisterte Studium griechischer Sculpturen in der Werkstatt seines Meisters Squarcione hatte Mantegna sein Auge für eine sehr feine und bestimmte Auffassung der Natur in Form und Bewegung gebildet und in diesem Triumphzug mit besonderem Glück eine Ausgleichung der Gesetze alter Plastik mit denen der Malerei und der Mannigfaltigkeit der Natur versucht. Ungeachtet einer gewissen Strenge in den Formen, herrscht darin doch eine grofse Abwechselung und Lebendigkeit; hohe, edle, kräftige, derbe, gemeine Gestalten und Köpfe sind mit so zarten, schlanken, jugendlichen gemischt, wie die ganze neuere Kunst deren nicht viel aufzuweisen hat. In den Bewegungen ist bei aller Beobachtung eines gewissen Maafses doch wieder viel Freiheit, Lebendigkeit und Feinheit; die Mannigfaltigkeit und Schönheit in den Stellungen der Hände aber ist höchst bewunderungswürdig. Obgleich in den Gewändern das Engfaltige griechischer Sculpturen vorwaltet, ist dieses doch mit vielem Geschmack behandelt, hat nichts Steifes, Nachgeahmtes, sondern etwas Leben-

diges.

diges. In der Färbung mußten diese Bilder, wie die nicht bemalten Stellen beweisen, eine den antiken Malereien verwandte Wirkung machen. Der Haupteindruck ist hell gewesen. In den Gewändern waren besonders lichte Schillerstoffe, z. B. Gelblich mit violetten Schatten, Grünlich oder Hellblau mit weißen Lichtern, in Anwendung gekommen. Der Hintergrund ist durchgängig von hellem Horizont. In der Ausführung weiß man nicht, ob man mehr das unsäglich reiche und zierliche Detail, oder das, ohngeachtet allen Fleißes, doch so Leichte und Geistreiche des Pinsels bewundern soll. Einige Verschiedenheit der Gesichtspunkte unter diesen Bildern wird einigermaßen durch die sie trennenden Pilaster motivirt. Ich gehe jetzt noch kurz die einzelnen Bilder durch. 1) Spitze des Zuges, die Heermusik, die Feldzeichen, brennende Pechpfannen, Büste der Roma als Siegerin, Bilder der Schlachten und Gegenden, wodurch und worüber sie dieses Mal triumphirt, von Kriegern an Stangen emporgetragen. Ganz übermalt. 2) Die weggeführten Götterbilder auf Wagen. Die erhaltene Büste einer Cybele ist sehr fein modellirt und von großer Schönheit. Sturmwidder und anderes Geräth, wodurch sie gewonnen, gewaltige, erbeutete Waffenmasse. 3) Haupttrophäen derselben Art, Urnen mit gemünztem Gelde, Prachtgefäße. Besonders roh übermalt. 4) Hinter ähnlichen Gefäßen die geschmückten, sehr kleinen Stiere zum Dankopfer, von Posaunenschall begleitet. In einem schönen Opferknaben mit blondem, leichtwallendem Haar sind zwar die Lichter aufgehöht, doch haben sich die originalen Contoure, so wie die meisten feinen Motive des weißen Gewandes erhalten. 5) Vier Elephanten, an denen die Augen und Theile von Köpfen und Rüsseln erhalten, und von vielem Leben und zartem Modell sind. Auf ihren Köpfen Frucht- und Blumenkörbe, auf den Rücken brennende Candelaber, auf den Teppichen, womit sie behängt sind, höchst zierliche Arabesken. Der Eindruck des Festlich-Phantastischen dieses Bildes ist sehr grofs. 6) Träger mit kostbaren Gefäfsen, hinter ihnen andere mit den Rüstungen der überwundenen Feldherren. Der Kopf von einem der letzten, so wie die Trophäe, welche er schleppt, ist noch rein, der Ausdruck der Anstrengung in dem feinen, verblichenen Profil trefflich. Alles andere, bis auf wenig Gefäfse, ist übermalt. 7) Die Gefangenen, Männer, Frauen, Mädchen und Kinder. Durch die ruhige und würdige Haltung, womit sie einherschreiten, ohne sich durch das Verhöhnen von pöbelhaften Gestalten anfechten zu lassen, machen sie einen grofsartig-rührenden Eindruck. Schade, dafs grade dieses in den Affecten bedeutendste Bild besonders vollständig und roh übermalt ist. 8) Allerlei lustige Spielleute und Sänger, welche die bei römischen Triumphen üblichen Schalks- und Spottlieder singen. Sehr übel zugerichtet und stark abgeblättert. 9) Julius Cäsar selbst hoch auf dem Triumphwagen thronend. Unter der Masse feiner Arabesken, womit der Wagen bedeckt ist, sind die am Rade besonders geschmackvoll. In der Ferne ein Triumphbogen. Der ganze Raum überdrängt angefüllt. Leider auch ganz überschmiert.

Sehr interessant ist sodann ein Zimmer von mäfsiger Gröfse mit Portraiten fürstlicher und anderer ausgezeichneter Personen, zum Theil von vortrefflichen Meistern.

Joan Mabuse. Die Kinder Heinrich's VII., der nachmalige Heinrich VIII., Prinz Arthur und Prinzessin Margaretha, hinter einem grünen Tisch, worauf Früchte befindlich, sitzend. Halbe Figuren, halb lebensgroſs. Mabuse zeigt hier ein ungleich reineres Naturgefühl und eine feinere Zeichnung, als in seinen späteren Arbeiten, und dabei dieselbe höchst zarte Vollendung und Verschmelzung. Nur in den Händen ist schon die Neigung zum Rundlichen in den Formen sichtbar. Leider sind die röthlichen Töne des Fleisches verflogen, so daſs die Lichter blaſs, die Schatten grau erscheinen, auch sind einige Schatten etwas verwaschen. Da der 1492 geborene Prinz Heinrich ungefähr 7 Jahre alt erscheint, ist das Bild ungefähr um 1499 gemalt, wodurch zugleich die Zeit des Aufenthalts von Mabuse in England bestimmt wird.

Albrecht Dürer. Das Bildniſs eines jungen Mannes. So vortrefflich und fleiſsig dieses Bild gemalt ist, deutet die schwere Farbe doch wohl auf einen seiner Schüler. Das Monogramm von Dürer und die Jahrzahl 1506 sind wenigstens sehr verdächtig.

Hans Holbein. 1) Bildniſs eines Mannes und einer Frau, unter lebensgroſs, auf einer Tafel mit den beigeschriebenen Jahren des Alters, 50 und 35, er in schwarzem Pelz und Pelzmütze, sie in braunem Kleide und weiſser Haube, im Hintergrunde eine sehr ausgeführte, aber etwas harte Landschaft mit 1512 bezeichnet. Hiernach müſste Holbein dieses Bild, welches angeblich seine Eltern vorstellt, mit 14 Jahren gemalt haben. Nach anderen Proben der sehr frühen Entwikkelung seines Talents ist dieses indeſs mir keineswegs

17*

befremdlich, auch zeigt sich darin, besonders bei der Frau, seine eigenthümliche, lebendige Auffassung, der gelbbräunliche Fleischton seiner frühsten Bilder und die noch schwachen Hände. Die Hand der Frau ist verwaschen, der Kopf des Mannes angegriffen.

2) Erasmus von Rotterdam schreibend, sehr fein und lebendig, ebenfalls in jenem früheren, gelblichbraunen Ton, doch von besonderer Klarheit, mit feinen Schraffirungen in den Schatten. Unterlebensgrofs.

3) Lord Guilford, lebensgrofs mit Händen, mit der Inschrift: Anno .D. MCCCCCXXVII. Hinten ein grüner Vorhang mit Ringen an einer Stange befestigt. Diese, so wie ein grüner Zweig, meisterlich gemacht. Das Gesicht ist etwas leer und auch schwer im Ton, und scheint schon in alter Zeit von recht geschickter Hand übermalt worden zu sein. Er hat ein Kleid von Goldstoff an.

4) König Heinrich VIII., ganz von vorn, ist zu verdorben, um noch ein sicheres Urtheil zuzulassen: indefs scheint es für Holbein zu schwach.

Zwei Gegenstücke, deren eins den Erasmus von Rotterdam, das andere den Buchdrucker Frobenius vorstellt, halb lebensgrofs, werden hier ebenfalls für Holbein ausgegeben, auch sind beide voll grofser Lebendigkeit; doch vermisse ich in ihnen die einfache Gediegenheit des Machwerks, die Klarheit des Tons welche alle echten Bilder des Holbein auszeichnet und halte sie für alte vortreffliche Copien nach diesem Meister. Dafür spricht auch der Umstand, dafs die Hintergründe von Steenwyck herrühren, dessen Name mit der Jahrszahl 1629 sich auf dem Bilde mit dem Erasmus befindet, das andere trägt die Aufschrift Ioannes Frobenius Typ. H. HOLBEIN. P.

Eben so ist das Portrait des Reckemar im Profil mit langem, spitzem Bart zwar ein in einem kräftigen, satten Ton trefflich gemaltes Bild, doch für Holbein zu leer in der Form, zu schwer in der Farbe.

Noch ungleich weniger Anspruch haben auf diesen grofsen Namen folgende, ebenfalls für Holbein ausgegebene Bildnisse: Franz I., König von Frankreich, Anna Boleyn, Lady Vaux, Margaretha, Königin von Schottland, Gräfin von Lennox.

Zwei andere grofse, Holbein genannte Bilder, deren eins die Abfahrt König Heinrich's VIII. zur Zusammenkunft mit König Franz I., das zweite jene berühmte Zusammenkunft bei Calais auf dem Champ d'or selbst vorstellt, sind zwar historisch sehr interessant, aber für Holbein in vielen Theilen zu roh.

Anton Moro. Das Portrait der Königin Maria der Katholischen, halbe Figur in Lebensgröfse, in rothem Kleide, mit goldnem Latz und weifsem Pelz, um den Hals und in den Haaren Perlen und Edelsteine, in der Rechten einen Brief mit spanischer Adresse an sie, womit wohl ohne Zweifel ein Brief ihres Gemahls, Philipp's II. von Spanien, gemeint ist, auf dessen Veranlassung sie von dem berühmten, von ihm besonders hochgeschätzten, Moro gemalt worden. Die Behandlung ist so ausführlich als meisterlich, die Fleischtheile von blassem, aber tiefem, sattem Ton, die Hände sehr fein. Leider hat der Kopf dieses schlecht placirten Bildes, von dem man nicht einmal wufste, wen es vorstellt, sehr gelitten und auch in dem blauen Grunde befinden sich Retouchen.

François Clouet, genannt Janet. Von diesem angesehensten französischen Maler an den Höfen König Heinrich's II. von Frankreich und seiner Söhne befindet sich hier Franz II. als Kind, ein sehr anziehendes Brustbild, in seinem etwas blassen Ton auf das Zarteste vollendet.

Besonders merkwürdig war mir das Bildnifs der Königin Elisabeth von England in einem Alter von ungefähr 12 Jahren. Der anziehend kindliche Ausdruck des Gesichts hat zugleich etwas sehr Kluges, der Mund ist höchst fein, das Haar röthlich. Ueber einem weifsen, reich mit Gold gestickten Rock trägt sie ein rothes, an Gürtel und Brust reich mit Edelsteinen und Perlen geschmücktes Kleid, und eine Haube von derselben Farbe. Ihren Hals ziert eine doppelte Schnur von Perlen mit Edelsteinen. In den langen und mageren Händen hält sie ein Gebetbuch. Auf einem grünen Tisch liegt ein anderes aufgeschlagenes Buch. Im Hintergrunde ein Vorhang. Die Ausführung ist sehr fleifsig, die Farben sehr hell, die Stellung steif, die Fleischtheile durch Verwaschen bleich und flach. Der Meister dieses sehr interessanten Bildes möchte schwer zu ermitteln sein, auf keinen Fall ist es jedoch Lucas Kranach, wofür es hier ausgegeben wird.

H. Rigaud. Das Portrait des berühmten Fenelon ist von einer Feinheit und Wahrheit des Gefühls, wie sie dieser Maler nur selten erreicht hat.

In einem der grofsen Zimmer hängt das Bildnifs König Carl's I. zu Pferde, angeblich von van Dyck, doch nur eine alte Copie des Bildes in Windsor. Eine Reihe von Schönheiten aus der Zeit König Carl's II., in halben Figuren, von Sir Peter Lely, beweisen das Talent, welches dieser Maler für eine leichte und gefällige Darstellung weiblichen Reizes besafs. Desto weniger befriedigt die Folge von schönen, jungen Hofdamen aus der Zeit König Wilhelm's III., welche der berühmte Sir Gottfried Kneller im Auftrag der Königin in ganzen Figuren ausgeführt hat. Die leere und langweilige Fabrikarbeit derselben läfst einen durchaus kalt.

Nicht viel besser geht es einem mit den Bildern des West, womit hier ein ganzer Saal angefüllt ist.

Unter der grofsen Anzahl der anderen Bilder befindet sich noch viel mehr oder minder Schätzbares, von welchem ich indefs nur noch Folgendes auszeichne:

Das Portrait eines Bildhauers ist zwar gewifs nicht von Correggio, wofür es ausgegeben wird, aber ein Bild von grofser Feinheit. Es hat leider gelitten.

Die Tochter der Herodias läfst sich das Haupt des Johannes reichen. Angeblich Lionardo da Vinci. Dieses gute, leider zu hoch hängende Bild hat im Gefühl und im Ton viel von Boltraffio.

Licinio Pordenone. Er und seine Familie, ein grofses, reiches Bild. Edel und fein aufgefafst, und in einem warmen, klaren, gelbbräunlichen Localton sehr fleifsig durchgeführt. Von zwei anderen Bildern von ihm ist ein männlicher Kopf besonders vortrefflich.

Zwei dem Tizian beigemessene Portraits sind gute Bilder der venezianischen Schule, deren eines (der sogenannte Aretino) sehr gelitten hat.

Guercino. Sein eigenes Bildnifs mit Pinsel und Palette; sehr lebendig, obgleich sehr dunkel in den Schatten.

Orazio Lomi, gen. Gentileschi. Von diesem florentinischen Maler, der zur Zeit Carl's I. in England malte und starb, ist hier ein Hauptbild, der keusche Joseph und Potiphar's Weib, ganze, lebensgrofse Figuren. Er hat diesen Vorgang im Costum und sonst ganz in seine Zeit übertragen, doch ist die Malerei sehr fleifsig, die Färbung kräftig, die Wirkung sehr schlagend.

Ein weibliches Portrait in einem grünen Kleide mit Weifs in den durchbrochenen Aermeln, von einem kühlen, in den Schatten grauen Ton des Fleisches, ist in Empfindung und Ausführung von grofser Feinheit, ohne dafs ich indefs den Meister anzugeben wüfste.

Aus der Sammlung Carl's I. sind hier einige der flüchtig aber geistreich braun in Braun als Reliefe behandelten Bilder des Polidoro da Caravaggio, und drei berühmte Compositionen des Giulio Romano, der kleine Jupiter an der Ziege Amalthea saugend, Jupiter und Juno im Begriff, den Götterthron einzunehmen und die Geburt von Diana und Apoll. Diese ziemlich derb und roh ausgeführten Bilder aus der Schule des Giulio werden überdem noch durch Retouchen entstellt.

Zwei Copien nach Parmegiano, von denen eine nach der bekannten Madonna della Rosa in der Gallerie zu Dresden, werden hier für Originale ausgegeben.

Unter den Niederländern befinden sich ein treffliches Viehstück des Adrian van de Velde, drei Landschaften von Herman Swanevelt, von denen zwei gröfsere besonders schön, gute Architecturen von Peter Neefs und den Steenwycks, und zwei Blumenkränze des Pater Seghers.

Zwei Tage, während welcher es fast unablässig auf das Stärkste regnete, vergingen mir und dem Professor Hoyen unter diesen interessanten und reichen

Anschauungen nur zu schnell, und wir hatten Mühe, uns loszureifsen, um anderen eingegangenen Verpflichtungen nachzukommen.

Vorgestern war ich zum Diner von Ottley eingeladen, dessen ausgebreitete Kenntnisse in der Kunstgeschichte und dessen Enthusiasmus für die Kunst in ihren verschiedensten Epochen und Erscheinungen mich ihm sehr befreundet haben. Ich ging schon um zwei Uhr hin, um seine Sammlung von Gemälden der toscanischen Schule vom 13ten bis 15ten Jahrhundert etwas genauer durchzunehmen. Dieselbe zeichnet sich durch zwei Eigenschaften besonders vortheilhaft aus. Sie enthält, bis auf wenige Ausnahmen, treffliche Denkmale von Meistern, welche auf der Höhe ihrer Zeit standen, während man oft in den gröfsten Gallerien diese Epochen mit den rohsten Machwerken besetzt findet. Herr Ottley ist aber auch ein grofser Feind des Bilderputzens, so dafs die meisten Gemälde sich noch in einem primitiven Zustande befinden, ein bei Temperabildern besonders wichtiger Umstand, da mit dem ursprünglichen Firnifs auch die Lasuren, und somit der harmonische Schmelz derselben verloren geht.

Einige echt byzantinische Bilder von beträchtlichem Alter und kunstreicher Ausführung stehen an der Spitze. Besonders wichtig aber sind die Gemälde der alten Schule von Siena. Hier fand ich zu meiner Freude den gröfsten Theil der Tafeln des Bildes von Ugolino da Siena, welches derselbe, dem Vasari zufolge, für den Hochaltar der Kirche St. Croce zu Florenz ausgeführt hat. Dieser Meister, welcher im Jahre 1339 bejahrt starb, erscheint hier als ein sehr bedeutendes Mittelglied zwischen der strengeren by-

17**

zantinischen Weise des Duccio und der weicheren, gefälligeren des berühmten Simon Memmi (eigentlich Simon Martini). Nach der Weise des 14ten Jahrhunderts bestand dieser Altar aus einer Menge einzelner Tafeln, welche von einem Rahmen von gothischer Architectur zugleich getrennt und vereinigt wurden. Von der Hauptreihe, deren mittelste Tafel die Maria mit dem Kinde, die sechs anderen eben so viele Heilige, sämmtlich in halben Figuren, enthielt, sind noch fünf Tafeln ganz, von der Maria nur ein Fragment vorhanden, welches durch seine Schönheit den Verlust sehr beklagen läßt. Darüber befand sich eine andere, eben so zahlreiche Reihe, jede mit zwei halben Figuren von Heiligen, deren nur noch drei übrig sind. Den Abschluß machten endlich sieben Spitzen von gothischer Giebelform, jede mit der halben Figur eines Heiligen geschmückt; davon sah ich noch vier. Die sieben, den Hauptbildern entsprechenden Abtheilungen der Altarstaffel (Predella) sind noch sämmtlich vorhanden und enthalten Hauptmomente aus dem Leben Christi, vom Abendmahl bis zur Auferstehung, welche sich durch die Schönheit und das Sprechende in den Motiven sehr auszeichnen. In den männlichen Heiligen waltet die alterthümlich-byzantinische Kunstweise vor. Die Köpfe sind von länglicher Form, die Augen gut geformt und wohl geöffnet, die Nasen lang und an den Spitzen gebogen, der Mund von feinem und scharfem Schnitt, die Körper gedehnt, die Arme dürr, die Finger lang und mager, die Falten der trefflichen Motive in den Gewändern sehr scharf. In den Engeln, wie in den Figuren der Predella, sind dagegen die Formen völliger, die Bewegungen freier, dramatischer und der Art und Weise des Simon Martini verwandter. Auch die Behandlung ist nicht in dem zähen, dunklen Bindemittel der Byzantiner, sondern in der flüssigen, helleren Temperamalerei des Giotto mit Eigelb und Pergamentleim, und vorheriger Untermalung mit grüner Erde. Der Grund ist durchgängig golden. Unter der mittelsten Abtheilung der Predella befindet sich noch ein Ansatz, worauf in gothischer Majuskelschrift die mit der Angabe von della Valle übereinstimmende Inschrift: Ugolinus de Senis me pinxit.

Eine Kreuzigung, von Ottley Giunta Pisano genannt, ist wenigstens ein vortreffliches italienisches Bild in griechischer Weise und dieses Meisters durchaus würdig.

Eine andere Kreuzigung, Duccio gen., stimmt sehr wohl mit dessen berühmten Tafeln im Dom zu Siena überein, und ist, wie jene, ein höchst geistreiches Werk in der byzantinischen Weise.

Derselbe Gegenstand in einem etwa zwei Fuſs hohen Bilde von Ambrogio Lorenzetti gehört durch die groſsartige Leidenschaftlichkeit der Motive im Ausdruck des Schmerzes der Maria, der Magdalena, des Johannes zu den ergreifendsten Darstellungen, welche ich kenne. Das Bild ist in der dunklen byzantinischen Technik ausgeführt. Der Christus hat gelitten.

Zwei Bildchen, Gegenstücke, eine Himmelfahrt Mariä und die Verkündigung derselben, sind meines Erachtens von Simon Martini, und gehören zu seinen zartesten, miniaturartig vollendeten Werken.

Nicht minder vortrefflich ist ein Täfelchen, worin oben Maria mit dem Kinde, unten die Verkündigung Mariä und Geburt Christi enthalten ist. In dem Ausdruck findet sich hier etwas Sehnsüchtiges. Es ist im satten, zarten Schmelz auf's Trefflichste vollendet, und nach meiner Ueberzeugung ein kleines Wunderwerk des Taddeo di Bartolo, in welchem, nach der Bemerkung des Herrn von Rumohr in seinen geistreichen Forschungen, diese Gefühlsweise zuerst anklingt.

Die Bilder der florentinischen Schule aus dem 13ten und 14ten Jahrhundert sind minder erheblich. Eine Verkündigung Mariä, angeblich von Cimabue, ist ein roheres Bild seiner Zeit. Christus in halber Figur (Pietà) nebst Heiligen, Giotto genannt, ist ein gutes Bild seiner Schule aus der Zeit des Andrea Arcagnnolo (gewöhnlich Orcagna genannt); eine Kreuzigung, angeblich Taddeo Gaddi, ist eine gute Arbeit des Spinello Aretino.

Von den Florentinern des 15ten Jahrhunderts sind dagegen sehr wichtige Bilder der vorzüglichsten Meister vorhanden.

Fiesole. 1) Maria zu Grabe bestattet. Dieses miniaturartig ausgeführte Bild hat in den mannigfaltigen, feinen Köpfen der Apostel, in dem edlen Angesicht der Maria die ganze Schönheit und Innigkeit seines Gefühls. Hinten findet sich eine Aufschrift des Lamberto Gori vom Jahre 1789, nach welcher dieses Bild als ein Werk des Giotto in der Kirche Ognisanti von Vasari angeführt sein soll, und später sich in den Händen des bekannten Hudgford befand, der es in seiner Hetruria pittrice wirklich als ein Werk des Giotto hat stechen lassen. Ich führe dieses als einen merkwürdigen Beweis an, wie schwach es damals mit der Kritik und der Kenntnifs solcher Bilder aussah. 2) Eine Himmelfahrt Mariä ist ebenfalls ein vorzügliches Werk seiner früheren Zeit.

Masaccio. 1) Der Kopf eines jungen Mannes in Fresco, sehr einfach, grofsartig und edel. 2) Ein Heiliger mit der Feder in der Rechten; auch von grofsem Character, doch minder sicher.

Andrea del Castagno. Christus von Maria und Johannes beweint (Pietà). Eine treffliche Composition, in seiner etwas herben Weise ausgeführt.

Pesello Peselli. Das Altarbild, welches er nach Vasari für die Kirche St. Jacopo in Pistoja ausgeführt hat. Gott Vater hält Christus am Kreuz; auf zwei anderen Tafeln die Heiligen Jacob und Zeno. Höchst edel in den Characteren und der Zeichnung, musterhaft in allen Theilen durchgebildet. Der Meister braucht in diesem Bilde keinem seiner Zeitgenossen nachzustehen.

Sandro Botticelli. Die Geburt Christi. Ein sehr geistreiches und für die leidenschaftliche Geistesart des Meisters höchst merkwürdiges Bild. Die Erscheinung des Heilandes erregt unter den Engeln die lebhafteste Freude; zwölf tanzen in der Luft einen Ringelreihen, fünf andere bekränzen festlich, drei andere umarmen heftig die herangenahten Schäfer; drei Teufel entweichen dagegen in ohnmächtiger Wuth. Die Ausführung ist für ihn flüchtig, aber voll Geist.

Cosimo Roselli. Ein grofses Altarbild. Christus am Kreuz mit prächtiger Krone auf dem Haupt, in einem schwarzen, reich mit Edelsteinen besetzten Gewande, mit den beschuhten Füfsen einen Kelch berührend. In der Luft sechs schwebende Engel und acht Cherubim und Seraphim, sämmtlich von grofser Schönheit. Rechts knieend Johannes der Täufer und

Dominicus, links Petrus Martyr und Hieronymus. Mit Ausnahme des Frescobildes in St. Ambrogio ist mir dieses das liebste Werk des Meisters. Die Köpfe sind höchst lebendig und individuell, die Motive fein und edel, die Zeichnung sehr sorgfältig, die Färbung warm und klar, das Impasto der Temperamalerei höchst meisterlich.

Domenico Ghirlandajo. Von diesem Lehrer des Michelangelo ist hier eine Maria, welche von dem neben ihr stehenden Christuskinde umarmt wird; dabei ein verehrender Jüngling, im Profil glücklich zusammengestellt und von völligen Formen. Mütterliche und kindliche Freude ist nur selten mit so hinreifsender Unschuld und Wahrheit dargestellt worden.

Auch von einem umbrischen Maler aus dem Anfange des 15ten Jahrhunderts, dem berühmten Gentil da Fabriano, ist hier ein sehr bedeutendes Werk. Die thronende, von sechs Engeln verehrte Maria hat ganz die Feinheit seiner Anbetung der Könige in der Akademie zu Florenz. Oben in einem Rund erscheint der segnende Gott Vater mit zwei Engeln von seltner Schönheit.

Als Ottley, welcher indefs zu Hause gekommen, hereintrat, um mich zum Essen abzuholen, wunderte er sich, mich noch immer mit den alten Bildern beschäftigt zu finden, und da ich ihm meinen Beifall über dieselben ausdrückte und ihm versicherte, dafs es jetzt schwer halten, ja unmöglich sein würde, in Italien eine Sammlung von dieser Qualität zu vereinigen, meinte er, dafs es ihm ein wahrer Trost sei, seine alten Meister einmal so anerkannt zu finden; denn so lange er in England sei, habe niemand denselben eine so grofse Aufmerksamkeit geschenkt, als ich. Ottley gehört zu den Wenigen, welche den edlen und reichen geistigen Gehalt dieser alten Kunstwerke zu einer Zeit erkannten, in welcher sie im Allgemeinen noch verachtet und vergessen waren. Leider ist dieses in England auch noch heute der Fall. In seinem Arbeitszimmer hing der Sturz der bösen Engel nach Milton, ein von ihm grau in Grau im Geschmack des Michelangelo, doch nicht ohne eigenthümlichen Geist und mit beträchtlichem Geschick ausgeführtes Bild, worin er sich mir als ein auch in der Practik der Kunst wohl Erfahrener bewährte. In diesem Bilde thut sich die doppelte, unter den englischen Künstlern von Alters her sehr verbreitete Vorliebe für Milton und für Michelangelo kund. Dieselbe entspringt aus dem den Engländern tief inne wohnenden Sinn für das Erhaben-Phantastische; hat aber in der Malerei practisch wenig Gutes zu Tage gefördert. Was Milton betrifft, so eignet er sich grade da, wo er am gröfsten ist, in Darstellungen des Wesens und Waltens seiner gefallenen Engel, nicht zur malerischen Auffassung. Gestalten und Bilder sind bei ihm so colossal, dafs sie jedes Mal verlieren müssen, wenn sie vor den äufseren Sinn gestellt werden; die besten geistigen Züge sind zu fein dialectisch, als dafs der Maler sie mit Erfolg in seine Kunst übertragen könnte. Um in der Weise des Michelangelo künstlerisch zu schaffen, fehlt es den englischen Malern an erfinderischer Kraft und an Tiefe der wissenschaftlichen Durchbildung. Ein so geistreicher Künstler, wie Sir Josua Reinolds, fühlte dieses sehr wohl, und liefs es daher bei einer enthusiastischen Würdigung und Bewunderung in Worten bewenden. Sir Thomas Lawrence that dasselbe, nachdem er den miſsglückten Versuch gemacht, in einem ungeschlachten Kerl mit einem maskenartigen Kopf Milton's Satan zu malen, wie er die höllischen Heerschharen zu neuer Empörung aufruft. Der Schweizer Heinrich Füſsli, oder Fuseli, wie ihn die Engländer nennen, war der einzige Mann von bedeutendem Talent in England, welcher in dem Wahn stand, ohne tieferes Studium durch eine fruchtbare, aber verzerrte Phantasie sich zu den Sphären emporschwingen zu können, in denen so erhabene Geister wie Michelangelo und Shakspeare, selbst ungleich gewaltigern Naturen unerreichbar, ihre Bahnen beschreiben. Selbst in den gelungensten seiner schattenhaften Bilder mit den langen Gestalten kann man ihn höchstens das wahnsinnige, vermagerte Gespenst des Michelangelo nennen. Er war eine begeistert-kritische Natur, und in diesem Gebiete ist er daher höchst vortrefflich. Er hat an Ottley und manchen andern noch sehr warme Verehrer in England. In Deutschland ist er vorzüglich durch die Kupferstiche aus der Shakspearegallerie bekannt. In traulichen Gesprächen nach Tische lernte ich meinen Wirth wieder von einer neuen Seite kennen. Er zeigte eine ausgebreitete Kenntniſs in der Musik. Besonders hat er sich bei seinem Aufenthalt in Florenz viel mit dem Studium der altitalienischen Kirchenmusiker beschäftigt.

Nach Tische wurde mir ein neuer Genuſs bereitet. Ottley holte seine Portefeuilles mit alten Miniaturen hervor, deren er gewiſs an Tausend vom 11ten bis 17ten Jahrhundert aus allen Schulen besitzt, von denen jedoch die italienische bei weitem am reichsten besetzt ist. Bis auf wenige sind sie aus alten Handschriften auf Pergament geschnitten.

Durch dieses Herausreifsen aus ihrem ursprünglichen Zusammenhange sind sie leider der Hauptmittel zur näheren Bestimmung des Orts und der Zeit ihrer Entstehung beraubt worden. Die Anzahl des Interessanten und Schönen unter dieser Masse ist beträchtlich. Ich mufs mich indefs begnügen, einige Denkmale anzuführen, welche in ihrer Art ersten Rangs sind.

Eine Reihe von Initialen, aus dem Choralbuch geschnitten, welches der von Vasari so gepriesene Don Silvestro für das Kloster degli Angeli ungefähr um das Jahr 1350 mit Miniaturen geschmückt hat. Dieselben sind mit Unterlegung von grüner Erde auf das Zarteste in Guasch ausgeführt. Schon ein Blatt mit den vier Evangelisten ist höchst vorzüglich; alles wird aber übertroffen von dem schon von Dibdin in seinem bibliographischen Decameron angeführten Tod Mariä, einer fast 14 Zoll hohen Initiale. Obgleich die Gesichter den Typus des Giotto haben, ist im Christus eine Würde, in den Aposteln eine Feinheit im Ausdruck des Schmerzes, in allen Theilen ein so gewählter Geschmack, eine so zarte Durchbildung, dafs es alles zurückläfst, was mir von Miniaturen aus dieser Zeit zu Gesicht gekommen ist, und ich wohl begreifen kann, wie noch ein Lorenzo Magnifico, ein Papst Leo X., welche doch an die Leistungen der ganz ausgebildeten Kunst gewöhnt waren, diese Miniaturen mit Bewunderung betrachtet haben sollen, wie uns Vasari erzählt. Dieses eine Blatt hat aber auch Ottley aus der ersten Hand mit 100 Pfd. Sterl. bezahlt.

Eine Folge von Vorgängen aus dem neuen Testament, Miniaturen der Eyckschen Schule aus der zweiten Hälfte des 15ten Jahrhunderts, sind minder lebhaft in den Farben, als die meisten aus dieser Schule, übertreffen aber an Geschmack, Verständnifs und Feinheit fast alles, was mir sonst Aehnliches bekannt ist, und rühren gewifs von einem der gröfsten Schüler des Jan van Eyck her.

Wie allgemein der Schmuck der Malerei im Mittelalter ein geistiges Bedürfnifs war, beweist der Umstand, dafs nicht allein geistliche und weltliche Bücher mit Bildern geziert wurden, sondern dafs selbst der trockne Inhalt gerichtlicher und anderer Urkunden der schönen und heiteren Begleitung der Kunst nicht entbehrte. Dafür enthält diese Sammlung einige interessante Beispiele. Das eine ist die auf dem feinsten Pergament auf das Zierlichste geschriebene Originalurkunde über das Leibgedinge, welches Lodovico Sforza, Herrscher von Mailand, seiner Gemalin, der Beatrice d'Estè, ausgesetzt. Es ist vom Jahre 1494 und von ihm selbst unterzeichnet. Auf dem breiten, oberen Rande befindet sich in der Mitte das von zwei schönen, graziös bewegten Engeln gehaltene Wappen des Moro, zu dessen Seiten, aber in Runden, sein und der Beatrice Bildnifs im Profil. Beide, zumal das ihrige, ist von einer Feinheit des Geschmacks, von einer Zartheit des Naturgefühls, von einer technischen Vollendung, wie dieses nur selten in dieser Kunstweise anzutreffen ist. Beide Seitenränder sind mit Arabesken verziert; der rechte mehr im älteren Geschmack des 15ten Jahrhunderts, der linke im geistreicheren, freieren, schon auf das 16te deutenden, mit Anwendung der zierlichsten Figuren, auf purpurnem oder tiefgrünem Grunde. In dem Ganzen spricht sich der Einflufs des damals in Mailand thätigen Lionardo da Vinci aus, die Ausführung ist wahrscheinlich von dem Meister Girolamo, welchen Vasari als den gröfsten Miniaturmaler jener Zeit in Mailand rühmend anführt.

Eine andere hübsche Miniatur stand früher an der Spitze einer Instruction des Dogen von Venedig, Pietro Lando, an irgend einen Beamten. Sie ist mit Benedetto Bordone bezeichnet. Da dieser Doge gegen die Mitte des 16ten Jahrhunderts der Republik vorstand, sieht man, wie lange dieser Gebrauch noch beibehalten worden. Der Maler ist wahrscheinlich ein Verwandter des bekannten Tizianischen Schülers Paris Bordone.

Randverzierungen aus einem Manuscript, welches gegen Ende des 15ten Jahrhunderts für den Cardinal Antoniotto Pallavicini geschrieben, gehören durch die Pracht der Farben und des Goldes, womit schöne Arabesken, mit Zuziehung der antiken Motive, ausgeführt worden, zu den stattlichsten und reichsten Denkmalen dieser Art.

Ein Beispiel der höchsten Ausbildung, zu welcher die Miniaturmalerei in Italien erst im 16ten Jahrhundert durch den berühmten Don Giulio Clovio gelangte, sind zwei Blätter aus einem für den vom Jahr 1560—1565 regierenden Papst Pius IV. geschriebenen Manuscript; denn obschon sich der Künstler Apollonio Buonfratelli unterzeichnet hat, so erkennt man doch in dem höchst eleganten Geschmack der Ränder, an der Art, wie darin antike Cameen nachgeahmt sind, den treuen und sehr glücklichen Nachfolger des Clovio. So zeigen auch die historischen Bilder, z. B. die Kreuzigung, wie bei jenem, die damals in Italien so allgemein beliebte Nachahmung des Michelangelo.

Vierzehnter Brief.

London, den 3. Juli.

Durch die Vermittelung des Herrn Solly, der nicht aufhört, sich meiner in seiner anspruchslosen Weise auf das Thätigste anzunehmen, habe ich die Bekanntschaft des Poeten Rogers, eines sehr ausgezeichneten und liebenswürdigen Mannes, gemacht. Er gehört zu den wenigen glücklichen Menschen, welchen es vergönnt gewesen ist, die lebhafteste Empfänglichkeit für alles Edle und Schöne auf eine würdige Weise befriedigen zu können. Diese seine Sinnesweise hat er daher in einem langen Leben seiner ganzen Umgebung aufzuprägen gewufst. Ueberall sieht man sich in seinem Hause von dem höheren Element der bildenden Kunst umgeben und auf eine individuelle und bedeutende Weise angeregt. Man weifs in der That nicht, ob man mehr die Vielseitigkeit, oder die Reinheit des Geschmacks bewundern soll. Bilder der verschiedensten Schulen, antike und neuere Sculpturen, griechische Vasen ziehen das Auge abwechselnd an, und sind mit einer feinen Beobachtung des Verhältnisses der Gröfse zu dem jedesmaligen Raum so aufgestellt, dafs jedes Zimmer reich und malerisch verziert ist, ohne durch Ueberladung, wie dieses so häufig vorkommt, das Ansehen eines Magazins zu gewinnen. Unter allen diesen Gegenständen ist nichts unbedeutend, vieles von seltner Schönheit. Verschiedene Schränke und Mappen enthalten aber aufserdem die gewählteste Sammlung von antikem Schmuck in Gold, welche ich bisher gesehen, werthvolle Miniaturen aus dem Mittelalter, treffliche Handzeichnungen alter Meister, und die ansprechendsten Blätter der gröſsten alten Kupferstecher, eines Marcanton, Dürer etc., in den gewähltesten Abdrükken. Der Genuſs aller dieser Schätze wurde dem Besitzer durch den vertrauten Umgang mit den ausgezeichnetsten, jetzt dahingeschiedenen englischen Künstlern, einem Flaxman, einem Stothart, noch erhöht. Beide haben ihm ein Andenken ihrer Freundschaft hinterlassen. In zwei kleinen Marmorstatuen von Amor und Psyche und einem mit einer Muse mit der Lyra und der Mnemosyne in Relief verzierten Kamin von Flaxman spricht sich dasselbe edle und graziöse Gefühl aus, welches mich seit meiner Kindheit schon in seinen berühmten Compositionen zum Homer und Aeschylus so sehr angezogen. Haar und Gefält sind in der Behandlung von groſser, fast zu malerischer Weiche. Von allen englischen Malern hat wohl keiner eine so reiche Erfindungsgabe gehabt, als Stothart. Sein bewegliches Talent hat sich mit Erfolg in dem Gebiete der höheren Historie, des Phantastisch-Poetischen, des Humoristischen, endlich sogar in der Gesellschaftsmalerei im Geschmack des Watteau versucht. Hierzu kommt bei ihm viel Gefühl für Grazie der Bewegung und eine heitere blühende Färbung. Auf den Malereien von ihm, welche hier einen Camin schmücken, sind mit vielem Geist und Laune Hauptpersonen aus den Shakspearschen Dramen vorgestellt, unter denen Falstaff eine besonders ansehnliche und komische Figur bildet. Auch eine lustige Gesellschaft, in der Weise des Watteau ist hier vorhanden. Am wenigsten spricht eine allegorische Vorstellung an, der Friede, welcher zur Erde zurückkehrt; denn die brillante, dem Rubens verwandte Färbung kann nicht für die Leerheit der Köpfe, die Schwäche der Zeichnung entschädigen.

Da nun unter den Bildern sich einige der besten Arbeiten des Sir Josua Reinolds befinden, und es auch an einem Bilde des Hogarth nicht fehlt, finden sich hier die vier ausgezeichnetsten englischen Künstler der früheren Zeit vereinigt.

Außer in dem eigentlichen Portrait war Sir Josua am glücklichsten in Darstellung von Kindern, bei welchen er in der Hauptsache sich auch treu an die Natur halten konnte, und nur eine meist ziemlich gleichgültige, aber naive Handlung, oder Beschäftigung erforderlich war. In solchen Bildern ist es ihm vortrefflich gelungen, die Jugendfrische und das naive, unschuldige Wesen der schönen englischen Kinder wiederzugeben. Dieses ist es denn auch, was sein hier befindliches berühmtes Stachelbeermädchen (Strawberry-girl) so anziehend macht. Die Hände einfach über einander gelegt, den Korb unter dem Arm, steht sie im weißen Kleidchen da, und sieht mit ihren großen Augen den Beschauer an. Das treffliche Impasto, der helle Goldton von Rembrandtscher Klarheit, der dunkle, landschaftliche Hintergrund bringen eine schlagende Wirkung hervor. Sir Josua hielt dieß selbst für eins seiner besten Bilder. Auch ein schlafendes Mädchen ist von ungemeinem Reiz, die Färbung von der größten Gluth. Die stark gerissene Farbe in Grund und Gewand beweist indeß die Unsicherheit der Technik des Künstlers. Weniger spricht mich ein anderes Mädchen mit einem Vogel an. Das etwas verzerrte Lachen ist hier nicht der Natur abgelauscht, sondern von der nicht glücklichen Erfindung des Malers;

die glühende Farbe hat etwas Speckiges und Unwahres. Puck, der lustige Elfe aus Shakespeare's Sommernachtstraum, von den Engländern „Robin good fellow“ genannt, als ein Kind von schalkischem Ausdruck, welches, auf einem Pilze sitzend, voll Ausgelassenheit Arme und Beine ausstreckt, ist ebenfalls ein vielbewundertes Werk des Sir Josua. Wie klar und warm aber auch das Bild gemalt ist, so genügt mir doch die Auffassung keineswegs; ich finde sie zu kindisch, zu wenig phantastisch. Im Hintergrunde sieht man Titania mit dem eselsköpfigen Zettel. Psyche, welche mit der Lampe den Amor betrachtet, lebensgroſse Figuren, ist von der brillantesten Wirkung, und in den zart-grünlichen Halbtönen zugleich von groſser Feinheit. In dem Liniengefühl zeigt sich Verwandtschaft zu der etwas übertriebenen Grazie des Parmegianino. In solchen Bildern des Sir Josua stört immer die zu schwache Zeichnung. Merkwürdig war es mir, von diesem Meister hier auch eine Landschaft zu finden. Sie ist im Geschmack des Rembrandt, von sehr groſsem Effect.

Von älteren englischen Malern sind hier auſserdem zwei hübsche Bilder von Gainsborough, eins von Wilson. Von neueren fand ich nur von dem eben so seltnen als geistreichen Bonington einen bei der Pfeife eingeschlafenen Türken, meisterlich in einem tiefen harmonischen Helldunkel ausgeführt.

Der Geschmack und die Kunstbildung des Hrn. Rogers ist zu allgemein, als daſs er nicht auch den tiefen geistigen Gehalt solcher Kunstwerke fühlte, in welchen die Handhabung der darstellenden Mittel noch mehr oder minder bedingt ist. Er hat es daher nicht verschmäht, von Giotto die halben Figuren des Paulus und Johannes, Fragmente einer Frescomalerei aus der Carmeliterkirche zu Florenz; von Fiesole den Tanz der Salome vor Herodes und die Enthauptung Johannes, von Lorenzo di Credi, dem in seiner Kunst und Persönlichkeit so liebenswürdigen Mitschüler und Freund des Lionardo da Vinci, eine Krönung der Maria in seine Sammlung aufzunehmen. An diese Bilder schliefst sich zunächst ein Christus am Oelberge, aus der peruginesken Epoche Raphael's an. Dieses Bildchen machte einst einen Theil der Predella zu dem Altarblatt, welches Raphael im Jahre 1505 für die Nonnen des heiligen Antonius für Perugia gemalt hat. Es kam mit der Gallerie Orleans nach England und befand sich zuletzt im Besitz des Lord Eldin in Edinburgh. Leider hat es durch Verwaschen und Hineinmalen sehr gelitten, doch finden sich in manchen Theilen, besonders in den Armen des Engels, Schwächen in der Zeichnung, wie sie auch selbst in dieser Epoche nicht bei Raphael vorkommen, so dafs ihm wohl nur die Composition beizumessen, die Ausführung aber von demselben Gehülfen herrühren möchte, welcher die beiden zu derselben Predella gehörigen, jetzt in Dulwichcollege befindlichen Heiligen gemalt hat.

Aus der Gallerie Orleans befindet sich hier ferner die durch den Stich von Flipart bekannte Madonna von Raphael, mit etwas gesenkten Augen, an welche sich das stehende Kind anschmiegt. Der Ausdruck der Fröhlichkeit im Kinde ist von dem gröfsten Reiz. Die graue Farbe des Untergewandes der Maria mit rothen Aermeln macht mit dem blauen Mantel eine angenehme Harmonie. Nach den Characteren und Linien möchte diese Composition in die frü-

frühere Zeit von Raphael's Aufenthalt in Rom fallen. In anderen Stücken läfst dieses Bild kein Urtheil zu, denn manche Theile sind durch Verwaschen flach geworden, andere übermalt. Die Landschaft ist von einem, von Raphael abweichenden, blaugrünen Ton.

Von der römischen Schule erwähne ich nur noch eine Kreuztragung von Andrea Sacchi, ein Bild von mäfsiger Gröfse aus der Gallerie Orleans, als eines in Composition, Kraft der Färbung und Harmonie vorzüglichen Bildes dieses Meisters.

Die Krone der ganzen Sammlung ist aber Christus, welcher der Magdalena erscheint, von Tizian. Dieses früher in der Familie Muselli zu Verona befindliche Bild zierte später die Gallerie Orleans. Der klare, helle Goldton des Fleisches, die sorgsame Ausführung, die feine Empfindung in dem leidenschaftlichen Verlangen der knieenden Magdalena, den Herrn zu berühren, und in dem ruhigen, würdigen Abwehren des Heilandes sprechen für die frühere Zeit des Meisters. Die herrliche Landschaft mit warm beschienenem Horizont auf dem blauen Meer, welche hier im Verhältnifs zu den Figuren sehr bedeutend erscheint, beweist, wie früh Tizian darin schon zu aufserordentlicher Meisterschaft gelangt war, und bestätigt, dafs er der Erste ist, welchem diese Gattung ihre höhere Ausbildung verdankt. Dieses poetische Bild ist im Ganzen trefflich erhalten, das rothe Gewand der Magdalena von seltener Sättigung und Tiefe. Nur der untere Theil der Beine Christi hat etwas gelitten. Die Figuren sind ungefähr ein Drittheil lebensgrofs.

Sehr bemerkenswerth ist auch die ausgeführte Skizze für das unter dem Namen „la gloria di Tizismo" bekannte Bild, welches er in seiner späteren Zeit im Auftrag Philipp's II. von Spanien für die Kloster-Kirche, wo Kaiser Carl V. gestorben, ausgeführt hat. Es ist eine reiche, aber wenig ansprechende Composition. Der Gedanke, den Sarg des Kaisers zum Himmel, wo Gott Vater und Sohn thronen, emportragen zu lassen, ist gewiſs nicht glücklich zu nennen. Die Malerei ist übrigens trefflich und von sattem, tiefem Ton im Fleisch. Leider fehlt es nicht an Retouchen. Das groſse Bild befindet sich jetzt im Escorial.

Bei der Seltenheit der echten Bilder des Giorgione muſs ich mit Wenigem eines jungen Ritters, klein, in ganzer Figur, erwähnen. Edel und kräftig von Gesicht und Gestalt, ist der Kopf in seinem glühenden Ton, der Harnisch in groſser Kraft und Klarheit des Helldunkels meisterlich behandelt.

Die Original-Skizze des Tintorett zu seinem berühmten Bilde vom heiligen Marcus, welcher einem Märtyrer zu Hülfe kommt, ist eben so geistreich, als saftig und tief im Ton.

Von Giacomo Bassano ist der reiche Mann und Lazarus in der Ausführung und einer dem Rembrandt nahe kommenden Gluth eins der besten Bilder des Meisters.

Aus der Schule der Carracci sind hier vortreffliche Cabinetbilder. Von Lodovico Carracci gehört eine Maria mit dem Kinde von sechs Heiligen verehrt, zu dessen lieblichsten Bildern in Nachahmung des Correggio. Unter vier Bildchen des Domenichino sind zwei Landschaften, mit der Strafe des Marsyas, und Tobias mit dem Fisch staffirt, durch Poesie der Composition und Zartheit der Vollendung gleich anziehend. Eine andere, ebenfalls schöne, aus dem Pallast Borghese mit einem Vogelfang hat leider nachgedunkelt. Ein Christus von Guido ist breit und geistreich in dessen feinsten Silbertone tokkirt.

Von Claude Lorrain ist hier ein köstliches kleines Juwel vorhanden. Vom sanften Abendlicht beschienen, bläst ein einsamer Schäfer bei seiner friedlichen Heerde die Schalmei. Aus des Meisters früherer Zeit, in trefflichem Impasto fleifsig und zart, bestimmt und weich, alles in warmen, goldigen Ton wie eingetaucht. Im Liber veritatis mit No 11 bezeichnet. Wenige Bilder strömen so das Gefühl abendlicher Seelenruhe aus als dieses.

Eine Landschaft des Nicolas Poussin, beträchtlich grofs, von sehr poetischer Composition und sehr fleifsiger Ausführung, athmet dagegen in dem bräunlichen Silberton das Gefühl morgendlicher Frische. Eine besonders erquickliche Kühle wohnt in dem dunklen Wasser und unter den Bäumen des Vorgrundes.

Zwei kleinere historische Bilder des Poussin aus seiner früheren Zeit gehören zu dessen fleifsigen und guten Arbeiten.

Aus der niederländischen Schule sind nur wenige, aber vorzügliche Werke vorhanden.

Von Rubens ist hier ein höchst interessantes Bild. Während seines Aufenthalts in Mantua wurde er durch den oben beschriebenen Triumph des Julius Cäsar von Mantegna so angesprochen, dafs er eins der neun Bilder frei copirte. Seinem Hange zum Phantastisch-Pomphaften sagte das mit den Elephanten. welche Candelaber tragen, am meisten zu. Doch seiner feurigen, immer auf das Dramatische gerichte-

18*

ten Phantasie wollte es noch nicht genügen. Aus einem harmlosen Schaafe, welches bei Mantegna neben dem vordersten Elephanten einhergeht, machte Rubens einen Löwen und eine Löwin, welche den Elephanten grimmig anknurren; dieser läfst sich seinerseits auch nicht faul finden, sondern sich wüthig umsehend, ist er im Begriff, dem Löwen einen Schlag mit dem Rüssel zu versetzen. Das strenge Vorbild des Mantegna hat hier Rubens in seinen meist so stark ausgeladenen Formen gemäfsigt, so dafs sie edler und schlanker sind als meist. Die Färbung ist, wie bei allen seinen früheren Bildern, ebenfalls gemäfsigter, als in den späteren, und doch dabei kräftig. Rubens scheint selbst viel von diesem freien Studium gehalten zu haben, denn es befand sich noch unter seinem Nachlafs. In der Zeit der Revolution erwarb es Hr. Champernowne aus dem Pallaste Balbi in Genua. Es ist 3 F. hoch, 5 F. 5 Z. breit.

Ein Studium zu dem berühmten Bilde, die Schrekken des Krieges, im Pallast Pitti zu Florenz, welches Rubens für den Grofsherzog von Toscana ausführte, und worüber wir noch einen eigenhändigen Brief von Rubens besitzen, ist ebenfalls sehr bemerkenswerth. Umsonst sucht Venus Mars, „den unersättlichen Krieger," wie ihn Homer nennt, zurückzuhalten, er stürzt fort, um namenloses Verderben zu bereiten. Dieses Bild, 1 F. 8 Z. hoch, 2 F. 6½ Z. breit, welches ich auf der Ausstellung der British-Institution gesehen, gehört durch die Gluth und Kraft der Farbe und die so geistreiche als fleifsige Ausführung zu den vortrefflichsten der kleineren Bilder des Rubens aus dessen späterer Zeit.

Von ihm ist hier endlich ein Mondschein. Der

klare Spiegel des Mondes im Wasser, seine Wirkung in der flachen Ferne, der Gegensatz der dunklen Baummasse im Vorgrunde zeugt für das tiefe Gefühl, für die ergreifenden Wirkungen in der Natur, welches dem Rubens eigen war. Wie auf einem früher erwähnten Bilde die Schneeflecken, so hat er hier auch die Sterne angegeben.

Rembrandt habe ich hier in einem neuen Felde kennen gelernt. Braun in Brauh hat er eine etwas dunkle Allegorie auf die Befreiung der vereinigten Provinzen gegen die Vereinigung so grosser Mächte wie Spanien und Oestreich gemalt. Es ist eine reiche Composition mit vielen Reutern. Eine Hauptrolle spielt der an einer Kette liegende Löwe am Fuſse eines Felsens, worauf der Baum der Freiheit wächst. Ueber dem Felsen ist zu lesen: „Soli deo gloria." Alles ist mit vollendeter Meisterschaft hingeschrieben und die Hauptwirkung schlagend.

Sein eigenes Portrait in vorgerückten Jahren, von sehr dunklem Grund und Schatten und für ihn kühlen Ton der Lichter, gehört unter der groſsen Zahl derselben in eine Classe mit dem in der Bridgewater-Gallerie, nur ist es in seiner breitesten Weise behandelt, welche an Frechheit grenzt.

Eine Landschaft mit spärlichen Bäumen auf einem Hügel im Vorgrunde, daneben ein Reiter und ein Fuſsgänger, hinten eine Ebene mit leuchtendem Horizont, ist in den Schatten klarer als andere Landschaften von Rembrandt, und daher in der gewaltigen Wirkung zugleich harmonischer.

Unter den Handzeichnungen muſs ich wenigstens einige der vorzüglichsten erwähnen.

Raphael. Die berühmte, auf das Geistreichste

mit der Feder gezeichnete Grablegung aus der Crozatschen Sammlung. Diese hat Herr Rogers mit 120 Pfd. Sterl. bezahlt.

Andrea del Sarto. Einige Studien in schwarzer Kreide zu seinen Frescomalereien in der Capelle dell Scalzo. Besonders lebendig ist das zu dem Jüngling, welcher das Gepäck trägt in der Heimsuchung Mariä.

Lucas van Leyden. Auf das Höchste und Meisterlichste ausgeführte Federzeichnung zu seinem berühmten und höchst seltenen Kupferstich des Bildnisses von Kaiser Maximilian I. Diese wundervolle Zeichnung ist bisher irrig dem A. Dürer beigemessen worden.

A. Dürer. Ein weinendes Kind, in Kreide auf gefärbtem Papier mit Weifs gehöht. Von fast unangenehmer Lebendigkeit.

Unter den vortrefflichen Stichen bemerke ich nur eine einzelne weibliche Figur von sehr zarter Behandlung, welche so ganz vom Gefühl des Francesco Francia durchdrungen ist, dafs ich nicht anstehe, sie von seiner Hand zu halten. Bekanntlich war Francia, als ursprünglicher Goldschmied, besonders geschickt, gröfsere Compositionen in Niello auszuführen. Wie nahe lag es ihm daher nicht, statt wie hierbei in Silber, mit seinem Grabstichel in Kupfer zu arbeiten, zumal da in seiner Zeit durch den A. Mantegna und andere das Kupferstechen in Italien in allgemeinere Aufnahme gekommen war, und Francia eine solche Energie und Vielseitigkeit des Talents hatte, dafs er noch in männlichen Jahren sich der ihm ungleich ferner liegenden Kunst zu malen mit so grofsem Erfolge bemeisterte. Ueberdem deuten die feinen, zarten Linien, worin der Stich ausgeführt ist, auf einen, der früher gewohnt gewesen, für Nielloplatten zu arbeiten, wo diese Art gewöhnlich in Anwendung kommt. Auch der Umstand, dafs Marcanton, der gröfste italienische Kupferstecher, aus der Werkstatt des Francia hervorgegangen, ist der Annahme, dafs er selbst schon gestochen, ungemein günstig.

Unter den alten Miniaturen ist die unter Glas und Rahmen aufgehängte, welche einen in einer Landschaft knieenden Ritter im goldenen Harnisch vorstellt, dem in der Luft der von Cherubim und Seraphim umgebene Gott Vater erscheint, während in Abgründen Verdammte von Teufeln gequält werden, bei weitem die wichtigste. Wie schon Passavant bemerkt, gehört sie zu einer Folge von 40 Miniaturen im Besitz des Herrn Georg Brentano in Frankfurt am Main, welche für den Maitre Etienne Chevalier, Schatzmeister von Frankreich unter König Carl VII., gemacht worden, und wahrscheinlich einst sein Gebetbuch geschmückt haben. Sie rühren von dem gröfsten französischen Miniaturmaler des 15ten Jahrhunderts, Jehan Fouquet von Tours, Maler des Königs Ludwig XI., her.*) Sie stehen in Rücksicht der trefflichen, geistreichen Erfindung, welche einen grofsen Meister verräth, wie in der künstlerischen Ausbildung auf einer ungemeinen Höhe.

Eine antike Büste eines Jünglings, in carrarischem Marmor, in Form und Ausdruck dem ältesten Sohn des Laokoon ähnlich, ist von sehr edlem Styl, ungemeinem Leben und der sorgfältigsten Arbeit. Be-

*) Den Beweis hierüber weiter unten.

sonders ist das antike Stück des Halses und die Behandlung des Haares höchst fein. Nase und Ohren sind neu, auch etwas vom Kinn und an der Oberlippe meisterlich in Wachs ergänzt.

Von der schönsten Art ist ein ungefähr zehn Zoll hoher Candelaber von Bronze, dessen unterer Theil von einer sitzenden weiblichen Figur gebildet wird, welche einen Kranz hält. Die freie, graziöse Erfindung gehört der Epoche vollendeter Kunst an, die feine individuelle Ausbildung zeugt für einen geschickten Meister. Dieses Kleinod, welches der geübte Kenner Millingen für den Besitzer in Italien erworben, ist leider in der Epidermis sehr angegriffen.

Unter den zierlichen Gegenständen des antiken Schmucks in Gold, den Ohrringen, Spangen, wodurch einem so manche Beschreibungen der alten Dichter veranschaulicht werden, finden sich auch ganze, in dünnen Goldblättchen ausgeschlagene Figuren. Das Hauptstück ist ein goldnes Rund von ungefähr 2½ Z. im Durchmesser, dessen Arbeit so reich und künstlich, wie man sie nur immer in unseren Tagen machen könnte.

Von den vielen griechischen Vasen in gebranntem Thon sind fünf, zum Theil sehr große im alterthümlichen Geschmack mit schwarzen Figuren auf gelbem Grunde, von namhafter Bedeutung. Eine flache Schaale, auf deren äußerer Seite fünf sich mit der Strigil reinigende und fünf sich waschende Jünglinge gelb auf schwarzem Grunde vorgestellt sind, gehört in Grazie der Erfindung, in Schönheit und Eleganz der Ausführung zu den Gefäßen ersten Ranges. Sie wird in dieser Sammlung nur noch übertroffen von einer Vase mit rundem Ablauf nach unten, so daſs die in einen eigenen Untersatz hineingesetzt werden muſs. Es ist darauf ebenfalls in rothen Figuren der Kampf des Achill mit der Penthesilea vorgestellt. Diese aus 13 Figuren bestehende Composition ist nicht allein von allen dieses Gegenstandes, sondern überhaupt von allen Darstellungen von Kämpfen, welche ich bisher auf Vasen gesehen, an Schönheit und Mannigfaltigkeit der Motive, an Meisterschaft der Zeichnung, wie an Geist und Feinheit der Ausführung bei weitem die ausgezeichnetste. Sie steht auf der glücklichen Grenze zwischen dem strengen und ganz freien Styl, wie denn in den Gesichtern noch Spuren des Alterthümlichen übrig sind. Was muſste ein Volk, welches in den engen Grenzen einer so beschränkten Technik, in der immer nur untergeordneten Sphäre der Verzierung von Gefäſsen, so Bewunderungswürdiges geleistet hat, erst hervorbringen, wenn es in nationalen Denkmalen von groſsem Umfange alle Mittel der Zeichnung, Modellirung und Färbung frei geltend machen konnte?

Um meine Kenntniſs der vornehmsten früheren englischen Maler zu vervollständigen, habe ich die Malereien besehen, welche J a m e s B a r r y in dem Local der Gesellschaft zur Beförderung der schönen Künste in Adelphi vom Jahre 1777 bis 1783 ausgeführt hat. In fünf groſsen Bildern hat er es versucht, die verschiedenen Zustände menschlicher Cultur, in einem sechsten die Belohnung derjenigen, durch welche sie herbeigeführt worden, darzustellen. Diese Bilder nehmen die vier Wände des geräumigen Versammlungssaals ein. Gewiſs zeichnet sich dieser Gedanke an Originalität und Groſsartigkeit vor allen der gleichzeitigen Künstler rühmlich aus. Besondere Anerken-

18**

nung aber verdient die aus der lebhaftesten Begeisterung des ganz unbemittelten Künstlers für seinen Gegenstand hervorgehende Selbstaufopferung, diese Bilder unentgeltlich auszuführen. Auch gegen die Auffassung der ersten drei Bilder läßt sich nichts einwenden. Der älteste Zustand der Hirtenvölker, und die Art von Lehre und Bildung, welche sie empfangen, ist durch den Sänger Orpheus, welcher durch die Töne seiner Lyra jene Naturmenschen um sich versammelt hat, sehr glücklich ausgedrückt. Dasselbe läßt sich von dem Erntefest sagen, um den höheren Culturstand des Acker- und Weinbaues zu bezeichnen, welchem die Verleiher Ceres und Bacchus wohlgefällig aus den Wolken zuschauen. Der höchste Zustand künstlerischer, intellectueller und ethischer Bildung könnte wohl nicht leicht besser veranschaulicht werden, als durch die Krönung der olympischen Sieger im Angesicht der Helden, Staatsmänner, Dichter und Weisen des alten Griechenlands. Die Begeisterung, welche aus diesen drei Bildern spricht, die vielen glücklichen Motive, lassen einen über so manche Mängel der Zeichnung hinsehen; der antik-idealische Gehalt macht selbst keine dringende Anforderung an Naturwahrheit der Farbe, so dafs man sich selbst den einförmigen, schweren Ton gefallen läfst. Leider hat nun aber Barry nicht gefühlt, dafs er seine Aufgabe consequent in dieser ideellen Sphäre durchführen mufste, sondern in den drei anderen Bildern ein Gemisch von ideellen Figuren mit Portraiten im Zeitcostum gemacht, welches jedem gebildeten Sinn widerstrebt und die Einheit des Ganzen aufhebt. Der Zustand des blühenden Handels durch den Triumph der Themse, wo Nereiden und Tritonen mit

Ehrenmännern wie Drake, Raleigh, Cook gepaart sind, macht einen lächerlichen Eindruck. Die Versammlung der damaligen Mitglieder der Gesellschaft für Beförderung der Künste und Fabriken, worin die jährlichen Prämien ausgetheilt werden, bildet den Inhalt des fünften Bildes, und läfst einen glücklich auf dem Boden der alltäglichsten Prosa anlangen, während hier doch der ganzen Aufgabe nach eine Steigerung vorhanden sein sollte. Das daran grenzende Elysium kann für diese Abkühlung nur wenig Trost gewähren; denn es macht den Eindruck einer Maskerade, in welcher es nicht an griechischen, römischen, mittelalterlichen Charactermasken fehlt, die meisten, ehrenfesten Engländer daneben aber solche phantastische Mummerei billig verschmäht haben. Die oben gerügten Mängel der Färbung fallen bei diesen mit Portraiten angehäuften Bildern sehr unangenehm auf.

Um den gegenwärtigen Stand der Malerei in England zu übersehen, bietet die Ausstellung der Akademie der Künste in Somersethouse die beste Gelegenheit dar. Die 1138 Gegenstände, welche der Catalog enthält, sind in sieben, in drei Stockwerken befindlichen Räumen vertheilt, von denen die drei vornehmsten ihr Licht von oben empfangen. Der Gesammteindruck ist keineswegs befriedigend. Die grofse Masse der Bilder zeigt, mit denen der älteren englischen Maler verglichen, eine zunehmende Verflachung und Verwilderung. Individuelle Beseelung, Zeichnung, Wahrheit der Farbe, fleifsige Ausführung, sucht man hier umsonst. Alles läuft darauf hinaus, durch die grellsten Gegensätze, die schreiendsten Farben einen bedeutungslosen Knalleffect hervorzubringen. Bei näherer Betrachtung findet man indefs eine mäfsige Anzahl von Bildern, welche eine rühmliche Ausnahme hiervon machen. Von der höheren Historienmalerei ist gar nichts vorhanden. Unter den Bildern, welche sich indefs doch dem Gebiet derselben annähern, zeichnen sich einige sehr vortheilhaft aus. Dahin gehört von Wilkie Columbus, welcher in dem spanischen Kloster Santa Maria de Rabida einem Mönch seinen Entdeckungsplan auf einer Karte vordemonstrirt. Der Gegenstand ist nicht glücklich für die Malerei, da sie nicht im Stande ist, die Demonstration selbst, als das eigentlich Interessante, darzustellen. In der Ausführung spricht sich ein entschiedener Einflufs des Eindrucks aus, welchen die Bilder der grofsen spanischen Meister, eines Velasquez und Murillo, während eines längeren Aufenthalts in Spanien auf Wilkie gemacht haben. Durch die tiefen Massen von Helldunkel, die gesättigten, dunkelrothen und violetten Gewändern, im Gegensatz zu hellen Lichtern, ist die Wirkung des breit und meisterlich gemalten Bildes sehr grofs. Die ungefähr ¾ lebensgroßen Köpfe sind zwar würdig und lebendig, haben aber nicht die Feinheit und Schärfe der Characteristik seiner früheren Bilder.

Zunächst nenne ich von Eastlake Pilgen, welche im Jahre des Jubiläums beim ersten Anblick von Rom von einer Anhöhe sich den Aeufserungen einer begeisterten Andacht überlassen. Eine wahre und feine Empfindung, ein Streben nach Schönheit und Flufs der Linien, eine gemäfsigte Harmonie der Färbung machen dieses Bild sehr anziehend, dem indefs in den einzelnen Theilen eine etwas gröfsere Abrundung zu wünschen wäre. Dieser Mangel an Uebertreibung erscheint den meisten Engländern bei Eastlake als Kälte und Steifheit!

In einigen Bildern von Etty, z. B. Venus mit ihren Gespielinnen, Phädria und Cymochles aus Spencer's Feenkönigin, ist Phantasie, Gefühl für Grazie und technische Gewandtheit nicht zu verkennen; doch wiederholt sich in den Köpfen zu einförmig das griechische Profil, sind manche Stellungen zu übertrieben, stören die grellen Farben der Gewänder zu sehr die Harmonie.

Sehr zahlreich sind dagegen die eigentlichen Genrebilder.

Besonders beliebt ist in diesem Fach der Amerikaner Leslie; doch konnten seine beiden Bilder in dieser Ausstellung, die bekannte Geschichte vom Ei des Columbus und Gulliver's Einführung bei der Königin von Brobdingnag, mir seinen Ruf nicht rechtfertigen; denn zu einer affectirten Auffassung gesellt sich darin ein bald ziegel-, bald rosenrothes Fleisch, die Zusammenstellung der schreiendsten Contrastfarben und eine sehr flüchtige Behandlung. Ueberdem eignet sich der letzte Gegenstand gar nicht für die Malerei, denn Gulliver erscheint darin auf dem Tisch als eine kleine Puppe und die Brobdingnags ganz als gewöhnliche Menschen.

Desto gröfsere Freude empfand ich über die Bilder des Edwin Landseer, welcher Menschen und Thiere mit feinem physiognomischen Sinn auf das Lebendigste auffafst, und in einem soliden Impasto in allen Theilen in wahrer und klarer Färbung mit geistreich und leicht spielendem Pinsel ausführt. Ein Schimmel und zwei Hunde, Lieblingsthiere des Prinzen Georg von Cambridge, gehören zu den besten Thierportraiten, welche ich kenne, und dabei macht das Ganze ein Bild von vieler Haltung.

Unter den übrigen Genremalern zeichnen sich noch aus: T. Uwins, von dem eine Gruppe aus dem Fest der Madonna del Arco in Neapel mich besonders ansprach, W. Collins, der das Leben der englischen Fischer und Landleute mit Glück behandelt, nur im Fleisch öfter ins Ziegelrothe fällt, J. Stephanoff, T. Ellerby, P. Williams, H. Wyatt, A. Cooper, J. Wood, N. J. Crowley, S. Taylor, Spindler.

Am breitesten macht sich in der Ausstellung das Fach der Portraite, deren viele in ganzer und halber Figur vorhanden sind. Das Vorwalten dieser Gattung ist immer ein Beweis, dafs es mit dem Sinn für Kunst nicht besonders bestellt ist; denn nicht die Liebe zur Kunst, sondern lediglich die Liebe zu sich selbst oder zu nahen Angehörigen ist die Ursache, welche gewöhnlich die Portraite ins Dasein ruft.

Der Herzog von Wellington in ganzer Figur von Wilkie zeichnet sich durch geistreiche Auffassung, kräftige Färbung, meisterliche Haltung aus. Noch mehr aber sagte mir das Portrait des Sir James M'Gregor zu. Der Kopf ist in breiter, freier Weise trefflich im Einzelnen modellirt, die tiefe, satte Farbenstimmung von grofser Eleganz und ganz eigenthümlichem Reiz. Unter den eigentlichen Portraitmalern befindet sich keiner, welcher dem Sir Thomas Lawrence gleich käme. Das Verdienst der Aehnlichkeit und der Haltung wird niemand den meisten Portraiten des Th. Phillips, des Sir Martin Shee, des H. W. Pickersgill, des H. P. Briggs absprechen können, nur möchte ich Auffassung und Behandlung bei den ersten Beiden öfter zu zahm, bei dem Dritten zu wild nennen. Durch lebendige Auffassung, Haltung und fleifsige Beendigung zeichnete sich ein männliches Portrait von F. R. Say vortheilhaft aus. Auch G. Richmond, F. Cruickshank, und die Malerinnen W. Carpenter und Pearson verdienen rühmliche Erwähnung.

Das Fach der Landschaften ist ziemlich stark besetzt. Von dem trefflichen Callcott sprach mich besonders eine Composition mit Motiven vom Gardasee durch die zarte Kühle und feine Harmonie, eine Ruhe von Landleuten um Mittag durch die entschiedene Beleuchtung und den kräftigen Effect an. Seine correcte Zeichnung, sein gewählter Geschmack gewähren ihm überall vor den meisten seiner Landsleute einen grofsen Vortheil.

Ich bemühte mich, auch die Landschaften des so beliebten Malers Turner aufzusuchen, der durch seine vielen, oft sehr geistreichen Compositionen für Almanache und sonstige Bücher, welche darin in den zierlichsten Stahlstichen prangen, in ganz Europa bekannt ist. Ich traute aber kaum meinen Augen, als ich in einer Ansicht von Ehrenbreitenstein und des Brandes der Parliamentshäuser eine solche Flüchtigkeit der Behandlung, einen so gänzlichen Mangel an Wahrheit fand, wie er mir bisher noch nicht vorgekommen. Es ist hier gelungen, grelle, geschminkte Buntheit mit einem allgemein nebulistischen Wesen zu vereinigen. Manche Engländer sehen diese gänzliche Verwilderung eines bedeutenden Talents sehr wohl ein, viele bewundern aber dergleichen Bilder als besonders kühn und geistreich.

Sehr anziehend sind dagegen die Landschaften und Seeküsten des C. Stanfield. Die Compositionen sind sehr malerisch, die Beleuchtungen entschieden, die Färbung von grofser Saftigkeit und Frische, die Lüfte von besonderer Klarheit, das Wasser nafs und in der Bewegung gut verstanden.

Nächstdem zeigen sich J. Landells, F. R. Lee, E. W. Cooke, C. R. Stanley als geschickte Maler in diesem Fach.

In dem Fach der Stillleben, der Früchte- und Blumenmalerei fehlt es nicht an einigen ausgezeichneten Malern. Ein Bild der letzten Art von V. Bartholomew liefs in Anordnung, Tiefe und Gluth der Farbe, genauer Ausführung nichts zu wünschen übrig. Aber auch R. Colls, R. Bolton, T. Leets zeichnen sich aus.

Einen sehr erheblichen Zweig der englichen Malerei machen die in Wasserfarben ausgeführten Bilder aus. Von der Tiefe, Kraft, Saftigkeit und Klarheit der Farbe, welche hier in dieser Art erreicht wird, habe ich bisher keine Vorstellung gehabt, und diese Bilder üben wirklich einen so eigenthümlichen Reiz aus, dafs ich die grofse Beliebtheit sehr natürlich finde. Obgleich auch auf dieser Ausstellung Einiges dieser Gattung vorhanden ist, so ist doch das Meiste in zwei anderen zu finden, welche ausschliefslich derselben gewidmet sind. Unter den Conversationsmalern sind G. Cattermole, W. Evans und J. F. Lewis besonders zu nennen. Der Letzte, erst kürzlich von einer Reise nach Spanien zurückgekommen, hat einige sehr glücklich dortigem Leben und dortigem Character entnommene Bilder ausgestellt, nur haben bisweilen seine Spanierinnen zu echt englische Gesichter. Unter den Portraitmalern ist A. E. Chalon von allen Mode. Durch eine geschmackvolle Anordnung, eine gewisse Leichtigkeit und Eleganz der Auffassung, eine zarte Harmonie in der, im Ganzen sehr matten und gebrochenen Färbung weiſs er hier alles zu bezaubern, und die oft schwache Zeichnung, die groſse Oberflächlichkeit, die Geziertheit mancher Stellungen vergessen zu machen. Vollkommen verdient dagegen seinen groſsen Ruf in der Landschaft der Maler Copley Fielding. Seine Bilder haben einen echt nationalen Character. Wie in der hiesigen Natur trinkt das Auge mit wahrer Wonne das tiefe, saftige Grün seiner Wiesen und Bäume, und auf das Glücklichste weiſs er hiermit das Meer, welches die begrünten Küsten Englands umspült, in Verbindung zu bringen. Alle Vortheile, welche der Malerei durch entschiedene Gegensätze von Licht und Schatten, oder durch zarte Uebergänge zu Gebote stehen, macht er mit sicherer Meisterschaft geltend, um die frappantesten Wirkungen hervorzubringen.

Die mageste Parthie der Ausstellung an Zahl der Stücke, wie an Gehalt, ist die der Sculpturen. Ich nehme diese Gelegenheit wahr, um Dir einige allgemeine Bemerkungen über den Stand dieser Kunst in England mitzutheilen. Dieselbe befindet sich meines Erachtens im Ganzen auf einer viel niedrigeren Stufe als die Malerei. Die Ursachen hiervon sind theils in dem Publicum, theils in den Künstlern selbst aufzusuchen. Es gehört ein viel höherer Standpunct der Bildung dazu, Gefallen an einem Werk der Sculptur, als an einem der Malerei zu finden, daher findet man auch bei den anderen cultivirten Nationen Europa's den Geschmack an Gemälden ungleich mehr verbreitet. Bei den meisten derselben trägt überdem der geringe Wohlstand dazu bei, die immer sehr kostbare Ausführung von etwas bedeutenderen Sculpturen noch seltner zu machen. In England, wo die groſse Verbreitung eines außerordentlichen Reichthums Solches sehr wohl zulassen würde, wird die Ausübung durch einen anderen Umstand verkümmert. Die Sculptur, welche auf die Form angewiesen ist, kann nur da eine hohe Stufe der Ausbildung erreichen, wo es ihr mehrfach vergönnt ist, die Formen des menschlichen Körpers in der unverhüllten Schönheit darzustellen, wie sie aus der schöpferischen Hand der göttlichen Natur hervorgegangen sind. Nun sind aber die meisten Engländer durch eine mißverstandene Prüderie gegen die Darstellung des Nackten sehr entschieden eingenommen, wodurch denn die Sphäre, worin sich die Sculptur zu bewegen hat, sehr beschränkt wird. Mißverstanden muß ich jenes Gefühl nennen, weil der reine und edle Sinn, womit der echte Künstler die Naturformen auffaßt, und zu höheren Kunstzwecken, der ihren Ursprung aus der Hand der Gottheit bekundenden Schönheit, dem Ausdruck geistiger Beziehungen, verwendet, den Bezug auf Geschlechtsverhältnisse ausschließt, und dergleichen bei unbefangenen und wahrhaft von dem künstlerischen Gehalt eines Werks ergriffenen Beschauern gar nicht aufkommen läßt. In dieser Heiligung des Nackten liegt recht eigentlich die erhabene Unschuld der Kunst. Im gleichen Sinne spricht sich Göthe im 7ten Brief seines vortrefflichen Aufsatzes „der Sammler und die Seinigen" aus. Bei so bewandten Umständen darf man sich nicht wundern, daß vielleicht neun Zehntheile aller Sculpturen, welche in England gemacht werden, aus Büsten und Portraitstatuen bestehen. Daß aber selbst diese, geschweige denn Werke freierer Kunst, den höheren Anforderungen eines gebildeten Kunstsinns meist nicht entsprechen, daran sind allerdings die Künstler selbst Schuld. Der schon bei den englischen Malern gerügte Mangel des Gefühls für Form und Linie wirkt hier noch ungleich nachtheiliger, da sich die Sculptur hauptsächlich durch diese Eigenschaften geltend machen muſs, während der Malerei in den Farben noch immer ein groſser und dankbarer Spielraum übrig bleibt. Von nicht minder verderblichen Folgen ist, daſs das Verhältniſs der Sculptur zu ihrem Vorbilde der Natur selten richtig aufgefaſst wird. Ein Theil der Bildhauer ist in einer zu portraitartigen, der Genremalerei verwandten Auffassung befangen, so daſs auch alle zufälligen Details der Kleidung nachgeahmt werden, ein anderer befleiſsigt sich einer leeren und unwahren Idealität, und artet in eine unbestimmte, verschwommene Weiche aus. Betrachten wir jetzt einige der namhaftesten Bildhauer etwas näher!

Der berühmteste und beliebteste von allen ist jetzt F. L. Chantry. Er ist wirklich ein höchst bedeutendes Talent in der naturalistischen Richtung, so daſs alle, welche von der Sculptur nichts weiter verlangen, als daſs ein jeder Gegenstand darin ganz in derselben Weise wiedergegeben ist, wie er in der Natur erscheint, von seinen Werken häufig sehr befriedigt sein müssen. Wer aber die höhere Anforderung macht, daſs in der Sculptur bei der Nachahmung der Natur eine Modification eintritt, welche durch den sinnlichen Eindruck des Materials, worin der Bildhauer arbeitet, z. B. des Steins, oder der Bronze, bedingt wird, möchte allerdings Vieles zu wünschen übrig haben. Der Bildhauer soll nämlich darauf ausgehen, uns in seinem Werk den rein sinnlichen Eindruck des Steinblocks oder des Erzes, als einer rohen, plumpen Masse, möglichst vergessen zu machen. Dieses erreicht er aber vorzüglich durch eine flächenartige Behandlung. Starke Ausladungen, wie manche Gegenstände, z. B. Haarlocken, Gewandfalten dicker Stoffe, sie in der Wirklichkeit machen, vermeidet er, weil sie uns in Stein als dicke Wulste zu sehr das Material empfinden lassen, und einen plumpen, schwerfälligen, von ihren Vorbildern in der Wirklichkeit verschiedenen Eindruck machen würden. Bei den erforderlichen Erhöhungen aber weiſs er dadurch den Eindruck als Masse zu mäſsigen, daſs er sie durch mehr oder minder starke Vertiefungen in mehrere Parthien zerfällt und dadurch bricht. Alle eigentliche Vertiefungen führt er endlich in groſser Schärfe und Bestimmtheit aus. Diesen Principien verdanken die antiken Sculpturen einen groſsen Theil ihrer wohlgefälligen Wirkung. Die Werke von Chantry sagen daher dem gebildeten Auge in dem Grade zu, als der Mangel der Beobachtung jener Principien minder störend an ihnen auffällt. Am wenigsten ist dieses bei den Büsten der Fall, welche durch ihre Aehnlichkeit, Lebendigkeit und fleiſsige, öfter sehr gefühlte, Ausführung sehr anziehend sind. Störender ist dieser Mangel schon bei den Portraitstatuen, welche durch die an guten Motiven leeren und schweren Gewandmassen ein schwerfälliges, plumpes, unorganisches Ansehen haben. Am widrigsten erscheint er aber bei freien, idealischen Compositionen, an welchen die Armuth der Erfindung, die Einförmigkeit der Gesichter, der Mangel an Grazie und an tieferem Verständniſs der Formen, die Beobachtung von allerlei bei dem Portrait noch eher zulässigen Zufälligkeiten das Unangenehme des Eindrucks noch vermehren. Unter der grofsen Anzahl von größeren und kleineren Denkmalen, welche ich in der weitläuftigen Werkstatt Chantry's sah, gefielen mir daher solche am besten, bei welchen eine treue Nachahmung der Natur am meisten ausreicht, wie z. B. schlafende Frauen und Kinder. Fast am wenigsten wollte mir dagegen eine colossale Reiterstatue behagen. So grofsen Verhältnissen ist Chantry nicht gewachsen. Das Pferd erschien mir besonders sehr verfehlt. Die Unzahl von bedeutenden Werken, welche dieser Künstler in dieser verkehrten Richtung ausführt, mufs bei dem Bestechenden des Talents, welches man darin wahrnimmt, natürlich auf den Geschmack in der Sculptur hier einen ungünstigen Einflufs ausüben.

Nächst Chantry ist Richard Westmacott der angesehenste Bildhauer in England. Er ist ein grofser Bewunderer und feiner Kenner der Antike. In seiner Werkstatt sind die ewigen Muster der Sculptur, die Hauptstücke der Elginmarbles mit vielem Geschmack aufgestellt. In seinen eignen Werken ist ein Bestreben nach der antiken Weise unverkennbar, doch nicht immer mit Erfolg gekrönt. Ich sah hier die berühmte Vase aus einem Block carrarischem Marmor, worauf auf der einen Seite in einem Reiterkampfe der Sieg des Herzogs von Wellington über Napoleon in der Schlacht bei Waterloo; auf der anderen König Georg IV. von England, wie er den Frieden empfängt, in Relief vorgestellt ist. Diese Darstellungen haben etwas zu Allgemeines, zu Akademisches, als dafs ich mich daran hätte erwärmen können. Die Form dieses colossalsten aller Marmorgefäfse, dessen Höhe ich nach dem Augenmaafs auf 18 Fufs schätzen möchte, ist im Allgemeinen der bekannten Borghesischen im Louvre ähnlich, doch im Profil ungleich weniger glücklich. Besonders fehlt dem oberen Theile, woran sich die Reliefe befinden, ein lebendiger Schwung in der Linie; der untere, reich mit trefflich ausgeführten Acanthusblättern verzierte Theil macht sich vortheilhafter. Die fleifsige Arbeit an diesem colossalen Werke, welche eine Nische in dem neuen Gebäude der Nationalgallerie zu schmücken bestimmt ist, bleibt immer bewunderungswürdig, der Anblick imposant. Westmacott ist ein Mann von vielem künstlerischen Wissen, und versteht den Marmor mit ungemeiner Weiche zu behandeln; leider artet aber seine Grazie oft in Geziertheit aus, und fehlt ihm zu sehr der Sinn für architectonische Anordnung, welcher bei Sculptur-Monumenten unerläſslich ist. Denn das gebildete Auge verlangt hier in sich entsprechenden Massen und Linien das Durchwalten eines bestimmten künstlerischen Gesetzes, und wird durch das Streben nach einer Natürlichkeit, welche das Ansehen des rein Zufälligen hat, verletzt. So sah ich in seinem Atelier das Denkmal einer im Kindbette gestorbenen Frau, welche sich emporrichtet, während auf und neben ihr in ganz zufälligen Stellungen ihre beiden Kinder angebracht sind. In seinen Büsten ist Westmacott minder wahr und lebendig als Chantry.

E. H. Baily, ein ungleich weniger gekannter und beliebter Bildhauer, als die beiden vorigen, zeichnet sich in seinen neueren Arbeiten gleichwohl vor ihnen in einem richtigeren Gefühl für Anordnung und Linie aus. Er ist mit den Sculpturen beschäftigt, welche das neue Gebäude der Nationalgallerie architectonisch verzieren sollen. Die Britannia, zwischen dem künstlerisch ausgebildeten Löwen und Einhorn des englischen Wappens, so wie zwei andere allegorische Figuren haben in den Motiven das Ruhige, Geradlinige, wie es für solchen Zweck geziemt. Auch die Anordnung der Figuren für ein Giebelfeld ist in sich entsprechenden Massen deutlich und bequem. Dagegen ist leider das andere durch Ueberladung verworren, durch ein zu entschiedenes Streben der Figuren nach einer Seite hin den architectonischen Sinn beleidigend. Das Monument eines Arztes, Hygiea neben der Urne die Schlange fütternd, sprach mich, ungeachtet der Gewöhnlichkeit dieses Gedankens, durch das Gefühl für Linie, die wahre Ruhe im Motiv, das Edle und Svelte der Gestalt und das gute Gewand sehr an. In anderen Denkmalen, z. B. schlafenden Frauen mit Kindern, thut sich ein lebhafter Sinn für schöne Formen, ein inniges Gefühl für das Rührende kund. Verschiedene Büsten, z. B. die des Lord Brougham, zeichnen sich endlich durch geistreiche Auffassung und eine den oben angeführten Gesetzen für Plastik angemessene Behandlung aus.

Mehr Liniengefühl und Streben nach architectonischer Anordnung, als bei den meisten englischen Bildhauern, fand ich auch in sechs, übrigens weniger ausgeführten, allegorischen Figuren des Bildhauers Georg Rennie, welche Zwickel in einem Theil der Bank zieren, so der geistreiche und liebenswürdige Architect Richard Cockerell kürzlich ausgeführt hat. Die persönliche Bekanntschaft dieser beiden Männer, welche von wahrer Begeisterung für die Kunst beseelt sind, war mir höchst angenehm. Die Statue eines Knaben in Marmor in dem Atelier von Rennie ist dafür desto fleißiger in jener anziehenden

Magerkeit ausgeführt, welche man so sehr an dem berühmten Dornzieher im Capitol bewundert. Nur in der Behandlung des Haares störte mich die zu starke Ausladung.

Bei dem Bildhauer T. Campbell hatte ich die Freude, eine Reihe von Büsten zu sehen, welche sich durch die große Lebendigkeit der Auffassung, eine frappante Aehnlichkeit und fleißige Ausführung sehr vortheilhaft auszeichnen. Die Kunst hat hier mehrere Häupter der Torys und Whigs in friedliche Nähe gebracht. Neben dem scharfblickenden Adlerkopf des Herzogs von Wellington sah ich hier die edlen und milden Züge des Grafen Grey, neben dem Herzog von Buccleuch die colossale Bronzebüste des Herzogs von Devonshire und die des Herzogs von Bedford.

Sonst sind mir noch B. Westmacott junior und J. Joseph durch gute Büsten, der in Rom lebende Gibson und R. J. Wyatt durch fleißige, weiche Behandlung des Marmors aufgefallen.

Schließlich theile ich Dir noch Einiges über eine der merkwürdigsten Erscheinungen der heutigen englischen Kunstwelt, über den Maler John Martin mit. Wie Du Dich aus den trefflichen Kupferstichen nach seinen Bildern erinnern wirst, hat er es unternommen, uns die Schicksale und den Untergang ganzer Völker vor Augen zu führen. Begierig, einmal ein Bild dieser Art selbst zu sehen, und die Bekanntschaft des Künstlers zu machen, nahm ich gern das Anerbieten des Professors Whitstone an, mich eines Abends bei Martin einzuführen, welcher grade sein ausgezeichnetstes Werk, den Untergang von Babylon, bei sich hat. Ich fand an ihm einen Mann in mittleren Jahren von sehr einnehmendem Wesen und von leb-

lebhaft enthusiastischer Natur. Als er verschiedenen seiner Gäste sein Bild erklärte, belebte er es durch eine liebenswürdige Begeisterung. In dem schauerlichen Lichte des Mondes breitet sich die ungeheure Stadt aus, über welche das nächtliche Verderben hereingebrochen ist. Schon sind die Feinde in Unzahl eingedrungen, schon schlagen hier und da die Flammen empor. Die Elephanten, welche die Babylonier in den letzten Kampf geführt haben, werden überwältigt. Dieses alles sieht man in den entfernteren Plänen. Im Vorgrunde erwartet der König, von seinen Weibern umgeben, unthätig und rathlos sein Schicksal. Ein Bruder von ihm giebt auf das Lebhafteste seinen Unwillen über das feige und unschlüssige Benehmen des Herrschers zu erkennen. Dieſs nur einige Hauptzüge aus dem überreichen Ganzen, welches von Tausenden von Gestalten wimmelt, bei denen die mannigfaltigsten und ergreifendsten Motive eben so wohl wie die Conception des Ganzen von einer seltnen Erfindungsgabe zeugen. Die Figuren im Vorgrunde sind etwa acht Zoll hoch, die Ausführung ist frei, aber fleiſsig, die Färbung kräftig und klar, der Effect des Ganzen sehr schlagend. Merkwürdig ist nun aber bei dem poetisch-phantastischen Sinn, welcher in dem Ganzen waltet, das Bestreben nach Natürlichkeit, ja nach historischer Wahrheit im Einzelnen. In den Gebäuden sind die Werke und Nachrichten über die älteste Bauart im Orient genau zu Rathe gezogen, ja der Künstler machte mich aufmerksam, wie die Figuren unmittelbar unter den Mauern in ihrem Verhältniſs den Nachrichten über die Höhe der Mauern pünktlich entsprächen. Ich begriff jetzt vollkommen den auſserordentlichen Beifall, den die

Bilder von Martin in England gefunden haben; denn sie vereinigen in einem hohen Grade die drei Eigenschaften, welche die Engländer in einem Kunstwerk vor allen begehren, Effect, eine phantastische, zum Schwermüthigen neigende Erfindung und topographisch-historische Natürlichkeit und Wahrheit. In keinen Kunstwerken, welche ich bis jetzt gesehen, spricht sich der Contrast der modernen Auffassungsweise in der Kunst zu der antiken so schlagend aus, als in diesen. Die Auffassung darin ist nämlich dem Wesentlichen nach landschaftlich, und durch die Wirkung derselben als Landschaften wird auch der bezweckte Eindruck hauptsächlich hervorgebracht; denn unter den unzähligen Figuren kann nur in denen im Vorgrunde, und selbst in diesen bei ihrer geringen Gröfse nur unzulänglich der beabsichtigte geistige Affect ausgedrückt sein. In der Auffassung der Alten waltet dagegen durchaus die menschliche Figur vor, und zwar so, dafs selbst Vorgänge, bei denen in der Wirklichkeit viele Tausende gewirkt haben, wie z. B. bei der Eroberung Troja's, durch eine verhältnifsmäfsig geringe Zahl von Personen repräsentirt werden. Dieses wird dadurch bewirkt, dafs sie sich alle in architectonisch-symmetrischer Anordnung auf dem vordersten Plan befinden, so dafs in ihren Motiven, Characteren, Ausdruck der ganze geistige Gehalt des Gegenstandes in gröfster Deutlichkeit ausgesprochen werden kann. Das Räumliche, Landschaftliche ist dagegen nur ziemlich allgemein angedeutet.

Funfzehnter Brief.

London, den 7. Juli.

Nach so vielen Kunstgenüssen war es mir sehr willkommen, durch die gütige Einladung von Miſs Solly, einer Schwester meines Freundes, am 4ten d. M. an einem heiteren Naturfest Theil nehmen zu können, welches der hiesige Gartenverein alljährlich feiert. In einem groſsen Garten, den der Verein in Chiswick, unweit der reizenden Villa des Herzogs von Devonshire besitzt, hatten sich Nachmittags ungefähr 4000 Personen versammelt. Da das Wetter günstig war, und die zahlreich anwesenden Damen bei dieser Gelegenheit alles aufbieten, um es sich an geschmackvollen und eleganten Morgentoiletten zuvorzuthun, gewährte das Ganze ein sehr anmuthiges, heiteres und mannigfaltiges Schauspiel. Zwei lange Zelte schützten eine sehr reiche Auswahl der schönsten und seltensten Blumen und Früchte gegen die Strahlen der Sonne. Wie immer empfand ich über die tausendfältigen Spiele in Form und Farbe, in welchen sich der groſse Weltbaumeister in dieser kleinen bunten Welt mit so sichtbarem Gefallen ausgesprochen hat, die reinste Freude. Bei der Gröſse des Gartens und der löblichen hiesigen Sitte, nach Belieben in den Wegen oder auf dem Rasen zu wandeln, bewegte sich die colossale Gesellschaft bequem bald zu den Blumen, bald zu einem der drei Musikchöre, welche in schicklichen Pausen sich abwechselnd in munteren Tönen vernehmen lieſsen. Ich freute mich, hier dem Poeten Rogers zu begegnen,

19*

der, obschon bejahrt, an dergleichen noch den lebhaftesten Antheil nimmt. So waren im „Dolcefarniente“ schnell einige Stunden verschwunden. Zum feierlichen Beschlufs ertönte noch das „God save the King“. Es war ungefähr acht Uhr Abends, als wir uns bei der Mifs Solly zum Mittagsessen niedersetzten. In den Gesellschaft von einigen Freunden, unter denen auch Raumer, wurde der Tag sehr angenehm beschlossen. Die ganze Art und Weise der Frauen hier in England sagt mir sehr zu. Sei es Folge von Sitte, Erziehung, ursprünglichem Naturell, oder von allen dreien, die Stellung der Frauen ist hier im Ganzen selbstständiger, als in Deutschland. Sie haben daher eine solche Sicherheit und Haltung des Benehmens, eine so einfache Unbefangenheit im Verkehr mit dem anderen Geschlecht, wie dieses bei uns immer nur ausnahmsweise vorkommt. Durch diese Unbefangenheit, durch eine richtige Bildung des Verstandes und Gefühls haben sie viel Anlage zu einem reinen Freundschaftsverhältnifs mit Männern, bei welchem es weder ihnen, noch sonst jemandem einfällt, Geschlechtsbeziehungen einzumischen, eine Unart, die bei uns so leicht solche ganz harmlose Verhältnisse durch das Benehmen der Unbefangenheit verkümmert. Der Verkehr zwischen den beiden Geschlechtern ist daher in England im Ganzen viel freier und bedeutender. In diesem Sinne ist es auch, dafs einem junge Mädchen oft schon nach einmaligem Sehen traulich die Hand reichen. Eine Folge dieser gröfseren Selbstständigkeit ist es indefs ebenfalls, dafs hier die Frauen sich zahlreicher als in irgend einem Lande der Welt ernsthaft mit Literatur und Schriftstellerei abgeben, so dafs die Engländer dafür in ihrem „Blue stokings" (Blaustrümpfen) eine eigene Benennung haben.

Den 5ten habe ich ganz bei den Herren Woodborn zugebracht, welche ich als Besitzer der ersten Kunsthandlung in England schon erwähnt habe. Des Interessanten an Handzeichnungen, Niellen, alten Kupferstichen ist hier eine solche Masse vorhanden, daſs man in der That nicht weiſs, womit man anfangen soll.

Ich begann indeſs meine Schau mit den Nielloplatten und Schwefelabdrücken, welche die Herren Woodborn in der im Jahre 1824 erfolgten Versteigerung der schon oben erwähnten berühmten Sammlung des Marc Sykes erstanden haben. Ich beschränke mich indeſs auf das Wichtigste. Dahin gehört vor allen eine Pax, worauf Maria mit dem Kinde auf dem Thron von sieben weiblichen Heiligen verehrt wird. Dieselbe stammt aus der Kirche St. Maria Novella zu Florenz, und hat noch die ursprüngliche, reiche, in vergoldetem Kupfer ausgeführte Einfassung, welche im Kleinen die Façade jener Kirche nachahmt. In Duchesne's Versuch über die Niellen befindet sich zu pag. 154 eine Abbildung derselben in Kupferstich, die aber von der Feinheit der Arbeit, besonders der Köpfe, keine richtige Vorstellung giebt. Sowohl hiernach, als nach dem edlen Geschmack in Composition und Faltenwesen, scheint mir die Vermuthung, daſs sie von Maso Finiguerra herrührt, wohl begründet. Die mit dem schwarzen Niello angefüllten Vertiefungen im Grunde sind ziemlich breit, die in den Figuren dafür sehr zart. Heiligenscheine, Säume der Kleider, Capitäle und Simse der Architectur, Flügel der Engel sind stark vergoldet. Für dieses nur 3¼ Z. hohe, 2¼ Z. breite Silberplättchen haben die Woodborns 315 Guineen, also ungefähr 2300 Rthlr., bezahlt.

Eine andere Pax (2 Z. 3 L. hoch, 1 Z. 10 L. breit, No. 179 in Duchesne's Catalog) stellt den sich kasteienden heiligen Hieronymus vor. Die Arbeit von Peregrino da Cesena, dessen Monogramm darunter steht, ist von großer Feinheit. Viele Theile, als der Löwe, der Cardinalshut und die Bäume, sind hier ebenfalls vergoldet.

Außerdem sind noch viele kleinere Nielloplatten vorhanden, von denen bei manchen der Grund mit farbiger Emaille, als blau, grün, roth, überzogen ist. Auch eine Anzahl mit Niello verzierter Knöpfe findet sich vor.

Von den so seltenen Abdrücken auf Schwefel sah ich hier nicht weniger als zwölf. Fünf davon gehören zu einer Folge von vierzehn aus der Passionsgeschichte, welche noch Lanzi als Theile eines tragbaren Altärchens bei den Camaldolensern in Florenz gesehen hat. Sie sind jetzt in Holztäfelchen eingelassen. Obgleich jedes Stückchen Schwefel nur 2 Z. hoch, 1 Z. 6 L. breit ist, sind doch die edlen Compositionen mit bewunderungswürdiger Feinheit und vielem Geist ausgebildet. Sie erinnern in einigen Theilen, z. B. in dem reichen Gefält der Gewänder, lebhaft an die berühmte Pax des Finiguerra im Museum zu Florenz. Besonders vortrefflich ist das Abendmahl. Sie haben in Duchesne's Catalog die No. 81, 83, 84, 89, 90.

Die anderen sieben bilden eine Folge von der Erschaffung Adam's bis zum Todtschlag Kain's (No. 1 — 7 bei Duchesne). Sie sind zu vier und drei, wie es scheint von alter Zeit her, in zwei Holztäfelchen eingelassen. Auch hier ist der gröfste Schwefel nur 2 Z. 9 L. breit, 1 Z. hoch und Erfindung und Ausführung dennoch trefflich, nur sind die Köpfe minder individuell und geistreich. Wie geringfügig auch manchem diese kleinen Monumente erscheinen mögen, so wichtig müssen sie doch für jeden Gebildeten als Beweis sein, wie in jener lebendigen Kunstzeit der Pulsschlag der ächten, naiven Begeisterung das Lebensblut der Kunst in reinster Gestaltung selbst bis in die feinsten Ausgänge des Geäders trieb.

Zunächst zogen mich mehrere Cartons von grofsen Meistern an. Am bedeutendsten darunter sind zehn Köpfe, darunter der des Christus, aus dem berühmten Abendmahl des Lionardo da Vinci. Sie sind mit schwarzer Kreide ausgeführt und mehr oder minder leicht colorirt. Es ist darin eine Grofsheit in Auffassung der Form, eine Massigkeit und Weiche in der modellirenden Behandlung, ein Adel und eine Tiefe der Empfindung, welche in Erstaunen setzt. Einige, wie der Johannes und Jacobus, sind dabei von hinreifsender Schönheit. Alle dreizehn Köpfe befanden sich früher zu Mailand in der ambrosianischen Bibliothek, wurden während der Revolution nach England gebracht, woselbst sie früher in den Besitz des Sir Thomas Baring, später in den des Sir Th. Lawrence kamen, in dessen Versteigerung Woodborns diese 10 Köpfe erstanden haben. Die anderen drei sollen sich in dem Besitz einer Dame befinden. Ich kann nicht mit manchen glauben, dafs diese Köpfe Theile des Originalcartons sind, indem der untere Theil der Brustbilder nur flüchtig angegeben ist, was von dem so sorgsamen und gewissenhaften Lionardo bei dem Carton zu dem Hauptwerk seines Lebens gewifs nicht anzunehmen ist, sondern halte sie für einzelne Studien zu den Köpfen, wobei es ihm nur darauf ankam, diese auf das Feinste durchzubilden, indem für das Uebrige anderweitig gesorgt würde. Noch weniger kann ich der Meinung anderer beistimmen, welchen diese Köpfe als Copien von fremder Hand nach dem Gemälde gemacht erscheinen. Aufser der Lebendigkeit und Feinheit des Gefühls spricht dagegen die dem Lionardo ganz eigenthümliche Art zu zeichnen mit fast horizontalen Strichen.

Der Carton einer heiligen Familie, Maria mit dem Christuskinde und dem kleinen Johannes von Michelangelo, etwas über lebensgrofs, hat leider sehr gelitten. Die mit sehr starken Strichen in schwarzer Kreide gezeichneten Umrisse verrathen indefs noch immer die ihm eigene Grofsheit der Formen. Vormals im Besitz des S. Th. Lawrence.

Die Cartons zu zwei der berühmtesten Frescogemälde im Pallast Farnese, der Triumph der Galatea, und Cephalus und Aurora, von Annibale Carracci sind höchst meisterlich und breit in seinem tüchtigen, derbsinnlichen Geiste behandelt.

Gegen Mittag fuhr ich, in Begleitung des Professors Höyen aus Copenhagen, nach einem Landsitze, welchen die Herren Woodborn einige Meilen von London zu Hendon besitzen. Dort befindet sich nämlich ein grofser Theil der Handzeichnungen aus der berühmten Sammlung des Sir Th. Lawrence, welche die Herren Woodborn nach dessen Tode für 20000 Pfd. Sterl. gekauft haben.

Auf unseren Wunsch zeigte uns Hr. Woodborn zuerst die Zeichnungen von Raphael. Unter der beträchtlichen Anzahl, welche ihm beigemessen werden, befinden sich mehr echte, als in den meisten Sammlungen dieser Art, und zwar aus seinen verschiedensten Epochen und zu den verschiedensten Zwecken. Naturstudien, flüchtige Entwürfe, Vorstudien zu einzelnen Theilen bekannter Bilder, oder zu ganzen Compositionen, endlich Erfindungen, welche nicht als Bilder zur Ausführung gekommen sind.

Aus der Peruginischen Epoche war mir eine Maria mit dem Kinde, ganze Figuren, wegen der überraschenden Uebereinstimmung mit dem Raphael. Solly, in unserem Museum (Iste Abth. No. 223) besonders interessant.

Ich weiſs nicht, mit welchem Grunde ein in drei Zeichnungen vorhandenes, weibliches Portrait von wunderbarer Innigkeit des Gefühls aus derselben Epoche für das seiner Stiefschwester Elisabeth ausgegeben wird. Nur so viel ist gewiſs, daſs es Raphael ähnlich sieht, und zum Hauptvorbilde seiner früheren Madonnen gedient hat.

Besonders zahlreich und wichtig sind die Zeichnungen aus der florentinischen Epoche vom Jahre 1504 — 1508, als der Zeit der höheren Ausbildung Raphael's. Darunter befinden sich Motive zur belle Jardiniere in Paris, die Mutter mit dem Kinde zur Maria mit dem Palmbaum in der Bridgewatergallerie, zur Catharina in der Sammlung des Hrn. Beckforth in Bath. Mit am bedeutendsten erschien mir der Kreis der Zeichnungen, welche sich auf die Grablegung beziehen. Wenn man die Zeichnung bei Hrn. Rogers und die von der Grablegung in Borghese in der groſsherzoglichen Sammlung zu Florenz hinzunimmt, erhält man eine ungefähre Uebersicht, von

19**

wie vielen Seiten Raphael diesen Gegenstand aufgefaſst, wie gründlich er ihn durchgebildet hat. In dem Bilde der berühmten Grablegung in der Gallerie Borghese ist nur einer dieser Lebenskeime zur vollen Entfaltung gekommen. An diese Zeichnungen schlieſst sich die schöne Composition der Pietà (Christus von den Angehörigen beweint) an, nach welcher Sassoferrato das hübsche Bild in unserem Museum (Iste Abtheil. No. 431) ausgeführt hat.

Aus Raphael's römischer Epoche sind mehrere Studien zur Disputa vom gröſsten Interesse. Sie beweisen, wie ernstlich und gewissenhaft Raphael bei diesem ersten groſsen Bilde, welches er in Rom ausführte, zu Werke gegangen ist. Auch zur Schule von Athen ist Erhebliches vorhanden. Sehr merkwürdig war mir eine wundervolle Zeichnung einer Krönung Mariä, eine reiche Composition, welche zwischen der Disputa und der Schule von Athen zu fallen scheint. Die eigentliche Krönung im oberen Theile ist noch in der symmetrischen, strengeren Weise der ersten, die Apostel am Grabe der Maria im unteren in der breiteren, massigeren der zweiten gehalten. Diese Zeichnung ist mit der Feder und dem Bisterpinsel ausgeführt, in den Lichtern mit Weiſs gehöht. Unter verschiedenen Zeichnungen aus der sogenannten Bibel Raphael's in den Logen, zeichnet sich die herrliche Composition, wie Joseph den Brüdern seinen Traum auslegt, besonders aus. Sie ist in Sepia ausgeführt. Auch die in Bister ausgeführte und mit Weiſs gehöhte Zeichnung der heiligen Cäcilia, welche dem Marcanton zum Vorbilde seines Stichs gedient hat, ist vortrefflich. Von seltenster Schönheit und Feinheit ist endlich die eben so behandelte Zeichnung von Alexander dem Grofsen, welcher der Roxane die Krone anbietet, für das Frescobildchen in der Villa des Raphael in Rom.

Zunächst wandten wir uns zu den Zeichnungen des Michelangelo, welche, obschon in minderer Anzahl, ebenfalls höchst Werthvolles enthalten. Sie sind meist in schwarzer, einige auch in rother Kreide gezeichnet, und darin das beständig vorwaltende Bestreben nach Form und Modellirung sehr auffallend. Verschiedene sind darin im seltensten Maafse, mit dem tiefsten Naturgefühl im Einzelnen durchgebildet. Dahin gehört z. B. die Zeichnung des durch Bilder und Stiche so bekannten, sogenannten Traums des Michelangelo, und einige Studien zu dem eben so bekannten Christus am Kreuz, mit Maria und Johannes zu den Seiten. Auch die Zeichnung des Modells zur Figur des Haman in der Sixtinischen Capelle, in Röthel, ist bewunderungswürdig.

Von anderen grofsen Italienern sind besonders reich besetzt: Giulio Romano, Primaticcio, Parmegiano, Fra. Bartolomeo. Von Letzterem sind allein zwei Bände mit Studien aller Art vorhanden, die sich vordem in einem Nonnenkloster zu Florenz, von der Zeit der Plantilla Nelli, einer Nonne und Schülerin des Frate, her befanden, welcher er sie bei seinem Tode hinterlassen hatte. Sie sind auf blauem Papier in schwarzer Kreide mit vieler Freiheit und einer echt malerischen Breite ausgeführt, und gewähren merkwürdige Beläge für den Natursinn und den grofsen Fleifs des Frate. Sie beziehen sich meist auf seine späteren Werke. Am bedeutendsten ist indefs eine grofse Zeichnung zu seinem Hauptwerk, der Maria in der Herrlichkeit, zu welcher eine heilige Brüderschaft fleht, in der Kirche St. Romano zu Lucca.

Auch von Tizian habe ich hier mehrere Zeichnungen von erstem Range gesehen. Besonders poetisch in der Erfindung, meisterlich in der Ausführung sind einige Landschaften.

Von ungemeinem Interesse ist die Zeichnung zu der Façade von dem Florentiner Dom St. Maria del Fiore, welche nach der Angabe des Sansovino bei Gelegenheit des Einzugs von Papst Leo X. im Jahre 1515 in Holz ausgeführt, und von Andrea del Sarto grau in Grau mit vielen Vorstellungen geschmückt wurde. Wirklich sind die Figuren des damals siebenundzwanzigjährigen Andrea schon in dieser Zeichnung so lebendig und geistreich, daſs man sich sehr wohl die Bewunderung erklärt, welche Leo jener Façade zollte.

Von den drei Carracci's soll ebenfalls ein groſser Schatz von Zeichnungen vorhanden sein, doch erlaubte die Zeit nicht, sie durchzusehen.*)

Unter den Zeichnungen deutscher Meister enthalten besonders die von Dürer manches Wichtige. Ich bemerke darunter: Einige geharnischte Reiter, von denen einer vom Pferde gestochen wird. Auf der Rückseite steht von Dürer's Hand geschrieben: „Dieses hat Albrecht Dürer gemalt Anno 1489", auf der Vorderseite von derselben Hand 1489 und A. D. Diese aus dem 17ten Jahre des Künstlers herrührende Zeichnung beweist zweierlei, einmal, daſs er schon sehr früh zu jener bewunderten Meisterschaft

*) Diese hat im Jahre 1836 der Lord Francis Egerton gekauft.

mit der Feder, zu jenem eigenthümlichen Geist in der Erfindung gelangt ist; sodann, daſs er in seiner frühesten Epoche sich nicht der gewöhnlichen Form seines Monogramms bedient hat. Nur die Zeichnung läſst noch Manches zu wünschen übrig.

Studien zu der Figur des Evangelisten Johannes, zu dem Kopf desselben, so wie zu dem des Marcus auf den berühmten Bildern der königl. Gallerie zu München. Alle drei sind von gröſster Meisterschaft, die beiden letzten, wie die Bilder, sind mit dem Jahre 1526 bezeichnet.

Das Portrait seiner Frau, nach Dürer's Ausdruck „mit der Kohlen gerissen", mit der Inschrift von Dürer's Hand: „Das hat albrecht Dürer nach seiner Hausfrawen conterfet zu antorff in der niederländischen Kleidung im Jar 1521 do sy einander zu der e gehabt hatten XXVII Jar." Es hat etwas Rührendes, wie hier der arme Dürer in seiner schlichten Weise die Zeit vermerkt hat, welche ihm der Himmel diese schreckliche Zuchtruthe aufgebunden hatte, die ihn zu früh ins Grab bringen sollte. In derselben Zeichnungsweise sind hier noch einige andere treffliche Portraite vorhanden. *)

Eine Ente, deren schöne Farben mit dem gröſsten Fleiſs in Guasch wiedergegeben worden, war mir ein neuer Beweis von der bewunderungswürdigen Vielseitigkeit dieses Künstlers.

Zwei Köpfe mit der Pinselspitze auf farbigem Papier in Schwarz und Weiſs ausgeführt, sind von

---

*) Auch die Zeichnungen von Dürer sind im Jahre 1836 an einen Privatmann verkauft worden.

der Meisterschaft, Feinheit und Sicherheit der Behandlung, welche nur dem Dürer eigen war.

Unter den trefflichen Federzeichnungen befinden sich auch verschiedene Figuren zu seiner Lehre von den Proportionen.

Zeichnungen von anderen grofsen Meistern, welche diese Sammlung enthält, habe ich bereits in drei Ausstellungen gesehen, deren die Herren Woodborn zehn veranstalten wollen, um dadurch die Schätze derselben zu allgemeinerer Kenntnifs zu bringen.

Die erste Ausstellung enthielt 100 Zeichnungen unter dem Namen Rubens. Es befand sich darunter viel Echtes und Interessantes, z. B. die berühmte, in schwarzer Kreide ausgeführte Zeichnung des Kampfs um die Fahne, nach dem gepriesenen Carton des Lionardo da Vinci, nach welcher Edelink sein bekanntes Blatt, „les quatres Cavalliers", gestochen hat, ein mit der Feder und Bister gezeichnetes Studium nach Tizian's Bild, der Schlacht von Cadore, eine höchst geistreiche Composition, woraus Rubens, wie man sieht, das Hauptmotiv seiner berühmten Amazonenschlacht in der Gallerie zu München entlehnt hat. Da das Original verbrannt ist, gewinnt diese Zeichnung noch an Wichtigkeit. Das Martyrthum des heiligen Georg, eine reiche Composition von erstaunlichem Feuer, wo er aufser der Feder und der schwarzen Kreide auch in sehr breitem Vortrage Oelfarbe gebraucht hat. Ein Studium zu grasenden Kühen mit der Feder, von einem wunderbaren Naturreiz. Einige sehr geistreiche Bildnisse, z. B. die seiner beiden Frauen. Verschiedene sehr ausgeführte und treffliche Zeichnungen von seinen berühmtesten Bildern sind, meines Erachtens, nach denselben zum

Behuf der Kupferstiche gemacht worden, und rühren grofsentheils von Vorstermann, Bolswert und Pontius her. Hierdurch verlieren sie aber nicht wesentlich an Werth, denn Rubens stand zu diesen grofsen Kupferstechern in einem ähnlichen Verhältnifs, wie Raphael zu Marcanton, die Zeichnungen wurden unter seiner Aufsicht und mit seiner Hülfe gemacht. Einige andere Zeichnungen haben meinem Gefühl nach gar nichts mit Rubens zu schaffen, wie ein Kopf des Socrates, der mit der Feder in der regelmäfsigen Art eines Kupferstechers aus der Schule des Golzius gemacht ist.

Die zweite Ausstellung wurde von 50 Zeichnungen von van Dyck und eben so vielen von Rembrandt gebildet. Mehrere von den Portraiten des Ersten sind durch die Feinheit und Wahrheit der Auffassung, die meisterhafte Leichtigkeit und Sicherheit des Machwerks vom höchsten Reiz. Höchst vorzüglich sind aber die Zeichnungen des Rembrandt. Sie enthalten Meisterstücke von allen Arten und Gegenständen, von dem flüchtigsten Gedanken, bis zur gröfsten Vollendung, wie in dem Studium zur Ehebrecherin in der Nationalgallerie. Historien-, Genre-Bilder, Portraite und die zahlreichen Landschaften erfreuen gleich sehr durch die wunderbare Originalität der Erfindung und das echt malerische Gefühl. Die meisten sind mit der Feder gezeichnet und mit Bister angetuscht, welcher, wie kein anderes Material, eine glühende Wärme giebt. Kommt hierzu noch eine Aufhöhung mit Weifs, so ist die Wirkung eines Bildes oft ganz erreicht. Diese Zeichnungen von Rembrandt wurden noch während der Ausstellung von dem Banquier Hrn. Esdaile gekauft.

Die dritte Ausstellung enthielt 50 Zeichnungen

des **Claude Lorrain**, und eben so viel des **Nicolas Poussin**. Von den ersten brauche ich nur zu sagen, daſs selbst nach den hohen Ansprüchen, welche ich nach so genauer Besichtigung des Liber veritatis jetzt an Zeichnungen des Claude zu machen gewohnt bin, ich von mehreren im höchsten Grade befriedigt war. N. Poussin erscheint in seinen Zeichnungen meist sehr zu seinem Vortheil, indem man darin nicht die Haltung vermiſst, wie es so häufig in seinen Gemälden durch Nachdunkeln und Herauswachsen des rothen Grundes der Fall ist. Diese Sammlung ist für Poussin äuſserst unterrichtend, denn sie enthält Hauptzeichnungen aus allen Epochen und nach seinen verschiedensten Bestrebungen, Studien nach der Antike, wie nach der Natur, Compositionen aus der Mythologie, der Geschichte, der heiligen Schrift, so wie Landschaften. Die Mehrzahl ist mit der Feder gezeichnet und mit Bister ausgetuscht. Durch Gröſse, Schönheit und Reichthum der Composition, Feinheit und Eleganz der Vollendung ragt die Plünderung und Zerstörung des Tempels von Jerusalem besonders hervor. Nächstdem sprachen mich vornehmlich der Durchgang der Kinder Israel durch das rothe Meer, Moses, der Wasser aus dem Felsen schlägt, die Geburt des Bacchus, der Tod des Hippolyt, Rinald und Armida, eine Ansicht von Tivoli und einige wunderbarpoetische Landschaften an. An einer heiligen Familie aus seiner letzten Zeit sieht man, wie sehr ihm schon die Hand gezittert, doch zeigt die Composition, daſs sein Geist noch frisch gewesen.

In den nächsten Tagen sah ich in der Stadt bei den höchst gefälligen Herren Woodborn auſser manchen der obigen Zeichnungen noch eine Auswahl aus der holländischen Schule, unter denen eine von Paul Potter, Rindvieh auf einer Wiese, und eine andere von Adrian van de Velde, an Feinheit des Naturgefühls, an Meisterschaft des Machwerks alles übertrafen, was mir an Zeichnungen dieser Maler bisher zu Gesicht gekommen ist.

Von einigen werthvollen Mss. mit Miniaturen erwähne ich hier nur wegen seiner grofsen Seltenheit eines aus dem 15ten Jahrhundert von spanischem Ursprung. Es enthält in einem Quartband dreizehn hellgrün gefärbte Pergamentblätter, welche auf beiden Seiten mit leicht angetuschten Federzeichnungen geschmückt sind. Die meisten Vorstellungen scheinen sich auf einen Ritterroman zu beziehen; gegen Ende kommen einige aus der heiligen Schrift vor. In der Individualisirung der Köpfe stehen diese Bilder nicht gegen die der anderen Nationen Europa's in dieser Zeit zurück; manche haben einen bestimmt spanischen Character, die Verhältnisse sind gut, die Stellungen meist sprechend, nur bisweilen übertrieben, die Gewänder haben noch gröfstentheils die guten traditionellen Motive und sind fein und bestimmt ausgebildet. In dem Fleisch sind die Lichter röthlich angegeben. Die Behandlung gleicht, bis auf die zierliche Anwendung des Pinselgoldes, der der anderen Nationen. Nur in der sehr schwachen Perspective bleiben sie hinter jenen zurück. Die Hintergründe sind farbig ausgeführt, sie stellen häufig eine reiche gothische Architectur dar, doch kommen auch öfter sehr bunte Muster von arabischem Character vor.

Von den alten Kupferstichen kann ich nur bemerken, dafs sie die reichste Auswahl des Seltensten und Schönsten enthalten. Unter den alten Italienern befindet sich ein sehr schönes Blatt, welches Herr Samuel Woodborn gewifs mit Recht für Francesco Francia hält und was auch mit dem bei Rogers übereinstimmt. Einen weiblichen Profilkopf giebt derselbe für eine Arbeit des Lionardo da Vinci. Gewifs ist derselbe in einem hohen Grade von dessen Geist durchdrungen, und deutet die Behandlung auf die geringere Uebung, aber geistreiche Auffassung eines Malers; auch wäre es beinahe befremdlich, wenn Lionardo, der vielseitigst gebildete aller italienischen Maler, sich nicht auch einmal in der Kunst in Kupfer zu stechen versucht haben sollte. Von A. Pollajuolo sah ich hier das grofse seltne Blatt des Hercules im Kampf mit zwölf Giganten in dem kräftigsten Abdruck, von dem Meister von 1466, dem ältesten niederländischen Kupferstecher mit einem Datum, die seltensten Blätter in Abdrücken, wie man es sich nur wünschen mag.

Ich mufs Dir doch auch Einiges von einer der berühmtesten Curiositäten Londons, dem Museum des Architecten John Soane, schreiben, zu welchem er auf rühmliche Weise alle Woche einige Mal den Zugang gestattet. In drei Stockwerken seines an Lincoln Inn Square gelegenen Hauses ist in engen Räumen eine solche Unzahl von Gegenständen zusammengeschachtelt, dafs mehrere Stunden erforderlich sind, um auch nur eine oberflächliche Uebersicht davon zu gewinnen. Den Grundbestand derselben bildet eine sehr reiche Sammlung architectonischer Ornamente, theils in Originalen, theils in Gypsabgüssen. Ostindisches wechselt hier mit Griechischem, Römisches mit Gothischem, Aegyptisches mit Ornamenten aus der sogenannten Epoche der Wiedergeburt aus dem 15ten und 16ten Jahrhundert ab. Dazwischen drängt sich aber auch viel eben so verschiedenartiges Figürliches ein, z. B. das beschädigte und mäßsig gearbeitete Original eines Sarkophags mit dem Raub der Proserpina von höchst geistreicher Composition, so wie manches Andere in Gypsabgüssen. Der Haupttheil macht den Eindruck eines Schachts mit vielen Gängen, worin man, statt roher Metalle, Werke bildender Kunst findet. So fällt auch in den meisten Räumen ein gebrochenes Licht von oben herab, welches das Gefühl des Geheimnifsvollen und Unterirdischen noch verstärken hilft. Den höchsten Grad erhält dasselbe aber durch den berühmtesten aller in Aegypten gefundenen Sarkophage, welcher die Mitte des bedeutendsten Raums ziert. Dieser ungefähr 8 Fufs lange Sarkophag besteht aus einem einzigen Block von sogenanntem orientalischen Alabaster, welcher nach den neueren Untersuchungen der Mineralogen aber eigentlich Aragonit ist. Die Wände sind ungefähr 2½ Zoll stark. Auf dem Boden ist sehr sorgfältig eine menschliche Figur im Profil gravirt, deren Umrisse, so wie die Hieroglyphen, welche ihn sonst ganz bedecken, mit einer schwarzen Masse ausgefüllt sind. Der Stein ist so durchsichtig, dafs sie, wenn ein Licht in den Sarkophag gestellt wird, einen sehr schönen rothen Schein giebt. Dieses Prachtstück, welches in den Königsgräbern zu Theben gefunden worden, wurde im Jahre 1816 von Belzoni nach Alexandrien geschafft, später vergeblich dem britischen Museum für 2000 Pfd. Sterl. angeboten, und demnach von dem jetzigen Besitzer gekauft. In einem anderen sehr engen Raume sind dadurch mehrere Bilder vereinigt, dafs durch eine Vorrichtung sich die vorderen von den Wänden abklappen lassen, und dahinter zweimal neue zum Vorschein kommen. Das Bedeutendste darunter sind die vier Bilder über die Ereignisse bei einer Parlamentswahl, und die acht aus dem Leben eines Wüstlings von Hogarth. Diese Bilder, von denen der Besitzer jedes mit 500 Pfd. Sterl. bezahlt haben soll (?), sind indefs in jeder Beziehung ungleich roher, karikirter und geringer als die Mariage à la mode. Nächstdem zeichnet sich eine grofse Ansicht des Canal grande von Canaletto aus, von einer Feinheit und Ausführlichkeit, wie sie bei ihm nur sehr selten vorkommen. Auch eine grofse Wasseransicht von Callcott ist sehr anziehend. Endlich sind hier verschiedene architectonische Entwürfe des Hrn. Soane, die durch Umfang und Bauart den Eindruck von Feen- und Zauberschlössern machen. In der Wirklichkeit hat dieser Architect in vielen Räumen des Bankgebäudes eine Musterkarte der verschiedensten, bisweilen glücklichen, gröfstentheils aber ganz verfehlten Bauweisen gegeben. Mit Uebergehung der Curiositäten, welche andere Räume einnehmen, bemerke ich, dafs das Ganze, ungeachtet des malerisch-phantastischen Reizes, welcher ihm nicht abzusprechen ist, durch diese willkührliche Zusammenstellung des einander Fremdartigsten auch etwas von dem unheimlichen Eindruck eines Fiebertraumes hat. Als ein Prachtexemplar englischer Whimsicalness, welches nur durch die Verbindung der colossalen englischen Mittel mit englischer Sinnesart ins Gebiet der Wirklichkeit eintreten kann, bleibt es immer sehr merkwürdig, und es ist daher erfreulich, dafs ihm durch die rühmliche Absicht des Besitzers, es der englischen Nation zu vermachen, eine ewige Dauer gesichert wird. Wie in so manchen Dingen, schreitet auch hierin England der übrigen Welt großartig voran, welche in den überall so beliebten, in England ebenfalls mit dem meisten Luxus ausgestatteten, Nippestischen sich nach Kräften der Nachahmung befleifsigt.

Auf die gütige Verwendung des Lord Howe habe ich die seltene Gunst genossen, das Haus des Herzogs von Northumberland zu sehen. Auf der Mitte der langen, aber etwas niedrigen Façade an Charingcross prangt der aufrechtstehende Löwe, das Wappen der alten Percy's, deren Du Dich aus Shakspeare erinnern wirst. Das Innere des Gebäudes, welches einen grofsen Hofraum umgiebt, ist eines der reichsten und vornehmsten Peers von England würdig. Ein sehr stattliches, mittelst einer Laterne von oben erleuchtetes Treppenhaus verbindet die drei Stockwerke. Dem Fufsboden und der Treppe von weifsem Marmor, welche man auf reichen Teppichen hinansteigt, entsprechen an Pracht das Geländer und die Kronleuchter von vergoldeter Bronze. In dem Efssaal fand ich das berühmte Bild von Tizian, die Familie Cornara, die Hauptveranlassung meines Besuches. Vor der linken Seite eines Altars, auf welchem die Hostie ausgestellt ist, knieet, als der vorderste, das Haupt der Familie, ein bereits bejahrter Mann von würdigem Ansehen. Er wendet sich etwas nach einem hinter ihm knieenden, um Einiges jüngeren Mann, um ihn auf den Gegenstand der gemeinsamen Verehrung aufmerksam zu machen. Dieser, wie ein noch jüngerer, wieder hinter ihm knieender, ist im Profil gesehen; mehr unterwärts erscheinen drei anbetende Knaben, welchen eben so viele auf der anderen Seite entsprechen. Alle Figuren sind lebensgrofs. Dieses Bild ist seines grofsen Rufes würdig, und nimmt unter den Werken Tizian's eine ähnliche Stelle ein, als die die Maria mit dem Kinde verehrende Familie Concina in der Gallerie zu Dresden, unter denen des Paolo Veronese. Die drei männlichen Köpfe sind selbst für Tizian besonders grofs und einfach in den Formen, und die portraitartige Lebendigkeit ist darin auf das Glücklichste mit dem ernsten Ausdruck der Andacht vermählt. Mit diesen, deren Gestalten sich, wie der Altar, sehr entschieden von dem hellen Himmel abheben, welcher den Hintergrund bildet, steht der unbefangene, naive Ausdruck der frischen Knaben in einem schönen Gegensatz. Das Bild ist aus Tizian's mittlerer Zeit, die Ausführung sehr fleifsig, die Farben klar, besonders das im hellen Goldton gehaltene Fleisch. Leider hat dieses Meisterwerk nicht unbedeutend gelitten, so die rechte Hand des Alten, und eine Hand des Knaben links.

Unter den anderen älteren Bildern, die theilweise ebenfalls hart mitgenommen sind, zeichnen sich noch am meisten aus:

Der gefesselte heilige Sebastian am Boden, in der Luft zwei Engel. Ein klares, fleifsiges Bild des Guercino in lebensgrofsen Figuren.

Eine kleine Anbetung der Hirten von Giacomo Bassano.

Drei halbe Portraitfiguren auf einem Bilde von van Dyck, ein fleifsiges und feines Bild aus dessen mittlerer Zeit.

Eine Fuchs- und eine Rehjagd, zwei treffliche Bilder des **Franz Snyders**.

Eine echte, aber gemeine heilige Familie von **J. Jordaens**.

Ein artiges Mädchen mit einem Licht, vor welches sie die Hand hält, von **G. Schalken**. Von besonderer Klarheit und gutem Impasto.

In der sogenannten Gallerie, einem höchst reich und prächtig verzierten Saal von ansehnlicher Höhe und Länge, hängen folgende Copieen berühmter Werke, sämmtlich in der Gröfse der Originale. An der langen Wand, den Fenstern gegenüber: Die Schule von Athen nach Raphael von Mengs im Jahr 1755 copirt, wie die Aufschrift zeigt. Dieses ist wohl ohne Zweifel die beste Copie, welche von diesem gepriesenen Bilde gemacht worden. Zur Linken hängt die Götterversammlung, vor welcher Venus den Amor verklagt, zur Rechten die Hochzeit von Amor und Psyche, beide nach den Fresken von Raphael in der Farnesina; an den schmalen Wänden der Triumph von Bacchus und Ariadne, nach dem Hauptbilde unter den Fresken des Annibale Carracci im Pallast Farnese, und Apollo auf dem Sonnenwagen mit der voran schwebenden Aurora, nach Guido Reni's herrlichem Frescobilde in der Villa Rospigliosi. Der Gedanke, sich mit dieser vortrefflichen Auswahl der berühmtesten Werke, von geschickten Künstlern copirt, zu umgeben, ist mir ein neuer Beweis, dafs der hohe englische Adel nicht blofs Geld, sondern auch Bildung und Geschmack besitzt, es auf eine würdige Weise zu verwenden. Der Gesammteindruck dieser Bilder ist in der That grofsartig und wohlthätig; er würde aber noch harmonischer sein, wenn die Schule von Athen anderweitig placirt wäre, so dafs man sich nur von jenen heiteren, idealischen Gebilden der Mythologie umgeben sähe. Dabei ist die Schule von Athen von so reichem Gehalt, dafs sie allein jeden Raum höchst bedeutend verzieren würde.

Ein anderes Zimmer (der drawing-room) ist sehr reich mit Arabesken und eingemischten Malereien geziert; doch macht das Ganze einen zu bunten und styllosen Eindruck. Drei andere Zimmer im dritten Stock, welche für jene Abendgesellschaften, die man hier „routs" nennt, bestimmt sind, zeichnen sich ebenfalls durch die solide Pracht der Decoration aus. So befinden sich in dem einen Schränke, welche auf das Reichste mit der feinsten florentinischen Mosaik geschmückt sind. Aufser den beliebten Pflanzen sind hier allerlei Thiere, Vögel, Affen auf das Natürlichste nachgeahmt, ja Gruppen von Früchten in Relief durch jene Halbedelsteine glücklich wiedergegeben. Aus den Fenstern geniefst man einer höchst erquicklichen Aussicht auf einen Garten, der, künstlich bewässert, in unveränderlicher Frische prangt; den Hintergrund bildet der klare Wasserspiegel der Themse. Gern hätte ich auch noch Sionhouse, den wenige Meilen von London gelegenen Landsitz des Herzogs von Northumberland, besucht, dessen Park und Treibhäuser von Kennern sehr gepriesen werden; doch vernahm ich, dafs dieses eben so wenig möglich sei, als mich im Monde umzusehen, wonach ich mich denn wohl bescheiden mufste.

Anlage

Anlage *A.*

(Zu Seite 29.)

Verzeichnifs der vorzüglichsten Gemälde der Sammlung König Carl's I. von England.

Bei der Zusammenstellung dieses Verzeichnisses habe ich mich folgender Hülfsquellen bedient:

1) *A Catalogue and description of King Charles the First's capital Collection of pictures, limning's statues, bronzes, medails and other curiosities from an original Ms. in the Ashmolean Museum at Oxford. London MDCCLVII.* 202 Seiten mit dem Index. In 4to. Die Publication dieses interessanten Ms. verdanken wir dem, um die Alterthümer der bildenden Kunst in England so vielfach verdienten, Vertue. Als er noch vor Beendigung des Drucks starb, wurde die Ausgabe von Bathoe übernommen. Dieses Buch enthält zwei verschiedene Documente. Das erste mit dem Titel „*Pictures belonging to King Charles the First at his several Palaces appraised and most of them sold by the Council of State*“ nimmt die ersten 8 Seiten ein. Auf der Rückseite des Titels liest man, dafs der folgende Auszug über alle Gegenstände mit Angabe der Schätzungs- und der Verkaufspreise aus

einem Catalog genommen sei, den der verstorbene Wappenkönig *(Garter King of Arms)*, John Anstis besessen habe. Die darauf folgende Angabe selbst gewährt uns eine interessante Uebersicht, was der König überhaupt an Gemälden und Statuen besessen und wie dieselben in seinen verschiedenen Schlössern vertheilt gewesen sind. Aus den namhaft gemachten 88 Gemälden und 9 Statuen lernen wir zugleich kennen, was darunter als besonders vorzüglich erachtet worden ist. Hierauf folgt mit der Ueberschrift: „*A description of the Kings Collection of Pictures etc. taken from an Original Ms. in the Ashmole Museum*“ auf 182 Seiten der vollständige Catalog eines Theils der im Pallast St. James und aller in dem Pallast Whitehall enthaltenen Kunstwerke, von dem königl. Aufseher derselben, Vanderdoort, wahrscheinlich um das Jahr 1639, mit Angabe der Maafse und häufig auch der Herkunft, verfafst. Aus diesem Catalog erfahren wir, wie grofs die Kunstschätze in der wichtigsten Abtheilung, dem Pallast Whitehall, gewesen, und auf welche Weise sie darin angeordnet waren. Zuletzt folgt auf 20 Seiten ein Index.

2) *A Catalogue of the collection of pictures etc. belonging to King James the second; to which is added a catalogue of the Pictures and Drawings in the closet of the late Queen Caroline, and also of the Principal Pictures in the Palace at Kensington London. Bathoe MDCCLVIII. IV.* und 144 Seiten, wovon 35 auf den Index. In 4to. Der Catalog der Sammlung Jacob's II. ist eine von einem königl. Kammerdiener, Namens Chiffinch, unterschriebene Abschrift eines Exemplars mit dem königl. Wappen auf dem Einbande, im Besitz des Grafen von Oxford.

und wahrscheinlich für des Königs eignen Gebrauch bestimmt. Diese Abschrift erstand Bathoe gleichfalls in der Versteigerung von Vertue. Der Catalog ist nun in verschiedenen Beziehungen wichtig. Wir lernen daraus sieben neue Bilder großer Meister kennen, welche mit Gewißheit zur Sammlung Carl's I. gehört haben, und eine beträchtliche Anzahl anderer, von denen sich dasselbe mit hoher Wahrscheinlichkeit voraussetzen läßt. Nach der Kunde, welche wir von der Kunstliebhaberei des König Carl's II. haben, ist es besonders nicht wohl anzunehmen, daß er Bilder von Meistern, wie Raphael, Giulio Romano, Giorgione, Tizian, Correggio, Holbein neu angekauft haben sollte. Wir ersehen daraus ferner den Bestand der königl. Sammlungen unter Jacob II., also bis zum Jahre 1689, und erfahren endlich, daß er diesen der Hauptsache nach von seinem Bruder Carl II. überkommen, indem, was er selbst erworben, weder dem Gehalt, noch der Zahl nach bedeutend ist.

Ich gebe hier zuvörderst jene Uebersicht aus dem Auszug des Wappenkönigs Anstis.

		Nros.		Pfd. St.	Schl.
I.	In Wimbleton und Greenwich	143*)	gesch. zu	1709	19
II.	Gemälde der Bear-Gall. u. einige aus den Privatwohnungen in White-Hall	61	- -	2291	10
III.	Gemälde v. Oatland	81	- -	733	18
	Latus	285	- -	4735	7

*) Obgleich hier nicht gesagt wird, daß dieses Gemälde sind, geht es doch daraus hervor, daß die Statuen aus Greenwich weiter unten besonders aufgeführt werden.

20*

		Nros.		Pfd. St.	Schl.
	Transp.	285	gesch. zu	4735	7
IV.	Gemälde v. Nonsuchhouse	33	- -	282	—
V.	Gemälde von Somersethouse, mit denen, welche v. White-Hall und St. James kamen	447	- -	10052	11
VI.	Gemälde v. Hamptoncourt	332	- -	4675	10
VII.	In dem Comité-Zimmer des Parlamentshauses befanden sich an Gemälden	? *)	- -	119	—
VIII.	Gemäld. v. St. James	290	- -	12049	4
	Summa	1387	Bild. zu	31913	12
IX.	Statuen in Somersethouse, dem Könige gehörig, durch den Staatsrath geschätzt und verkauft:				
	In der Gallerie	120	gesch. zu	2387	3
	In dem Garten	20	- -	1165	14
	In Greenwich	230	- -	13780	13½
	In der Rüstkammer zu St. James	29	- -	656	—
	Summa	399	Sculpt. zu	17989	10½
	Summa Summarum			49903	2½

Ich lasse zunächst die neun näher angegebenen Statuen folgen:

---

*) Hier fehlt die Zahl.

Der Gladiator in Bronze . . .	300	Pfd.	Sterl.
Eine Muse	200	-	-
Eine Gottheit	200	-	-
Eine dergleichen	200	-	-
Antoninus	120	-	-
Dejanira	200	-	-
Venus in Bronze	50	-	-
Apollo auf einem Fufsgestell	120	-	-
Adonis	150	-	-

Das nun folgende Verzeichnifs von Bildern aus der Sammlung König Carl's I. enthält nur Werke besonders ausgezeichneter Meister der verschiedenen Schulen. Selbst von diesen aber habe ich solche Bilder, welche in den alten Verzeichnissen als zweifelhaft aufgeführt werden, mit wenigen, vorzüglich berühmte Gemälde betreffenden Ausnahmen, weggelassen. Wo es zu ermitteln gewesen, habe ich die Art, wie der König zu dem Besitz gekommen, den Schätzungs- und Verkaufspreis, die Käufer und den Ort angegeben, wo sich die Bilder gegenwärtig befinden. Der Buchstabe A. bedeutet, dafs sie im Catalog von Anstis, V., dafs sie in dem des Vanderdoort, A. und V., dafs sie in beiden, J. endlich, dafs sie im Catalog von König Jacob II. verzeichnet sind, und sich mithin auch in dessen Sammlung befunden haben. Bisweilen habe ich die eignen Worte des Vanderdoort wiedergegeben. Sie sind jedesmal mit Gänsefüfsen eingeschlossen. Bei vielen Bildern der Sammlung aus Mantua bemerkt er, dafs sie durch das bei der Vergoldung der Rahmen angewendete Quecksilber mehr oder minder gelitten haben.

Aldegrever, Heinrich.

Christus am Oelberge, 2 F. 5 Z. hoch, 1 F. 10 Z. breit. Geschenk des Lord Arundel, welcher es aus Deutschland brachte. V.

Buonarotti, Michelangelo.

Ein Skizzenbuch in 4to. „Mit des Königs Wappen als Prinz versehen." V.

Caravaggio, Michelangelo da.

1) Dorcas, todt am Boden liegend. A.
2) Eine heilige Familie. V.

Carracci, Annibale.

1) Maria mit dem Kinde. V.
2) Der heilige Bartholomäus. V.

Cleve, Joas van.

Sein und seiner Frau Bildniſs. V. Jetzt in Windsorcastle.

Correggio.

1) Johannes der Täufer, stehend, in der Linken ein Rohrkreuz, mit der Rechten vorwärts zeigend. 5 F. 1 Z. hoch, 1 F. 8 Z. breit. Vom König aus Spanien mitgebracht. V. Jetzt in Windsorcastle und wie ich glaube Parmegiano.
2) Johannes der Täufer, sitzend, das Kreuz in der Hand. Aus der Mantuanischen Sammlung. „Wird für Correggio gehalten." V.
3) Die Schule des Amor. Aus der Mantuanischen Sammlung. V. Spätere Besitzer: Herzöge von Alba, der Friedensfürst, Murat, Marquis von Londonderry. Jetzt in der britischen Nationalgallerie.
4) Eine schlafende Venus, Amor und ein Satyr, 6 F. 2 Z. hoch, 4 F. breit. Mantuan. Samml. A. V. Geschätzt auf 1000 Pfd. Sterl. Käufer: Jabach.

Jetzt unter der richtigen Benennung „Jupiter und Antiope" im Louvre.

5) „Ein grofses und berühmtes Bild, auf Leinw. in Wasserfarben gemalt, die Strafe des Marsyas." Mant. Samml. A. V. Geschätzt auf 1000 Pfd. Sterl. Käufer: Jabach? Jetzt im Cabinet der Handzeichnungen des Louvre. Ein merkwürdiges Beispiel der Ungenauigkeit und Unwissenheit des Vanderdoort, indem dieses Bild eine Allegorie vom Menschen unter der Herrschaft der Laster enthält, welche als nackte Frauen, mit Schlangen im Haar, vorgestellt sind, von denen die eine ihn bindet, die zweite ihn mit Flötenspiel bezaubert, die dritte sich ihm mit Schlangen naht, womit die endlichen Folgen des Lasters angedeutet sind. 4 F. 4 Z. hoch, 2 F. 7 Z. breit.

6) Das Gegenstück, dessen Beschreibung bei Vanderdoort ebenfalls sehr verworren ist, stellt den Triumph der Tugend über die Laster vor. In der Mitte die Tugend als Siegerin auf das Laster tretend, welches sich als Ungeheuer unter ihren Füfsen krümmt. Zu ihren Seiten zwei weibliche Gestalten, die eine mit den Attributen der Klugheit, der Stärke, der Gerechtigkeit und Mäfsigung, die andere (wohl die Wissenschaft) mit einer Erdkugel und gen Himmel deutend, ein Kind neben sich. Hinter der Tugend die sie krönende Victoria. In der Luft drei Genien. Mant. Samml. A. Geschätzt auf 1000 Pfd. Sterl. Käufer: Jabach? Jetzt mit dem vorigen an einer Stelle. Diese beiden Bilder waren in der Sammlung Carl's I. nicht aufgestellt, sondern wurden

in Kästen im Magazin aufbewahrt. Sie sind 1672 von Etienne Picard gestochen worden.

7) „Die grofse Landschaft, worin ein Weinstock und ein Wald gemalt ist, wo Hirten tanzen und ein Esel mit dem Sack auf dem Rücken auf dem Felde." 3 F. 5 Z. hoch, 4 F. 8 Z. breit. V.

8) Die Vermählung der heiligen Catharina. In der Landschaft das Martyrium des heil. Sebastian. Geschenk des Herzogs von Buckingham. „Von einigen für eine gute alte Copie gehalten." V. Dieses ist auch wahrscheinlich, da dasselbe Bild im Cat. Jacob's II. (No. 171) aufgeführt wird, und sich das unzweifelhafte Original im Louvre befindet.

9) Maria Magdalena, stehend und sich auflehnend. „Stark verwaschen." 2 F. 1 Z. hoch, 1 F. 8 Z. breit. V.

Cranach, Lucas.

1) Das Portrait von Luther. Durch den Marquis von Hamilton gekauft. V.

2) Adam und Eva. Auf dieselbe Weise erworben. V.

3) Portrait des Hans von Griffindorp. V.

Dossi, Dosso.

Maria mit dem Kinde, welches mit einem Hahn spielt; dabei Joseph und noch ein Heiliger. 5 F. 7 Z. hoch, 6 F. 2 Z. breit. V. J. Jetzt in Hamptoncourt?

Dürer, Albrecht.

1) Sein eignes Portrait in jungen Jahren, mit gelbem, herabhängendem Haar, in schwarz und weifs gestreifter Mütze und Kleid. In der Hand ein Paar Handschuhe. Durch ein Fenster eine landschaftliche Aussicht. Auf Holz, 1 F. 8 Z.

hoch, 1 F. 4 Z. breit. Geschenk der Stadt Nürnberg an den König durch den Lord Marschall Grafen von Arundel. A. V. Jetzt in der berühmten Sammlung von Künstlerportraiten zu Florenz.

2) Gegenstück, das Portrait seines Vaters, in schwarzer Mütze von ungarischer Form, und ein gelbgrünes Kleid mit weiten Aermeln an, worin die Hände verborgen sind. Ein rother Hintergrund. 1 F. 8. Z. hoch, 1 F. 4 Z. breit. A. V. Beide Bilder für 100 Pfd. Sterl. verkauft.

3) Ein unbärtiger Mann von röthlicher Gesichtsfarbe und Haar. In schwarzer Mütze und Kleidung. 1 F. 2 Z. hoch, 10 Z. breit. V. J. (No 637.) Jetzt in Hamptoncourt.

Dyck, Antony van.

1) Familiengemälde. König Carl I., die Königin, Prinz Carl und Prinzeſs Maria. Hintergrund Landschaft mit Westminster. 9 F. 8 Z. hoch, 8 F. breit. Geschätzt und verkauft zu 150 Pfd. Sterl. A. V. J. (No. 173.) Dieses Bild ist wahrscheinlich in dem Brande von Whitehall im Jahr 1697 zu Grunde gegangen. Das groſse Familienbild in Windsorcastle weicht wenigstens darin ab, daſs sich darauf statt der Prinzeſs Maria der Prinz Jacob, in der Landschaft statt Westminster, der Tower findet.

2) König Carl I. zu Pferde. Geschätzt zu 150 Pfd. Sterl. Gekauft von dem holländischen Maler van Lemput für 200 Pfd. Sterl. Nach der Restauration gerichtlich reclamirt. A. J. (No. 880.) Dieses ist das treffliche Bild, wo der König einen Schimmel reitet, jetzt in Windsorcastle.

20**

3) König Carl I. auf einem gelben Pferde. Neben ihm sein Stallmeister mit dem Helm. 3 F. 2 Z. hoch, 2 F. breit. V. J. (No. 1076.) Studium für das grofse Bild in der Samml. des Herzogs von Marlborough zu Blenheim. Ein dergleichen in der königl. Sammlung ist wahrscheinlich dasselbe.

4) Die fünf Kinder Carl's I. mit einem grofsen Hunde. V. J. (No. 483.) Jetzt in Windsorcastle.

5) Bildnifs der Königin Henriette Maria, im weifsen Kleide, Kniestück. V. Jetzt in Windsorcastle.

6) van Dyck's eignes Portrait, mit der linken Hand auf der Brust. Oval, 2 F. 6 Z. hoch, 1 F. 11 Z. breit. V. J. (No. 124.) Jetzt in Windsorcastle.

7) Die Herzogin von Richmond, ganze Figur. 7 F. 3 Z. hoch, 4 F. 5 Z. breit. V. J. (No. 742.) Jetzt in Windsorcastle.

8) Die Königin Mutter von Frankreich, also wohl Maria von Medici, in Schwarz gekleidet in einem Sessel. Eine Rose in der rechten Hand. Halbe Figur. V.

9) „Auf dem Continent gemalt.“ Die Prinzefs von Pfalzburg, Schwester des Herzogs von Lothringen, mit einem Mohr. Von Endymion Porter aus Brüssel gebracht. 7 F. hoch, 4 F. breit. V.

10) Nicolaus Laniere, Kapellmeister des Königs. Halbe Figur, 3 F. 7 Z. hoch, 3 F. 3 Z. breit. V.

11) Carl, Kurfürst von der Pfalz, und sein Bruder, der Prinz Robert, in Rüstung. V.

12) Graf Heinrich van der Borcht. Halbe Figur, 3 F. 11 Z. hoch, 3 F. 4 Z. breit. V.

13) Ein grofser Musikus in Antwerpen, unbärtig, mit goldner Kette. Halbe Figur, 3 F. 6 Z. hoch, 3 F. breit. V.

14) Lady Shirley, in fremdartiger, für persisch gehaltener Tracht. V.

15) Ein alter Mann, nur der Kopf. 1 F. 4 Z. hoch, 1 F. 11 Z. breit. V.

16) Procession der Ritter des Hosenbandordens. Grau in Grau; ein langes, schmales Bild. 1 F. 2 Z. hoch, 1 F. 7 Z. breit. (?) V.

17) Maria mit dem Kinde und Joseph sehen dem Tanz von Engeln zu. 9 F. 1 Z. hoch, 7 F. ½ Z. breit. V. Im 18ten Jahrh. von Robert Walpole für 800 Pfd. Sterl. gekauft und mit der Houghtongallerie nach Petersbung an die Kaiserin Catharina verkauft.

18) König Carl I. zu Pferde. A. Auf 150 Pfd. Sterl. geschätzt und so verkauft. Obgleich dieses Bild in dem sehr flüchtigen Catalog als unbekannt angegeben ist, so rührt es doch höchst wahrscheinlich von van Dyck her, indem man schwerlich für ein Bild eines der geringeren Meister, welche diesen König sonst gemalt haben, so viel bezahlt hätte. Es war vermuthlich das schon erwähnte grofse Bild in Blenheim.

Garofalo.

Maria mit dem Kinde, Joseph und Johannes mit dem Lamm in einer Landschaft. 1 F. 3 Z. hoch, 1 F. 11 Z. breit. Mant. Samml. V.

Giorgione.

1) Maria mit dem Kinde, verehrt von den Heiligen Joseph, Catharina, Sebastian und dem Donator. Auf Holz, 3 F. 2 Z. hoch, 4 F. 5 Z. breit. Von Lord Cottington für den König gekauft. Geschätzt zu 100 Pfd., gekauft von Jabach (?) für 114. A. V. Jetzt im Louvre No. 1028.

2) Maria, das Kind und der heil. Joseph. Mant. Samml. J. (No. 699.)
3) Diana und Actäon, 12 Figuren im Vorgrunde, 14 andere in der Landschaft. 3 F. 1 Z. hoch, 6 F. breit. Von Endymion Porter gekauft. V.
4) Ein Hirt ohne Bart, in der Rechten eine Flöte. Brustbild, 1 F. 11 Z. hoch, 1 F. 8 Z. breit. V.
5) Dunkel gemalter, männlicher Kopf in schwarzer Mütze und Gewand. Soll das Portrait des Malers sein. 1 F. 10 Z. hoch, 1 F. 4 Z. breit. Von Geldorp gekauft. V.

Holbein, Hans, der jüngere.

1) Ein Kaufmann in schwarzer Mütze und Kleidung, im Begriff, einen Brief mit einem Messer zu öffnen. Ein Pettschaft auf dem grünen Tisch. 2 F. hoch, 1 F. 7 Z. breit. Geschenk des Sir Henry Vane. Geschätzt und verkauft für 100 Pfd. Sterl. V. J. Soll im Jahre 1758 im Besitz des Dr. Mead gewesen sein.
2) Ein Gentleman aus Cornwallis mit spitzem Bart und Händen. Im Profil. Hintergr. Landschaft. 1 F. 6½ Z. hoch, 1 F. breit. Geschenk des Sir Robert Killigrew. V.
3) Ein Gentleman in schwarzer Mütze, fast Profil. 1 F. 3 Z. hoch, 1 F. breit. Gesch. des Sir R. Killigrew. V.
4) Erasmus von Rotterdam. 1 F. 3 Z. hoch, 1 F. 1 Z. breit. A. V. Geschätzt und verkauft für 100 Pfd. Sterl. Jetzt in Hamptoncourt.
5) Frobenius, der Buchdrucker. Gegenstück. Geschätzt und verkauft für 100 Pfd. Sterl. A. V. Jetzt in Hamptoncourt. Beide, meines Erachtens, schöne, etwas spätere Copien.

6) König Heinrich VIII., von vorn. In einem Rund von 1¼ Z. im Durchmesser. V.

7) Derselbe in einem Rund von 2 Z. im Durchmesser. V.

8 und 9) Zwei Kinder des Herzogs von Brandon. Runde von 2 Z. Durchmesser. V. J. (No. 646.)

10) Sir Thomas Morus. Rund von 4 Z. Durchm. V.

11) Die Königin Elisabeth als junge Prinzess, im rothen Kleide, ein blaues Buch in der Hand. V. J. (No. 17.) Jetzt zu Hamptoncourt als Cranach, doch von einem dritten, mir unbekannten Meister. V. J. (No. 17.)

12) König Heinrich VIII. mit der Königin (wahrscheinlich Catharina Parr), rechts Prinz Eduard, sitzend, zu den Seiten stehend die Prinzessinnen Maria und Elisabeth. An der Thür der Narr mit einem Eselskopf, an der anderen Seite eine Dienerin. Kleine, ganze Figuren. 10 F. hoch, 6 F. breit. V. Obgleich ohne Namen aufgeführt, möchte dieses leicht ein Hauptbild des Holbein gewesen sein.

„In einer ovalen Schachtel das Wachsmodell zu einer Schwerdtscheide für Heinrich VIII, mit vielen kleinen Figuren. Geschenk des Inigo Jones.“ Ich führe dieses hier an, weil Holbein in Compositionen dieser Art besonders glücklich und geistreich war.

Leyden, Lucas van.

1—3) Drei Bilder aus der Legende des heiligen Sebastian. Geschätzt zu 100 Pfd., verk. für 101. A. Davon bei Vanderdoort nur eins, Sebastian an den Baum gebunden, welchem ein Engel die Pfeile auszieht. J. (916.)

4) Der heilige Hieronymus, in der Rechten einen Todtenkopf, auf dem Tisch ein brennendes Licht, an der Wand der Cardinalshut. 1 F. 1 Z. hoch, 1 F. 3 Z. breit. Geschenk des holländischen Gesandten im Jahre 1635. V.

5) Joseph vor den Richter geführt. 1 F. 8 Z. hoch, 1 F. 2½ Z. breit. Von Sir James Palmer gekauft. V.

6) Ein Sterbender, an dessen Bette eine stehende und eine knieende Figur. Gegenstück des vorigen, und wohl Joseph, welcher Ephraim und Manasse segnet. V.

7) Schachspieler, 15 halb lebensgroſse Figuren. 3 F. 4 Z. hoch, 5 F. 9 Z. breit. Mant. Samml. V.

Mabuse (Mabugius genannt), Jean.

1) Die Kinder König Heinrich's VII., Prinz Arthur, Prinz Heinrich (später König Heinrich VIII.) und Prinzeſs Margaretha, halbe Figuren, mit Orangen spielend. 1 F. 6 Z. hoch, 1 F. 2 Z. breit. V. Jetzt in Hamptoncourt.

2) Adam und Eva. 4 F. 4 Z. hoch, 3 F. 3 Z. breit. V. J. (No. 45.) Noch jetzt in der königl. Samml.

Mantegna, Andrea.

1 — 9) Der Triumphzug des Julius Cäsar, in Leimfarben auf Leinwand ausgeführt. Mant. Samml. Auf 1000 Pfd. Sterl. geschätzt. Ein Verkaufspreis ist nicht angegeben. A. J. (No. 986 — 994). Jetzt in Hamptoncourt.

10) Maria, das Kind, Joh. der Täufer und noch sechs andere Heilige, sitzend. In der Landschaft der heilige Christoph mit dem Kinde, der Kampf des heiligen Georg mit dem Drachen, Hieronymus,

Franciscus und Dominicus. 1 F. 9 Z. hoch, 1 F. 5 Z. breit. Mant. Samml. V.

11) Der Tod Mariä, umher die Apostel. In der Ferne ein See. 1 F. 9 Z. hoch, 1 F. $4\frac{1}{2}$ Z. breit. Mant. Samml. V. Scheint ein Gegenstück des vorigen gewesen zu sein.

12) Die Ehebrecherin vor Christus. Vier halbe Figuren lebensgroſs in Wasserfarben. 1 F. 9 Z. hoch, 2 F. 4 Z. breit. V.

13) Mucius Scävola hält vor dem Porsenna die Hand in das Feuer. Im Cat. des Vanderdoort (S. 167 No. 7) ohne Namen aufgeführt, jedoch in dem Jacob's II. (No. 964) als Mantegna angegeben.

Molanezo.

Mit diesem Namen muſs ein ausgezeichneter Künstler gemeint sein, indem ein Bild (Maria, das Kind, Johannes, Elisabeth und Joseph) nach dem Cat. von Anstis auf 100 Pfd. Sterl. geschätzt und für 120 verkauft worden ist. A.

Moro, Anthonis.

1) Philipp II., König von Spanien. 5 F. 11 Z. hoch, 3 F. 7 Z. breit Geschenk des Grafen Arundel an den König als Prinzen. V.

2) Die Groſsmutter des Herzogs von Savoyen. Kniestück. V.

3) Der Groſsvater desselben Herzogs. Gegenstück. V.

4) Das Bildniſs eines Kindes. 1 F. 2 Z. hoch, 1 F. breit. V.

5) Maria, die Königin von England. In Oel. Ein Rund, zwei Zoll im Durchmesser. Geschenk des Lord Suffolk. V.

Palma, Jacobo, gen. il vecchio.

1) Maria mit dem Kinde, Johannes mit dem Lamm und die heil. Catharina. Auf Holz, 1 F. 3 Z. hoch, 2 F. 7 Z. breit. Geschätzt zu 200 Pfd., verkauft zu 225. A.

2) Die Auferstehung, kleine Figuren. Auf Kupfer. 3 F. 2 Z. hoch, 2 F. 5 Z. breit. V.

3) Die Bekehrung des Paulus. Zu 100 Pfd. geschätzt und verk. A. Käufer: Don Alonzo de las Cardenas. Jetzt in der königl. Samml. zu Madrid.

4) David kommt mit Goliath's Haupt dem Saul entgegen. Zu 100 Pfd. Sterl. geschätzt und verkauft. A. Käufer und jetziger Besitzer wie bei dem vorigen. NB. Die letzten beiden Bilder werden im Cat. von Anstis nur als Palma aufgeführt, aus den spanischen Catalogen geht jedoch hervor, daſs hier Palma vecchio gemeint ist.

5) Maria mit dem Kinde und St. Sebastian. Zu 100 Pfd. Sterl. geschätzt und verkauft. A. Auch nur als Palma angegeben, doch nach Gegenstand und Preis gewiſs ebenfalls der alte Palma.

Palma, giovane.

1) Das Abendmahl. 1 F. 8 Z. hoch, 3 F. breit. Geschenk des Lord Hamilton. V. J. (No. 535.)

2) Allegorie. Die Tugend scheidet mit dem Schwerdt das Laster von drei Geistlichen. Holz, 3 F. 4 Z. hoch, 3 F. 5 Z. breit. V. J. (No. 221.)

3) Venus mit dem Spiegel vor einem Tische sitzend, dabei Amor. 5 F. 2 Z. hoch, 3 F. 11 Z. breit. V. J. (No. 858.)

Parmegiano (Pertinensis und Parmentius gen.).

1) Maria mit dem Kinde und dem heil. Hieronymus. A. Geschätzt und verkauft für 100 Pfd. Sterl.

2) Christus und Johannes als Kinder sich umarmend. 1 F. $4\frac{1}{2}$ Z. hoch, 1 F. 6 Z. breit. Vom Lord Kammerherrn Grafen Pembroke gegen eine Judith eingetauscht, kleine, ganze Figur, welche Raphael gemalt haben soll. V. J. (No. 386.)

3) St. Catharina sitzend in einer Landschaft, dabei zwei Engel. 11 Z. hoch, $8\frac{1}{2}$ Z. breit. V.

4) Maria mit dem Kinde, Johannes und Joseph. Geschenk des Sir John Shaw. J. (No. 688.)

5) Maria mit dem Kinde und Catharina. Mant. Samml. J. (No. 693.)

6) Maria mit dem Kinde, welches seinen Arm auf eine Weltkugel legt. 3 F. 10 Z. hoch, 3 F. breit. V. J. (No. 65.) Jetzt in Hamptoncourt, und alte Copie der Madonna della rosa in der Dresdner Gallerie.

7) Maria mit dem Kinde, Johannes und Joseph. Kleine halbe Figuren. Von Frosley gekauft. V.

8) Eine Frau mit nackten Armen, sich anziehend; dabei ein Mann mit einem Spiegel. 3 F. 5 Z. hoch, 2 F. 9 Z. breit. V.

9) Ein Edelmann, geschätzt u. verk. für 150 Pfd. A.

10) Eine Frau im Profil im rothen Gewande. 1 F. 2 Z. hoch, 1 F. breit. V.

11) Ein Gelehrter in schwarzer Kleidung, mit einem Buch. 2 F. 1 Z. hoch, 1 F. 5 Z. V. J. (No. 134.)

Penz (Spence genannt), Georg.

1) Ein junger Mann, in der Rechten Handschuhe. V.

2) Erasmus von Rotterdam in schwarzer Mütze und Pelz. 2 F. hoch, 1 F. 6 Z. breit. V. Jetzt in Windsorcastle.

Piombo, Sebastian del (hier **Bartolomeo del** genannt).

Ein alter Mann, die Rechte auf der Brust, in der Linken eine Rolle Papier. 2 F. 8 Z. hoch, 1 F. 11 Z. breit. Von Nic. Laniere eingetauscht. V.

Pordenone, Licinio.

1) Salomo opfert den Götzen. Geschätzt und verkauft für 150 Pfd. Sterl. A.

2) Familiengemälde mit mehreren Figuren. Gesch. u. verk. für 100 Pfd. Sterl. A. (Ob J. No. 291?) Vielleicht das grofse Familienbild jetzt in Hamptoncourt.

3) Sein eignes Portrait; er spielt auf der Laute. Vom Lord Kammerherrn, dem Grafen Pembroke, gegen ein Portrait der Königin von van Dyck eingetauscht. V.

4) Ein berauschter Satyr tanzend, dabei ein junger Faun. 1 F. 6 Z. hoch, 1 F. 11 Z. breit. V.

Polidoro da Caravaggio.

1 — 9) In Fresco ausgeführte Bilder, meist aus dem bacchischen Kreise, welche wahrscheinlich einst einen Fries geschmückt haben. Die meisten 1 F. 4 Z. hoch, 5 F. breit. V. Acht davon auch im Cat. J. No. 49, 52, 285 — 290. Einige derselben noch jetzt in Hamptoncourt.

Raphael.

1 — 7) „In einer gerissenen (*slit*), tannernen (*deal*) Kiste zwei Cartons von Raphael, um Tapeten danach zu machen, und die anderen 5 sind, nach des Königs Bestimmung, dem Mr. Franciscus Cleane zu Mortlack übergeben, um Tapeten danach auszuführen.“ (S. 166). A. V. Durch Vermittelung

von Rubens in den Niederlanden gekauft. Auf 300 Pfd. geschätzt, und dafür auf Cromwel's Befehl für die Nation gekauft. Jetzt in Hamptoncourt.

8) Maria mit dem Kinde, Johannes und Elisabeth, ganze Figuren, etwas unter lebensgrofs. Auf Holz, 4 F. 9 Z. hoch, 3 F. 9 Z. breit. Mant. Samml. Auf 2000 Pfd. geschätzt und eben so verkauft. A. V. Käufer: Don Alonzo de Cardenas. Jetzt unter dem Namen der Perle im königl. Museum zu Madrid.

9) Maria mit dem Kinde und dem kleinen Johannes, ganze Figuren halb lebensgrofs. V. Nach A. Cunningham für 800 Pfd. verkauft. Nach der Meinung Einiger das Bild, welches sich lange im Hause Alba befunden, und daher den Beinamen des Raphael's aus dem Hause Alba erhalten hat, und vielleicht dasselbe Exemplar, welches neuerdings aus der Sammlung des Herrn Coesvelt in London an den Kaiser Nicolaus von Rufsland verkauft worden ist.

10) Der heilige Georg im Kampf mit dem Drachen. „Der König tauschte es von dem Lord Kammerherrn, Grafen Pembroke, gegen das Buch mit den Handzeichnungen von Holbein ein, welches viele Köpfe, mit Kreide gezeichnet, enthält. Sobald Mylord dieses Buch von dem Könige erhalten hatte, gab er es dem Lord Marschall, Grafen Arundel." A. V. Zu 150 Pfd. geschätzt und auch so verkauft. Zu Felibien's Zeit (*Entretiens I.*, p. 228) im Besitz des Marquis de Sourdis, später in der Samml. Crozat. Jetzt in der Eremitage zu St. Petersburg.

11) Maria, Christus und ein Geistlicher. Aus der Sammlung des Lord Montague. J. No. 736.

12) Maria mit dem Kinde und Joseph, dabei ein Lamm. J. (No. 716.) Zur Sammlung Reynst gehörig, welche die Holländer Carl II. verehrten.

13) „Portrait eines jungen Mannes ohne Bart, mit einem rothen Hut, woran eine Medaille ist. Er hat langes Haar, man sieht etwas von einem weiſsen Hemde ohne Krause. Es ist das Portrait des Marquis von Mantua, welcher von Kaiser Carl V. zum ersten Herzog von Mantua erhoben wurde. Es ist nur der Kopf in Lebensgröſse. Auf Holz, 8½ Z. hoch, 5½ Z. breit.“ (?) A. V. Geschätzt zu 200 Pfd., und auch so verkauft. Später angeblich in der Samml. des Cardinals Richelieu, nachmals wieder in England.

Rembrandt.

1) Sein eignes Portrait in schwarzer Mütze und im Pelz; eine goldene Kette um seine Schultern. Oval. 2 F. 5 Z. hoch, 1 F. 11 Z. breit. Geschenk des Lord Ankrom. V. J. (No. 127.)

2) Ein junger Gelehrter in rother Mütze und grauem Rock, bei einem Kohlenfeuer in einem Buche lesend. 5 F. 1 Z. hoch, 4 F. 3 Z. breit. Geschenk des Lord Ankrom. V.

3) Eine alte Frau mit einem weiten Schleier über den Kopf und herabhängendem Bande. 2 F. hoch, 1 F. 6 Z. breit. Geschenk des Lord Ankrom. V.

Reni, Guido.

1) Hercules und Cacus. Geschätzt und verkauft zu 400 Pfd. A. V.

2) Venus von den drei Grazien geschmückt. Geschätzt und verkauft zu 200 Pfd. A. Jetzt in der Nationalgallerie.

3) Judith im Begriff dem Holofernes das Haupt abzuschlagen. 2 F. 5 Z. hoch, 2 F. breit. V. J. (No. 785.)

4) Maria Magdalena. Geschenk des Lord Montagu. J. (No. 723.)

Romano, Giulio.

1) Die Sündfluth, 18 Figuren, auf Leinwand. 2 F. 6 Z. hoch, 3 F. 4 Z. breit. V.

2) Die Geburt Christi, dabei Longinus. 9 F. hoch, 6 F. 1 Z. breit. Geschätzt und verkauft zu 500 Pfd. A. Käufer: Jabach? Jetzt im Louvre.

3) St. Hieronymus. Gesch. u. verk. zu 200 Pfd. A.

4) Jupiter, Juno mit dem Donnerkeil und Minerva. 4 F. 2 Z. hoch, 2 F. 9 Z. breit. Mant. Samml. V. (J. No. 56?) Jetzt in Hamptoncourt?

5) Die Geburt des Hercules. 3 F. 6 Z. hoch, 4 F. 8 Z. breit. Mant. Samml. Geschätzt zu 100 Pfd., verkauft zu 114 Pfd. A. V. Nachmals in der Gallerie Orleans, später in der Bridgewatergallerie, seitdem aber daraus veräußert.

6) Amor und vier andere Figuren auf einer Bank ruhend, von 8 Nymphen umgeben. 3 F. 6 Z. hoch, 5 F. 9 Z. breit. Mant. Samml. V.

7) Ein Meerweib säugt an ihren sieben Brüsten ihre Kinder. Mant. Samml. V. J. (No. 180.)

8) Ein dem Jupiter dargebrachtes Opfer. 4 F. hoch, 2 F. 2 Z. breit. Mant. Samml. V. J. (No. 237.)

9) „Ein Kind, welches von einer Ziege gesäugt wird.“ V. Wohl ohne Zweifel das im Catalog Jacob's II., als Geburt des Jupiter, aufgeführte Bild (No. 755). Jetzt in Hamptoncourt und ziemlich rohe Schule des Giulio.

10) Meleager, welcher der Atalanta den Kopf des Ebers überreicht, dabei der Neid am Boden und andere Figuren. 4 F. 3 Z. hoch, 2 F. 9 Z. breit. Mant. Samml. V.

11) Der Triumph des Vespasian und Titus. 3 F. 1 Z. hoch, 5 F. 7 Z. breit. Mant. Samml. A. V. Käufer: Jabach? Jetzt im Louvre.

12) Julius Cäsar aus dem Senathause kommend, mit einem schwarzen Adler auf seiner Schulter. Drei Männer folgen ihm. 3 F. 11 Z. hoch, 3 F. 1 Z. breit. Mant. Samml. V.

13 — 23) Die Bildnisse von 11 römischen Kaisern. Geschätzt und verkauft zu 1100 Pfd. A.

24) Das brennende Rom. Im Vorgrunde 17 fliehende Figuren. 3 F. 11 Z. hoch, 3 F. 6 Z. breit. Mant. Samml. V. J. (No. 69.)

25) Ein italienischer Prälat in einer Kleidung von dunkelrothem Sammt. In einem Sessel sitzend, mit den Armen auf den Lehnen. 3 F. 9 Z. hoch, 3 F. 2 Z. breit. Mant. Samml. V.

26) Ein Mann in schwarzer Tracht, woran Rubens die Hände hergestellt hat. 3 F. 1 Z. hoch, 2 F. 6 Z. breit. V.

27) Das eigene Portrait des Giulio Romano, in der Rechten ein Papier mit architectonischen Entwürfen. 3 F. 6 Z. hoch, 3 F. 2 Z. breit. Mant. Samml. V.

Rubens.

1) Allegorie. Die Segnungen des Friedens gegen die Schrecken des Kriegs geschützt. Neun Figuren. 6 F. 8 Z. hoch, 9 F. 11 Z. breit. Von Rubens in England gemalt und dem Könige verehrt. Geschätzt und verkauft zu 100 Pfd. A. V.

Nachmals im Pallast Balbi zu Genua. In der Revolution von dem Marquis von Stafford erworben, und der Nationalgallerie verehrt, wo es jetzt befindlich ist.

2) Daniel in der Löwengrube. 7 F. 4 Z. hoch, 10 F. 8 Z breit. Geschenk des Lord Dorchester. V. Jetzt eine Hauptzierde der Gallerie des Herzogs von Hamilton zu Hamilton in Schottland.

3) Ein großes Bild des heiligen Georg. Von Endymion Porter gekauft. V. Jetzt in Windsorcastle.

4) „Portrait des jungen nun verstorbenen Bruders des Herzogs von Mantua in Rüstung, Brustbild. 2 F. 1 Z. hoch, 1 F. 10 Z. breit. In Italien gemalt und vom König gek., als er Prinz war.“ V.

5) Rubens eignes Bildniß in schwarzem Kleide, mit goldner Kette, Brustbild. 2 F. hoch, 2 F. breit. Geschenk des Lord Danby. V. J. (No. 109.)

6) Skizze zu der Apotheose Jacob's I., welche Rubens für die Decke von Banquetting-house ausführte, dem Könige zur Genehmigung übersandt. 1 F. 3¼ Z. hoch, 1 F. 10 Z. breit. V. Später in der Gallerie Houghton, jetzt in der Eremitage in Petersburg.

Sarto, Andrea del.

1) Maria mit dem Kinde, Johannes und ein Engel, ganze, beinahe lebensgroße Figuren. Auf Holz, 5 F. 10 Z. hoch, 4 F. 3 Z. breit. Mant. Samml. Geschätzt zu 200, verkauft für 230 Pfd. A. V. Käufer: D. A. de Cardenas. Jetzt in königl. Besitz zu Madrid.

2) Maria mit dem Kinde auf dem Schooße, dabei Joseph, sich auf einem Stock lehnend. 3 F. 7 Z. 2 F. 10 Z. breit. „Der König tauschte es vom

Lord Kammerherrn im Januar 1638 gegen das Portrait der Königin in Wasserfarben ein." Geschätzt zu 150 Pfd., verkauft für 174. A. V.

3) Portrait eines Mannes ohne Bart, zur Rechten ein Buch, worin er schreibt, in der Linken ein Tintefafs; oben ein Bund Schlüssel und das Wappen der Medici, weshalb er für einen Hausverwalter derselben gilt. V.

Schoreel, Joan.

1) Portrait eines Gelehrten mit einem Buch. 1 F. 9 Z. hoch, 1 F. 6 Z. breit. Von Lord Cottington gekauft. V.

2) Eine Landschaft. 2 F. 3 Z. hoch, 3 F. 6 Z. breit. Durch Lord Arundel gekauft. V.

Schidone, Bartolomeo.

Maria mit dem Kinde und Johannes. V.

Tintoretto.

1) Esther und Ahasverus; geschätzt und verkauft zu 120 Pfd. A.

2) Die Fufswaschung. Gekauft für 250 Pfd. von D. A. de Cardenas. Jetzt in Madrid (Fiorillo Gesch. der Malerei in Spanien. S. 42.)

3) Die Hochzeit zu Cana. D. A. de Cardenas. Jetzt in Madrid (Fiorillo a. a. O.).

4) Die Geburt Christi. 3 F. 8 Z. hoch, 4 F. 5 Z. breit. Von Frosley gekauft. V.

5) Ein männliches Portrait in Schwarz. Kniestück. 3 F. 2 Z. hoch, 2 F. 3 Z. V.

6) Ein männliches Bildnifs, „Tintoretto's beste Weise und für Tizian genommen. Dem Könige von Lord Cottington geliefert und noch unbezahlt." V.

7)

7) Das Bildniſs eines venezian. Edlen in Schwarz. 2 F. 11 Z. hoch, 2 F. 5 Z. breit. V.
8) Das Portrait eines Dogen, halb lebensgroſs. 2 F. 8 Z. hoch, 2 F. breit. V.

Tizian.

1) Maria mit dem Kinde, welchen St. Lucas den Donator, einen genuesischen Edelmann, empfiehlt. Vier ganze Figuren. 4 F. 2 Z. hoch, 5 F. 7 Z. breit. Von Frosley gekauft. V. J. (No. 432.)
2) Maria mit dem Kinde, ein knieender Engel und St. Marcus. Geschätzt zu 150, verk. für 165 Pfd. A.
3) Maria mit dem Kinde und St. Joseph, welcher sich mit der Rechten auf einen Hügel stützt. In der Landschaft jagt einer ein Füllen; ganze, lebensgroſse Figuren. 2 F. 11 Z. hoch, 5 F. 6 Z. breit. V. Wahrscheinlich die Flucht nach Aegypten aus der Sammlung Carl's I., welche Don Luis Mendez de Haro dem Könige Philipp IV. von Spanien schenkte. (Fiorillo a. a. O.) Jetzt in Madrid.
4) Maria mit dem Kinde in einer Ruine, worin Ochs und Esel. Joseph zieht Wasser aus einem Brunnen. Eine dunkle Landschaft. In Italien „Tizian's Aurora" genannt. 1 F. 6 Z. hoch, 1 F. 10 Z. breit. V.
5) Maria mit dem Kinde, Johannes und Elisabeth. Gekauft von Reynst, und dem König Carl II. von den vereinigten Staaten geschenkt. J. No. 731.
6) St. Sebastian, den einen Arm abwärts, den anderen aufwärts gebunden, mit gesenktem Blick. Ganze, lebensgroſse Figur. In der Landschaft zwei Schützen, in der Luft zwei kleine Engel. 6 F. 3 Z. hoch, 3 F. 6 Z. breit. V.

7) St. Margaretha, in der Hand ein rothes Kreuz, siegt über den Drachen. Ganze Figur, 6 F. 2 Z. hoch, 5 F. 3 Z. Geschätzt und verk. zu 100 Pfd. A. V. Wahrscheinlich das in den königl. Samml. in Madrid befindliche Exemplar der Tizianischen Margaretha.

8) Die Grablegung, sechs ganze, fast lebensgroſse Figuren. 4 F. 4 Z. hoch, 7 F. breit. Mant. Samml. Geschätzt und verk. zu 120 Pfd. A. V. Käufer: Jabach. Jetzt im Louvre.

9) Die Grablegung. Christus ist in der Verkürzung genommen; sechs lebensgroſse Figuren. In der Landschaft zwei Kreuze. 3 F. 5 Z. hoch, 4 F. 8 Z. breit. (?) Mant. Samml. V. J. No 26.?

10) Christus am Tische zwischen den Jüngern von Emaus; dabei der Wirth und ein Knabe. 5 F. 3 Z. hoch, 8 F. breit. Mant. Samml. V. Käufer: Jabach. Jetzt im Louvre.

11) Maria Magdalena mit gefalteten Händen, den Kopf nach der rechten Schulter gewendet; halbe, lebensgroſse Figur. 3 F. 3 Z. hoch, 2 F. 9 Z. breit. V. J. Ob 231, 238, oder 825?

12) „Der Papst giebt dem Admiral seiner Flotte den Vorzug vor St. Peter. Drei ganze, etwas unter lebensgroſse Figuren.“ 4 F. 9 Z. hoch, 5 F. 11 Z. breit. V. Später im Nonnenkloster des heiligen Pasquale zu Madrid. Zur Zeit von Mengs im königl. Pallast daselbst. Jetzt im Museum zu Antwerpen. Es stellt den Papst Alexander VI. dar, welcher dem thronenden heil. Petrus den Bischof von Paphos, ein Mitglied der Familie Pesaro, als Admiral der päpstlichen Galeeren gegen die Türken, vorstellt. Es hat die Auf-

schrift: „Ritratto di uno de Casa Pesaro, che fu fatto generale di St. Chiesa, Titiano fect.“ und ist ein sehr interessantes Bild aus der früheren, noch in manchen Theilen bellinesken Zeit des Meisters.

13) Die Tochter der Herodias mit dem Haupte Johannis auf einer Schüssel. Geschätzt und verkauft zu 150 Pfd. A. Ob das bekannte Bild in Madrid, oder eins in der Samml. Jacob's II.?

14) „Das sehr große und berühmte Stück, in Spanien die Venus del Pardo genannt, welches der König von Spanien unserem Könige geschenkt hat, als er in Spanien war; es enthält sieben lebensgroße Figuren, und vier andere in der Landschaft mit sechs Hunden.“ 6 F. 6 Z. hoch, 12 F. 11 Z. breit. Geschätzt zu 500 Pfd., verk. für 600 Pfd. A. V. Käufer: Jabach? Dieses jetzt unter No. 1255 im Louvre befindliche Bild stellt Jupiter und Antiope vor. Es ist in der Sammlung von Crozat gestochen.

15) Eine nackte Frau auf ihrem sammtnen Lager liegend; neben ihr ein kleiner Hund. Ein Herr in schwarzem Kleide, mit einem Schwerdt an der Seite, spielt auf der Orgel. 4 F. 4 Z. hoch, 7 F. 3 Z. Geschätzt zu 150 Pfd.; verkauft für 165. A. V. Käufer: D. A. de Cardenas. Jetzt in der Akademie St. Fernando zu Madrid.

16) Tarquin und Lucretia, ganze Figuren. 6 F. 3 Z. hoch, 4 F. 3 Z. breit. Hat gelitten. Ein Geschenk des Grafen Arundel. V. Käufer: Jabach? Später im Louvre (No. 14. der Tizians in Lépicié's Catalog). Jetzt wahrscheinlich im Magazin des Louvre.

17) Lucretia, stehend, hält mit ihrer Rechten einen rothen Schleier über ihr Gesicht, in der Linken einen Dolch. Ganze, halb lebensgroſse Figur. 3 F. 2 Z. hoch, 2 F. 1 Z. breit. Mant. Samml. Geschätzt und verk. zu 200 Pfd. A. V. J. (No. 480.)

18) Lucretia, den Dolch in der Rechten; hinter ihr ein Mann. Auf Holz, 2 F. 7 Z. hoch, 2 F. 2 Z. breit. V. J. (No. 234.)

19) Fünf halbe Figuren, welche musiciren; eine unterrichtet, eine andere singt, die dritte spielt auf der Mandoline, die vierte bläst auf der Flöte, die fünfte, eine Frau, hört zu. 3 F. 3 Z. hoch, 4 F 3 Z. breit. V. Jetzt in der Nationalgallerie, und wohl ursprünglich von Giorgione.

20) Drei Köpfe, einer von vorn, die beiden andern von der Seite, Bildnisse derselben Person, eines Juweliers; sie halten zusammen ein Schmuckkästchen. 2 F. 1 Z. hoch, 2 F. 5 Z. breit. Geschätzt und verkauft zu 100 Pfd. A. V.

21) Drei Köpfe; darunter eine Frau wie in Ohnmacht in den Armen eines Mannes. 2 F. 5 Z. hoch, 2 F. 1 Z. breit. Gesch. u. verk. zu 100 Pfd. A. V.

22 — 33) Die zwölf ersten römischen Kaiser. Mant. Samml. Geschätzt und verkauft zu 1200 Pfd. A. Jetzt meist verschollen, Otto im Besitz des Sir Abraham Hume in London.

34) Kaiser Carl V., ganze Figur, mit einem weiſsen Hunde. 6 F. 2 Z. h., 4 F. br. Der König brachte es aus Spanien. Gesch. und verk. zu 150 Pfd. A. V.

35) Die Gemahlin Carl's V., Rosen haltend, halbe Figur. Von Nat. Garret gekauft. V.

36) Der Marquis Vaugona mit einem Pagen, seine Soldaten anredend. Vier lebensgroſse Figuren

und viele andere vom Heer in der Ferne. 7 F. 4 Z. hoch, 5 F. 5 Z. breit. Mant. Samml. V.

37) Der Marquis von Guasto, seine Soldaten anredend; zwei lebensgroſse Figuren. 3 F. 4 Z hoch, 3 F. 5 Z. breit. „Der König kaufte dieses Bild in Spanien aus einem Almonedo.“ Geschätzt und verkauft zu 250 Pfd. A. V.

38) Papst Alexander VI. und Cäsar Borgia. Geschätzt und verkauft zu 100 Pfd. A.

39) Der Doge Gritti, mit der rechten Hand sein Kleid haltend, halbe Figur. 4 F. 4 Z. hoch, 3 F. 4 Z. breit. V.

40) Die Marquisin von Mantua in rothsammtnem Kleide; ihre rechte Hand liegt auf dem Knie. Kniestück. 3 F. hoch, 2 F. 5 Z. breit. V. Käufer: der Erzherzog Leopold. Jetzt in der kaiserlichen Gallerie zu Wien. (Catal. d. van Mechel. No. 45.)

41) Tizian's eignes Bildniſs, mit dem seines Freundes, eines venezianischen Senators, im rothsammtnen Kleide; halbe Figuren. 2 F. 9 Z. hoch, 3 F. 1 Z. breit. Geschätzt zu 100, verk. zu 112 Pfd. A. Jetzt in den Sammlungen des Königs von England.

42) Tizian und seine Geliebte. Geschäzt und verk. zu 100 Pfd. A. Käufer: Jabach? Jetzt im Louvre unter No. 1259.

43) Eine italienische Frau, welche, ihr Kleid haltend, ihre entblöſste Schulter mit beiden Händen bedeckt. Halbe Figur. 3 F. 11 Z. hoch, 2 F. breit. „Der König kaufte dieses Bild in Spanien.“ V.

44) Ein männliches Portrait in schwarzem Kleide; neben ihm auf einem Tisch ein Globus, worauf

er sich mit dem rechten Ellenbogen lehnt; halbe Figur. 3 F. 3 Z. hoch, 3 F. 2 Z. breit. V.

45) Eine nackte Frau, im Begriff sich anzuziehen; halbe, lebensgroſse Figur. 3 F. 2 Z. hoch, 2 F. 6 Z. breit. „Der König tauschte dieses Bild von der Herzogin von Buckingham gegen eins aus der Mantuanischen Sammlung ein.“ V.

Vaga, Perino del.

„Der Parnaſs. Die neun Musen, nackt, und neun andere Musen, welche mit einigen erdichteten Göttern erscheinen. Der König erhielt dieses Bild von Lord Cottington geschenkt, welcher es in Spanien vom Marquis von Cresentius, des Königs Architecten, hatte.“ Geschätzt zu 100, verk. zu 117 Pfd. A. V. Käufer: Jabach? Jetzt im Louvre unter der richtigen Benennung: der Streit der Musen und Pieriden.

Veronese, Paolo.

1) Die Auffindung Mose, auf der anderen Seite von Bassano die Geburt Christi. 1 F. 3 Z. hoch, 1 F. 3 Z. breit. V.

2) Der Glaube im weiſsen Gewande, den Kelch in der einen, das Kreuz in der andern Hand. 3 F. 4 Z. hoch, 4 F. 1 Z. breit. „Eins der 23 Bilder, welche der König von Frosley kaufte.“ V.

3) Diana u. Aktäon mit einigen kleinen Figuren. 1 F. 10 Z. h., 2 F. 6 Z. br. Von Frosley gekauft. V.

4) Leda mit dem Schwan auf einem weiſsen Bette. 3 F. 10 Z. hoch, 3 F. 2 Z. breit. „Der König tauschte dieses Bild von der Herzogin von Buckingham gegen ein Gemälde aus Mantua ein“

Vinci, Lionardo da.

1) Johannes der Täufer, mit der Rechten aufwärts deutend, die Linke auf der Brust; im Arm ein

Rohrkreuz. Halbe Figur auf Holz. „Hand und Arm haben gelitten" 2 F. 4 Z. hoch, 1 F. 10 Z. breit. Geschätzt und verkauft zu 140 Pfd. Käufer Jabach. Jetzt im Louvre. Dieses Bild war dem Könige Carl I. von Ludwig XIII. durch dessen Kammerherrn von Lyoncourt verehrt worden, welcher ihm dagegen das Bildnifs des Erasmus von Rotterdam von Holbein, und Maria mit dem Kinde und Johannes dem Täufer von Tizian zum Geschenk gemacht hatte. A. V.

2) „Ein lächelndes Mädchen mit Blumen in der Hand von Lionardo oder einem seiner Schüler. Halbe, lebensgrofse Figur. 1 F. 10 Z. hoch, 1 F. 3 Z. breit. V.

3) „Socrates, auf dem seine Frau reitet." Im Catal. des Vanderdoort (p. 142, No. 62) als unbekannt aufgeführt; im Catal. Jacob's II. (No. 220) aber Lionardo genannt.

Aufserdem sind im Catalog des Vanderdoort von folgenden namhaften Meistern verzeichnet: Von den Bassanos 5 Bilder, Breenberg 2, Breughel der Alte 2, Breughel, Johann, 3, Bronzino 4, Cambiasi 5, Coxis, Michael, 1, Elsheimer 2, Feti 6, Guercino 1, Honthorst, Gerhard, 8, Janet 8, Luini 1, Manfredi 1, Mirevelt, Michael, 6, Mytens, Daniel, 11, Parcellis 2, Poelenburg 4, Rothenhammer 2, Rumanino, Girolamo 1, Savary 1, Schiavone 2, Seghers, Daniel, 2, Somachini, Orazio, 1, Steinwyck 5, Zucchero, Taddeo, 1, Zucchero, Federigo, 1.

Nachtrag.

Bilder grofser Meister, im Catalog der Sammlung König Jacob's II. verzeichnet, welche höchst wahrscheinlich früher einen Theil der Sammlung Carl's I. ausgemacht haben.

Correggio. 1. Maria mit dem Kinde, Johannes und Jacobus (No. 682). 2. Maria und Engel, dabei ein weifses Kaninchen (No. 572). 3. St. Catharina (No. 242). 4. Lucretia, sich durchbohrend (No. 779). 5. Amor schlafend (No. 756). 6. Amor auf seinen Bogen gelehnt (No. 757). 7. St. Cäcilia und zwei Brüder, auf einer Schüssel gemalt (No. 72).

Dyck, Antony van. 1. Carl I. auf dunkelbraunem Pferde (No. 359), verschieden von den oben angeführten, ähnlichen Portraits, und wahrscheinlich in Whitehall, wo es zur Zeit Jacob's II. befindlich war, verbrannt. 2. Drei Kinder König Carl's I. (No. 155). Jetzt in Windsorcastle. 3. Die Königin Henriette Maria (No. 93). 4. Die Königin Henriette Maria im Profil (No. 441). Jetzt in Windsorcastle. 5. Dieselbe in weifser Seide (No. 343). Jetzt ebenda. 6. König Carl II. als Knabe, ganze Figur in Rüstung. Jetzt in Windsorcastle. 7. Der Prinz und die Prinzefs von Oranien (No. 750). 8. Eine Frau im blauen Kleide (No. 344). 9. Die Gemahlin des Sir Kenelm Digby (No. 771). Jetzt in den königlichen Sammlungen. 10. Sir Kenelm Digby, neben ihm ein Globus (No. 745). Jetzt ebenda. 11. Die Söhne des Herzogs von Buckingham als Kinder (No. 749). Jetzt in den königl. Samml. 12. Frau Margaretha Leman. 13. Eine Madonna, lebensgrofs (No. 464). 14. Christus und Johannes als Kinder (No. 330). 15. Amor und Psyche in einer Landschaft (No. 159). 16. Ein lebensgrofser, rother Spaniel.

Giorgione. 1. Der Henker mit dem Haupt des Johannes (No. 119). 2. Sein eignes Bildnifs. 3. Dasselbe von Statuen umgeben (No. 162). 4. Die Anbetung der Hirten, kleine Figuren (No. 182). 5. Familienportrait von zehn Figuren (No. 806). 6. Eine Frau, ihre Schürze haltend (No. 193). 7. Vier Singende (No. 859). 8. Sein eignes Bildnifs mit seiner Geliebten und einem anderen Mann (No. 541). Aufserdem werden noch 13 nicht näher bezeichnete Portraite unter seinem Namen aufgeführt.

Holbein. 1. Maria, Christus und andere Personen (No. 686). Dieses Bild ist wohl gewifs Christus, welcher der Magdalena als Gärtner erscheint, im Jahr 1833 im Schlosse Kensington befindlich und von Passavant erwähnt. 2 — 23. Diese nicht im Catalog Carl's I. erwähnten Portraite waren theilweise in Miniatur ausgeführt. Bei der Dürftigkeit der Angaben kann die Aufführung der einzelnen zu nichts dienen.

Palma vecchio. 1. Maria mit dem Kinde, Johannes, Elisabeth und Joseph mit dem Lamm (No. 475). 2. Maria, Christus und Engel (No. 157). 3. Christus mit der Samariterin (No. 158). 4. Eine Frau mit entblöfster Brust (No. 629).

Parmegiano. 1. Maria mit dem Kinde, Johannes, Catharina und Hieronymus (No. 326). 2. Maria, das Kind, Joseph und Catharina, unfertig (No. 556). 3. Christus und Johannes nackt (No. 561). 4. Amor den Bogen schnitzend (No. 306). Ohne Zweifel die berühmte Composition, von welcher das beste Exemplar in der kaiserl. Gallerie zu Wien befindlich ist.

21**

5. Ein junger Mann in Schwarz, die Hand am Schwerdt. 6 und 7. Zwei Bilder nach der Länge (No. 777—78).

Raphael. 1. Sein eignes Portrait in schwarzer Mütze und Kleid (No. 123). Wahrscheinlich das Bildchen, was Passavant als in Kensington erwähnt. Nach ihm noch in peruginischer Weise und nicht sein Bildnifs. 2. Eine italienische Herzogin, halbe Figur (No. 833).

Romano, Giulio. 1. Europa (No. 54). 2. Ein Centaur, zu welchem ein wilder Eber gebracht wird (No. 457). 3. Landschaft mit Figuren, die Geburt eines Kindes vorstellend. Wohl gewifs das etwas rohe Bild von der Geburt des Apoll und der Diana in Hamptoncourt. 4. Ein todter Kaiser auf einen Holzstofs gelegt (No. 58). 5. Ein Kaiser zu Pferde (No. 80). 6. Ein anderer desgleichen. 7. St. Paulus aus der Stadt getrieben (No. 775). 8. Adam und Eva, ihre Kleider waschend (No. 179).

Rubens. 1. Die Auferstehung, Composition von 11 Figuren (No. 744). 2. Der Raub der Sabinerinnen (No. 815). 3. Derselbe Gegenstand (No. 953). 4. Vorgang aus der römischen Geschichte mit nackten Figuren (No. 1050). 5. Eine Caritas romana (No. 780). 6. Eine Ruine mit fünf Türken. 7. Das Portrait des van Dyck in holländischer Tracht (No. 116). 8. Eine Landschaft mit drei Nymphen und zwei Satyrn, das todte Wild von Snyders.

Tizian. 1. Maria, das Kind, Johannes, Joseph und Catharina (No. 360). 2. Maria mit Tobias und dem Engel (No. 431). 3. Maria, das Kind, Johannes und Catharina (No. 510). 4. Ein Ecce homo. 5. Magdalena. 6. Dieselbe. 7. Diana und Aktäon, sehr verdorben (No. 314). 8. Diana und Amor (?), ein grosses Bild (No. 209). 9. Eine nackte Venus, nebst einer Frau, welche in einen Koffer sieht (No. 754). 10. Nackte Venus, in der Ferne ein Krieger (No. 278). 11. Sein eignes Portrait und das des Aretino (No. 293). Im Jahre 1758 in Windsorcastle. 12. Sein eignes Portrait. 13. Ein Kahlkopf, sich auf beide Hände stützend (No. 183). 14. Carl V. in Rüstung, Kniestück, verdorben.

Die meisten und vorzüglichsten dieser Bilder befanden sich im Schlosse Whitehall, und sind daher wohl bei dem Brande vom Jahre 1697 gröfstentheils ein Raub der Flammen geworden. Von den noch vorhandenen sollen manche im Schlosse zu Kensington aufbewahrt werden. Da es mir, unerachtet wiederholter Versuche, nicht gelungen ist, die Bilder in Kensington zu Gesicht zu bekommen, so muſs ich bedauern, darüber keine nähere Auskunft ertheilen zu können.

Anlage B.

Verzeichnifs der Gemälde aus der Gallerie Orleans, welche im Jahre 1792 nach England gebracht und dort verkauft worden sind.

Die in dem folgenden Verzeichnifs enthaltenen Bilder umfassen nicht sämmtliche Gemälde der Gallerie Orleans. Die aus der italienischen und französischen Schule belaufen sich auf 295, die aus der deutschen und niederländischen aber auf 113, so dafs von den 485 Bildern, woraus die Gallerie bei dem Tode des Herzogs Philipp von Orleans bestand, noch 81 übrig bleiben. Die Mehrzahl derselben mögen der niederländischen Schule angehören. Darunter befinden sich vortreffliche Gemälde, z. B. das Portrait des Grafen Arundel von van Dyck, jetzt in der Sammlung des Herzogs von Sutherland in Staffordhouse zu London. Aber auch sehr bedeutende Werke aus der italienischen Schule sind von dieser Zahl, so die Leda und Io des Correggio, die fünf berühmten, aus der Sammlung der Königin Christine stammenden, colorirten Cartons des Giulio Romano, welche die Liebschaften des Jupiter mit der Juno, Io, Danaë, Semele und Alcmene vorstellen, und das Portrait des Michelangelo da Caravaggio, von ihm selbst gemalt.

Um die Auffindung jedes Bildes nach dem Meister zu erleichtern, habe ich für letztere die alphabetische Folge gewählt; um aber auch bequem die Käufer aufzufinden, und zu übersehen, was jeder erworben, stehen unter den Bildern jedes Meisters die der drei Hauptkäufer, des Herzogs von Bridgewater, des Grafen Carlisle und des Grafen Gower voran, und folgen die der übrigen gleichfalls in alphabetischer Ordnung.

Bilder, welche ich aus eigner Anschauung kenne, sind hinter der Angabe ihres Gegenstandes mit „ges." bezeichnet. Wo ich nicht ausdrücklich das Gegentheil bemerke, bin ich mit der Bestimmung des Meisters einverstanden. Eine nähere Begründung dieser Urtheile für die bedeutenderen Bilder findet sich bei der Beschreibung der sie gegenwärtig enthaltenden Sammlungen, welche mit Hülfe des Registers leicht aufzufinden sind.

Eine anschauliche Vorstellung der namhaftesten Bilder gewähren folgende zwei Kupferwerke. 1. *La Gallerie du Duc d'Orléans au palais royal.* Paris. 2 Bände in Fol. 2. *Recueil d'Estampes d'après les plus beaux tableaux et dessins qui sont en France dans le cabinet du Roi et celui de Monseigneur le Duc d'Orléans.* Paris 1729. 2 Bände gr. Fol. Letzteres Werk ist unter dem Namen des „Cabinets von Crozat" bekannt. Hierauf beziehen sich meine Hinweisungen „gestochen bei Crozat".

Die Beisetzung der Preise giebt eine gewisse Vorstellung von der Richtung der damaligen Liebhaberei.

Der Name vor der Preisangabe ist der des ersten Käufers, der hinter derselben des jetzigen Besitzers eines Gemäldes, oder der Sammlung, wo sich dasselbe befindet. Wo beide, oder der eine dieser Namen fehlen, habe ich sie nicht ermitteln können.

Die 66 Bilder der italienischen Abtheilung, welche erst im Jahre 1800 in der Versteigerung von Peter Coxe, Burrell und Foster veräufsert worden, zeichnen sich dadurch aus, dafs der Preis bei ihnen in Guineen angegeben ist. Der Beisatz „unverkauft" bedeutet, dafs sich auch bei dieser Gelegenheit kein Liebhaber dafür gefunden hat.

I. Bilder der italienischen und französischen Schule.

Abate, Nicolo del.

Der Raub der Proserpina. Ges. Graf Gower für 160 Pfd. Sterl. Herzog von Sutherland in Staffordhouse zu London.

Albano, Francesco.

1) Salmacis und Heramphodit. Ges. Herzog von Bridgewater 60 Pfd. Lord Francis Egerton in Bridgewaterhouse zu London.
2) St. Laurentius. Hr. Thomas Hope 150 Pfd. Sammlung Hope in London?
3) Heilige Familie. Lady Lucas 100 Pfd.
4) Heilige Familie, genannt „la Laveuse." Hr. Maitland 400 Pfd.
5) Christus erscheint der Magdalena. Hr. Maitland 150 Pfd.
6) Die Predigt Johannis. Hr. Maitland 100 Pfd.
7) Die Taufe Christi. Graf Temple 700 Pfd. Derselbe als Herzog von Buckingham auf seinem Landsitz Stove.
8) Die Communion der Magdalena. Hr. Willet 200 Pfd.

9) Christus mit der Samariterin, geschätzt zu 200 Guineen, verkauft für 42 Guineen.

Allori, Alessandro.

Venus und Amor. Hr. Th. Hope 150 Pfd.

Baroccio, Federigo.

1) Heilige Familie. Hr. Hibbert 100 Pfd.
2) Eine Ruhe auf der Flucht nach Aegypten. Lady Lucas 200 Pfd.
3) Heilige Familie, gen. „la vierge au chat", geschätzt auf 400 Guineen, verkauft zu 200 Guineen.
4) Der Brand von Troja. Geschätzt auf 40, verkauft für 14 Guineen.

Bassano, Francesco.

1) Die Arche Noäh. Graf Gower 20 Pfd. Herzog von Sutherland.
2) Eine Meierei. Justina Lawrence 20 Pfd.
3) Ein schlafender Hirt. Hr. Walton 20 Pfd.
4) Der verlorene Sohn. Hr. Walton 20 Pfd.
5) Heilung des Gichtbrüchigen. Hr. Willet 20 Pfd.

Bassano, Giacomo.

1) Das Portrait der Frau des Bassano. Ges. Graf von Carlisle 20 Pfd. Derselbe auf seinem Landsitze Castle Howard.
2) Die Beschneidung. Ges. Graf Gower 100 Pfd. Herzog von Sutherland.
3) Sein eignes Portrait. Hr. E. Coxe 40 Guineen.
4) St. Hieronymus. 20 Guineen.
5) Ein Portrait. $8\frac{1}{2}$ Guineen.

Bassano, Leandro.

Das jüngste Gericht. Ges. Herzog von Bridgewater 100 Pfd. Lord Fr. Egerton.

Bellini, Giovanni.

1) Die Beschneidung. Ges. Graf von Carlisle 100 Pfd. Derselbe zu Castle Howard.
2) Die Anbetung der Könige, 16 Guineen.

Bernini, Cavalier.

1) Portrait eines Mönchs. Hr. Balme 10 Guineen.
2) Portrait eines Studirenden. Unverkauft.

Buonarotti, Michelangelo.

1) Heilige Familie. 90 Guin. Später in der Auction der Samml. von Henry Hope nach Deutschl. verk.
2) Christus am Oelberge. Eine öfter von seinen Schülern wiederholte Composition. 52 Guineen.

Bourdon, Sebastien.

1) Ein Portrait. Lord Cremorne 30 Pfd.
2) Portrait der Königin Christine v. Schweden. 21 G.
3) Ein Portrait. Unverkauft.
4) Ein dergleichen. Unverkauft.

Cagliari, Carlo.

Die Anbetung der Könige. 200 Guineen.

Cagnacci, Guido.

Das Martyrium eines Heiligen. Geschätzt zu 50, verkauft für 10 Guineen.

Cambiasi, Luca.

1) Der Tod des Adonis. Ges. Graf Gower 100 Pfd. Herzog von Sutherland.
2) Judith, 22 Guineen.

Carracci, Annibale.

1) Johannes der Täufer zeigt auf den Heiland. Ges. Hzg. v. Bridgewater 300 Pfd. Lord Fr. Egerton.
2) Dem heil. Franciscus erscheint das Christuskind. Ges. Herzog von Bridgewater 500 Pfd. Lord Fr. Egerton.

3) Johannes der Täufer in einer Landschaft schlafend. Ges. Herzog von Bridgewater 100 Pfd. Lord Fr. Egerton.

4) Christus am Kreuz. Ges. Ein unsicheres Machwerk. Herzog von Bridgewater 80 Pfd. Lord Fr. Egerton.

5) Danaë empfängt den goldnen Regen. Ges. Herz. von Bridgewater 500 Pfd. Lord Fr. Egerton.

6) St. Hieronymus nach Correggio. Ges. Herzog v. Bridgewater 350 Pfd. Lord Fr. Egerton.

7) Diana und Kallisto. Ges. Eher Domenichino. Hzg. v. Bridgewater 1200 Pfd. L. Fr. Egerton.

8) Landschaft, gen. „les Bateliers.“ Ges. Gr. v. Carlisle 600 Pfd. Derselbe zu Castle Howard.

9) Christus, beweint von den drei Marien, gen. „les trois Maries.“ Ges. Graf v. Carlisle 4000 Pfd. Derselbe zu Castle Howard.

10) Landschaft, gen. „la chasse au Vol.“ Ges. Graf v. Carlisle 600 Pfd. Derselbe zu Castle Howard.

11) Des Künstlers eignes Portrait. Ges. Graf v. Carlisle 200 Pfd. Derselbe zu Castle Howard.

12) Eine Ruhe auf der Flucht nach Aegypten. Ges. Eher von Lodovico Carracci. Graf Gower 700 Pfd. Herzog v. Sutherland.

13) St. Stephan von Engeln umgeben. Graf Gower 50 Pfd. Herzog v. Sutherland?

14) Johannes der Täufer in der Wüste. Hr. Angerstein 200 Pfd. Nationalgallerie.

15) Die Toilette der Venus. Lord Berwick 800 Pfd. Graf Darnley zu Cobhamhall.

16) Die Steinigung des St. Stephan. Graf Darnley 250 Pdf. Dieselbe Familie zu Cobhamhall.

17) St. Rochus mit einem Engel. Ges. Viscount Fitzwilliam 100 Pfd. Im Fitzwilliam-Museum zu Cambridge.
18) Christus mit der Samariterin am Brunnen. Hr. Hibbert 300 Pfd.
19) Landschaft mit der Procession des Sacraments. Ges. Hr. Maitland 300 Pfd. Marquis v. Landsdowne auf seinem Landsitze Bowood.
20) Die Abnahme vom Kreuz. Hr. Maitland 160 Pfd.
21) Die heilige Familie, „le raboteur" gen. Graf v. Suffolk 300 Pfd.
22) Johannes der Evangelist von Engeln umgeben. Hr. Troward 400 Pfd.
23) St. Rochus die Maria verehrend. Hr. Willet 500 Pfd.
24) Ein Portrait. 36 Pfd.

Carracci, Agostino.

1) Christus erscheint der Magdalena. Viscount Fitzwilliam 500 Pfd. Fitzwilliam-Museum in Cambridge.
2) Das Martyrium des heil. Bartholomäus. Ges. Hr. Willet 100 Pfd. Herzog v. Sutherland.

Carracci, Lodovico.

1) Vermählung der heil. Catharina, Copie nach Correggio. Herzog v. Bridgewater 150 Pfd. Lord Fr. Egerton.
2) Die Abnahme vom Kreuz. Ges. Herzog v. Bridgewater 400 Pfd. Lord Fr. Egerton.
3) Maria mit dem Kinde erscheint der schlafenden heil. Catharina. Ges. Herzog von Bridgewater 600 Pfd. Lord Fr. Egerton.
4) Die Grablegung. Ges. Graf v. Carlisle 450 Pfd. Derselbe zu Castle-Howard.

5) Christus mit der Dornenkrone. Graf Gower 60 Pfd. Herzog v. Sutherland?
6) Ein Ecce homo. Graf Gower 80 Pfd. Herzog v. Sutherland?
7) Die keusche Susannah. Hr. Angerstein 200 Pfd. Nationalgallerie.

Caravaggio, Michelangelo da.

1) Der Traum des Caravaggio. Hr. E. Coxe 40 Pfd.
2) Abraham im Begriff Isaac zu opfern. 47 Guineen.
3) Die Verklärung. 12 Guineen.

Caravaggio, Polidoro da.

Die drei Grazien, geschätzt auf 40 Guineen, verkauft für 18 Guineen.

Cesari, Giuseppe.

Susannah mit den Alten. Geschätzt auf 80 Guineen, verkauft für 18 Guineen.

Cerquozzi, gen. Michelangelo delle Battagle.

Eine Maskerade, geschätzt auf 30 Guineen, verkauft für 13 Guineen.

Cignani, Carlo.

Christus erscheint der Magdalena. Herzog von Bridgewater 80 Pfd. Lord Fr. Egerton?

Correggio, Antonio da.

1) Maria mit dem Christuskinde. Ges. Alte Copie nach der „vierge au panier“ in der Nationalgallerie. Herzog v. Bridgewater 1200 Pfd. Lord Fr. Egerton.
2) Ein Packpferd und ein Packesel mit ihren Treibern. Ges. Graf Gower 80 Pfd. Herzog von Sutherland.
3) Studium von Köpfen zur Kuppel des Doms in

Parma. Ges. Copie. Hr. Angerstein 100 Pfd. Nationalgallerie.

4) Ein dergleichen. Ges. Copie. Hr. Angerstein 100 Pfd. Nationalgallerie.

5) Das Portrait des Cäsar Borgia. Ges. Von anderer Hand. Hr. Th. Hope 500 Pfd. In der Sammlung Hope zu London.

6) Ein Portrait, gen. „le rougeau". Hr. Jones 20 Pfd.

7) Christus erscheint der Magdalena (wahrscheinlich Copie des im Escorial). Hr. Udney 400 Pfd.

8) Die Erziehung des Amor. Copie nach dem Original in der Nationalgallerie. Hr. Willet.

9) Eine heilige Familie, 200 Pfd.

10) Danaë, geschätzt auf 1000, verk. für 650 Guineen. Später bei der Versteigerung der Samml. des Hrn. Henry Hope mit 250 Pfd. bezahlt. Jetzt in der Sammlung Borghese zu Rom.

Cortona, Pietro da.

Die Flucht Jacob's. Hr. Hibbert 450 Pfd.

Domenichino.

1) Die Kreuztragung, früher in der Sammlung des Marquis von Seignelay. Ges. Herzog v. Bridgewater 800 Pfd. Lord Fr. Egerton.

2) Eine Landschaft mit einem Paar Liebenden staffirt, früher in der Samml. Hautefeuille. Ges. Herzog v. Bridgewater 500 Pfd. Lord Fr. Egerton.

3) Der heil. Franciscus in Entzückung. Ges. Herzog v. Bridgewater 300 Pfd. Lord Fr. Egerton.

4) Johannes der Evangelist, die von Müller gestochene Composition. Ges. Gr. v. Carlisle 600 Pfd. Derselbe in Castle Howard.

5) St. Hieronymus. Hr. Hope 350 Pfd.

6) Eine Landschaft mit Seeküste. Hr. Maitland 250 Pfd.
7) Eine Sibylle. Graf Temple 400 Pfd. Derselbe als Herzog von Buckingham zu Stove.
8) Eine Landschaft mit Abraham und Isaac. Hr. Ward 150 Pfd.

Donducci, Giov. Andrea, gen. il Mastelletta. Eine Skizze, 9 Guineen.

Feti, Domenico.

Die Spinnerin. Hr. Maitland 100 Pfd.

Francia, Francesco.

Die heilige Familie mit den Aposteln Petrus und Paulus. Hr. Noncy 100 Pfd.

Garofalo, Benvenuto.

1) Die Verklärung nach Raphael, 155 Guineen.
2) Eine heilige Familie, 51 Guineen.
3) Eine heil. Familie mit der heil. Catharina, 32 G.

Gennaro, Benedetto.

Johannes, der Evangelist, lesend. Graf Gower 30 Pfd. Herzog v. Sutherland.

Gentileschi, Orazio.

Ein Mann mit einer Katze, 12 Guineen.

Giordano, Luca.

1) Christus treibt die Verkäufer aus dem Tempel. Geschätzt auf 100, verk. für 50 Guineen.
2) Der Teich von Bethesda. Geschätzt auf 100, verk. für 32 Guineen.

Giorgione da Castelfranco.

1) Eine heilige Familie mit Johannes dem Evangelisten, wohl das jetzt richtig Paris Bordone genannte Bild. Ges. Herzog von Bridgewater 300 Pfd. Lord Fr. Egerton.

2) Bildniſs des Gaston de Foix. Graf von Carlisle 150 Pfd. Nicht in Castle Howard.

3) Milo von Croton von Löwen zerrissen. Graf Darnley. 40 Pfd. Cobhamhall.

4) Portrait des Pordenone. Hr. Nesbitt 50 Pfd.

5) Portrait des Pico von Mirandola. Justina Lawrence 20 Pfd.

6) Die Anbetung der Hirten. Geschätzt auf 300. verk. für 155 G.

7) Amor beklagt sich bei Venus über den Stich einer Biene; geschätzt auf 400, verk. für 195 G. J. Pringle Bart. zu Manchester.

8) Der Tod des Petrus Martyr. (Zu schwach für Giorgione.) Geschätzt auf 200, verk. für 38 G. Nationalgallerie.

Guercino, da Cento.

1) David und Abigail. Ges. Herzog v. Bridgewater 800 Pfd. Lord Fr. Egerton.

2) Die Darbringung im Tempel. Graf Gower 600 Pfd. (Habe ich weder bei dem Herz. v. Sutherland noch dem Lord Fr. Egerton gefunden.)

3) Ein Kopf der Maria. Hr. Hibbert 50 Pfd.

4) St. Hieronymus. Gesch. auf 80, verk. für 93 G.

Imola, Innocenzio da.

Die Geburt Christi. 20 Guineen.

Lanfranco.

Die Verkündigung. 8 Guineen.

Lebrun, Charles.

1) Der Kindermord. Ges. Hr. Desenfans 150 Pfd. Dulwich College.

2) Hercules tödtet die Pferde des Diomed. Hr. Maitland. 50 Pfd.

Lesueur, Eustache.

Alexander und sein Arzt. Lady Lucas 300 Pfd.

Lorrain, Claude.

Ein Seehafen. Hr. Rogers 50 Pfd.

Lotto, Lorenzo.

Maria mit dem Christkinde und vier Heilige. Ges. Herzog von Bridgewater 40 Pfd. Lord Fr. Egerton.

Maratti, Carlo.

Der Triumph der Galatea. Hr. Willett 100 Pfd.

Matteis, Paolo de.

Salmacis, 30 Guineen.

Mola, Pietro Francesco.

1) Die Predigt Johannis des Täufers. Ges. Graf Gower 250 Pfd. Herzog v. Sutherland.
2) Archimedes. Graf Gower 40 Pfd. Herzog v. Sutherland.
3) Landschaft mit der Ruhe auf der Flucht nach Aegypten. Hr. Long 80 Pfd. Vielleicht derselbe jetzt als Lord Farnborough.

Muziano, Girolamo.

Die Auferweckung des Lazarus. 56 Guineen.

Padovanino, Alessandro Varotari, gen. il.

Rinald und Armida. Hr. Henry Hope 350 Pfd.

Palma, Giacopo, gen. il vecchio.

1) Eine heilige Familie. Ges. Anderer mir unbekannter venezianischer Meister. Herzog v. Bridgewater 200 Pfd. Lord Fr. Egerton.
2) Portrait eines Dogen. Ges. Herzog v. Bridgewater 400 Pfd. Lord Fr. Egerton.
3) Die heil. Catharina. Hr. Bryan 30 Pfd.
4) Die Tochter der Herodias mit dem Haupte Johannis. Hr. Nesbitt 150 Pfd.
5) Ein weibliches Portrait. Hr. Skipp 60 Pfd.
6) Venus und Amor. Geschätzt auf 250, verk. für 62 Guineen.

Parmegianino, Francesco Mazuola, gen. il.

1) Amor, seinen Bogen schnitzend. Ges. Copie des Bildes in der Gallerie Belvedere zu Wien. Herzog v. Bridgewater 700 Pfd. Lord Fr. Egerton.

2) Die heilige Familie. Graf von Carlisle 100 Pfd. Nicht in Castle Howard.

3) Maria mit dem Kinde, welchem Gaben dargebracht werden. Hr. Coles 150 Pfd.

4) Die Vermählung der heil. Catharina. Hr. Troward 250 Pfd.

5) Die heil. Familie mit dem heil. Franciscus. Hr. Udney 100 Pfd.

6) Johannes, der Evangelist. Brustbild. Hr. Wright 25 Pfd.

Perugino, Pietro.

1) Die Grablegung, großes Bild. Hr. C. Sykes 60 Pfd.

2) Maria mit dem Kinde. 5 Guineen.

3) Christus verehrt. Unverkauft.

Peruzzi, Baldassare.

Die Anbetung der Könige. Ges. Herzog von Bridgewater 80 Pfd. Lord Fr. Egerton.

Piombo, Sebastian del.

1) Die Kreuzabnahme. Ges. Verdorben. Herzog v. Bridgewater 200 Pfd. Lord Fr. Egerton.

2) Die Auferweckung des Lazarus. Hr. Angerstein 3500 Pfd. Nationalgallerie.

Pordenone, Licinio.

1) Hercules, den Antäus erdrückend. Graf Darnby. 40 Pfd.

2) Judith. Graf Wycombe 40 Pfd. Wahrscheinlich noch im Besitz desselben als Marquis v. Landsdowne.

Pous-

Poussin, Nicolas.

1 — 7) Die sieben Sacramente, schon vom Herzog von Orleans mit 120,000 Francs bezahlt. Ges. Herzog von Bridgewater. Jedes 700 Pfd., also im Ganzen 4900 Pfd. Lord Fr. Egerton.

8) Moses schlägt Wasser aus dem Felsen. Ges. Herz. v. Bridgewater 1000 Pfd. Lord Fr. Egerton.

9) Moses tritt die Krone Pharao's mit Füſsen. Ges. Herzog v. Bedford 400 Pfd. Derselbe auf seinem Landsitze Woburn-Abbey.

10) St. Paulus von Engeln emporgetragen. Hr. Smith. 400 Pfd.

11) Die Aussetzung des Moses. Graf Temple 800 Pfd. Derselbe als Herzog v. Buckingham zu Stove.

12) Die Geburt des Bacchus. Hr. Willet 500 Pfd.

Preti, Mattia, gen. il Calabrese.

Das Martyrium des heil. Petrus 12 Guin. V.

Raffaello da Urbino.

1) Die heilige Familie mit der Fächerpalme. Ges. Gestochen bei Crozat, No. 23 von Jean Raymond. Herz. v. Bridgewater 1200 Pfd. L. Fr. Egerton.

2) Maria mit dem zu ihr emporschauenden Christuskinde. Ges. Zweifelhaft, ob Original. Herzog v. Bridgewater 700 Pfd.? Lord Fr. Egerton.

3) Vor der stehenden Maria das Kind, welches den kleinen Johannes küſst, hinten Joseph. Gen. „la belle vierge". Ges. Sehr schöne alte Copie, gest. bei Crozat von Larmessin. Herzog von Bridgewater 3000 Pfd. Lord Fr. Egerton.

4) Johannes in der Wüste. Ges. Wiederholung des Bildes in der Tribune zu Florenz. Vom Herzog von Orleans mit 20000 Francs bezahlt. Lord Berwick. 1500 Pfd.

5) Die Vision des Ezechiel. Ges. Wiederholung des Bildes im Pallast Pitti. L. Berwick 800 Pfd. Sir Thomas Baring auf seinem Landsitze Stratton.

6) Maria, das Kind auf dem Schoofse, welches zum Bilde hinaussieht. 11 Z. hoch, 8 Z. breit. Ges. Gestochen bei Crozat. No. 24. Hr. Hibbert 500 Pfd. Im Jahre 1835 in Paris für 50000 Francs käuflich.

7) Die Kreuztragung. Ges. Mittelstück der Predella des Bildes, vormals in der Kirche der Nonnen von St. Antonio in Perugia, jetzt in Neapel. Mit den Seitenstücken No. 10 und 11, von der Königin Christine von Schweden durch Vermittelung des Cardinals Azzolini von jenen Nonnen erworben. Hr. Hibbert 150 Pfd. Hr. J. P. Miles auf seinem Landsitze Leigh-Court.

8) Maria hebt den Schleier von dem schlafenden Kinde, dabei Joseph. Ges. Schwache Copie des berühmten nun verschollenen Bildes, vormals im Schatz zu Loretto. Hr. Willet 300 Pfd.? Während meines Aufenthalts in London durch den Auctionator Hrn. Stanley verkauft.

9) Maria, ganz von vorn, hält das auf einer Brüstung stehende Kind, welches sich lächelnd an sie schmiegt. Ges. Sehr verdorben. Gest. bei Crozat, No. 22, von J. C. Flipart. Geschätzt auf 200, verk. für 150 Guineen. V. Jetzt bei dem Dichter Rogers.

10) Eine Pietà. Christus auf dem Schoofse der Mutter von den Angehörigen beweint. Ges. Gest. bei Crozat, No. 27, von du Flos. Geschätzt auf 100, verkauft für 60 Guineen. Lange im Cabinet des Grafen Carl Rechberg zu München; jetzt im Be-

sitz des Hrn. M. A. White auf seinem Landhause Barronhill in Staffordshire.

11) Christus am Oelberge. Ges. Schon zur Zeit des Crozat, 1729, sehr verdorben, gest. bei ihm, No. 26, von Larmessin. Geschätzt auf 100, verk. für 42 Guineen. Vor wenigen Jahren noch bei Lord Eldin in Edinburg, jetzt bei dem Dichter Rogers.

12) Portrait des Papstes Julius II., Copie. 36 Guineen.

Reni, Guido.

1) Das Christuskind auf dem Kreuze schlafend. Ges. Zu schwach für ihn, Schule. Herzog v. Bridgewater 300 Pfd. Lord Fr. Egerton.

2) Maria Magdalena. Ges. Graf Gower 150 Pfd. Herzog v. Sutherland.

3) Die Enthauptung Johannis d. Täuf. Hr. Bryan. 250 Pfd.

4) Der heil. Bonaventura. Hr. Bryan 50 Pfd.

5) Ein Ecce homo. Hr. Hibbert 150 Pfd.

6) Eine Sibylle. Hr. Hibbert 300 Pfd. W. Wells auf seinem Landsitze Redleaf.

7) Sieg des himmlischen Amor über den irdischen. Hr. Henry Hope 350 Pfd. Samml. Hope in London.

8) Maria Magdalena. Hr. Henry Hope 400 Pfd.

9) Das Martyrium der heil. Apollonia. Hr. Troward 350 Pfd.

10) Die keusche Susanna. Hr. Willet 400 Pfd.

11) Eine Mater dolorosa. Geschätzt zu 50, verkauft für 36 Guineen.

12) David und Abigail. Geschätzt auf 400, verkauft für 255 Guineen.

13) Der h. Sebastian. Gesch. auf 60, verk. für 22 G.

22*

Romano, Giulio.

1) Juno, den saugenden Hercules von der Brust reifsend. Ges. Herzog v. Bridgewater 300 Pfd. Lord Fr. Egerton.

2) Der Raub der Sabinerinnen. Herzog von Bridgewater 200 Pfd.

3) Die Frauen versöhnen die Römer und Sabiner. Derselbe 200 Pfd.

4) Coriolan von seiner Mutter für Rom gewonnen. Derselbe 200 Pfd.

5) Die Enthaltsamkeit des Scipio. Derselbe 200 Pfd.

6) Scipio seine Soldaten belohnend. Ders. 200 Pfd.

7) Scipio belagert Neucarthago in Spanien. Ders. 200 Pfd.

NB. Diese friesartigen Bilder wurden später von dem Herzog veräufsert. Eins der besten soll der Banquier Jeremias Harman besitzen.

8) Die Geburt des Hercules auf 200 G. geschätzt, verk. für 80 G.

9) Die Geburt des Jupiter. Ges. Auf 200 G. geschätzt, verk. für 38 G. Vordem in der Samml. Erard in Paris, jetzt auf dem Landsitz des Lord Northwick.

Rosso fiorentino.

Die Ehebrecherin, 32 G.

Salviati, Francesco.

Der Raub der Sabinerinnen. Gesch. auf 150 G. verk. für 34 G.

Sacchi, Andrea.

1) Die Kreuztragung. Ges. Hr. Henry Hope 150 Pfd. Der Dichter Rogers.

2) Adam klagt über den Tod Abels. Hr. Udney. 20 Pfd.

Saracino, Carlo, gen. Carlo Veneziano.

Der Tod der Maria. Graf von Carlisle 40 Pfd. Derselbe in Castle Howard.

Sarto, Andrea del.

1) Leda mit dem Schwan. Ges. Hr. Aufrere 200 Pfd. Im Jahre 1835 im Besitz des Kunsthändlers Hrn. Nieuwenhuys.
2) Lucretia. Hr. Mitchell 100 Pfd.

Scarsellino da Ferrara.

Christus mit den Jüngern zu Emaus. Ges. Herzog v. Bridgewater 100 Pfd. Lord Fr. Egerton.

Schiavone, Andrea.

1) Christus vor Pilatus. Ges. Herzog v. Bridgewater 250 Pfd. Lord Fr. Egerton.
2) Der todte Christus von Engeln unterstützt. Ges. Graf Gower 150 Pfd. Herzog v. Sutherland.

Solario, Andrea.

Die Tochter der Herodias mit dem Haupte Johannis. In der Gallerie Orleans Lionardo da Vinci genannt. 41 G. V.

Spagnoletto.

1) Christus, zwölfjährig, im Tempel lehrend. Ges. Herz. v. Bridgewater 150 Pfd. L. Fr. Egerton.
2) Heraclit. Graf Gower 20 Pfd. Herzog v. Sutherland?
3) Democrit. Graf Darnley 20 Pfd. Dieselbe Fam. zu Cobhamhall.
4) Heraclit. Graf Darnley 20 Pfd. Dieselbe Fam. zu Cobhamhall.
5) Democrit. Hr. Nesbitt 20 Pfd.

Tintoretto.

1) Die Kreuzabnahme. Ges. Herzog v. Bridgewater 600 Pfd. Lord Fr. Egerton.

2) Das jüngste Gericht. Herzog von Bridgewater 150 Pfd. Lord Fr. Egerton?

3) Die Darbringung im Tempel. Ges. Gering. Herz. v. Bridgewater 40 Pfd. Lord Fr. Egerton.

4) Männliches Portrait mit einem Buch. Ges. Herz. v. Bridgewater 80 Pfd. Lord Fr. Egerton.

5) Männl. Portrait. Ges. Herzog von Bridgewater 60 Pfd. Lord Fr. Egerton.

6) Portrait des Herzogs v. Ferrara. Graf v. Carlisle 150 Pfd. Derselbe in Castle Howard.

7) Portrait des Aretino. Graf Gower 30 Pfd. Herzog v. Sutherland.

8) Portrait des Tizian. Graf Gower 30 Pfd. Herzog v. Sutherland.

9) Eine Kirchenversammlung. Graf Gower 40 Pfd.

10) Hercules von Juno gesäugt. Hr. Bryan 50 Pfd. Lord Darnley, Cobhamhall.

11) Der ungläubige Thomas. Lord Falmouth 40 Pfd.

12) Leda mit dem Schwan. Hr. Willet 200 Pfd.

Tizian.

1) Die drei Lebensalter: Kindheit, Jugend und Alter. Ges. Herzog v. Bridgewater 600 Pfd. Lord Fr. Egerton.

2) Venus aus dem Meer geboren, gen. „a la coquille". Ges. Herzog v. Bridgewater 800 Pfd. Lord Fr. Egerton.

3) Diana und Aktäon. Ges. Herzog v. Bridgewater 2500 Pfd. Lord Fr. Egerton.

4) Diana und Callisto. Ges. Herzog v. Bridgewater 2500 Pfd. Lord Fr. Egerton.

5) Portrait von Papst Clemens VII. Ges. Zu schwach für Tizian. Herzog v. Bridgewater 400 Pfd. Lord Fr. Egerton.
6) Das Portrait des Tizian selbst. Graf v. Carlisle 70 Pfd.
7) Die Erziehung des Amor. Ges. Graf Gower 800 Pfd. Herzog v. Sutherland.
8) Carl V. zu Pferde. Hr. Angerstein 150 Pfd. Nationalgallerie?
8) Jupiter entführt Europa. Lord Berwick 700 Pfd. Cobhamhall.
10) Tizian's Geliebte. Hr. Bryan 50 Pfd.
11) Der Kaiser Vitellius. Hr. Cosway 20 Pfd.
12) Der Kaiser Vespasian. Hr. Cosway 20 Pfd.
13) Venus sich bewundernd. Gr. Darnley 300 Pfd. Cobhamhall.
14) Venus und Adonis. Hr. Fitzhugh 300 Pfd.
15) Die Fürstin Eboli als Venus und Philipp II. Ges. Viscount Fitzwilliam 1000 Pfd. Fitzwilliammuseum zu Cambridge.
16) Ein Concert, Skizze. Hr. Hibbert 100 Pfd.
17) Christus versucht. Ges. Zu schwach für Tizian. Hr. Hope 400 Pfd. Samml. Hope in London.
18) Diana, den Aktäon verfolgend. Ges. Sir Abraham Hume 200 Pfd. Derselbe.
19) Tizian's Tochter, ein Schmuckkästchen haltend, gen. „la cassette du Titien". Ges. Schulcopie. Lady Lucas 400 Pfd. Dieselbe als Lady de Grey.
20) Maria Magdalena. Hr. Maitland 350 Pfd. Sir Abraham Hume?
20) Maria mit dem Kinde, Johannes und Joseph in einer Landschaft. Ges. Hr. Walton 250 Pfd. Hr. W. Wilkens, der Architect in London.

22) Christus erscheint der Magdalena. Ges. 400 Pfd. Der Dichter Rogers.

23) Perseus und Andromeda. Geschätzt auf 700 G., von Bryan für 310 Guineen gekauft.

24) Ein Portrait, gen. „l'Esclavone". Geschätzt auf 200, verkauft für 80 Guineen.

25) Weibliches Portrait. Geschätzt auf 100, verk. für 40 Guineen.

26) Portrait des Grafen Castiglione. Geschätzt auf 50, verkauft für 63 Guineen.

27) Portrait eines jungen Mannes, 40 Guineen.

28) Ein Kopf, unverkauft.

Turchi, Alessandro.

1) Der keusche Joseph und Potiphar's Weib. Ges. H. v. Bridgewater 200 Pfd. L. Fr. Egerton.

2) Adam, von den Engeln besucht. Hr. E. Cox. 100 Pfd.

Vaga, Perino del.

Venus, Juno und Minerva bereiten sich, vor dem Paris zu erscheinen. Hr. Nesbitt 80 Pfd.

Valentin, Moyse.

1) Ein Concert. Herzog v. Bridgewater 60 Pfd.

2) Die vier Lebensalter. Hr. Angerstein 80 Guin. Nationalgallerie?

3) Die fünf Sinne, 33 Guineen.

Vargas, Luis de.

St. Johannes in der Wüste. Ges. Alte Copie des Johannes, welcher in der Düsseldorfer Gallerie für Raphael galt, jetzt in der zu München aber Giulio Romano genannt wird. Herzog v. Bridgewater 80 Pfd. Lord Fr. Egerton.

Velasquez.

1) Die Findung Mose. Ges. Schönes Bild des Ger. Honthorst. Graf v. Carlisle 500 Pfd. Derselbe in Castle Howard.

2) Loth und seine Töchter. Hr. Henry Hope 500 Pfd.

Veronese, Paolo.

1) Der Tod des Adonis. Herzog von Bridgewater 150 Pfd. Lord Fr. Egerton?

2) Das Urtheil Salomonis. Herzog v. Bridgewater 60 Pfd. Lord Fr. Egerton?

3) Christus mit den Jüngern zu Emaus. Ges. Graf Gower 200 Pfd. Herzog v. Sutherland.

4) Leda mit dem Schwan. Graf Gower 300 Pfd. Herzog v. Sutherland?

5) Mars und Venus, welche Amor an je einem Fuſse zusammenbindet. Hr. Elwyn 300 Pfd.

6) Die Weisheit begleitet den Hercules. Ges. Hr. Th. Hope 500 Pfd. Samml. Hope.

7) Paul Veronése zwischen der Tugend und dem Laster. Ges. Hr. Th. Hope 500 Pfd. Samml. Hope.

8) Die Auffindung Mose. Hr. Maitland 40 Pfd.

9) Europa von Jupiter entführt. Ges. Hr. Willet 200 Pfd. Nationalgallerie.

10) Mars und Venus. Hr. Willet 250 Pfd.

11) Mars von der Venus entwaffnet. Geschätzt auf 200, verkauft für 50 Guineen.

12) Amor zeigt einem stattlichen Mann eine schlafende Frau. Er wendet sich ab. Eine allegorische Vorstellung, „die Ehrfurcht" genannt. Auf 200 Guineen geschätzt, verkauft für 39 Guineen Jetzt zu Cobhamhall.

13) Allegorische Vorstellung, „der Abscheu" gen. Geschätzt auf 150, verkauft für 44 Guineen.

14) Allegorische Vorstellung, „die glückliche Liebe“ gen. Geschätzt auf 200, verk. für 60 Guineen.
15) Allegorische Vorstellung, „die Untreue“ gen. Geschätzt auf 150, verkauft für 46 Guineen.
16) Merkur und Herse. Geschätzt auf 200, verkauft für 105 Guineen.

Vasari, Giorgio.

1) Die berühmten Dichter Italiens, Dante, Petrarca etc. Ges. Dasselbe Bild im Pallast Albani zu Rom. Henry Hope 100 Pfd. Samml. Hope.
2) Susanna im Bade. Unverkauft.

Vinci, Lionardo da.

1) Ein weiblicher Kopf. Ges. Wohl gewifs Luini. Herz. v. Bridgewater 60 Pfd. L. Fr. Egerton.
2) Weibliches Portrait, gen. „La Colombine.“ Hr. Udney 250 Pfd.

Volterra, Danielle da.

Die Kreuzabnahme. Graf Suffolk 100 Pfd.

Vouet, Simon.

Eine Allegorie auf den Frieden. 10 Guineen.

Watteau, Antoine.

Ein Ball. 11 Guineen.

Von unbekannten Meistern.

Ein Portrait. Hr. Elwyn 5 Guineen.

Portrait des Cavalier del Pozzo. Hr. Nesbitt 20 Guineen.

Ein Knabe mit einer Maske. Hr. Wright 10 G.

II. Gemälde aus der deutschen und niederländischen Schule.

Asselyn, Jan.

Eine Landschaft mit einer Brücke. 8 Guineen.

Breenberg, Bartholomäus.

Eine Landschaft mit einem runden Thurm. 10 G.

Breughel, Jan, gen. Sammetbreughel.

1) Landschaft mit einer Landstraſse. 21 Guineen.
2) Die Zerstörung Babylons. 20 Guineen.
3) Eine Landschaft von runder Form. 12 Guineen.
4) Das Schaafscheeren. 21 Guineen.

Bril, Paul.

1) Landschaft mit hohem Gebirge. 12 Guineen.
2) Der Thurm zu Babel. 10 Guineen.
3) Die Flucht nach Aegypten. 10 Guineen.

Dow, Gerard.

1) Der Violinspieler. J. Davenport 300 Guineen.
2) Alte Frau bei Lampenlicht 63 Guineen.
3) Eine holländische Frau auf dem Balcon 300 G.
4) Zwei Mädchen bei Lampenlicht. 10 G.

Dürer, Albrecht.

1) Die Anbetung der Könige. 21 Guineen. Ges. Wahrscheinlich das jetzt richtig „J. Mabuse" genannte Bild in Castle Howard.
2) Männliches Bildniſs mit einem Briefe. 18 G.

Dyck, Antony van.

1) Das Portrait des Malers Frans Snyders. Ges. Graf Carlisle 400 G. Derselbe in Castle Howard.
2) Carl I. mit seiner Gemahlin und den Prinzen Carl und Jacob. M. Hammersley 1000 G. 1804 mit 1500 G. bezahlt. Herzog v. Richmond.

3) Carl I., ganze Figur.
4) Der Herzog v. York.
5) Portrait eines Engländers.
6) Ein englischer Edelmann.
7) Dessen Gemahlin.
8) Eine Wittwe von Stande.
9) Die Prinzessin von Pfalzburg, ganze Figur. 210 G.
10) Das Portrait der Frau des Frans Snyders. 120 G.

Eyck, Jan van.

Sein und seines Bruders Hubert Portrait. 10 G. 10 Schil.

Holbein, Hans.

Das Portrait von Gysset (?). 60 G.
Ein Portrait. 15 G.

Jordaens, Jacob.

Portrait des Herzogs von Alba. 80 Pfd.

Laar, Pieter de.

Knaben. 10 G. 10 Schil.

Meer, Jan van der, gen. de jonge.

Abendlandschaft. 31 G. 10 Schil.

Mieris, Frans van, der ältere.

1) Der Alchymist. 100 G.
2) Ein Bacchanal. 63 G.
3) Eine Dame, welche Austern ifst. 52 G. 10 Schil.
4) Schlafende Frau (Copie). 12 G.

Mol, van.

Ein Hochzeitstanz. 42 G.

Moro, Antonis.

Sein eignes Portrait. 15 G.

Moucheron, Frederic.

Ein Wasserfall. 40 Guineen.

Netscher, Caspar.

1) Sein eignes Bildnifs. 25 G.
2) Die Zigeuner. 100 G.?
3) Hagar und Ismael. 100 G.?
4) Eine schlafende Frau. 31 G. 10 Schil.
5) Das Urtheil des Paris.
6) Die Schulmeisterin. 70 G.
7) Das Vogelbauer. Geschätzt auf 200 G.

Neefs, Pieter.

1) Ein Architecturstück. 21 G.
2) Ein dergleichen mit Figuren von Teniers. 36 G.

Poelenburg, Cornelis.

1) Bergichte Landschaft mit Figuren. 21 G.
2) Landschaft mit Nymphen. 52 G. 10 Schil.
3) Landschaft mit Ruinen und Figuren. 12 G.
4 u. 5) Zwei kleine Landschaften. 20 G.

Rembrandt, Paul.

1) Portrait eines Holländers. Geschätzt auf 200 G.
2) Portrait von dessen Frau. Desgleichen.
3) Portrait eines Burgemeisters. Gesch. auf 300 G.
4) Die Geburt Christi. Ges. 800 G. Später an Payne Knight für 1000 G. verkauft. Nationalgallerie.
5) Eine Landschaft, „die Mühle" gen. 300 Pfd. Später von W. Smith mit 500 G. bezahlt. Marquis v. Landsdowne zu Bowood, der 800 G. gegeben.
6) Der heilige Franciscus. 60 Pfd.
7) Sein eignes Portrait. 20 Pfd.

Rubens, Petrus Paulus.

1) Das Urtheil des Paris. Lord Kinnaird 2000 G., später mit 2500 G. bezahlt. Im Jahre 1824 im

Besitz von T. Penrice auf seinem Landsitz Great-Yarmouth in Norfolkshire.

2) Der Raub des Ganymed, auf 400 G. geschätzt.

3) Venus von der Jagd zurückkehrend. Auf 400 G. geschätzt.

4) Scipio giebt dem Allucius seine Braut zurück. Ges. Lord Berwick 800 G. Im Jahre 1836 im Local des Hrn. Yates in Bondstreet verbrannt.

5) Tomyris läfst das Haupt des Cyrus in ein Gefäfs mit Blut tauchen. Graf Darnley 1200 G. Dieselbe Familie zu Cobhamhall.

6) Die Schicksale des Philopoemen. Auf 600 G. geschätzt.

7) Der heil. Georg in einer Landschaft, im Hintergrunde eine Aussicht auf Richmond. Ges. Hr. W. Morland 1000 G. Windsorcastle.

8) Die Vermählung Constantin's des Grofsen. 200 G.

9) Constantin erscheint das Kreuz. 180 G.

10) Derselbe mit dem Kreuzespanier. 80 G.?

11) Desselben Schlacht mit dem Maxentius. Sir Philip Stephens 200 G.

12) Der Tod des Maximilian. 200 G.

13) Der Triumph des Constantin. 200 G.

14) Desselben Einzug in Rom. 150 G.

15) Derselbe ertheilt dem römischen Senat seine alte Freiheit. 150 G.

16) Derselbe ertheilt dem Crispus den Befehl über die Flotte. 100 G.

17) Die Gründung von Constantinopel. Sir Philip Stephens 70 G.

18) Constantin verehrt das Kreuz. 80 G.

19) Derselbe wird getauft. 100 G.

Schalken, Godefroy.

„La fille retrouvée.“ 100 G.

Teniers, David.

1) Der Alchymist. Auf 150 G. geschätzt.
2) Der Lautenspieler. Auf 80 G. geschätzt.
3) Ein alter Mann.
4) Die Raucher. Auf 200 G. geschätzt. Im Jahre 1824 in der Samml. Erard in Paris.
5) Bauern beim Pufsspiel. Hr. G. Hibbert 300 G. Im Jahre 1824 im Besitz von Hrn. Penrice zu Great-Yarmouth.
6) Die Zeitung. Sir Philip Stephens 300 G.
7) Die Rauchstube. } Hr. W. Beckford 500 G.
8) Die Schenke. }
9) Der Hirt.

Tol, David van.

Die Küche. 10 G.

Velde, Jesaias van de.

1) Eine Landschaft. 21 G.
2) Eine Landschaft mit Figuren. 18 G.
3) Das Campo vaccino. 26 G. 10 Schil.

Weenix, Jan Baptista?

Die Schwelgerei. 15 G. 5 Schil.

Werff, Adriaen van der.

1) Der Fischhändler. Auf 100 G. geschätzt.
2) Die Eierhändlerin. Auf 100 G. geschätzt.
3) Das Urtheil des Paris. 260 G.

Wouvermann, Philip.

1) Aufbruch zur Jagd. John Davenport 200 G.
2) Rückkehr von der Jagd. 130 G.
3) Der Pferdestall. Geschätzt auf 200 G.
4) Die Falkenjagd. 140 G.

Zachtleven, Herman.

1) Ansicht einer Ruine. 10 G.
2) Desgleichen. 10 G.

Die Nachrichten, welche ich mir über diese zweite Abtheilung der Gallerie Orleans habe verschaffen können, sind leider weniger genau ausgefallen, als ich es gewünscht hätte. Außer obigen Bildern sind die Namen der Meister von 16 anderen in einem mir übermachten Verzeichniß so entstellt, daß ich sie nicht mit Sicherheit entziffern kann. Jedenfalls sind es indeß keine Bilder von großer Bedeutung.

Verbesserungen.

Seite 2 im Columnentitel für in London lies in Hamburg.

-	12	Zeile 15	von unten	für	hier Gemordeter l. Hingemordeter.	
-	40	- 6	-	-	1779 l. 1780.	
-	62	- 5	- oben	-	Finiquerra l. Finiguerra.	
-	225	- 3	-	-	B. Both l. J. Both.	
-	246	- 4	- unten	-	Tuschi l. Turchi.	
-	246	- 8	-	-	Gregorio l. Andrea.	
-	278	- 5	-	-	blickenden l. blühenden.	
-	282	- 6	-	-	Dou l. Dow und so immer.	
-	283	- 5	- oben	-	Vayar l. Voyer.	
-	290	- 2	-	-	4000 l. 400.	
-	310	- 17	-	-	Carl's II. l. Carl's V.	
-	317	- 8	-	-	Canigioni l. Canigiani.	
-	333	- 9	- unten	-	Lirani l. Sirani.	
-	338	- 2	- oben	-	Brie l. Bril.	
-	342	- 12	- unten	-	Gagry l. Gagny.	
-	352	- 5	-	-	Streg l. Strey.	
-	443	- 10	-	-	Plantilla l. Plautilla.	
-	451	- 9	-	-	sie l. er.	

Gedruckt bei A. W. Schade.

9.3.1995

S. WAA
Vol. 1
502366416